Robyn Davidson

Unter Nomaden

Meine Reise zu den Rabari

Deutsch von Maria Mill

rororo

Rowohlt

Die Originalausgabe erschien 1996
unter dem Titel «Desert Places»
bei VIKING, Penguin Books Ltd., London

Deutsche Erstausgabe
Veröffentlicht im Rowohlt Taschenbuch Verlag
GmbH, Reinbek bei Hamburg, Dezember 1997

Umschlaggestaltung Nina Rothfos
Satz Garamond (Linotronic 500)
Gesamtherstellung Clausen & Bosse, Leck
Printed in Germany
1490-ISBN 3 499 22143 8

They cannot scare me with their empty spaces
Between stars – on stars where no human race is.
I have it in me so much nearer home
To scare myself with my own desert places.

Mich schreckt des Weltenraumes Leere nicht,
umstarrt von toten Sternen ohne Licht,
mich schreckt die Wüste in der eignen Brust,
die mich durchfriert mit eisigem Gesicht.

Robert Frost, «Desert Places»
(Übertragung: Kurt Erich Meurer)

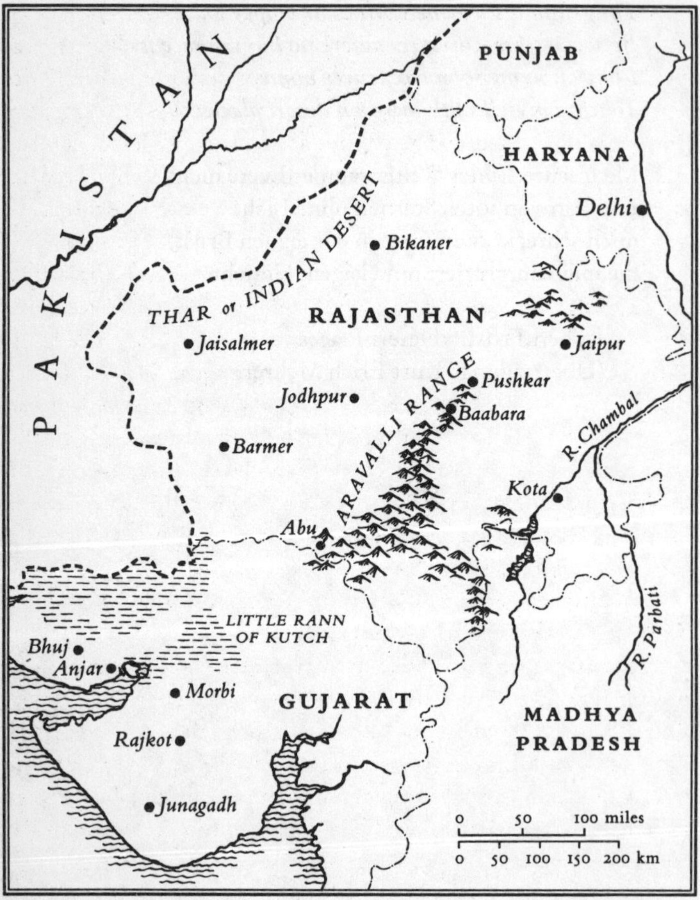

PAKISTAN
PUNJAB
HARYANA
Delhi
Bikaner
THAR or INDIAN DESERT
RAJASTHAN
Jaipur
Jaisalmer
ARAVALLI RANGE
Pushkar
Jodhpur
Baabara
R. Chambal
Barmer
Kota
Abu
LITTLE RANN
OF KUTCH
R. Parbati
Bhuj
Anjar
Morbi
GUJARAT
MADHYA
PRADESH
Rajkot
Junagadh
0 50 100 miles
0 50 100 150 200 km

Präludium

Die Erinnerung ist ein launisches Ding. Das Indien, das ich im Jahre 1978 besuchte, besteht aus Bildern von zweifelhafter Authentizität, die sich paradoxerweise erst vor dem Hintergrund des Vergessenen miteinander verknüpfen. Wie oder weshalb ich während eines der bedeutendsten Feste des hinduistischen Kalenders in den mittelalterlichen Gassen von Pushkar in Rajasthan landete, das weiß ich nicht mehr. Aber ich bin mir fast sicher, daß ich die einzige Europäerin dort war.

Die Menschenmenge war wie eine Flut, die den individuellen Willen ertränkte. Sie löste die Dinge von ihren Bedeutungen. Turbane und Flitter, Kuhhörner, leierförmig und blau bemalt, die Pfoten eines Affen, kholumrandete Augen, die in die meinen blickten, ehe sie wieder von der Strömung davongerissen wurden, die Ecke einer Steinskulptur, Hände, die einen roten Schleier umklammerten, ein Dacoit, der eine arabische Tonleiter spielte und dessen meterlanger Schnurrbart sich in konzentrischen Kreisen auf seinen Wangen kringelte – all diese Elemente tauchten auf, gingen wieder unter, wurden auseinandergerissen und fanden wieder zusammen, getragen vom Willen der Menge, in der sich allmählich ein Strudel bildete, der mich in sein Zentrum sog.

Ein Bettler lag auf dem Rücken. Seine Beine waren verkrüppelt und für immer zu den Leisten zurückgebogen. Die Gelenkigkeit seiner Wirbelsäule nutzend, bewegte er sich seitwärts durch Kot und Abfall die Straße entlang, zog seinen Plunder hinter sich her, verdrehte die Augen und murmelte Mantras oder vielleicht auch nur Unsinn. Er trug einen weißen Dhoti und war am ganzen Körper mit weißer Asche beschmiert. Sein Turban war papageiengrün, und auch an Schminke meine ich mich zu erinnern, obwohl ich ihm die vielleicht erst nachträglich aufgemalt habe. Ein Papagei schnappte Münzen aus den über ihm herumwirbelnden Tentakelarmen und legte sie in eine Schüssel auf dem Bauch seines Herrn.

Von Händen und Verwünschungen behindert, schob ich mich durch die Menge, vorbei an dem Gliedergewirr der Straßen-Schläfer in düsteren Winkeln und konnte endlich wieder frei durchatmen.

In Australien kann man monatelang wandern, ohne einem einzigen Menschen zu begegnen. Tausende von Meilen frei von menschlichen Fußabdrücken, unbelastet von den Irrtümern der Geschichte. Von den Ureinwohnern hatte ich gelernt, diese Wildnis als Garten zu betrachten, als die ursprüngliche Heimat des Menschen vor dem Pflug. Die Wanderrouten der Vorfahren bildeten ihre Koordinaten und verliehen ihr Bedeutung, so daß der einzelne, wie weit er sich auch von seinem Ursprungsort entfernen mochte, doch immer im tiefstmöglichen Sinne in der Welt geborgen blieb. In der Eingeborenengesellschaft wurde alles geteilt; der einzige Rangunterschied beruhte auf Wissen, nach dem jeder streben konnte. Die australische Wüste und die Jägersammler, die sie durchzogen, hatten sich so tief in mein Bewußtsein eingeprägt, daß mir die Massen Pushkars unnatürlich und beängstigend erschienen – und mir bewiesen, daß die Erfindung des Ackerbaus der größte Irrtum meines Geschlechts gewesen war.

Auf den Hügeln rings um die Stadt waren Tausende von Kamelen angepflockt. Nomaden aus ganz Nordindien hatten sich hier eingefunden, um Tiere zu kaufen und zu verkaufen. Ich stieg zu ihren Lagern hinauf, fort vom wimmelnden Getümmel. Als ich den Hügelkamm erreicht hatte, drehte ich mich um und blickte zurück. Der Vollmond war aufgegangen. Gedämpft drang das Grollen der Menge durch einen Schleier rosafarbenen Staubs. Auf einmal schien die Zeit stillzustehen. Rings um mich her lagen friedlich wiederkäuend die Kamele. Gruppen von Männern räkelten sich, ihre Chillums schmauchend, im Sand. Eine Frau rief mich an ihr Feuer. Ihr Kleid in Rosa, Rot und Silber erinnerte an einen Sonnenuntergang. Bei jeder Bewegung klirrte ihr Schmuck. Über eine merkwürdige Vorrichtung auf ihrem Kopf hatte sie einen Schleier drapiert, so daß er dem spitzen Hut einer Fee ähnelte. Hätte sie einen Stab hervorgezogen und mir drei Wünsche freigestellt, sie hätte mir nicht phantastischer erscheinen können. Sie warf eine Kamelhaarmatte auf den Boden, zog mich zu sich hinab und schien mich zu fragen, ob ich nicht meine Halskette gegen ihre silberne tauschen wolle. Ich versuchte, ihr zu erklären, daß die ihre doch viel wertvoller sei, und schlenderte trotz ihres inständigen Flehens davon.

Allmählich aber regte sich ein Wunsch in mir. Ein Bild trat vor mein inneres Auge: Im Schutze glatter Dünen und allem – mit Ausnahme dieser Welt des Sandes – weit entrückt, schichtete ich ein kleines Kochfeuer auf. Die Dämmerung brach herein, die lyrische Stunde. Die Nomaden setzten sich zu mir ans Feuer. Alles geschah ganz leicht und selbstverständlich. Wir waren lang miteinander gewandert. Die Ruhe und Kargheit des Bildes hatte etwas Erhebendes. Meine einzige Entschuldigung dafür ist meine Jugend; Jugend ist anfällig für romantische Schwärmerei.

Ich holte Erkundigungen ein. Die Nomaden nannten sich Raika oder Rabari und hielten Kamele und mitunter auch Schafe. In Jodhpur gab es einen Volkskundler, der alles über sie wußte und mir meine Fragen gerne beantworten würde; allerdings hatte er in jener Woche einen französischen Journalisten zu Gast. Acht Tage würde ich noch in Indien sein. Trotz des französischen Journalisten mußte ich also mein Glück versuchen.

Die einzige Europäerin, die sich außer mir im Flugzeug befand, war eine Französin. Als sie einem Herrn – der in schwarzen Jodhpurs, schwarzer Kurta, mit schwarzer Sonnenbrille und schwarzem Schnurrbart geradezu den Inbegriff von Eleganz darstellte und, abgesehen von der Sonnenbrille, wirkte, als sei er eben aus einer persischen Miniatur auf das Rollfeld gestiegen – die Hand schüttelte, überwand ich meine Zurückhaltung, folgte ihr und sagte: «Entschuldigen Sie. Sind Sie Mr. Gomal Khotari, der Volkskundler?»

«Nein, aber ich kenne Khotari Sahib sehr gut.» Es entstand eine Pause. «Haben wir uns nicht schon einmal gesehen?»

Manchmal scheint es, als ob die höheren Mächte sich einen feuchten Kehrricht darum scherten, was man mit seinem Leben anfängt. Eben noch schlendert man die selbstgewählte Straße entlang, und plötzlich wird man in eine Seitengasse abgedrängt, wo kleine Verlockungen, wie für einen Vogel hingestreute Brotkrumen, einen glauben machen, daß man in diese Richtung weitergehen sollte, obwohl einen da nichts vertraut anmutet. Ich warf einen Blick auf die fremde Umgebung, auf dieses wahrhaft unvergeßliche Geschöpf und sagte: «Das kann ich mir nicht vorstellen.»

«Aber natürlich! Sie sind doch die Frau, die mit Kamelen durch Australien gezogen ist. Eben erst habe ich über Sie gelesen. Kommen Sie, seien Sie mein Gast! Mein Vater wird entzückt sein, Sie kennenzulernen. Wie merkwürdig, daß Sie gerade jetzt, wo ich Ihnen schon schreiben wollte, hier auftauchen.»

Man muß nicht an Vorzeichen glauben, um sich von ihnen verführen zu lassen.

Er war Aristokrat und in gewissem Sinne auch Politiker, doch er hätte ebensogut vom Sirius stammen können, so undurchschaubar und fremd erschien er mir damals. Ich kauerte in seinem Jeep aus dem Zweiten Weltkrieg, der durch den Staub auf ein großes rotes Sandsteinhaus zuholperte, ein Haus voller düsterer Zimmer und Diener, die einem auf ein Händeklatschen hin Tee brachten.

Narendra, den ich inzwischen kennengelernt habe, würde nie in die Hände klatschen, um einen Diener herbeizurufen. Dennoch sehe ich uns in einem geradezu exemplarischen Raum sitzen, einem Raum, von dem sich alle anderen, untergeordneten Räume ableiten – einem Zimmer mit hoher Decke, in dem sich ein Pankha befindet, ein schwarzes Telefon und eine von Wand zu Wand reichende Matratze, bedeckt mit bestickten Polstern und Kissen. Narendra ruht halb aufgerichtet auf den Polstern und klatscht in die Hände – eine Szene aus Tausendundeiner Nacht. Der Tee erscheint und wird auf niedrige, achteckige Tischchen gestellt. Die Tische sind silbern eingefaßt. Und da ist Narendras Vater, der Colonel, im Reitanzug und mit einer englischen Mütze auf dem rasierten Schädel; er prahlt mit dem Brustumfang, den er in seiner Jugend einmal besaß, und verrät mir das Geheimnis seiner phänomenalen Gesundheit: eine Tasse heißer Ghi um vier Uhr früh, gefolgt von Liegestützen und einem Zehnmeilenlauf.

«Ich mache Sie mit einem Raika bekannt, der ein Kamel dazu abrichten kann, Ihnen morgens das Frühstück zu bringen. Wir werden diesen Mann engagieren, und Sie müssen bei uns wohnen und alles Wissenswerte über Kamele lernen. Im Grunde interessiert mich das selber, wenn ich auch Pferde vorziehe. Morgen aber fahren wir mit dem Jeep nach Jaisalmer.» Eine weitere Person betritt den Raum: Narendras Schwester Minu. Sie ist in einen Kokon aus blauer Seide gehüllt; Gold glänzt an ihrer Nase, an ihren Armen, ihren Zehen. Sie ist eine der schönsten Frauen, die ich je gesehen habe. Ihr gesamtes Eheleben hat sie «in Parda» verbracht, völlig abgeschirmt in einem Palast. Jetzt, nachdem sie ihre einzige Tochter verheiratet hat, hat man ihr erstmals gestattet, ihre Familie zu besuchen.

Der Colonel fuhr mich tatsächlich nach Jaisalmer, einer Stadt aus gemeißeltem goldfarbenen Stein am Rande der Thar. Mir war ziemlich übel – die Rache der dritten Welt am Magen des Kolonialherrn. Aber in Gesellschaft des Colonel konnte man es sich nicht leisten, derartige Schwächen zuzugeben. In jedem Dorf zwischen Bikaner und Kota waren Geschichten von seiner Tapferkeit im Umlauf. Er war zwar des Lesens und Schreibens unkundig, aber ungeheuer exzentrisch und auch zu unschuldiger Grausamkeit fähig, kurz: Inbegriff der Tugenden einer uralten Kriegerkaste. An jenem Abend hielten wir in einem winzigen Wüstendorf. Nach der Fahrt fühlte ich mich völlig zerschlagen, meine Ohren und meine Nase waren mit Sand verstopft, und nur mit größter Mühe gelang es mir, meinen Magen unter Kontrolle zu halten. Der Colonel aber war frisch wie ein Frühlingstag. In einer düsteren Schenke, die nur aus einem einzigen Raum bestand, bestellte er uns etwas zu essen.

«Colonel, ich glaube nicht, daß ich ...»

«Unsinn. Das wird Ihnen guttun.»

Zwei Schüsseln wurden neben die Kerze auf den Holztisch gestellt. Ein Gemüsecurry, ein Fleischcurry. Mein Löffel traf auf einen Widerstand. Ich schob die Kerze heran. Und sah den noch am Fleisch hängenden Ziegenhuf. Dies behauptet zumindest meine Erinnerung, wobei ich nicht weiß, inwieweit ich ihr trauen darf. Seitdem habe ich nie mehr einen Ziegenhuf in einem Curry gefunden. Und kein indisches Wirtshaus, das ich seither besucht habe, wurde von so mildem Licht erhellt, war so friedlich und still wie ein Gemälde. Jaisalmer, das ich seit damals noch öfter wiedergesehen habe, war bei jenem ersten Mal ein Traum. Später kaufte mir der Colonel bei Zigeunern eine Flasche geschmuggelten Schnaps. Der Satz auf dem Flaschengrund, erzählte er, bestehe aus zerstoßenen Perlen.

Nach Jodhpur zurückgekehrt, waren wie uns alle einig, daß ich im folgenden Jahr wiederkommen solle, um mit den Raika umherzuziehen und über sie zu schreiben. Ein durchreisender Astrologe studierte meine Sterne und bestätigte, daß ich im August eintreffen würde.

Er irrte sich.

Jahre vergingen und mit ihnen jeglicher Wunsch, unter Nomaden zu leben. Doch die Bilder von dem verkrüppelten Bettler und der Raika-Frau blieben mir in all ihrer Gegensätzlichkeit im Gedächtnis, denn sie illustrierten Fragen, die mich permanent beschäftigten: Freiheit und Beschränkung, Reisen und Seßhaftigkeit.

Dieses Jahrhundert hat die größten Bevölkerungsumwälzungen in der Geschichte der Menschheit gesehen. Aber es ist auch Zeuge des Niedergangs des traditionellen Nomadentums geworden, einer Wirklichkeitserfahrung, die uns seit unseren Anfängen begleitet, unserer ältesten Seinserinnerung. Und dann gibt es die neuen Nomaden, die nicht mehr überall, sondern nirgends zu Hause sind. Zu ihnen gehöre ich.

Nach meinem ersten Auszug aus dem Land meiner Geburt hatte ich in England und Amerika gelebt, hatte unzählige andere Länder besucht und war mehrere Male nach Australien zurückgekehrt, nur um gleich wieder aufzubrechen. Irgendwann war mir bei all dieser Unrast das Gefühl für ein Gravitationszentrum – einen Ort, mit dem ich die anderen vergleichen konnte – abhanden gekommen. Inzwischen fühlte ich mich auf einer Abendgesellschaft unter meinesgleichen ebensosehr als Anthropologin (genauso verwundert, fremd und einsam) wie angesichts einer Eingeborenenfamilie, die in einem Bachbett Witchetty-Larven verspeist. 1989 dann wurde das Gefühl der Entwurzelung immer unerträglicher. Ich beschloß, mich in London niederzulassen und zu versuchen, wieder so etwas wie ein Zugehörigkeitsgefühl zu entwickeln.

Doch als ein Freund mich zum Abendessen einlud und eine Überraschung ankündigte, die sich dann als Narendra entpuppte, der fünfzehn Zentimeter kleiner war, als ich ihn in Erinnerung hatte, und nicht annähernd so ehrfurchtsgebietend; der mich, nachdem er mich begrüßt hatte, als hätten wir uns erst vor einem Monat und nicht vor elf Jahren das letzte Mal gesehen, an mein Versprechen erinnerte und mich nach Indien einlud, als sei dies die normalste Sache der Welt – was blieb mir da anderes übrig als zuzustimmen? Was mich wieder in jene Seitengasse des Lebens lockte, war also eher Glück als Verstand. Und kann man nicht fast wieder gläubig werden, wenn man bedenkt, wie unwahrscheinliche Begegnungen dem Leben eine neue Richtung zu geben vermögen, und das gerade dann, wenn man sich von nichts als Steinwüste umgeben glaubt?

Narendra versicherte mir, ein Leben unter den Nomaden lasse sich leicht organisieren. In Pushkar könne ich während des Fests eine Gruppe kennenlernen und sie ein Jahr lang auf ihren Wanderungen begleiten. Leicht mochte dies zwar sein, doch ich benötigte Geld, und das hieß, ich mußte eine Zeitschrift finden, die mich finanzierte, sowie hin und wieder einen Fotografen ertragen. Falls mich ein leises Stimmchen davor warnte, meine eigenen Worte zurückzunehmen (ich hatte mir geschworen, nie wieder so etwas zu tun), so wurde es von einem ganzen Chor pragmatischer Überlegungen übertönt.

Ich verfaßte einen Kostenvoranschlag, bestach die Herausgeber mit jenem im hintersten Winkel meines Oberstübchens vor sich hin schimmelnden Dünen-und-Dämmerungs-Gemälde und unterschrieb Verträge.

Fehlstarts

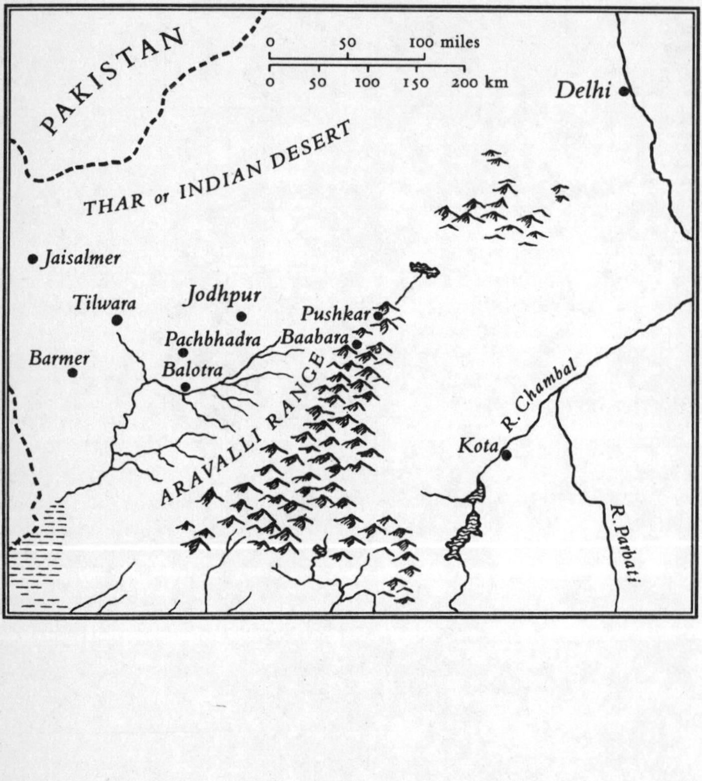

PAKISTAN
0 50 100 miles
0 50 100 150 200 km
Delhi
THAR or INDIAN DESERT
Jaisalmer
Tilwara
Jodhpur
Pushkar
Pachbhadra
Baabara
Barmer
Balotra
ARAVALLI RANGE
R. Chambal
Kota
R. Parbati

1

Und traf am Tag der schlimmsten Unruhen seit der Unabhängigkeit in Indien ein.

Die Eindrücke, die ich von meinem letzten Besuch her in Erinnerung hatte, waren Touristenbilder: Feste, in Chiffon gehüllte Frauen, zerfallende Paläste, Pfauen, die auf staubigen Bäumen hockten. Oder Bilder von «alten Freunden», die in unwahrscheinlichen «Rahmen» klemmten wie in jenen komisch bemalten Pappwänden, durch die man auf Volksfesten den Kopf streckt, um sich fotografieren zu lassen: Narendra, der eingeseift auf dem Stuhl auf seinem Rasen sitzt und sich rasieren läßt; Minu, die ihr Gesicht mit blauer Seide verhüllt, während sie über die Rechte der Frauen spricht. Das Indien, das ich mir aus meiner Lektüre zurechtkonstruiert hatte, war tolerant und rational – ein Land, in dem man Algebra, Geometrie und Astronomie studierte, während Europa im finsteren Mittelalter versank, wo Schach und das Dezimalsystem erfunden wurden, wo große Männer und Frauen sich für ein Ideal geopfert und auf den Trümmern des Kolonialismus eine funktionierende Demokratie errichtet hatten, wo unterschiedliche intellektuelle und religiöse Überzeugungen friedlich koexistierten – ein Indien, das nur wenig zu tun hatte mit dem, was sich momentan da draußen vor meiner Tür abspielte.

Der Hotelfernseher zeigte aufgebrachte Menschenmassen, die durch die Straßen rannten, Lathi-schwingende Polizisten, religiöse Fanatiker, die in die Kamera brüllten.

In ihren Bemühungen um Wählerstimmen hatte eine rechtsgerichtete, chauvinistische Hindu-Partei, die Bharatya Janata Party (BJP), einen Marsch quer durch Indien nach Ayodhya organisiert, einer kleinen Stadt im Norden, die von den Hindus als legendärer Geburtsort Rams verehrt wird. Dort wollten sie, genau an der Stelle, an der zufällig eine Moschee aus dem 15. Jahrhundert, die Babri Masjid, steht, einen Tempel errichten. Der BJP-Vorsitzende

Advani, der die zehntausend Kilometer lange Prozession anführte, amüsierte sich in einem riesigen safrangelben Gefährt, das Rams Streitwagen nachempfunden war. Gewaltige Massen hinduistischer Gläubiger waren zusammengeströmt und griffen unterwegs immer wieder moslemische Wohnviertel an. Advani wurde festgenommen, noch ehe er besagten Ort erreichte, an dem ihn hunderttausend Kar Sevaks (heilige Hindu-Freiwillige) erwarteten. Einige von ihnen versuchten, die Moschee zu stürmen. Die Polizei eröffnete das Feuer. Und das Land erlebte eine Explosion der Gewalt.

Bis zum Pushkar-Fest waren es noch vierzehn Tage, doch der Bevölkerung wurde geraten, keine Massenveranstaltungen zu besuchen, und im übrigen streikten die Angestellten des öffentlichen Verkehrs sowieso. Es war unmöglich, in Delhi einen Jeep zu kaufen, die Armee hatte alle requiriert. Ich schritt im Hotelzimmer auf und ab, verschlang Zeitungen und Fernsehberichte, bis Narendras Anruf kam. Er mußte zurück auf seine Farm, die zwei Tagesreisen westlich von hier bei Jodhpur in Rajasthan lag. Er könne mich in Pushkar absetzen. Wir kamen gerade rechtzeitig dort an, um noch mitzubekommen, wie Kamelherden und ihre Raika-Besitzer sich auf Anweisung bewaffneter Polizisten in kleinen Grüppchen zerstreuten.

Apropos Märchenland ... Wo es einst kleine improvisierte Märkte gegeben hatte, auf denen es vom intarsienverzierten Kamelsattel bis zum trägerlosen Büstenhalter alles zu kaufen gab, standen nun westliche, auf Maharadschazelt getrimmte Mobiltoiletten und Läden, die «I'VE BEEN TO PUSHKAR»-T-Shirts feilboten. Ausländische Touristen schienen in der Überzahl gegenüber den Einheimischen, von denen die meisten auf die immer noch bestreikten öffentlichen Verkehrsmittel angewiesen waren. Das Landwirtschaftsministerium und das Fremdenverkehrsministerium hatten unterschiedliche Termine für den Jahrmarkt angesetzt. Weswegen die Nomaden zu früh, die Pilger zu spät kamen. Jegliche Hoffnung, mit den Raika auf Wanderschaft zu gehen, war somit dahin.

Narendra fuhr weiter nach Jodhpur. Ich blieb zurück, um auf den

Fotografen Dilip Mehta zu warten, den die Zeitschrift mit der Bebilderung des Raika-Artikels beauftragt hatte. Ich kannte ihn bereits und mochte ihn. Natürlich wußte ich auch, daß Schreiber und Fotografen unterschiedlichen Gattungen angehören und die Zusammenarbeit, wenn es hart auf hart geht, was zwangsläufig passiert, durchaus angespannt werden kann. Daher ist es wichtig, sobald wie möglich ein gutes Einverständnis herzustellen. Ich war keine besonders typische Journalistin. Ich ließ mir gern Zeit zum Nachdenken und Träumen – bevorzugte also eine Art des Wahrnehmens und Eindrückesammelns, die echte Journalisten in den Wahnsinn treibt. Dilip war am Vorabend aus Hongkong, Lappland oder sonstwoher eingeflogen und sofort hierhergefahren, nur um dann feststellen zu müssen, daß es nichts zu fotografieren gab. Dennoch zog er mit finsterer Miene und seinen Nikons los und legte sich gleich mit einigen Pilgern an, die behaupteten, er habe die im heiligen Becken badenden Frauen fotografiert. Dilip kehrte nach Delhi zurück. Während ich in einem Taxi nach Jodhpur flüchtete. Es gab drängendere Probleme als unsere Verständigung.

Am Abend meiner Ankunft wurden bei lokalen Aufständen acht Menschen getötet, und zum ersten Mal in der Geschichte Jodhpurs wurde eine Ausgangssperre verhängt. Ich hatte vor, mir ein Hotelzimmer zu nehmen. Der Colonel wünschte jedoch, daß ich bei ihm im Stadthaus wohnte. Minu ließ ausrichten, daß ich zu ihr nach Ghanerao kommen solle. Und Narendra bestand darauf, daß ich auf seine Farm zog, wo es ein Ein-Zimmer-Cottage ganz für mich allein gebe. Ich kapitulierte vor der einzigartigen indischen Gastfreundschaft und entschied mich der Ruhe wegen für die Farm.

Narendras Haus bestand aus zwei runden roten Sandstein-Jhumpas (im typisch rajasthanischen Stil), an die sich zu beiden Seiten jeweils zwei kleinere anschlossen, die alle mit konischen Strohdächern gedeckt und durch Steingänge miteinander verbunden waren. Ein paar wenige geschmackvolle Gegenstände verteilten sich in schöner Schlichtheit über die kühlen weißen Räume. Mit Läden versehene Fenster öffneten sich auf Ansichten von Chilifeldern, die wiederum Schlösser umrahmten, oder waren mit tropfenden Reisern ausgefüllt – der traditionellen Klimaanlage. Rings um die Gebäude erhob sich eine Veranda aus Lehm und Dung, auf der Eichhörnchen, Vögel, Kobras und Wiesel ihr Sonnenbad nahmen. Auf meinem Zimmerchen, etwa hundert Meter vom Haus entfernt gelegen, thronte statt eines Dachs ein Wassertank.

Am ersten Morgen erwachte ich vom Lärm des in die Bewässerungsgräben hinabstürzenden Wassers und der Pfauen, die, reich gefiedert und müßig wie Maharadschas, im Baum vor meinem Fenster ihr Katzengeheul anstimmten. Vor meiner Tür erstreckten sich blaugrüne Felder, belebt von Bäumen und den bunten Saris der zur Arbeit gehenden Frauen. Graue Kraniche lüpften ihre Beinkleider und staksten im Wasser umher wie englische Professoren auf einer esoterischen Exkursion.

Als erstes ging es nun darum, verläßliche Informationen über die Nomaden einzuholen. Nach Erhebungen aus dem 19. Jahrhundert handelte es sich um Kameldiebe, Kaktusesser und Weizenräuber. Und ein gewisser Dutt, der sich im Jahre 1871 über die Schönheiten Pushkars verbreitet hatte, schrieb: «Wir sahen Kamele, die zu einer Wüstendurchquerung aufbrachen und Männer und Frauen samt ihrem Gepäck und ihren Essens- und Wasservorräten beförderten.» Diese Bemerkungen sowie eine kurze Erwähnung in den «Rajasthaner Annalen» von Colonel Todd waren die einzigen Hinweise, die ich in englischen Bibliotheken über die Rabari oder Raika hatte auftreiben können.

Soweit ich in Erfahrung bringen konnte, war Rabari der allgemeinere Begriff, während Raika eine bestimmte kamelzüchtende Unterkaste bezeichnete. Dies war jedoch keine starre Regel, und die Bedeutung der Namen wurde mir erst später genauer erklärt. Die ursprüngliche Herkunft der Nomaden jedenfalls war in Vergessenheit geraten. Mit Sicherheit waren sie Indoeuropäer, hellhäutig und häufig grün- oder blauäugig. In den Annalen der Industal-Kulturen fanden weder Schafe noch Kamele Erwähnung; wahrscheinlich hatten die Nomaden sie bei ihrer Ankunft mitgebracht. Sie gliederten sich in zwei Hauptzweige, die Maru und die Chalkia. Während die Maru traditionell ausschließlich mit Kamelen handelten, jenem Tier, mit dem sich alle Rabari am stärksten verbunden fühlen und von dem sie glauben, daß es gleichzeitig mit ihnen erschaffen wurde, hielten die Chalkia Schaf- und Ziegenherden. Ausgangspunkt ihrer Geschichte war Jaisalmer in der Wüste Thar. Von dort aus hatten sie sich im Laufe der Jahrhunderte mit ihren Herden über andere Staaten ausgebreitet, sich in die Hindu-Kosmologie integriert, in Unterkasten aufgeteilt, stets aber ihre Rabari-Eigenart, ihr Anderssein, beibehalten.

Alle, denen ich begegnete, wußten etwas über sie zu erzählen, doch was immer einer als unumstößliche Tatsache behauptete, das wurde genauso regelmäßig von einem anderen in Abrede gestellt. Ebenso war man sich einig, daß eine Teilnahme an ihren Wanderungen sehr leicht zu organisieren sei, keiner aber verriet mir, wie genau dies zu bewerkstelligen sei.

Oh, diese ersten zögernden Schritte auf fremdem Terrain, wenn man die Regeln noch nicht kennt! Man bremst seine Spontaneität, will sich angemessen und angepaßt verhalten; verbietet sich jede Kritik, die die Aufnahmefähigkeit blockieren könnte. Man weiß nicht, welchem Rat zu folgen, welche Information zutreffend ist. Wie unsicher man sich fühlt! Fehler zu machen und auf Nachsicht zu hoffen, also sich zu gestatten, einfach man selber zu sein wäre vielleicht die günstigere Vorgehensweise, doch diese Art von Courage stand mir nicht zu Gebote. Wo andere große Sätze machten, tastete ich mich nur zögernd voran.

Ich hatte vor, mir einen Jeep zu kaufen und allein in den Wüstengebieten herumzufahren, bis ich eine Gruppe fände, mit der sich ein gutes Verhältnis herstellen ließ. Ein paar Monate später dann wollte ich mir auf dem Viehmarkt von Chaitri in der Nähe von Barmer Kamele kaufen. Und danach würde ich ins Rabari-Dorf ziehen, bis es Zeit zum Aufbruch wäre.

Der Kauf des Jeeps nahm mehr als eine Woche in Anspruch. Tag für Tag geleitete mich Narendras erster Diener Khan ji dauerlächelnd und gelassen durch Straßen und Gassen, von Bank zu Behörde und wieder zurück, besorgte die Unterlagen, führte mich zu weiteren mysteriösen Gebäuden, beantwortete an meiner Stelle Fragen, zeigte mir, wo ich mich hinsetzen, wo ich unterschreiben, warten und erneut unterschreiben sollte. Doch schließlich waren die Papiere in Ordnung, und es ist schon ein erhebendes Gefühl, hinter dem Lenkrad des eigenen Jeeps zu sitzen, mit der Faust auf die Hupe zu donnern und sich durch Gassen – kaum breiter als der Wagen – nach Hause zu tasten, Gassen, die, abgesehen von Motorradrikschas, Dieselabgasen, Synthetiksaris und an den Dächern winziger Läden baumelnder Plastikware, seit Jahrhunderten gleich aussehen.

«Du brauchst einen Chauffeur.»

«Narendra, ich reise seit Jahren allein. Ich versichere dir, ich brauche keinen Fahrer.»

Mein Gastgeber überlegte einen Augenblick. «Aber du bist jetzt in Indien, und in Indien brauchst du einen Chauffeur.» All meine Wunschphantasien, mich allein und unbeschwert den Gefahren der Landstraße auszusetzen, verschwanden ein für allemal. Von jenem Augenblick an sollte ich, wo immer ich auch ging und stand, von einer Phalanx von Helfern oder, häufiger noch, von Tausenden von Zuschauern umringt sein.

Nachdem ich die Notwendigkeit eines Fahrers akzeptiert hatte, war es nur noch ein kleiner Schritt zu der Einsicht, daß ich auf meiner ersten Fahrt in die Wüste und bei meiner ersten Begegnung mit den Nomaden mehrerer Begleiter (Narendras Freunde und Diener) und einer Unmenge an Gepäck bedurfte. Bettzeug inklusive frischer Laken beispielsweise sowie eine beträchtliche Anzahl von Tiffins (mehrstöckige Essensbehälter aus Metall, die mindestens ein halbes Dutzend Currys von der gaumenversengenden Sorte enthalten).

Meine Begleiter waren wie folgt: Khan ji, der Fahrer, ein Rajput, der als Vierzehnjähriger aus einem Dorf gekommen und in Narendras Dienste getreten war, dem man Lesen und Schreiben beigebracht hatte und der abends via Fernstudium einen Bachelor-Abschluß anstrebte. Sein Bildungseifer grenzte ans Pathologische, und da er ein Genie war, wirkte seine Anwesenheit ein wenig einschüchternd. Takat Singh ji, Offizier der Grenzsicherheitstruppen und pensionierter Chef des Kamelkorps. Ich hatte ein Foto von ihm gesehen, auf dem er am Unabhängigkeitstag in Delhi die Kamelparade anführt. Takat war eins achtzig groß, besaß einen entsprechend gewaltigen Schnurrbart und ein Lachen, mit dem man Wolken impfen konnte. Mohan Singh ji, ein unkorrumpierbarer Gewerkschaftsführer, der sich ganz der politischen Reform verschrieben hatte. Er sprach ein paar Brocken Englisch und sollte daher als Dolmetscher fungieren. Der letzte an Bord war Mornat, der König der Rajasthaner Yogis. Mornats Leute waren Stammesangehörige, das heißt, sie standen außer- oder vielmehr unterhalb des Kastensystems. Sie waren Zigeuner, die traditionell mit ihren Hunden zur Jagd gingen. Inzwischen aber gab es kaum mehr etwas zu jagen und auch kaum noch freies Land, auf dem man hätte jagen können. Narendra hatte Mornat und seiner Großfamilie angeboten, auf seiner Farm zu leben, und so einen Präzedenzfall für andere Yogis geschaffen, die am Ende wohl keine andere Wahl haben würden, als ebenfalls seßhaft zu werden. Als Gegenleistung hütete Mornat oder einer seiner Brüder nachts das Feuer, brachte seine Familie bei besonderen Anlässen zum Singen und Tanzen zum Haus oder bereicherte die Tafel mit Wild.

Irgendwie sollte ich nun diese Truppe, diese vier Burschen, anführen, ohne eine ihrer Sprachen zu beherrschen, ohne etwas über die hiesige Kultur zu wissen, ohne den blassesten Schimmer, worauf wir uns da eingelassen hatten oder was wir eigentlich suchten. Meine Herkunft hatte ein starkes Unabhängigkeitsgefühl in mir befördert, so daß ich, wenn meine Leute jede meiner Bewegungen genau beobachteten oder mir in plötzlichen Anwandlungen von Galanterie Sachen aus den Händen rissen, Versagensängste bekam und mich inkompetent fühlte. Vielleicht hätte ich von Anfang an entschiedener auftreten und den Übereifer von Narendra und Co. bremsen müssen. Doch in Indien ist Alleinsein gleichbedeutend mit Abnormität, als Frau allein zu sein ist eine Beleidigung der Ritterlichkeit und als Europäerin allein zu sein eine Einladung zu Mißverständnissen. Narendra hatte recht. Ich war in Indien und sollte mich daher an indische Gepflogenheiten halten, was bedeutete, möglichst viele Leute anzustellen und jede Hoffnung auf Alleinsein fahrenzulassen.

Grinsende Gesichter, Koffer, Arme, Beine – der Jeep war voll.

Narendras gesamte Dienerschaft nahm am Hoftor Aufstellung, faltete die Hände und verbeugte sich tief. Spirituelle Vergewisserung in Form von Joghurt und Jaggery (Rohzucker) wurde verzehrt, Hände wurden zusammengepreßt, um Devi um ihren Beistand anzuflehen. Khan ji drückte mehrmals auf die Hupe, und alle lachten und überschrien sich gegenseitig. Alle außer Memsahib, die ein wenig angespannt lächelte.

«Ihr müßt mich nicht Memsahib nennen. Nennt mich Robyn.»

«Ja, Memsahib.»

Daß Memsahib einen Jeep zu steuern verstand, war derart unwahrscheinlich, daß Khan ji auf meinen Vorschlag hin, selber zu fahren, nur lächelte. In Cherai, einem sechzig Kilometer nördlich von Jodhpur an der Straße nach Jaisalmer gelegenen Dorf, würden wir einen wichtigen Mann treffen. Dieser wichtige Mann würde uns einem wichtigen Mann vorstellen, der uns mit dem wichtigsten Mann eines Raika-Dorfes bekannt machen würde. Aber vielleicht hatte ich das auch völlig mißverstanden. Ich mußte einfach abwarten. Nach vierzig Kilometern sagte ich in so gebieterischem Ton, wie mir zu Gebote stand: «Jetzt werde ich fahren.»

Memsahib saß nervös hinter dem Lenkrad. Khan ji war in rasantem Tempo durch die Dünen gekurvt, und sie war sich nicht sicher, ob sie es in puncto Fahrstil mit ihm aufnehmen konnte. Alles ging gut, bis wir ein ausgetrocknetes Flußbett erreichten, durch das zwei Reifenspuren führten. Ich schaltete auf Vierradantrieb um und wich vorsichtig den Felsbrocken aus. Es tat einen Schlag. Unter dem Vorderrad hatte sich ein Stein gelöst und unseren Dieseltank durchschlagen. Wir waren in der Wüste gestrandet, saßen inmitten kahler Dünen fest.

Angesichts einer derartigen Katastrophe würden die meisten Männer wohl zumindest gegen einen Reifen treten und etwas Unfreundliches murmeln. Nicht diese Rajasthanis. Sie lachten, sie erzählten Witze, sie holten einen Tiffin aus dem Wagen, breiteten im kärglichen Schatten eines Acra-Busches Matten aus, krochen abwechselnd unter den Wagen und sauten sich mit Schmiere und Diesel ein und inspizierten den verantwortlichen Brocken, um Memsahib zu versichern, daß es nicht ihre Schuld sei. Doch all ihre

Versicherungen konnten meinen Gesichtsverlust nicht ungeschehen machen, und die Führung wurde stillschweigend wieder auf Khan ji übertragen, der nun, nachdem er den Rest unseres Diesels in einen Behälter abgelassen hatte, die Milch eines Acrablatts, etwas Seife und einen Lumpen nahm, um damit das Loch zu reparieren.

Aus dem Nichts erschien plötzlich ein Mann auf einem Fahrrad und ließ sich nieder, um sich an dem Spektakel zu ergötzen. Kurz darauf traf eine Familie auf einem Kamelkarren ein. Zuletzt hielt ein Bauer auf einem Traktor. Ich verwende das Wort Traktor hier ziemlich frei. Die meisten Außenteile, an denen man einen solchen erkennen würde, fehlten, so daß er an ein von Knaben gequältes Insekt erinnerte. Der Farmer stand etwas beiseite, kratzte sich unter seinem Turban und taxierte den Schaden an meinem Gefährt. Dann nahm er den Kanister mit dem abgezapften Diesel, verstaute ihn unter der Motorhaube, zerrte die Verbindungsschläuche aus dem beschädigten Tank unter dem Chassis und verlegte sie durchs Wageninnere, montierte also das gesamte Kraftstoffsystem neu, so daß es nun vom Behelfskanister her gespeist wurde, und startete den Motor. Und das funktionierte nicht nur, sondern beförderte uns sicher über zweihundert Kilometer Sand und Geröll und wurde später mit einigen technischen Verfeinerungen als dauerhafte Verbesserung der Jeepkonstruktion beibehalten. Der Bauer akzeptierte eine Zigarette für seine Mühe, unser Essen wies er zurück.

Wir fuhren weiter, trafen den wichtigen Mann, der uns dem wichtigen Mann vorstellte, der uns mit dem wichtigsten Raika bekannt machte. Irgendwie hatten wir in der Zwischenzeit ein weiteres halbes Dutzend von Helfern angesammelt. Der für mich problematischste Aspekt dieser Reise war nicht die Unmöglichkeit, zu verstehen, was gesagt wurde oder was vorging, oder die Schwierigkeit, in einem Jeep voll von Männern und sengendem Sand überhaupt noch atmen zu können, oder gar das Gefühl, ein völlig nutzloser Mensch zu sein. Nein, es waren die körperlichen Bedürfnisse. Rajput-Damen schienen Derartiges nicht zu kennen. Narendras Schwester Minu erzählte mir einmal, daß die Prinzessinnen, falls nötig, bis nach Delhi ihre Blase beherrschten, bevor sie es wagten, eine Indezenz zu riskieren und hinter einen Busch zu springen; und sie selber hatte erst kürzlich den Mut aufgebracht und gefragt, ob sie aussteigen dürfe. Zum Teufel damit, dachte ich. Doch Euphemismen waren schon notwendig. «Khan ji, könntest du bitte anhalten? Ich möchte mich waschen.» Und das mitten in der Wüste, wo es meilenweit kein Wasser gab. Meine Gefährten starrten zum Fenster hinaus oder auf ihre Hände, und ihre Gesichter nahmen einen gequälten Ausdruck an, als hätte ich eben gesagt: «Ich will mich nackt ausziehen und auf der Kühlerhaube tanzen.» Es ist nicht einfach, sich zu erleichtern, wenn man weiß, daß zwanzig Meter weiter eine Wagenladung voller Männer vor Verlegenheit fast vergeht.

Der wichtigste Mann des Dorfes, ein bärtiger, ausgezehrter Greis, versicherte mir, es sei kein Problem, wenn ich bei seinen Leuten leben wolle, ja, ich könne ruhig mit ihnen ziehen. Warum denn nicht? Früher, vor der Teilung, hätten sie ihre Kamele nach Pakistan gebracht, nach Sindh, jetzt aber zögen sie nach Nordosten, nach Uttar Pradesh. Er steckte ein Stückchen klebrige schwarze Masse in den Mund und lächelte selig.

«Wenn du mit uns kommst, wirst du dich ausschließlich von Kamelmilch ernähren. Ich selber bin einmal über einen Monat lang ohne Wasser durch die Thar gereist ... aber ich hatte natürlich Af-heem.» Er reichte mir ein wenig von dem schwarzen Zeug, das bitter schmeckte, nach ein paar Minuten aber lächelte auch ich und kam zu dem Schluß, daß für Leute, die mit nichts als Kamelmilch zu trinken glühende Wüsten durchquerten, Opium ein notwendiger Bestandteil des Reisegepäcks war.

«Und wie alt sind Sie, Haru Ram ji?» Ich hatte die Vorstellung, er könne mir noch Geschichten aus dem letzten Jahrhundert erzählen. «Ich bin dreiundfünfzig», erwiderte er und fügte, als er meinen Gesichtsausdruck bemerkte, hinzu: «Das Leben eines Nomaden ist hart.» Mohan ji erklärte, daß Opium zwar die Geisteskräfte steigere, aber den Körper zerstöre. Ein anderer bemerkte, daß die Frauen es nie nähmen, es sei denn, sie waren krank, ein Punkt, der eine allgemeine Diskussion über die geistige

Überlegenheit der Rabari-Frauen auslöste. Dieser mentale Dimorphismus der Geschlechter wurde überall in Rajasthan noch unzählige Male kommentiert: Rabari-Frauen waren tüchtig, gerissen, freimütig und klug; Rabari-Männer waren still, einfältig und dumm wie Bohnenstroh. Die Erklärung dafür war, daß sich die Männer ab einem Alter von sieben Jahren draußen bei den Herden aufhielten, Wolle spannen und Selbstgespräche führten, während die Frauen allen möglichen Tätigkeiten nachgingen, vor allem Handel trieben und die Finanzen verwalteten. Haru Ram ji schob sich noch ein Stück Afheem in den Mund und lächelte einfältig vor sich hin. Einfältig wie ein Wolf.

«Schmuggeln Sie es über die pakistanische Grenze?» fragte ich. Worauf man mir versicherte, daß die Raika viel zu harmlos seien, um etwas Derartiges zu tun. Nein, die Schmuggler gehörten meist organisierten Verbrecherkartellen an, die von Bombay aus operierten. Versteckt in den Chassis von breitreifigen Jeeps mit Rauchglasfenstern, die inzwischen so verbreitet waren wie Dromedare in der Wüstenzitadelle Jaisalmer, wanderte auf der alten Seidenstraße der Alkohol nach Norden, das Heroin nach Süden. Manchmal schickten sie reiterlose Kamele, schwer mit Schmuggelgut beladen, nach Hause in ihre Dörfer nach Pakistan. Falls sie von den Grenzsicherheitstruppen gefangen wurden, nun, so war es ziemlich schwierig, ein Kamel zum Reden zu bringen. Später sollte ich erfahren, daß die Raika, die begonnen hatten, durch den Opiumgürtel von Madhya Pradesh zu wandern, wo der Mohnanbau legal ist, es tatsächlich über die Staatsgrenze schmuggelten, indem sie es an den Bäuchen ihrer Schafe festbanden.

Wir erreichten einen hundert Meter tiefen Brunnen inmitten niedriger Dünen, neben dem einige in Lumpen gekleidete junge Männer sich um ein Kofferradio drängten und Nachrichten hörten. Abgesehen von der nach dem Ayodhya-Fiasko im Land herrschenden Unruhe hatte die Zentralregierung vor kurzem die Befunde des Berichts der Mandal-Kommission akzeptiert, der empfahl, das Vorrecht von Stellen- oder Studienplatzreservierungen auch «anderen rückständigen Klassen» zugänglich zu machen. Falls die Regierung die Empfehlungen des Berichts in die Tat umsetzte, würden die Raika mit Sicherheit einige Privilegien erhalten. Doch das schien unwahrscheinlich, denn bis zu diesem Zeitpunkt hatten sich bereits hundert Universitätsstudenten aus Protest verbrannt, und das gräßliche Schauspiel dauerte immer noch an.

Haru Ram ji starrte zu Boden, betrachtete einige Spuren und verkündete, daß die Kamele in einer halben Stunde zurückkämen. Zwar glaubte ich gerne, daß Pagis (Fährtenleser) durch Studieren der Fußabdrücke die Herkunft eines Kamels feststellen konnten; aber daß Haru Ram ji die Zukunft vom Boden ablesen konnte, das ging mir denn doch zu weit. Eine halbe Stunde später kamen die Tiere heranspaziert. Haru Ram ji pflückte ein Acrablatt, formte es zu einem Becher, molk eine Kamelkuh und reichte mir das schäumende Getränk. Es hatte einen nussigen Geschmack und sehr wenig Fett. Ich konnte mir zwar weit Besseres vorstellen, aber auch Schlechteres.

Nicht zum letzten Mal verfluchte ich meine mangelnden Sprachkenntnisse. Eines zumindest wurde offensichtlich, als ich da unter den Bäumen hockte und angestrengt in das Stimmengewirr hineinhorchte. Die Raika waren in Schwierigkeiten, und wenn es darum ging, ihrem Mißgeschick Ausdruck zu verleihen, wurden diese normalerweise so schweigsamen Männer beredt.

Früher hatten Bauern und Hirten eine geradezu symbiotische Beziehung unterhalten; die Viehzüchter versorgten die Bauern mit Mist. Es gab genügend Platz für alle und ausreichend Weideland, das sowohl durchziehende Herden als auch die einheimischen Tiere ernährte. Das Verhältnis zwischen seßhaften und nomadischen Völkern hatte zwar immer Diplomatie erfordert, doch heutzutage barg es Sprengstoff in sich.

Heute steht bereits fünfzig Prozent weniger Land für die Weidewirtschaft zur Verfügung als noch vor zehn Jahren. Die gewaltige Zunahme der Staatsbrunnen hat zur Folge, daß neubewässerte Farmen die Wanderrouten blockieren und natürliches Weideland schon nach wenigen Jahren zur Salzwüste verkommt. Kleinbauern existieren meist nah der Elendsschwelle, so daß sie den Dung zwar immer noch gebrauchen können, nicht aber die Herden, welche die letzte Ernte, die zwischen ihnen und dem Ruin steht, vertilgen und das Weideland für ihre eigenen Tiere dezimieren. Während der Wanderzeiten kommt es häufig zu Auseinandersetzungen, Menschen werden getötet, und die Polizisten stellen sich, wenn es Ärger gibt, fast immer auf die Seite der Seßhaften, von denen sie den Großteil ihrer illegalen Einkünfte abschöpfen. Regierungen aber hatten noch nie etwas für Nomaden übrig.

Besaßen die Raika denn so etwas wie ein Stammland? Ja, unter dem alten Jajmani-System des feudalen Rajasthan war es ihnen von den Rajput-Herrschern geschenkt worden. Doch es war unbedeutend und mit Sicherheit zu klein, um die Herden zu ernähren oder es in Höfe aufzuteilen. Vor dem Monsun bauten sie ein wenig Bajri (Hirse) an, und wenn der Regen kam, hatten sie Getreide zu essen, wenn nicht ... Ich hatte das Zeug gesehen, das schütter wie die Barthaare eines Pubertierenden aus den Hängen der Dünen sproß. Jedenfalls schien die Vorstellung, Bauer werden zu sollen, diese Männer zu irritieren. Sie wollten weiterhin tun dürfen, was sie immer so gut und gewinnbringend getan hatten: ihre Tiere weiden.

Viele Raika stellten von Kamel- auf Schafhaltung um, die zwar weniger Prestige genoß, aber lukrativer war. Schafe grasen auch auf Stoppelfeldern und kurzem Rasen (wodurch sie größeren Schaden anrichten als das Kamel und die Wüstenflächen vergrößern), so daß die Migrationsmuster nun eine Tendenz zur Nutzung von Flußgebieten und Ackerland aufwiesen, wo das Futter am besten und auch am sichersten ist. (Im Dschungel sind die Tiere stets der Gefahr von Schakalen oder Diebstahl ausgesetzt.) Dürren, militärische Sperrgebiete, Atomtestgelände, Staatsgrenzen, die Absperrung von Staatsforsten, die Verbreitung der subventionierten Landwirtschaft – all diese Faktoren haben die Hirtennomaden gezwungen, immer weiter nach Süden auszuweichen, heraus aus den Wüsten und hinein in die grüneren Teile des Landes.

Meine Vision ganzer Nomadenklans, die mit tausend Kamelen in den Dünen der Thar-Wüste aufbrechen und mit dem Herzen schon in Pushkar sind, während Jaisalmer hinter ihnen zu einer Fata Morgana zerfließt, war ziemlich antiquiert. In der Gegend um Jaisalmer gab es praktisch keine Raika mehr, und jene, die geblieben waren, wanderten, nachdem sie ihre Herden während der Hungerjahre verkleinert hatten, nur noch in außergewöhnlich schlimmen Dürrejahren. Die alten Migrationsmuster, die auf einer Landkarte vielleicht einem alten Flußsystem geglichen hätten, hatten nur mehr Ähnlichkeit mit kläglichen Bächlein, die sich um zahllose Hindernisse schlängelten, deren Betten sich andauernd veränderten und in deren Strömung sich durch den Gegendruck der Bevölkerung immer wieder kleine Strudel bildeten. Es gab einfach keinen Platz mehr in Indien, und die Nomaden waren trotz ihrer Flexibilität, ihres Pragmatismus und Geschicks die ersten, die daran glauben mußten.

Als das Gespräch ins Stocken geriet, starrten wir alle ernst zu Boden. Schließlich fragte ich, ob ich vielleicht die Frauen kennenlernen könne. Bisher hatte ich in Rajasthan noch nicht einmal Gelegenheit gehabt, einer Frau auch bloß zuzunicken. Entweder waren sie durch die Parda abgeschirmt, oder sie arbeiteten draußen auf den Feldern, während die Männer palavernd und Biri rauchend in den Hauseingängen hockten.

Vom Dorf aus war die Raika-Siedlung nicht zu sehen; sie ging auf den «Dschungel» hinaus – das heißt auf nichtbestelltes, unbewohntes Land. Eine niedrige Mauer umschloß ein paar kleine Jhumpas. Alle Oberflächen bestanden aus blaßockerfarbenem Lehm und Dung, mit dem die Frauen Jahr für Jahr die Steine verputzten. Türen und Stürze waren weiß gestrichen. Die Dächer bestanden aus kegelförmig zusammengebundenen Reisigbündeln. Alles war ordentlich, sauber gefegt und hübsch anzusehen.

Ich wurde in eine Jhumpa hineingeführt, wo ich mich mit den Männern niedersetzte. Von Zeit zu Zeit steckten die Frauen ihre Köpfe herein, um einen Blick auf mich zu werfen. Zu diesem Zweck machten sie ein kleines Guckloch in die Ornis (Schleier), die ihre Gesichter verbargen. Nie zuvor hatten sie eine Europäerin zu Gesicht bekommen, und es wurde viel gekichert und geflüstert draußen vor der Tür. Niemand schien so recht zu wissen, was man nun eigentlich mit mir anfangen sollte, und die Scheu war beidseitig. Meine Gefährten unterhielten sich untereinander, während ich mir vorstellte, daß ich zu Mornat hinausgehen könnte, der als Unberührbarer die Siedlung nicht betreten durfte, allein draußen hockte und aus seinem unreinen Becher trank. Zwei vernichtende Auskünfte, die dann doch die Sprachbarriere überwanden, rissen mich aus meinen Träumereien. Erstens gingen diese Frauen nicht mehr mit den Männern auf Wanderschaft; es war zu gefährlich. Zweitens würde es in diesem Jahr keine Wanderung geben, da der Monsun in der letzten Regenzeit ungewöhnlich reichlich ausgefallen war.

All meine Hoffnungen stürzten wie ein Kartenhaus zusammen. Ich fragte, ob sie vielleicht Kamele zum Verkauf auf den Markt nach Chaitri brächten und, falls ja, ob ich sie dabei begleiten könne? Sicherlich täten sie das, aber auf diesen speziellen Markt kämen nie Frauen mit. Nun gut, war es vielleicht möglich, daß ich hier bei den Frauen im Dorf lebte und dann, wenn es an der Zeit war, mit den Männern nach Chaitri zog? Eine vernünftige Idee, darin waren sich alle einig. Das könne ich tun und gleichzeitig weiter nach einem Klan Ausschau halten, der immer noch auf Wanderschaft ging.

Schließlich luden mich die Frauen zum Tee in ihre Jhumpa, und als ich die Männer verließ, registrierte ich eine gespannte Erwartung, die mich vermuten ließ, daß – Orni hin oder her – die Frauen hier das Sagen hatten und alle meine Pläne von ihrem Urteil abhingen. Der kleine runde Raum war dunkel und kühl. Handgewebte Matten stapelten sich an der Wand, auf dem Boden befand sich eine winzige Kochstelle. Es gab keinen Schornstein, aber durch die schiefen Fenster entstanden mehrere sich kreuzende Luftzüge. Wandnischen boten Platz für persönliche Gegenstände: ein paar Messingtöpfe, Studioaufnahmen von unbeholfen posierenden Brautpaaren und Bilder diverser Götter, Göttinnen und verstorbener Verwandter in einem Tempel. Ich hockte, von mindestens zwanzig Frauen umringt, auf dem Boden.

Nun wird meine spezielle Arbeit häufig durch mein Geschlecht erschwert, und ich hielt es immer für klüger, während der Arbeit keine Aufmerksamkeit darauf zu lenken. Für dieses Projekt hatte ich einen hochgeschlossenen cremefarbenen Kurta-Anzug gewählt, der bis zu den Knöcheln und Handgelenken reichte. Das

Haar hatte ich zu einem Knoten geschlungen; ich trug weder Make-up noch Schmuck. Ich wirkte etwa so verführerisch wie ein Kuhfladen. In diesem winzigen Raum aber drängten sich die glamourösesten Geschöpfe, die man sich nur vorstellen kann, Frauen mit kholumrandeten Augen, vollkommenen weißen Zähnen, Armreifen bis unter die Achseln, Ohrringen und Nasenringen, hier und da baumelnden Silberkügelchen, einem Kilo Silber an jedem Fußgelenk (die Frauen tragen einen Großteil des Familienvermögens in Form von Schmuck am Leib, eine Gewohnheit, die manche Banditen dazu verleitet, ihnen bei lebendigem Leibe die Glieder abzutrennen), wadenlangen Röcken aus vielen Metern bedruckter Baumwolle, rot-rosa-gelb-blauen, silberbestickten Musselin-Ornis – und jede dieser Walküren strahlte eine derart konzentrierte Energie aus, daß ich das Gefühl hatte, ich müsse nur ein Streichholz anreißen, um die ganze Jhumpa in Brand zu stecken.

Eine ältere Frau (eine Witwe und daher in gesetztes Kastanienbraun gewandet und mit nur wenigen Metallklunkern behängt) brachte alle mit einem «Pst!» zum Schweigen und konzentrierte sich nun ganz auf mich. Sie konnte nicht glauben, daß ich sie nicht verstand, schob daher ihr Gesicht ganz nahe an das meine heran und wiederholte in deutlicher Artikulation und ohrenbetäubender Lautstärke ihre Fragen. Aber die Zeichensprache ist schließlich universal, so daß wir allmählich doch zu einer Verständigung gelangten. Nein, ich hatte keine Kinder. (Bestürzung und Gemurmel.) Warum? Ich überlegte rasch. Weil mein Mann jung gestorben war. (Mitfühlende Seufzer und Kopfnicken.) Eltern? Beide tot. (Allgemeines Gemurmel.) Und wie viele Brüder? Ich habe eine Schwester. Wie? Keine Brüder? Keine Brüder. (Tragik lag in der Luft.) Und hat deine Schwester Söhne? Vier Töchter. Eine respektvolle Stille trat ein angesichts eines Menschen, der so vom Pech verfolgt war, und die Fragestellerin preßte die Hände zusammen und verwies auf einen himmlischen Bhagwan, dessen Wege, so schien sie anzudeuten, unerforschlich waren. Ich gab einen jener Laute von mir, die von tapfer ertragenem Unglück zeugen, und lockerte dann die Stimmung, indem ich mir eine nun dringend benötigte Zigarette anzündete.

Ich wußte bereits, daß Rauchen bei einer Frau als gewagt galt, weigerte mich aber, mich in diesem Punkt anzupassen. Als der Aufruhr wieder abgeklungen war, wurde ich von allen Seiten so zärtlich und heftig umarmt, daß es ein Pferd umgeworfen hätte. So freundlich knufften sie mich in die Rippen, daß ich taumelte. Plötzlich redeten alle über Sex oder stellten ihn vielmehr pantomimisch dar. Von derben Lachsalven begleitet, stießen sie zwei Finger gegen den Handrücken der anderen Hand. Andere, deutlichere Gesten wurden verwendet. «Konnte eine Frau in meinem Land sich einen neuen Mann nehmen?» Eine halbe Stunde später schwankte ich schweißdurchnäßt aus der Jhumpa, durfte aber auch die borkenrauhen Hände vieler neuer Freundinnen in den meinen halten.

Ich kehrte nach Jodhpur zurück, um mich auf meine Monate im Dorf vorzubereiten.

Eine Woche später teilte Takat Singh mir mit, daß es sich die Frauen nun doch anders überlegt hätten. Von meiner Absicht, über sie zu schreiben, fühlten sie sich zwar geschmeichelt – sie hatten seit meinem Besuch von kaum etwas anderem gesprochen. Doch es gab ein Problem: «Wie sollen wir ihm gegenüber offen sein?» hätten sie gemeint. «Wir sind zu schüchtern.» *Ihm*? Jetzt war mir klar, was sie mit all den Knüffen vor die Brust bezweckt hatten.

Sie hatten Takat ihr Problem dargelegt. Vor drei- oder vierhundert Jahren hatte eine Gruppe von Wanderschauspielern bei Raika-Nomaden Zuflucht gesucht. Sie wurde ihnen gewährt, und wie es sich gehört, schliefen die Frauen bei den Frauen, die Männer bei den Männern. Doch irgend etwas war faul an diesen Schauspielerinnen, denn neun Monate nach ihrer Abreise blickten sogar unverheiratete Mädchen Mutterfreuden entgegen. Ich war meinen Freundinnen zwar sympathisch gewesen, aber sie wollten nicht, daß ihnen das gleiche widerfuhr – nein, vielen Dank.

Narendra lachte und meinte, mit ein paar Fehlstarts sei ja schließlich zu rechnen gewesen; Minu schickte eine Nachricht und schlug mir vor, die Raika von Nadol zu besuchen, einem Dorf, das etwa dreißig Kilometer von ihrem eigenen Dorf Ghanerao entfernt lag. Außerdem riet sie mir, einen Rock zu tragen, und zwar einen langen. Ich fuhr durch die typische Landschaft der Aravali-Ketten hinaus nach Nadol: granitene Felsnasen, kahl bis auf ein paar bewaldete Schluchten oder einen weißgestrichenen Elefanten, der hoch oben von seinem Gipfel für alle Zeiten das unter ihm liegende Ackerland überblickt. Kleine Tempel schmiegten sich in Felsspalten; in Felswände gehauene Treppen führten hinauf in die Wolken. Vor gar nicht allzu langer Zeit war dies noch Dschungel gewesen, in dem die Maharadschas ihre letzten Tiger gejagt hatten.

Ursprünglich stammten die Nadol-Raika aus dem Bezirk Jodhpur, doch als es vor fünfzig Jahren Unstimmigkeiten in der Familie gegeben hatte, war einer der Brüder mit seiner Familie nach Süden gezogen. Allmählich waren ihnen andere gefolgt, Ehen wurden geschlossen, und heute war die Gemeinschaft bereits auf mehrere hundert Menschen angewachsen.

Nadol war sehr viel wohlhabender als Cherai. Neue Ziegelhäuser wurden gebaut, um die hübschen, aber nicht so stabilen Jhumpas zu ersetzen. Es gab einen kleinen Tempel zu Ehren Pabu jis, einer für alle Rabari bedeutenden, historischen Herocum-Gottheit. Wie üblich wurde ich von den Männern begrüßt und in ein separates Gebäude geführt, in dem wir uns niedersetzten. Tee wurde gebracht, und man versicherte mir, daß ich – «doch, doch!» – herzlich willkommen sei, die Nacht bei ihnen zu verbringen. Aber ich merkte, daß sie sich genauso unbehaglich fühlten wie ich. Ein langer Schatten fiel vor mir über den Boden. Ich sah auf und erblickte eine ganz erstaunliche Erscheinung. Zuerst hielt ich sie für einen Eunuchen oder einen Mann in Frauenkleidung. Aber konnte eine Frau einen Meter fünfundachtzig groß sein und Hände und Füße haben wie ein Clydesdale? War es möglich, daß eine Frau ein solches Gesicht besaß? Eine Frau aber war sie, eine mächtige Witwe, und ihr Name war Teepu.

«Teepu ji, darf ich heute nacht in Ihrem Haus schlafen?» Ihr ungeheurer Mund war etwa fünfzehn Zentimeter breit und entblößte zwei lange, achtzig Jahre alte, goldverzierte Zähne. Sie zog mich vom Charpoi (einem leichten indischen Bettgestell) hoch, umarmte mich, wobei sie mir fast die Rippen brach, und entführte mich aus der Männerrunde.

In der Abenddämmerung beobachtete ich die Dorfbewohner bei der Arbeit. Niemand hetzte oder mühte sich ab, aber jeder Mann und jede Frau widmete sich unermüdlich seinen oder ihren Aufgaben. Es war, als betrachte man das Innere einer Schweizer Uhr. Einige Frauen mahlten auf riesigen runden Steinen Hirse oder Weizen. Andere balancierten Laub- und Grasbündel für die Schafe auf dem Kopf, die neben den Häusern hinter Dornenzäunen eingepfercht waren. Jungen und Mädchen kletterten auf Bäume, um Äste abzuhauen. Und dort, wo sich blauer Rauch kräuselte, hörte man das Klirren und Klopfen der jungen verheirateten Frauen, die, behindert vom Gewicht ihrer Armreifen und durchs ständige Zurechtzupfen des Orni, Chapati zubereiteten.

Um halb acht trafen die Kamele ein. Wandelnde Gerippe, mit Räude bedeckt. Ein junger Mann umkreiste sie hoch zu Kamel; zehn Tage lang waren sie auf der Weide gewesen. Er stieg ab, packte einen Vorderlauf eines jeden Tiers, schlang ein Seil um das Sprunggelenk und befestigte den Fuß an der Schulter. Die Kamele waren so passiv, daß sie die Beine fast von selber hoben, um sich festbinden zu lassen.

Den Kamelhirten unter den Raika hatte das Schicksal besonders übel mitgespielt. Als die Unabhängigkeit das Ende der Rajput-Herrscher einläutete und die fürstlichen Staaten aufgelöst wurden, konnten es sich die Radschas nicht mehr leisten, die Kamelherden zu unterhalten, die ihnen einst Nachschub für ihre Armeen geliefert hatten, und ebensowenig natürlich die Raika, die die Tiere züchteten und versorgten. Der Status der Raika verschlechterte sich, weil die sozialen und wirtschaftlichen Verbindungen zum Adel (die Raika bezeichneten sich als «jüngere Brüder der Rajputs») im Grunde nicht mehr existierten.

Ein rosafarbener Mond ging auf, ließ die Turbane schimmern und das Silber erstrahlen. Teepus Familie hatte sich um mich versammelt: drei, vier jüngere Frauen, ein Dutzend Kinder, in rote Tücher gehüllte, winzige Dinger mit silbernen Halskettchen und ohne Unterhosen. Männer kamen in Gruppen vorbei. Ich schlug nach ein paar herumschwirrenden Moskitos. Der vor mir kauernde Junge starrte mir ins Gesicht, als sei es das Merkwürdigste, was er je gesehen hatte, und begann auf einmal zu strahlen. «Anopheles. Malaria. Typhus», sagte er, die einzigen englischen Wörter, die er kannte und die er mir darbot wie ein Geschenk. Ein anderer kleiner Junge begann zu weinen. Sie lachten ihn aus und sagten: «Oh, er singt mal wieder. Unser ewiger Sänger.» Die Schreie wurden lauter und ebenso das Gelächter. Seine Mutter meinte, er solle doch vor dem Gast nicht so ein Theater veranstalten, und legte ihm die Hand auf den Mund. Nun konnte man sein Geplärr bis nach Ghanerao hören. Sein Vater kam herbei und knuddelte ihn. Die Oma küßte ihn, die Onkel tätschelten ihm Wangen, Füße und Kopf, und seine Mutter wischte ihm mit dem Orni die Tränen ab. Er wurde von einem zärtlichen Armepaar ins nächste gereicht.

Ich habe mir eine Theorie über die Selbstsicherheit der Inder zurechtgelegt. Nicht in den Tröstungen der Religion hat sie ihren Ursprung. Sondern in der Kindheit, in der jeder einzelne Inder bis zum Alter von etwa zehn Jahren grenzenlose Liebe erfährt. Von ihrer Familie oder Gruppe getrennt, mögen Inder vielleicht zu Unsicherheit neigen, aber jene körperliche Angespanntheit, das Gefühl, nie ganz zur Ruhe zu kommen, das so viele Westler zu quälen scheint, ist ihnen fremd.

Sechs Charpois wurden aus den beiden Räumen im Innern des Hauses herausgetragen und auf die Veranda gestellt. Jetzt war die Zeit für Erholung und Gespräch. Die Älteren sprachen mit den Schuljungen Gorwari, das diese dann in Hindi übersetzten, während ich in meinem Wörterbuch herumsuchte oder meiner Phantasie freien Lauf ließ und unter immer wieder losbrechendem Gekicher Scharaden zum besten gab.

«Gibt es auch in Australien Schafe, Ziegen und Kamele? Was fressen sie? Wie hoch ist der Preis für Gold und Silber in deinem Land? Warum interessierst du dich für uns Raika? Wir sind doch arme Leute, und du bist so reich.»

Ich versuchte, ihnen mein Vorhaben zu erklären.

«Aber», erwiderten sie, «wir wandern doch gar nicht mehr.

Nur in ganz schlimmen Dürrejahren, und auch dann kommen die Frauen nur selten mit.»

Zumindest meinte ich dies verstanden zu haben, später aber glaubte ich, sie hätten gesagt, sie brächten Kamele nach Pushkar, eine Wanderung, die mit Sicherheit mehrere Wochen in Anspruch nahm.

«Und gehen auch Frauen nach Pushkar?»

«Selbstverständlich», meinte Teepu, «du kannst mit mir mitkommen.» Und da war er, der neue Plan, fix und fertig fiel er mir in den Schoß. Die Vorstellung, daß ich sie womöglich begleiten würde, löste eine Riesenbegeisterung aus. Teepu schilderte mir, wie wir uns amüsieren würden, und endete ihre Rede mit dem Satz: «Und die Busfahrt kostet nur zwanzig Rupien.»

«Bus? Ihr fahrt mit dem Bus nach Pushkar?»

«Aber natürlich. Wie denn sonst? Weshalb sollte man denn laufen, wenn man auch den Bus nehmen kann?»

«Aber die Kamele ...»

«Zwei Männer begleiten die Kamele, sie brauchen zehn Tage für die Strecke.»

Die Männer verzogen sich allmählich, die Kinder dösten ein. Ich sprang auf meinen Charpoi und zog eine Steppdecke über mich. Ein Kind fand noch neben mir Platz, und Teepu lag mit einem drei Meter langen Stock in der Hand auf der Nachbarpritsche. Alle schliefen in voller Montur: die Frauen von Kopf bis Fuß in ein Korsett aus Armreifen, Kleiderfalten, Ringen, Halsketten, Kopfputz und silbernen Fußeisen eingeschnürt.

Vier Stunden schlief Teepu in jener Nacht, während deren sie immer wieder hochschreckte, beim geringsten Laut aufhorchte, ein Kind beruhigte oder mit ihren Stock einen Hund in die Flucht schlug – und ansonsten schnarchte wie der Delhi-Expreß. Ich aber fand keinen Schlaf, das Land der Träume blieb unerreichbar. Die Hunde, das Kind in meiner Armbeuge, all das Gehuste, Gespucke, Gemurmel sowie die Ratte, die versuchte, in meinen Haaren ihr Nest zu bauen, hielten mich wach. Zehnmal schleuderte ich das Biest zu Boden, bis ich es, nachdem es mich in den Finger gebissen hatte, wie die anderen Frauen hielt – mir ein Tuch über den Kopf zog und fast erstickte, während die Ratte (mit ihren Freunden) über meine Steppdecke galoppierte. Beim ersten schüchternen Lichtstreif war Teepu bereits auf den Beinen und an der Arbeit. Hier ähnelte der Nachtschlaf eher einem nachmittäglichen Nikkerchen, einer kurzen Unterbrechung des ewigen Einerlei.

Um fünf Uhr früh war das ganze Dorf in Bewegung. Die Männer verarzteten die Schafe, ehe sie sie auf die Weide schickten, streuten ihnen ein Pulver in die vereiterten Augen, das ihnen die Frauen dann mit einer Portion Spucke richtig hineinrieben. Die Kamele wurden von ihren Beinfesseln befreit; der junge Hirte schwang sich lachend auf den Rücken eines der Tiere und forderte mich mit einer Handbewegung auf, hinter ihm aufzusteigen. Wie gerne wäre ich auf dem Rücken jenes Kamels in die Hügel davongaloppiert. Doch Minu hatte mich gewarnt und mir klargemacht, was man von einer Frau erwartete. Ich hatte geglaubt, meine Kleidung sei das Nonplusultra in puncto Züchtigkeit, sie aber legte mir nahe, noch hochgeschlossener zu gehen, den obersten Knopf meiner Kurta zu schließen, einen Schleier zu tragen und die Kordel nach innen zu stecken, damit man sie nicht sah. «Alles in Indien hat sich verändert», meinte sie. «Die Menschen haben vor nichts mehr Ehrfurcht. Und ihre einzige geistige Nahrung sind diese gräßlichen Hindi-Filme. Die Raika fahren nach Pushkar und sehen Mädchen aus dem Westen, Drogenabhängige, die sich für fünfzig Rupien von jedem Taxi-Wallah abschleppen lassen ... Du mußt aufpassen!» Der Kamelhirte verschwand in einer Staubwolke; aus voller Kehle schmetternd, verkündete er dem Dschungel seine Männlichkeit. Als es ans Abschiednehmen ging, zog Teepu mich beiseite und flüsterte: «Gold ist billig in deinem Land. Bring mir welches mit, wenn du wiederkommst, und wir vergraben es an einer Stelle, wo es niemand findet.»

Die nächsten sechs Wochen vergingen wie im Flug. Ich besuchte alle möglichen Dörfer und sammelte allerlei Informationen, die durchweg widersprüchlich waren. Einige Gruppen hatten ihre Herden verkauft und sich auf Ackerbau verlegt oder waren nach Bombay gezogen, um dort ihr Glück zu suchen, oder aber sie verkauften Milch – eine Tätigkeit, die bis vor kurzem mit einem Tabu belegt gewesen war. Jene aber, die immer noch auf Wanderschaft gingen, zogen entweder in eine andere Richtung oder hatten die Wanderung bereits hinter sich oder wegen der reichlichen Regenfälle nicht nötig, oder aber sie schickten nur die Männer los und ließen die Frauen zurück. Das einzig Verläßliche an all meinen Plänen war, daß sie einen Tag, höchstens aber eine Woche vor ihrer Umsetzung in die Tat hinfällig wurden. Daß ich auf diese Weise an der Wirklichkeit der Nomaden teilhatte, deren Bewegungen von unwägbaren Faktoren wie dem Wetter oder der Bestechlichkeit der Politiker abhingen, vermochte mich nicht zu trösten. Jedes Mal, wenn ich meinte, eine Gruppe gefunden zu haben, stellte sich heraus, daß irgend etwas, worauf die Zeitschrift oder ich selber Wert legte, fehlte. Oder die Leute hatten es sich selber anders überlegt, denn würde man, falls mir etwas zustieß, nicht *sie* dafür verantwortlich machen? Die Zuvorkommenheit der ländlichen Armen, die ich überall erlebte, ihre übertriebene Höflichkeit, die mich so bezauberte und die sie um jeden Preis aufrechtzuerhalten suchten, das war ihre Art, ihre Würde zu wahren, hinter der sich jedoch stets viel Angst und Mißtrauen verbarg.

Ich fuhr mit meinem Jeep von Dorf zu Dorf, bis der Golfkrieg ausbrach und den Indern das Benzin ausging.

2

Wenn ich schon irgendwo stranden mußte, ich hätte mir keinen besseren Ort dafür aussuchen können als Narendras Farm. Ein bißchen isoliert vielleicht, da niemand in Rufweite Englisch sprach und mein Gastgeber selten zu Hause war. Aber ich konnte die ereignislosen Tage gut nutzen, um Hindi zu lernen, nach dem Grundsatz, daß es, sobald ich die Syntax begriffen hätte, ein Kinderspiel wäre, sich Marwari, Gorwari, Dingle oder eine der anderen verwandten Sprachen anzueignen, die die Rabari eventuell sprachen.

Ich besaß eine Sprachkassette mit einem dazugehörigen Grammatikbuch, doch hatte man mich in London nicht darüber aufgeklärt, daß es sich dabei um *«shud Hindi»* handelte, das heißt ein so anspruchsvolles, blumiges und gekünsteltes Hindi, daß nur Zeitungsleser und Professoren es verstanden. Schon die Erklärungen waren derart geheimnisvoll, daß ich mit einem Lehrbuch über Teilchenphysik raschere Fortschritte erzielt hätte.

Schließlich gab ich es auf. Niemand auf der Farm sprach Hindi, so daß es wohl vernünftiger war, wenn ich versuchte, ein paar Brocken Marwari aufzuschnappen. Da die Diener alle Analphabeten waren, mußte ich mein eigenes Schreibsystem für die zungenbrecherischen Phoneme entwickeln. Sie taten ihr Bestes, brachten mir Tee aufs Zimmer, leisteten mir, Biri rauchend und Witze reißend, Gesellschaft und ließen sich im Gegenzug Englischstunden geben; dennoch blieb die Verständigung äußerst mühsam. Ich stellte fest, daß bei meinen Kommunikationsversuchen Französisch oder eine Mischung aus Hindi und Japanisch herauskam. Oder noch schlimmer, daß all diese Sprachen die Sprechwerkzeuge derart blockierten, daß ich gar nichts mehr über die Lippen brachte. Sogar Worte der australischen Eingeborenensprache stiegen aus den Tiefen meiner Erinnerung auf und mischten sich störend in die Sprache, von deren Beherrschung so viel für mich abhing.

Da es niemanden gab, mit dem ich mich unterhalten konnte, und die Diener einfach nicht glauben wollten, daß ich selber gerne etwas tat, wurden die Nachmittage im Garten Eden ein wenig langweilig. Die Bediensteten bereiteten die Mahlzeiten, schickten die Wäsche zum Dhobi (Wäscher), putzten mein Zimmer, rissen mir die Taschen aus der Hand, waren ganz entgeistert bei der Vorstellung, daß ich selber das Holz für das Feuer aufschichten wollte; und wenn ich in die Küche ging und mir etwas kochen wollte, an dem ich mir nicht Zunge und Gaumen versengte, standen sie herum und lächelten gequält. Sicherlich, ihr Sahib hatte ihnen Anweisungen hinterlassen, daß man mich gut zu versorgen habe, und was würde Sahib wohl von ihnen denken, wenn er wüßte, daß ich ihre Arbeit tat? Und natürlich überließ ich mich ihrer Fürsorge, aber das Verlangen, zu laufen, zu heben, zu machen – diese lebenslange Gewohnheit –, ließ sich nicht so rasch unterdrücken.

Manchmal begleitete ich Mornat in einen nahe gelegenen Wald. Wir wanderten dann ein paar Stunden, er wies mich auf die Fährten wilder Tiere hin und versuchte mir ihre Namen beizubringen. Er hatte die Angewohnheit, die Hände zu einem Namaste zusammenzulegen, sobald man ihm auch nur die geringste Aufmerksamkeit bekundete. Jedes Lächeln, jeder Versuch, ihn anzusprechen, und schon duckte er sich und riß die Hände in die Höhe – der nervöse Tic eines Menschen, der es gewohnt ist, sein Leben im Staub zu fristen. Aber im Dschungel, seiner wahren Heimat, ging ihm das Herz auf (wenn die Hände auch immer noch zur Brust flogen), und *ich* konnte endlich laufen, tragen, machen. Häufig wurden wir von seinen beiden Söhnen begleitet. Sie besaßen die Zigeuner-Züge ihres Vaters – die Hakennase und den in die Ferne gehenden Blick –, doch anders als er kannten sie die Demütigung noch nicht. Stolz wie Schiffskapitäne standen sie da und blickten mir lachend und unverwandt in die Augen. Danach besuchte ich dann ihr Lager und wurde von fünfzig Jagdhunden empfangen, die Mornat erst mit einem Stock zum Gehorsam prügelte und dann, wenn sie auf den Bäuchen herangekrochen kamen, mit der Zärtlichkeit eines heiligen Franziskus liebkoste. Ich brachte immer etwas zu trinken mit, und die Yogis tanzten, schlugen ihre Trommeln und ließen ihre Taschentücher wirbeln, bis sie völlig besoffen waren – ob von der Musik oder vom Fusel, war schwer zu sagen.

Wenn ich mitbekam, daß Narendras Jeep spätnachts zurückkehrte, spähte ich am nächsten Morgen bei Tagesanbruch durch meine Vorhänge, um ihm zuzusehen, wie er vor einem Schrein neben dem Brunnen seine Pujas (Gebete) verrichtete. Dieser Mann schien einfach nie zu schlafen. Einmal ging ich um drei Uhr früh in die Küche hinüber, und er saß bereits frisch gewaschen und wie aus dem Ei gepellt an seinem Schreibtisch und arbeitete.

Als ich ihm vor zehn Jahren zum ersten Mal begegnet war, bildete ich mir ein, er sei so eine Art Dandy aus dem ländlichen Establishment, der hin und wieder auf einen Schwatz bei seinen Raja-

Kollegen im Parlament vorbeischaute. Jetzt aber, da ich ihn in Aktion erleben konnte, erfüllte mich sein politisches Engagement schon beinahe mit Ehrfurcht. Er arbeitete zwanzig Stunden am Tag und besaß nicht einmal ein Mandat. (Bei den letzten Wahlen hatte er seinen Sitz in der Gesetzgebenden Versammlung Rajasthans wegen achtzig fehlender Stimmen verloren und forderte nun eine neuerliche Auszählung.)

Mich behandelte er mit gleichbleibender Liebenswürdigkeit, aber die aristokratische Höflichkeit, die ihm trotz seines antifeudalen Standpunkts so natürlich war wie das Atmen, hatte eine gewisse Reserviertheit zur Folge. Außerdem war es mir bei meinen seltenen Ausflügen in die «Jodhpurer Gesellschaft» nicht gelungen, den über ihn kursierenden Gerüchten ganz aus dem Weg zu gehen. Niemand schien genau sagen zu können, was er denn so Verwerfliches getan hatte, nur daß es verwerflich gewesen war. Ich wußte, daß er gegen die Regeln seiner Gesellschaft verstoßen hatte – er hatte sich scheiden lassen, offen mit seiner Geliebten zusammengelebt, sich mit einigen Mitgliedern seiner Familie überworfen –, doch ich konnte darin nichts Verabscheuungswürdiges erkennen. Instinktiv und vom Gefühl her hatte ich Narendra immer vertraut und ihn gemocht, aber der Klatsch ließ mich dann doch ein wenig argwöhnisch werden.

Wann immer er im Hause weilte, kam einer der Diener, um mich zum Abendessen am Lagerfeuer mit «Sahib» zu laden. Und während ich mich dann darauf vorbereitete, nahm ich mir vor, mir noch am selben Abend ein Urteil über ihn zu bilden. Geradezu zwangsläufig jedoch machte sich dann bei all dem Essen und Trinken, Feuerschein und Sternenglanz Verlegenheit zwischen uns breit. Erkundigte ich mich nach seinem Leben, so gab er zwar bereitwillig Auskunft, erzählte aber nichts, das über die Beantwortung meiner Fragen hinausgegangen wäre. Nie ließ er sich zu Klatsch oder übler Nachrede herab, und wenn ich auf die Geschichten anspielte, die mir zu Ohren gekommen waren, so verteidigte er sich nicht etwa, sondern zog sich in nachdenkliches Schweigen zurück. Es schien, als habe er schon früh gelernt, Worten zu mißtrauen, dafür aber eine Gabe entwickelt, die dies kompensierte: die Fähigkeit nämlich, andere zu durchschauen, ohne selbst durchschaut zu werden. In solchen Augenblicken schien es mir, als sei er der einsamste Mensch auf Erden, und allein das war schon außergewöhnlich in einer Kultur, in der sich jeder zunächst einmal durch seine Gruppenzugehörigkeit definiert. Auch ich war einsam. Einsam genug jedenfalls, um mich über die Ankunft des Jeeps zu freuen, dann aber auch wieder froh, wenn ich mich nach einem ergebnislosen Abend am Feuer wieder in mein eigenes Zimmerchen zurückziehen konnte. Nachts, wenn ich wachlag und über meine merkwürdige Lage nachgrübelte, kam es mir vor, als sei ich in einen Emily-Brontë-Roman geraten.

Und so wurden aus den Tagen, an denen ich Beschäftigung suchte, ein Buch nach dem anderen verschlang, den Fortgang des Krieges im Hindi-Fernsehen verfolgte, allmählich Wochen. Und in die durch Müßiggang und Narendras Schweigen entstehende Leere stahl sich Unruhe. Die Verleumdungsgeschichten wurden immer dramatischer. Es wurde auf Verbrechen angespielt – Mord, Gundahs, Waffen –, doch sobald ich versuchte, Genaueres in Erfahrung zu bringen, war es, als liefe ich Blättern im Sturmwind hinterher. Allmählich dämmerte mir, daß man mich in einer Art von Familienfehde auf eine Seite zu ziehen versuchte. Damals aber wußte ich noch nicht genug über die Rajputs, um die Rivalitäten und Intrigen zu begreifen, die sich an den feudalen Höfen wohl zwangsläufig entzündet haben und noch heute in den Großfamilien weiterschwelen. Die aufwendige öffentliche Präsentation der königlichen Familien hatte stets der Verschleierung rücksichtslosester Machtkämpfe gedient.

Nach einem unserer Abendessen beobachtete ich eines Nachts durchs erleuchtete Fenster, wie mein Gastgeber einen Revolver aus seiner Tasche zog und ihn unter sein Kopfkissen schob. Tief in meiner Kehle begann es ängstlich zu pochen.

Es ist heilsam, wenn man einmal feststellt, daß einen bösartiger Klatsch doch nicht ganz so unberührt läßt, wie man es sich gerne einbildet. Hätte ich nicht auch Leute gekannt, die Narendra ganz anders sahen, ich hätte ihn womöglich weiterhin mißtrauisch beäugt. Aber die Art von Loyalität, die ein Mensch bei den wenigen

Menschen, die er an sich heranläßt, genießt, kann einem sehr viel über ihn verraten. Es gab Menschen, die ihn liebten und bewunderten, und sie vermittelten mir einen völlig anderen Eindruck von ihm. Wenn es auch lange dauerte, am Ende begriff ich dann doch, daß der Grund seiner Verfolgung weniger in seinen Missetaten als vielmehr in seiner Haltung begründet lag. In der Gesellschaft, aus der er stammte, ist das Verhalten strengen Regeln unterworfen. Nicht nach seinen guten oder bösen Handlungen wird der einzelne beurteilt, sondern danach, ob er dem Status quo, den alten Machtstrukturen und Moralprinzipien des feudalen Rajasthan, die Treue hält. Dieser alten Moral gemäß ist es besser für einen Menschen, zu heucheln als wahrhaftig zu sein und den Ruf eines Unruhestifters zu riskieren.

Irgendwie war Narendra etwas ganz Neues, ein Einzelgänger, zwar immer noch in der Tradition verwurzelt, aber offen für neue Sicht- und Lebensweisen. Zu gegebener Zeit würde das Pochen in meiner Kehle jener Welt vorbehalten sein, in der er sich bewegte – dem politischen Indien, in dem Menschen, die Unruhe stifteten und Wellen schlugen, leicht in diesen Wellen untergehen konnten. Pistolen unterm Kopfkissen können ebenso gut zur Verteidigung wie zum Angriff dienen.

Er gehörte der Kongreßpartei an. Aber zu glauben, daß sich daraus etwas ableiten ließe, verriet nur, daß man von indischer Politik keine Ahnung hatte. Narendra bekämpfte die verknöcherte alte Garde seiner eigenen Partei ebenso wie die Opposition. Führende Politiker beider Parteien waren die wirklichen Machthaber, die Rajasthan kontrollierten und die Profite einstrichen, die sich aus der politischen Tätigkeit ergaben. Einige davon entstammten alten Grundbesitzerfamilien oder aber jüngeren Allianzen von Geld und Macht. Und keiner von ihnen wünschte, daß die korrupten Verhältnisse in Frage gestellt wurden.

Im zunehmenden Hindu-Fundamentalismus erblickte Narendra das größte Problem des gegenwärtigen Indien. Sogar meiner beträchtlichen Ahnungslosigkeit hatte es nicht entgehen können, wie sehr sich der Diskurs verändert hatte. Zehn Jahre zuvor hatte die Religion eines anderen nur selten Erwähnung gefunden. Jetzt bekam man von vielen Hindus, vor allem Angehörigen der Mittelschicht, zwar nicht gleich antimoslemische Vorurteile zu hören, spürte aber das Zögern, die fundamentalistische Bewegung offen zu verurteilen. Und bei den Moslems, die zehn Prozent der Bevölkerung ausmachten, waren die Anfänge einer Angstpsychose wahrzunehmen. Es war, als beobachte man den schleichenden Ausbruch einer Krankheit, deren Wirkung zunächst noch zu unauffällig ist, als daß sie einem Angst einflößte, später aber zu mächtig, als daß man ihr noch Einhalt gebieten könnte.

Zweifellos hatte es immer in den jeweiligen Gruppenidentitäten begründete Spannungen zwischen den beiden Glaubensgemeinschaften gegeben. Die Briten hatten diese Spannungen für ihre politischen Zwecke ausgenutzt, und jetzt folgten die nationalistischen Organisationen der Hindus ihrem Beispiel. Der Niedergang des Staates, die Empörung über die Korruption in der Kongreßpartei (eine Korruption, die sich seit der Unabhängigkeit nun schon über zwei Generationen fortsetzt und sich wie DDT im politischen Organismus anreichert), die durch die Probleme in Kaschmir und dem Punjab verursachten Unsicherheiten und die Zwänge der Modernisierung hatten zur Folge, daß die Menschen offener wurden für eine Partei, die eine sauberere und strengere Regierung versprach, durch Berufung auf eine geschönte Vergangenheit an den Stolz der Hindus appellierte und, indem sie die fanatischen Erneuerungsbewegungen politisch instrumentalisierte, an den Stil der Nationalsozialisten zu Beginn der dreißiger Jahre erinnerte.

Nur einmal gelang es mir, Narendras Schweigsamkeit zu durchbrechen. Ich erzählte ihm, daß ich Politiker stets als meine natürlichen Feinde betrachtet hätte und daß die indischen Politiker einer noch bösartigeren Spezies anzugehören schienen als die meisten anderen. Entschieden stellte er sein Glas ab und entgegnete: «Um zu erreichen, daß Politik in diesem Land einmal kein schmutziges Geschäft mehr ist, müssen aufrichtige Menschen, die über entsprechende Mittel verfügen, sich engagieren und nicht nur als Zuschauer abseits stehen und sich beklagen. All eure Bürgerinitiativen und Aktivisten sind ja schön und gut, aber die Gesetze werden im Parlament erlassen und geändert. Ein halbes Dutzend guter Leute in Spitzenpositionen kann gewaltige Veränderungen bewirken. Wenn es ihnen nicht nur ums Absahnen geht, kann der Fäulnisprozeß des gesamten Systems gestoppt werden.»

Ich hatte keine Ahnung, wie ich mich in dieses System einklinken sollte. Es war äußerst verwirrend für mich. Jedesmal, wenn Narendra nach Hause kam, bestürmte ich ihn mit tausend Fragen, tausend Problemen. «Überlaß das nur alles mir», sagte er dann. Aber ich wollte ihm nicht alles überlassen. Ich wollte die Regeln verstehen, wissen, wo ich stand, und mich entsprechend verhalten. Mein Versuch, die komplexen Beziehungen zwischen den Familien, Kasten, politischen Gruppen, Dorfgemeinschaften und Personen einer sich in tiefgreifender Umwälzung befindenden Gesellschaft zu begreifen ähnelte jedoch dem Gang durch ein Spiegelkabinett. Gerade dann, wenn ich glaubte, ich wüßte nun, wie die Realität beschaffen war, stieß ich mit der Nase gegen die Scheibe.

Alle – Minu, der Colonel, Narendra – hatten mir oft gesagt, ich sei in meiner Art sehr indisch. Ich wußte nicht recht, was sie damit meinten, faßte es aber als Kompliment auf. Tatsächlich hatte ich mich in dieser Kultur immer wohl gefühlt, hatte die – wie soll man es nennen – indische Lebensart immer gemocht, diese Art, in der die Menschen auf einen zukamen, ungehemmt, offen und herzlich; ihre Art, einen nicht nur für das zu schätzen, was man tat, sondern auch für das, was man war; ihre Fähigkeit, Widersprüche im menschlichen Verhalten zu ertragen. Doch jetzt, da ich hier leben und mich zurechtfinden mußte, steigerte jede neue Erfahrung nur meine Verwirrung. Was, zusammen mit meinen erfolglosen Vorstößen bei den Rabari, allmählich an meiner Moral zehrte.

Sechs Monate zuvor hatte ich alles klar und deutlich vor mir gesehen. Ich würde einfach nach Rajasthan reisen, und alles würde sich von selbst ergeben. Im Geiste hatte ich, ohne auch nur einen Buchstaben zu Papier zu bringen, schon vor meiner Ankunft ein wunderbares Buch verfaßt. War ich nicht vielleicht zu überstürzt angereist? Hätte ich nicht zuerst die Sprache lernen sollen? Wie sollte ich hier irgend etwas in den Griff bekommen, wenn ich mich nicht einmal verständigen konnte? Drei Sprachen mußte ich lernen, und in keiner einzigen erzielte ich Fortschritte. Wie sollte ich entscheiden, auf welche Sprache ich mich am besten konzentrierte, wo ich doch gar nicht wußte, bei welcher Rabari-Gruppe ich landen würde? Die Redakteure der Zeitschrift waren besorgt. Nach meiner Projektskizze hatten sie geglaubt, daß immer noch ganze Dörfer mit ihren Herden auf Wanderschaft gingen. Irgendwo in Indien traf das sicherlich auch zu. Man mußte nur herausfinden, wo und wann wer aufbrach – und dies ohne Telefon, ohne Sprachkenntnisse und ohne Benzin. Die Vorzeichen waren nur allzu verführerisch gewesen. Jetzt aber fragte ich mich, ob ich nicht einer teuflischen Laune des Schicksals zum Opfer gefallen war.

Womöglich hätte ich die Heimreise nach England erwogen, wäre nicht, Narendra sei Dank, der attraktivste fünfundzwanzigjährige Rajput ganz Indiens mit dem breitesten, strahlendsten Lächeln, dem lockigsten, schwärzesten Schnurrbart und dem liebenswürdigsten und gelassensten Wesen eingetroffen: Koju Singh, mein Fahrer.

Koju war ein analphabetischer Dörfler, der sein bisheriges Leben damit verbracht hatte, mit einem Ochsengespann Wüstenstaub zu pflügen. Wie war es möglich, daß dieser Mann, der noch nie ein Verkehrsschild gelesen hatte, so glamourös wirken konnte, so weitsichtig, klug und selbstbeherrscht? Insgeheim nannte ich ihn Märchenprinz.

Tatsache war jedenfalls, daß ich, sobald Märchenprinz nahte und ich schon auf hundert Meter dieses Grinsen durch die Bäume blitzen sah, nicht umhin konnte, einen warmen Schauer zu verspüren. Für die Lüsternen aber will ich rasch hinzufügen, daß dieser Flirt nie über ein einziges – und nie wiederholtes – Händeschütteln hinausführte. Auch wäre es Koju nie eingefallen, etwas anderes als einen Händedruck auch nur in Erwägung zu ziehen. Er war mein Kavalier, mein Beschützer. Ich war sein Job. Und welche unterschwellige Anziehung unserer Achtung füreinander auch zugrunde liegen mochte, sie äußerte sich höchstens in einem gewissen Besitzerstolz seinerseits und einer kaum verhüllten Bevorzugung von meiner Seite.

Er besaß nur zwei abgerissene «Anzüge». Bei seiner täglichen Waschung am Brunnen, zu der er sich ein Handtuch um die Hüften knotete, wusch er auch jedesmal eine Kurta oder eine Hose. Ich schenkte ihm einen meiner Anzüge: maßgeschneiderte cremefarbene Baumwolle. Am nächsten Morgen ließ er sich am Brunnen sehr viel Zeit. Brillantine wurde aufgetragen, der Schnurrbart gezwirbelt. Das typische Putzverhalten eben. Dann verschwand er in den Räumen der Dienerschaft. Ich wandte mich wieder meinem Buch zu, und die Hitze in meinen Wangen kehrte dorthin zurück, wo sie hingehörte. Zehn Minuten später stieg mir der Geruch von Rosenöl in die Nase. Ich blickte auf, und da stand er, direkt neben mir, und grinste von einem rubingeschmückten Ohr zum anderen, und meine Klamotten sahen aus, als würden sie von einem *Esquire*-Model vorgeführt.

«Koju ji», sagte ich auf englisch und spürte, wie mir wieder ganz heiß wurde, «du siehst umwerfend aus.» Er griff sich ein Sträußchen rosafarbener Bougainvillea und steckte es ins Knopfloch seiner neuen Kurta. Wir verfügten zwar über keine gemeinsame Sprache, doch die Bougainvillea war beredt genug. Und dann wurde er, vielleicht weil er seine Geste kitschig fand, auf einmal verlegen, zog die Blumen wieder heraus und entfernte sich im Rückwärtsgang.

Doch zweifellos hatte ich einen Zugang zu seinem eitlen Rajput-Herzen gefunden.

3

Auf amerikanischen Straßen wurden Flaggen geschwenkt, auf irakischen Blut aufgewischt. Die kuwaitische Herrscherfamilie kehrte nach Hause zurück, um alle, die ihr nicht genehm waren, foltern zu lassen. Die Waffenhändler zählten ihre Gewinne. In Indien kehrten die Jugendlichen, die sich nicht wie ihre Kameraden aus Protest gegen die Mandal-Kommission opfern wollten, auf die Universitäten zurück. Die religiösen Fanatiker beruhigten sich fürs erste, um den Haß beim nächstenmal um so heftiger zu schüren. Im Parlament bewarfen sich die Politiker mit Stühlen. Das

Benzin rann zurück in die Zapfsäulen. Die Welt war wieder in Ordnung.

Hatte es denn wirklich einen Sinn, mit einem Nomadenhaufen, von dem noch nie jemand gehört hatte, auf Wanderschaft zu gehen? Und wenn die Rabari in fünfzig Jahren ausgestorben sein werden – sollen sie doch! Wer, um Himmels willen, wird sich darum scheren? Und was würde es ihnen auch nützen, wenn sich tausend oder gar eine Million Menschen darum scherten? Was wäre denn schon, wenn das Nomadentum sang- und klanglos unterginge und vom Angesicht der Erde verschwände? Die Kultur der Jahrtausendwende hat ganz andere Probleme.

Aber ich hatte mich auf die Sache eingelassen, für einen Rückzieher war es zu spät. Das Chaitri-Fest, ein jährlich stattfindender Viehmarkt, sollte in ein paar Wochen beginnen. In Chaitri konnte ich mir Kamele kaufen, und Dilip mochte aus Delhi, Kanada oder wo immer einfliegen, um seine Fotos zu schießen. Unterwegs würde ich weitere Rabari-Dhanis (Weiler) besuchen, bis ich ihn gefunden hatte, den richtigen Klan ...

Inzwischen klapperte ich mit Koju einige Dörfer ab, doch da es mir nicht gelungen war, einen Dolmetscher zu finden, blieben die eingeholten Netze leer, blieb die Suche ergebnislos. Oft fuhr ich zehn höllische Stunden, um jemanden zu treffen, nur um dann feststellen zu müssen, daß mein Informant zu einer Hochzeit oder einem Begräbnis gereist oder schlicht verschwunden war. Und wenn ich einmal auf jemanden stieß, der sich als «Vertreter der Rabari» ausgab, begegnete er meiner Detailbesessenheit gewöhnlich mit vagen Auskünften oder mit Hilfsangeboten und Versprechungen, die sich, sobald es um ihre Einhaltung ging, in Luft auflösten.

Andere boten, vom Geruch ausländischen Geldes angelockt, zu sagenhaften Preisen ihre zweifelhaften Dienste an.

Schließlich traf ich einen jungen Mann – Purnendu Kaavori –, der am Institut für Entwicklungsstudien im Jaipur beschäftigt war. Er war mit einer Gruppe von rajputischen Viehhirten nach Haryana gezogen und hatte seine Doktorarbeit über sie verfaßt. Gern wolle er mir mit Rat und Tat zur Seite stehen, gab aber auch zu bedenken, daß ja schon er, ein Einheimischer, der die Sprache beherrschte, große Schwierigkeiten gehabt habe, eine Gruppe zu diesem Unternehmen zu überreden. Bei einer Frau würden sie sicher erst recht zögern.

Wie immer kam mir Narendra als rettender Engel zu Hilfe. Trotz eines Terminplans, der einem Menschen von geringerer Vitalität den Garaus gemacht hätte, war es ihm gelungen, Bhairon Singh Raika aufzutreiben – früher Nomade und heute Wachtmeister bei der Rajasthaner Polizei –, den ich als Kontaktmann anheuern konnte.

Bei unserem ersten Gespräch trug Bhairon Singh eine Röhrenhose aus Dacron und ein weißes Nylonhemd, das schweißdurchnäßt auf seiner eingefallenen Brust klebte. Als er von den hohen Konditionsanforderungen an die Polizeianwärter erzählte und prahlte, wie viele andere, körperlich nicht so gut ausgestattete Bewerber auf der Strecke geblieben waren, fiel es mir schwer, ein Lächeln zu unterdrücken. Er sei einer von nur sechs Raika bei der Polizei, spreche ein wenig Hindi, kenne alle Raika von Jodhpur bis zum Jupiter und noch viele andere mehr und sei, wie er mir versicherte, durchaus in der Lage, auch den weniger kosmopolitischen Mitgliedern seiner Kaste meine Lage darzulegen. Er werde mich auf den Viehmarkt von Chaitri begleiten, um mich beim Kamelkauf zu beraten; und selbstverständlich werde er mir eine Dang (wandernde Herde) auftreiben, mit der ich mitreisen konnte. Aber hätte ich in der Zwischenzeit nicht vielleicht Lust, in Baabara, seinem Dorf, eine Raika-Hochzeit zu besuchen?

Am nächsten Tag verzehrten wir alle einen Löffel des angebotenen Jaggery und Joghurt, Koju faltete, ehe er den Motor startete, die Hände zum Gebet, und derart gegen Unglück gefeit, ließen Bhairon, Koju und ich die Hoftore hinter uns. Diesmal, da war ich mir sicher, würde die Sache in Schwung geraten.

Ein kühler Wüstenwind hüllte uns in eine Staubwolke, während wir über den Teer dahinbrausten. Der Horizont war verschwunden. Bäume tauchten am Straßenrand auf, um gleich wieder vom pastellenen Graubraun unseres Kokons verschluckt zu werden.

«Yessss!» schrie Bhairon und riß mich mit einem Schlag auf die

Schulter aus meinen Träumereien. «Raika!» Der Jeep brauste an einem glitzernden roten Flecken vorbei, und Kamele flüchteten sich zwischen die Bäume. Je tiefer wir in Bhairons Land vordrangen, um so fröhlicher und geschwätziger wurde er. Jeder Raika, den wir erblickten, wurde mit einem weiteren grölenden «Yesss» und viel hysterischem Rumgezappel auf dem Rücksitz registriert. Koju ließ sich nicht beeindrucken und fuhr weiter, bis wir unser Ziel, Baabara, eine Ansammlung alter einstöckiger Häuser, erreicht hatten.

Ursprünglich waren Bhairons Leute Kamelzüchter in den nördlichen Wüsten gewesen. Vor zwei Generationen waren sie dann in diese fruchtbarere Gegend gelangt, hatten ein fast verlassenes Dorf übernommen, sich auf Schafzucht verlegt und waren nun bessergestellt und besser organisiert als die meisten anderen Mitglieder ihrer Kaste. Wichtige Einrichtungen befanden sich in der Nähe von Jaipur: Handelshäuser, Wolldepots, Tierkliniken und mehrere Regierungsbehörden zur Kontrolle der Wanderbewegungen. Die Herden einer Gruppe bestanden aus mehreren tausend Tieren, was ihnen den Spitznamen *migrating millionaires* (wandernde Millionäre) eingetragen hatte. Einige Politiker und reiche Grundbesitzer, so hatte ich gehört, gaben ihnen ihre eigenen Schafe auf die Wanderung mit, und die Viehzüchter wiederum verschafften sich über diese Leute illegalen Zugang zu den geschützten (und rasch schrumpfenden) Wäldern. Als ich mich bei Bhairon danach erkundigte, tat er, als hätte er meine Frage nicht verstanden.

Man führte mich zu Bhairons Haus. Sechs Stufen hinauf zum Hof, den ein L-förmiges Gebäude – Büffelstall, Küche und zwei Schlafzimmer – umgab. Mrs. Bhairon trug ihren einzigen Stuhl ins Freie, auf dem ich dann wie ein regierender Monarch Platz nehmen mußte, während Koju sich mit dem Charpoi begnügte. Menschen strömten herbei, das Vorstellen begann. Bhairon eilte geschäftig hin und her, gab seiner schwangeren Frau Befehle, deren rosa Orni, wie ich vermutete, eine leidgeprüfte Miene verbarg. Ich mußte nichts weiter tun, als andauernd zu lächeln und diese Orgie von Großzügigkeit über mich ergehen zu lassen. Wir bekamen das beste Essen vorgesetzt, das er uns bieten konnte und das von teurem Ghi nur so triefte. Ich hatte zwar keinen Hunger, da ich aber unseren Gastgeber nicht beleidigen wollte, blickte ich hilfesuchend zu Koju. Ein Rondo der Etikette entspann sich nun: Koju hob angesichts des erhobenen Schöpflöffels höflich und abwehrend die Hände, Bhairon redete ihm zu, Koju ließ sich zu einem winzigen Happen breitschlagen und bekam einen Viertelliter heißen Ghi auf den Teller gekippt. Später erklärte er mir: «Für Marwari Gast ist das Allerwichtigste.»

Als unsere Bäuche dann schwollen und unsere Rülpser, den Anforderungen der Höflichkeit gemäß, laut und vernehmlich erschollen, wurde es Zeit zum geselligen Beisammensein. Alle Zimmer, alle Schätze wurden mir nun vorgeführt. Die Küche, in der Mrs. Bhairon über einem winzigen Feuer den Teig geknetet hatte, war von Rauch und Chilischwaden erfüllt. Bhairon wies auf seine Frau und erklärte: «Sie ist keine gute Köchin. Nein, meiner Meinung nach sogar eine sehr schlechte Köchin.»

«Sie ist eine sehr gute Köchin.»

«Aber sie ist sehr häßlich.» Er hob den Schleier.

«Aber ganz und gar nicht. Sie ist wunderschön.»

«Dann ist sie deine Dienerin.»

«Nein, sie ist meine Saheli (Freundin).»

All dies kam bestens an; offenbar hatte ich den Knigge-Test bestanden. Trotzdem wollte keiner es zulassen, daß ich ihr bei der Arbeit half. Ich mußte mich hinsetzen und mich bedienen lassen. Zuletzt präsentierte uns Bhairon das Glanzstück seines Haushalts: ein gerahmtes Stück Papier, auf dem zu lesen stand, daß ein gewisser Wachtmeister Bhairon Singh Raika fünfundzwanzig Rupien und eine Auszeichnung für seine Tapferkeit bei der Festnahme eines berühmten Banditen erhalten hatte ... Ein Dollar schien mir zwar kein großer Anreiz, damit einer in der Wüste sein Leben riskierte, doch dann hörte ich, daß das Haus nebenan, ein heruntergekommenes, aber schönes Gebäude, zum Preis einer Schachtel meiner englischen Zigaretten erstanden worden war.

Es wurde Zeit, sich für die Hochzeit zu waschen und umzuziehen. Man wies auf eine teilweise abgeschirmte Ecke des Hofes und brachte mir einen Eimer Brunnenwasser. Was nun? Meine Ecke war über einen Radius von sechzig Grad einsehbar und jeder, der den Hof betrat, hatte mich voll im Blick. Ich ging in die Hocke und wusch alle Stellen, die ich erreichen konnte, mit dem Ergebnis, daß meine Kleider klatschnaß, die Haut aber zum Großteil noch trokken war. Auch der Gang hinter die Dorfmauer fürs große Geschäft erwies sich als Probe auf meine Findigkeit. Man mußte über die dicht an dicht sitzenden Haufen steigen, bis man ein paar Quadratzentimeter freien Bodens erspäht hatte und dann verzweifelt hoffen, daß keiner vorbeikäme. Nun verstand ich die Logik der weiten Röcke der Dorffrauen. Was übrigens die Verwendung des Wasserkrugs zur Säuberung des Hinterteils betrifft – die korrekte Technik habe ich nie erlernt, zumal dies ja auch kein Thema ist, zu dem man gern Rückfragen stellt. Ich versuchte es zwar, doch es gelang mir nie ganz, meinen Ekel zu überwinden. Die Welt ist und bleibt entzweit in Kulturen, in denen man seine Exkremente anfaßt, und in solche, in denen man es vermeidet. Und mir scheint, daß erstere – die, die es tun – ein tieferes Verständnis für unsere Beziehung zur Erde, unserem Alpha und Omega, besitzen.

Kaum hatte ich meine Waschungen beendet, da legte man mir eine ziemlich beeindruckende Goldkette um den Hals. Als nächstes kam dann Mrs. Bhairons zweitbester Rock. Ein Orni wurde daran befestigt und um meinen Kopf geschlungen. Es folgten Armreifen, Fußringe und Glöckchen, und alle waren sich einig, daß nun keiner mehr die Europäerin in mir erraten konnte. Wir knipsten uns gegenseitig: mich mit zwei Messingkrügen auf dem Kopf, auf Kniehöhe abgesäbelten Beinen, völlig krumm und schief und, obgleich arg gekippt, Europäerin vom Scheitel bis zur Sohle. Den Umgang mit dieser Kamera lernte Koju nie.

Wir drängten uns durch eine Gasse bis zu einer Stelle, an der die Leute des Bräutigams wie Fabergé-Wespen, ganz aus Rubinen und Markasit, einen roten Traktor umschwirrten. Alle Oberflächen, vom Glast des Tages lichtgesättigt, strahlten das Empfangene nun flüssig-glühend in die Nacht zurück. Schweine rannten quiekend umher. Hunde balgten sich. Ein Mann, dessen Kopf und Schultern die Menge um einen halben Meter überragten, baute sich vor mir auf und grapschte nach der goldenen Kette. «Giga», stieß er hervor, was man als Drohung, mich zu erwürgen, hätte auffassen können, was aber, wie ich später erfuhr, sein Name war. Er gab ein röhrendes Gelächter von sich und wandte sich wieder seinen eigenen Angelegenheiten zu. Einige Frauen in roten Gewändern und mit Silberschmuck traten singend aus einem Haus. Sie trugen ein glitzerndes Bündel, das sich bei näherem Hinsehen als ein etwa vierjähriges Kind entpuppte. Batteriegespeiste Lichter umtanzten seinen Turban aus Goldbrokat, und die Füße steckten in goldbesetzten Schnabelschuhen mit nach hinten gebogenen Spitzen. Ansonsten war sein Körper in Satin und Flitter gehüllt. Sie drückten mir das Kind in die Arme, als sei es ihr wertvollster Besitz, als verkörpere dieser zarte, ernste, kleine Junge – der Bind Raja, der Bräutigam – den gesamten Stolz der riesigen Großfamilie.

Kinderhochzeiten sind in Indien verboten, und die Gründe dafür sind nachvollziehbar. Unter den Rajputs beispielsweise betrachtet man es als Schande, wenn eine Tochter zur Zeit ihrer Menarche noch im Haus der Eltern lebt. Folglich beginnen die Mädchen schon im Kindesalter mit der Kinderproduktion. Für die Rabari allerdings ist diese Tradition, an der sie mit Leidenschaft festhalten, vernünftige Praxis. Denn zuerst und vor allem stellt es für Nomaden ein Problem dar, an einem Ort zusammenzukommen, so daß man wichtige Ereignisse gern zusammenlegt. Häufig betrauert man die Toten eine Woche vor den Hochzeitsfeierlichkeiten (Mausar-Feste), und dies nicht nur, um Kosten einzusparen, sondern vielleicht auch, um an die zyklische Natur des Lebens zu erinnern. An diesem Abend würde man acht Kinder verheiraten, wodurch bedeutsame und lebenslange Allianzen zwischen den Familien geschmiedet und gegenseitige Unterstützung garantiert wurde. Nach der Hochzeit verbrachte das Mädchen eine Nacht in seinem Susural (dem Haus der Schwiegerleute), wo alle es verwöhnten und ihm das Gefühl großer Wichtigkeit vermittelten, um es anschließend wieder nach Hause zu bringen. Der Vollzug der Ehe fand erst beträchtliche Zeit nach Eintreten der Geschlechtsreife statt, und sogar dann zog das Mädchen noch viele Male zwischen dem Haus der Schwiegerleute und dem seiner Eltern hin und her, bis es sich an seine neue Rolle gewöhnt hatte und die Dorfgemeinschaft beschloß, das Paar solle nun zusammenleben. Wenn die Frau dann ein Kind bekam, kehrte sie mit dem Neugeborenen manchmal für Monate ins Haus der Eltern zurück. In vielen Gemeinschaften war die Scheidung erlaubt, obzwar sie mißbilligt wurde und der Grund dafür gewöhnlich eher Unfruchtbarkeit als Unverträglichkeit war. Und auch diese Entscheidung wurde von den Alten getroffen. Starb der Mann, so konnte die Frau wieder heiraten, aber die meisten Witwen, vor allem wenn sie Kinder hatten, zogen es vor, ledig zu bleiben. Alles in allem war die Ehe eine pragmatische Angelegenheit, und die Harmonie der Gruppe hatte absoluten Vorrang vor den Wünschen des einzelnen.

Wir würden den Bind Raja in großem Stil zu seiner Hochzeit chauffieren. Fünfzehn Leute quetschten sich in meinen Jeep, und unter dem näselnden Gesang der Frauen brachen wir auf in die mondhelle, staubige Nacht. Als wir einen kleinen Schrein am Pistenrand passierten, stießen alle einen mächtigen Begrüßungsschrei aus. Der winzige Knabe lächelte und blinzelte wie ein verwöhntes Kätzchen.

Das Dorf der Bindani, der Braut, war ein Labyrinth aus kleinen Räumen und Höfen, dessen bauliche Logik zunächst schwer zu durchschauen war. Auf einer Plattform saßen etwa dreißig Frauen in schimmernden Regenbogenfarben und gleißendem Edelmetall. Zu ihnen brachte man mich. Als meine Nachbarin erfuhr, daß ich schon einmal verheiratet gewesen war, zerrte sie mir den Orni übers Gesicht und schubste mich von der Plattform. Dieses Spiel rief Entzückensschreie hervor, in die alle einstimmten. Man wies mich in die vier oder fünf Methoden ein, deren sich eine verheiratete Frau zu bedienen hat, wenn sie in Anwesenheit der Schwiegerleute oder fremder Männer durch ihren Orni späht, Methoden, bei denen man geschickt mit den Fingern das kleine Loch formen muß, durch das nur noch das Auge zu sehen ist – eine sehr verwirrende und paradoxerweise provozierende Geste. Wieder wurde ständig nach meinem Busen gegrapscht (diesmal weniger diskret) und anschließend verkündet, daß ich tatsächlich eine Frau sei. Bhairon rettete mich, und ich mußte mich auf ein mit Steppdecken gepolstertes Bettgestell legen, das im Hof stand. Man brachte mir den Bräutigam, und obwohl er gelegentlich auf meinem Schoß eindöste, quengelte oder zappelte er kein einziges Mal. Ich schüttelte ihn behutsam wach, wie es meine Pflicht war, und er starrte mich eine Sekunde lang an, ehe er, würdig wie ein Alter, das Gesicht zu einem Lächeln verzog.

In diesen Hof aus uralten Zeiten trat ein magerer junger Mann in Terylene-Schlaghose und bedrucktem T-Shirt. Er preßte ein Radio ans Ohr, aus dem Hindi-Filmmusik dröhnte und den Stimmen der Frauen Konkurrenz machte. Er wußte viel über Ausländer zu erzählen und verkündete allen Anwesenden, daß westliche Frauen unmoralisch seien und ihre Kinder nicht stillten. Er gehörte zur Bildungselite, und sein einziger Ehrgeiz bestand darin, eine Beamtenstelle zu ergattern, auf daß er nie wieder einen Finger rühren müßte. Er redete über Geld und Discomusik und bespöttelte die Arbeit des Viehhirten. Mußte man diesen jungen Mann als die Verkörperung der Zukunft des Rabari-Volkes betrachten?

Im Dorf der Braut (die Bindanis waren sogar noch winziger als die Binds) sangen ein paar zur Feier engagierte Musikanten Lieder, die von Männern im Opiumrausch handelten. Die in Geldangelegenheiten so vernünftigen und gewieften Rabari kennen das in wirtschaftlicher Hinsicht erdrückende und sich immer weiter ausbreitende System der Mitgift nicht. Was den Brautpreis (das Gegenteil von Mitgift) anbetrifft, so variieren die Bräuche von Ort zu Ort, wobei ihr symbolischer Aspekt den finanziellen meist überwiegt. Eine Familie wird in der Regel versuchen, alle Töchter auf einmal zu verheiraten, so daß die Feierlichkeiten zwar aufwendig sein mögen, aber nur einmal die Geldtruhen leeren. Jetzt präsentierte die Familie des Bräutigams die Geschenke, die die Braut erhalten sollte: ein Kleid mit sämtlichem Zubehör, silberne Fußringe, Eßwaren und ein wenig Geld. All dies wurde von mehreren Müttern, Tanten und Großmüttern sorgfältig auf eventuelle Mängel hin überprüft und für zufriedenstellend erklärt.

Die Nacht verging wie im Fluge. Leute kamen und gingen, Lieder wurden angestimmt, auf mehreren Charpois wurde geschnarcht, man räusperte sich, hustete und spuckte, Teller mit Essen erschienen, Ratten schnupperten an Haaren oder knabberten an Füßen.

Irgendwann entschlummerte ich dann unterm weiten Himmel, wurde aber kurz darauf von Besuchern geweckt, die zu einem «Dekho» beim Hauptgast vorbeischauen wollten. Bei Sonnenaufgang gab es Weizenbrei und Joghurt, und anschließend führte man mich in einen anderen Teil des Dorfes, wo sich eintausend Rabari aus nah und fern, angetan mit ihren schönsten Gewändern, zum Fest eingefunden hatten. Es war dies eine Toten-Hochzeitsfeier, eine große und kostspielige Angelegenheit. Entlang der flachen Hausdächer erblickte man, aufgereiht wie Geranientöpfe, Köpfe in Edelsteinschmuck. Der Witz meines Ehestands hatte in der gesamten Versammlung die Runde gemacht. Unzählige Frauen zogen mir den Schleier übers Gesicht oder versuchten, mir den Gucklochtrick beizubringen. Staub stieg in den blendendweißen Himmel.

In den Hof zurückgekehrt, begrüßte mich der Bräutigam, indem er mit einem herzerweichenden Lächeln die Arme nach mir ausstreckte, um sich tragen zu lassen. Kein westliches Kind hätte diesen Streß auch nur eine Stunde lang ausgehalten. Dieses kleine Geschöpf aber verlor, vielleicht weil es nie von seiner Gemeinschaft getrennt gewesen war, während der ganzen vier Tage nicht einen Moment lang die Beherrschung. Aber schließlich ist Gefaßtheit in schwierigen Situationen ja auch ein geschätzter Charakterzug unter den Viehhirten. Schon in wenigen Jahren würde dieses Kind draußen bei den Herden sein und den Kampf ums tägliche Brot aufnehmen.

Gegen drei Uhr nachmittags fand ich mich in einem kleinen Raum wieder, vor mir einen Teppich dichtgedrängter Männergesichter. Ich hatte mir einen Magenbazillus zugezogen und fürchtete einen unwürdigen Sprint zur Tür, bei dem ich fünfzig Turbane als Trittsteine würde benutzen müssen. Millionen von Fliegen gab es hier, zu viele Leiber, Hitze. Vielleicht sollte ich eine Kleinigkeit essen, um die Übelkeit zu vertreiben, dachte ich und streckte völlig erschöpft die linke Hand nach einer klebrigen Süßigkeit aus. Alle hielten den Atem an, ein alter Mann sagte: «Aahhhh», und gerade noch rechtzeitig hielt ich inne. Ich faßte mit der rechten Hand danach, alle lachten, die Scheu verlor sich, und wir begannen miteinander zu sprechen.

Draußen bei der Dang gab es Ärger. Ein alter Mann, der mit dem Bus gekommen war, hatte die Neuigkeit gebracht. Die Hirten hatten einen Forstbeamten mit fünftausend Rupien – fünf Monatseinkommen – bestechen müssen, damit er die Herde weiden ließ. Zwar würde jeder Eigentümer einen der Größe seiner Herde entsprechenden Anteil der Summe aufbringen, aber trotzdem war es ein großer finanzieller Verlust für das Dorf. Und das war nicht alles. Einige Schäfer hatte man festgenommen, weil sie die Zahl ihrer Schafe falsch angegeben hatten, um weniger Steuern an die Staatsregierung zahlen zu müssen. Und nun war einer aus dem Gefängnis entwichen und wurde von der Polizei gesucht. Auch dafür würde man Bestechungsgelder auftreiben müssen. Der oberste Numberdar (Anführer der Wanderung), der erst vor zwei Tagen zu den Hochzeitsfeierlichkeiten eingetroffen war, mußte sofort zur Dang zurück, um die Sache wieder ins Lot zu bringen.

Ich fragte, was sie von Politik hielten und welchen Kandidaten sie möglicherweise wählen würden. Ihre einzige Sorge, entgegneten sie, gelte ihrem Überleben, und jeder Politiker, der ihnen dabei helfe, werde ihre Stimme bekommen. Andererseits aber gingen die meisten von ihnen nicht zur Wahl, zum einen, weil sie kein Vertrauen in diese durch und durch korrupte Demokratie hatten, zum anderen, weil sie meist draußen bei der Dang waren, Hunderte von Meilen fern der Heimat. Eine so große Versammlung von Hirten war ein rares Ereignis, denn den meisten von ihnen bot sich nur selten Gelegenheit, die Herden zu verlassen und nach Hause zu kommen. Ihre Hauptsorge galt den Weiderechten, der staatlichen Kontrolle über den Wollhandel, dem zunehmenden Verlust von Land an die Bauern und den Gefahren des Nomadenlebens. Es wurde deutlich, daß diese Probleme alle Pashupalak (Viehhirten) betrafen, egal, welcher Kaste sie angehörten.

Nur ein einziger verkündete, daß er zur BJP gehöre. Er war fett und schmierig, Goldringe schmückten seine Hände, und obwohl er die traditionelle Raika-Tracht trug, wirkte er neben seinen hageren, sonnenverbrannten Verwandten wie ein schlecht besetzter Schauspieler. Er besaß einen Laden in einer nahe gelegenen Stadt. Er sprach ein wenig Englisch und verriet mir, daß seine Stammesgenossen ungebildet und unwissend seien und es keinen Sinn habe, ihnen Fragen zu stellen. Dann fügte er noch hinzu, daß die Moslems nur deswegen soviel Ärger machten, weil sie Rindfleisch äßen, was zu einer «sehr hohen Hirntemperatur» führe.

Ich fragte mich, wie groß sein Einfluß hier wohl war. Denn immerhin war er reich und des Lesens und Schreibens mächtig. Er kannte sich aus in der Welt der Bürokratie. Verließ man sich auf sein Urteil? Die Art, wie sie ihm zuhörten, respektvoll, aber auch reserviert, ließ eher auf das Gegenteil schließen. Nomaden sind überaus tolerante Leute, und ich konnte im Grunde keine chauvinistischen Tendenzen unter ihnen feststellen. Sie verkauften ihr Fleisch auch an Moslems. Die Moslems wiederum scheren ihnen die Schafe. Es gibt nämlich auch moslemische Viehhirten, und bisher existierte aufgrund der gemeinsamen Beschäftigung und der gemeinsamen Probleme ein starkes Gefühl der Verbundenheit zwischen ihnen. Wie soll man auch die Zeit finden, alle Feinheiten des Hinduismus zu beachten, wenn man draußen bei den Herden ist und sich weder waschen noch die Rituale vollziehen kann? Und weshalb sollte man die Kuhesser verachten, wenn man sich selber manchmal heimlich, still und leise ein wenig Hammelfleisch genehmigt? Wenn aber die Nomaden, wie es ja eines Tages geschehen mußte, einmal nicht mehr auf Wanderschaft gingen ...?

Auch moslemische Rabari waren zu den Hochzeitsfeierlichkeiten gekommen. Vor Jahrhunderten, als die Moguln das Land eroberten, hatten sie den Rabari, die den Rajputherrschern häufig als Spione dienten, viele Probleme beschert. So wurde etwa eine Gruppe von den Eroberern gefangengenommen und nach Delhi verbracht. Hier zwang man sie, Rindfleisch zu essen, wodurch sie auf einen Schlag dehinduisiert waren. Ihre Nachkommen waren zwar Anhänger des Islam, doch bei einigen Kasten-Feiern vollzogen sie noch immer hinduistische Riten, und die Verbundenheit mit ihrer Herkunftskaste schien ebenso stark wie ihre Identität als Moslems.

Ich hatte meinen heftig konvulsierenden Magen nicht mehr unter Kontrolle. Und Giga mit seinen zwei Meter zehn blockierte die Tür. Er packte mich an der Goldkette wie ein New Yorker Straßenräuber. (Manchmal haben die Rabari schon einen merkwürdigen Humor.) Hastig nahm ich sie ab und sprintete zur nächsten Mauer, gefolgt und belacht von den Kindern, die neugierig waren, wie die Ausländerin ihr Geschäft verrichtete. Giga war der Leihgeber der Kette und fürchtete wohl, ich wolle mich mit ihr davonmachen. Dennoch war es dann dieser Giga, der zwei Tage später – nachdem ich eine weitere schlaflose, opiumgeschwängerte Nacht in seinem Haus verbracht hatte und mich nun von hundert Freunden verabschiedete – behutsam meine Hände in die seinen nahm, sie vor seinem Herzen zusammenpreßte und sagte: «Wir sind deine Kinder.»

4

Für meinen Körper hatte ich stets große Zuneigung und Bewunderung gehegt. Zwar war mir klar, daß in puncto Fesseln ein paar Zentimeter weniger mehr gewesen wäre und er auch andere, weniger auffällige ästhetische Mängel besaß, doch hatte er mich ohne Klagen von vielen As nach Bs befördert und seine Aufgabe, das Hirn zu transportieren, im allgemeinen gut und ohne mir je zu schaffen zu machen erfüllt. Was war geschehen? Warum auf einmal diese ungeheure Erschöpfung? War ich in den letzten paar Monaten unbemerkt alt geworden? Trug Indien die Schuld?

Ich schleppte mich in mein Zimmer, zog die Vorhänge zu, sank auf mein Bett und kam zu dem Schluß, daß es wohl an Indien liege. Versuchte man, hier irgend etwas zu erreichen – es war, als wate man durch Kleister. Die einfachsten Dinge – telefonieren, Lebensmittel einkaufen, einen Brief abschicken – erforderten übermenschliche Geduld. Warum drehten die Leute nicht durch; warum erstachen und erschossen sie sich nicht gegenseitig wie in Amerika; warum packten sie die kleinlichen Bürokraten nicht am Genick und klopften ihnen das Hirn aus dem Schädel? Wie sollte ich diese in Jahrtausenden erworbene indische Geduld erlernen? Vor allem aber: Wie würde ich lernen, mit dem subkontinentalen

Starrblick fertigzuwerden? Wo immer ich mein Gesicht zeigte, versammelten sich alsbald tausend weitere um es herum. Blieb ich mit dem Jeep auch nur eine Sekunde lang stehen, und sei es am Ende der Welt, sofort klebten die Gesichter an den Fenstern, an der Windschutzscheibe; Leiber schoben und drängten sich heran, bis einem die Luft ausging; Hände stießen, tasteten, zerrten. Nichts, was ich oder Koju oder sonst jemand sagte oder tat, machte auch nur den geringsten Eindruck auf dieses kollektive Glotzen. Ich hätte genausogut ein Tanzbär oder ein angeketteter Affe sein können. Dieser Blick entkleidete mich meiner Menschlichkeit, beraubte mich meiner Vitalität, und meine einzige Schutzmaßnahme bestand darin, daß ich mich in mich selber zurückzog und mich psychisch zum Verschwinden brachte. Oder mich in die freundliche, leere Dunkelheit meines Zimmers einschloß – was ich zuletzt nach jedem Ausflug in die Welt jenseits der Hoftore auch tat.

Leben in Indien war wie «Tristram Shandy»-Lesen. Endlose Abschweifungen von dem, was man für den logischen Gang der Dinge hielt. Hätte ich mich damit abfinden können, ich wäre glücklicher gewesen. Aber ich mußte ja unbedingt mein fremdes, lineares Denken durchsetzen, bei dem A nach B vorrückt und dies wiederum nach C fortschreitet. Indien besaß seine eigene Art des Geschichtenerzählens, aber ich konnte nicht zuhören.

In einem kleinen Dorf auf dem Weg nach Baabara hatten wir angehalten, um Süßigkeiten für die Kinder zu kaufen. Um den unvermeidlichen Blicken zumindest für ein paar Minuten zu entgehen, zog ich einen Orni übers Gesicht, rutschte tief in meinen Sitz und lugte, so gut es ging, durch den Stoff. Längs der ausgefahrenen Straße befanden sich einige wenige kleine Läden und dahinter der Dorfbrunnen. Am Brunnen standen Rabari-Frauen, fünf oder sechs, und füllten ihre Krüge. Ich stellte mir vor, ich stünde bei ihnen, lachte wie sie, unbefangen und ohne daran denken zu müssen, daß ich beobachtet wurde. Stellte mir vor, ich ginge mit ihnen zum Laden und feilschte um den Weizenpreis, empfände die Körperlichkeit des schweren Kruges, die Intimität des Klatsches und des schwesterlichen Arms auf meiner Schulter. Ich hatte mir eingebildet, ich könne allmählich Teil des Bildes werden und nicht nur seine distanzierte Betrachterin. Doch es war wohl wahrscheinlicher, daß ich draußen, außerhalb des Rahmens, bleiben und nie dazugehören würde.

Inzwischen fühlte sich mein Rücken an, als habe man ihn mit einem Vorschlaghammer traktiert. Muskeln und Knochen sind durch Knorpelmasse verbunden; wenn ich aber ging, knirschte meine Hüfte in der Gelenkpfanne, als befände sich Sand dazwischen. In der Nähe der Farm lag ein Dhani, in dem laut Koju eine Frau lebte, die eine Spezialtechnik zum Beheben von Rückenbeschwerden beherrschte. Ich schleppte mich zum Jeep und stellte fest, daß mein Märchenprinz den Beifahrersitz mit Kissen aufgepolstert hatte und mich keineswegs hinters Steuer lassen wollte.

Die alte Frau war zerbrechlich wie eine Eierschale und blind. Ihr Sohn brachte sie zu uns heraus. Ich kniete mich vor sie hin, und sie nahm lächelnd meine Hände in die ihren. Dann drehte sie mich um, so daß ich ihr den Rücken zuwandte. Aus den Augenwinkeln sah ich, daß ihr Sohn ihr eine gewaltige Axt reichte. Mein Überlebensinstinkt befahl mir zwar, aufzustehen und die Füße in die Hand zu nehmen; aber die gute Erziehung erwies sich als stärker. Ich wartete auf den entsetzlichen tötenden oder heilenden Schlag, spürte aber nur sanfte Finger, die über meine Muskeln strichen.

«Wo tut es weh?»

«Überall.»

«Achchha.»

Kaltes Metall folgte nun der Hand, die die am schlimmsten entzündeten Stellen intuitiv zu ertasten schien. Hier nun verweilte die Axt und begann dann sanft gegen das Fleisch zu klopfen. Die Greisin stimmte einen Singsang an. Sobald sich die Axt bis zum Rande mit bösen Rückengeistern gefüllt hatte, ließ sie sie auf die Erde sausen, um sie wieder herauszuschleudern. Dann tastete die Hand nach der nächsten Stelle; klopf, klopf, klopf, bum, bum, bum, und wieder die Mantras. So ging es etwa fünfzehn Minuten lang, und ich meinte schon zu spüren, wie der Schmerz nachließ. Aber vielleicht war es auch nur die Macht der Suggestion, oder das monotone Leiern der Mantras hatte mich entspannt und den Muskeln Gelegenheit gegeben, sich zu entkrampfen. Oder aber ihr

Glaube war stark genug, den Unglauben der Patientin zu kompensieren.

Ich dankte ihr und bot ihr Geld an, doch sie wollte nichts nehmen: «Diese Kraft kommt von Gott, nicht von mir, wie kann ich mich also dafür bezahlen lassen? Er hat mir mein Augenlicht genommen, zum Ausgleich aber schenkte er mir die Weisheit meiner Hände. Morgen früh mußt du den wilden Vögeln eine Getreidegabe darbringen.»

Was ich dann tat.

Um zu garantieren, daß die Reise zum Chaitri-Fest, der Kauf der Kamele und das Treffen mit den Rabari möglichst reibungslos vonstatten ging, nahm ich die Dienste mehrerer Personen in Anspruch. Narendra hatte mir eine Dolmetscherin besorgt: eine junge Rajput-Lehrerin, die Hindi, Englisch und Marwari sprach. Sie hieß Raju ji und würde uns auf der Mela (dem Fest) erwarten. Takat Singh ji, der mich auf meiner ersten Wüstenexkursion begleitet hatte, wollte für einen Tag vorbeikommen, um mir bei der Auswahl der Kamele und der Ausrüstung behilflich zu sein. Als Fahrer und Koch würde Koju fungieren. Dilip brachte seinen eigenen Koch-Chauffeur mit. Bhairon würde uns unterwegs mit Rabari bekannt machen, bis wir den richtigen Klan gefunden hatten. Als er am Abreisetag aufkreuzte, war die Röhrenhose verschwunden, und er war Raika vom Scheitel bis zur Sohle – vom Batikturban über das lange weiße Hemd, den weißen Dhoti, die spitzen Lederpantinen bis hin zu den dürren Beinen.

Es wurde Nacht. Bhairon hatte offenbar die Orientierung verloren. Wir befanden uns auf einem jener nur aus einer Wagenspur bestehenden Wege in den Sandhügeln nordwestlich von Jodhpur. In der Ferne erkannten wir einen Feuerschein, der aus einer Jhumpa herausleuchtete, und Bhairon lief hin, um sich nach dem Weg zu erkundigen. Mehrere Männer kamen ihm mit fuchtelnden Armen entgegen und gaben Äußerungen von sich, die man etwa folgendermaßen übersetzen könnte: «Laßt uns in Ruhe, oder wir säbeln auch die Kehlen durch.» Zwanzig Minuten später, nach viel Gestikuliererei und zahlreichen gemeinschaftlich geleerten Gläsern, kletterte unser Polizist mit einer Deshi-Daru-Fahne (vom selbstgemachten Schnaps) in den Wagen zurück. «Sie haben uns für Banditen gehalten», sagte er, «und gemeint, daß wir ihre Sachen und ihre Frauen klauen wollen.» (In diesem Teil der Welt konnten sich nur Regierungs-Wallahs, Polizisten und Räuber – alles unbeliebte Zeitgenossen – einen Jeep leisten.)

Wir fanden das Dhani und blieben drei Tage. Die Menschen hätten gar nicht liebenswürdiger sein können, und dennoch registrierte ich ein unterschwelliges Mißtrauen. Leider verdichtete sich dieser Argwohn im selben Maße, wie Bhairon von meiner sagenhaften Bedeutung und Berühmtheit (und folglich auch seiner eigenen) schwadronierte, die ich angeblich nicht nur in Indien, sondern im ganzen Universum genoß. Ohne Sprache, in der ich mich hätte verständlich machen können, konnte ein Lächeln zur falschen Zeit, ein ausbleibendes Lächeln an einer Stelle, an der eines angebracht gewesen wäre, das Anbieten eines zu großen oder zu kleinen Geldbetrags, konnten all diese Gesten ebenso große Bedeutung erlangen wie eine wütend hervorgestoßene Beleidigung. Die Männer kamen herbei, setzten sich höflich wie stets zu mir und meinten schließlich: «Du hast viele Laks von Rupien, und du hast einen Jeep. Warum willst du bei armen Leuten leben? Warum willst du auf Wanderschaft gehen?» Nie wußte ich eine angemessene Antwort auf diese Frage, doch sie zeigte, als wie wenig beneidenswert sie ihr eigenes Leben empfanden und wie fremd ihnen das meine war. Allmählich fiel mir auf, daß die Leute jedesmal, wenn ich mein Notizbuch und meine Landkarten zückte, die Schotten dichtmachten und sich verzogen. Dennoch kamen wir schließlich zu einer Einigung: Am folgenden Tag würde ich mit zwei Männern und einer kleinen Herde aufbrechen und sie auf den Markt begleiten.

Am Morgen warteten wir an der vereinbarten Stelle. Und warteten. Die Hitze war drückend. Allmählich sank uns der Mut. Dilip war so wütend, daß ich fürchtete, er könne einen Herzinfarkt erleiden. Um elf war dann klar, daß die Herden ohne uns aufgebrochen waren und uns neben dem Wasserloch unserem Schicksal überlassen hatten, wo Bhairon nun schimpfte, daß diese Raika doch bloß rückständige, ungehobelte Bauern seien, die es gar nicht verdient hätten, daß ich über sie schriebe – aber keine Sorge! Wir würden weiterfahren, bis wir eine würdigere Gruppe gefunden hatten.

Die Leute waren wohl zu dem Schluß gelangt, daß wir Regierungsangestellte waren und eine geheime Untersuchung durchführten, bei der sie nur verlieren konnten. Viele der Familien hatten ihre Dhanis und Bajri-Felder auf staatliches Land ausgedehnt. Da war es nur naheliegend, daß wir ihnen ihr Land abnehmen, sie festnehmen, zusammenschlagen, Strafen über sie verhängen oder Bestechungsgelder erpressen wollten – all diese alltäglichen Vorkommnisse, an die die Armen gewöhnt sind –, so daß es sicherer war, uns höflich zu behandeln und nichts preiszugeben. Dies war nicht der letzte Hinweis darauf, wieviel Mißtrauen nötig war, wollte man in dieser Welt überleben, in der kein Gesetz galt, das für Gerechtigkeit sorgte und Rechtssicherheit schuf, in der es jenseits von Familien- und Kastenzugehörigkeit keine Sicherheit gab, in der schwindende Ressourcen, unersättliche Gier, endemische Korruption zwangsläufig mehr Verlierer als Gewinner hervorbrachten und ein falscher Schritt nicht nur das eigene Ende, sondern auch das einer ganzen Familie bedeuten konnte.

Wir fuhren also weiter. Eine würdigere Gruppe aber fanden wir nicht. Ich wäre am liebsten sofort auf die Mela gefahren, doch die Bedürfnisse von Schreiber und Photograph decken sich selten. Außerdem stand Bhairons Selbstachtung auf dem Spiel. Das Thermometer zeigte hundert Grad Fahrenheit, unsere Wut aber wies ganz andere Ausschläge auf. Ich leistete passiven Widerstand gegenüber dem, was sich meiner Meinung nach in eine Farce verwandelt hatte, indem ich im Wagen sitzenblieb und auf meine Füße starrte. Und als ich dann wieder den Kopf hob, erblickte ich den auf wunderbare Weise in einen uniformierten Polizisten transformierten Bhairon, mit Khakihose, Bügelfalten und strenger Mütze, der eine Gruppe von wütenden und protestierenden Rabari wie ein Verkehrspolizist zum Jeep umleitete. Ich lachte, bis mir die Tränen herunterliefen.

Ich begab mich zu den drei erschöpften Männern und ihren zwei mageren Kühen (sie waren drei Tage lang in zügigem Tempo marschiert, um ihre Tiere auf der Mela zu verkaufen), um mich mit ihnen fotografieren zu lassen, und wäre vor Scham am liebsten im Boden versunken. Nach einer Weile meinten sie: «Nimm du die Kühe, wir fahren im Jeep.»

Im bläulichen Licht der Morgendämmerung erreichten wir die Mela und wurden von Tausenden von Männerrücken begrüßt, die, ihre Wasserlotis (Kanister) neben sich, am Straßenrand kauerten. Jenseits der Düne erkannte man einen verschwommenen Brei aus Kamelen, Turbanen und Staub. Überall, unter Grasiglus oder Plane aus buntem Stoff, hockten rauchende, hustende, palavernde Männer und neben ihnen ihre angepflockten Kamele. Takat Singh traf ein, um sofort wieder aufzubrechen und sich mit mir im Schlepptau durchs Gewühl zu schieben. Er fuchtelte den Kamelen vor den Augen herum, um sie auf Kurzsichtigkeit zu testen, schaute ihnen ins Maul, um ihr Alter zu prüfen (ich wollte einen Zweizähner unter sechs Jahren), inspizierte Brust und Füße und erkundigte sich schließlich nach dem Preis. An diesem Punkt angelangt, schien Takat dann jedesmal der Schlag zu treffen. Mir ein Kamel zu einem angemessenen Preis zu besorgen, eben das wolle er für mich tun, hatte er gesagt, und, zum Teufel, das würde er auch tun. Einen ganzen Tag lang latschten wir auf dem Markt herum, bis ich, nur um mich endlich hinsetzen zu dürfen, auch ein Lama gekauft hätte.

Wir erblickten es beide im gleichen Augenblick, das beste Kamel auf dem Markt, eine schwarze Jaisalmeri-Kuh mit stählernen Gazellenbeinen und Augen, aus denen Boshaftigkeit und Intelligenz blitzte. Ich hob die Augenbrauen und sah Takat an. Er nickte und begutachtete sie. Alles war in bester Ordnung, ein Rolls-Royce von einem Dromedar. Wir baten ihren Eigentümer, sie uns in verschiedenen Gangarten vorzuführen. Er schwang sich auf das ungesattelte Tier, hockte auf ihm wie eine Klette und galoppierte wie ein Verrückter durch die Menge. Takat nannte sie «umwerfend», und ich erwiderte, verdammt, ja, ich wolle sie haben, und Geld spiele gar keine Rolle.

Das Aushandeln des Preises und das Auftreiben eines zweiten Tieres nahmen einen weiteren Tag in Anspruch (meine weiße Haut verdoppelte automatisch den Preis). Schließlich drängten sich die vormaligen Eigentümer, ich und etwa hundert Zuschauer in einem kleinen Büro, in dem sich bis zu den Fensteröffnungen mit rosa Bindfaden verschnürte Papierpacken stapelten. Man erklärte uns, wir könnten die Kamele nun doch nicht kaufen, da wir vergessen hätten, das entsprechende Formular mitzubringen.

Angesichts des großen Nein der indischen Bürokratie war ich mit meiner Weisheit am Ende. Nicht so Dilip. Sie kannten doch sicher, begann er, die berühmteste und angesehenste Zeitschrift der Welt? Nein? Und sie hatten noch nie von Miss Robyn Davidson oder Mr. Dilip Mehta gehört? Du lieber Himmel! Derart beeindruckt waren sie von unserem Ruhm und Dilips überlegenem Gehabe, daß man uns umgehend Tee servierte und die ganze Angelegenheit lediglich drei Stunden in Anspruch nahm. Mehrere Formulare wurden uns nun vorgelegt, auf die die früheren Eigentümer – Ramu Ram aus Jodhpur und Umaid Ali aus Barmer – ihre Daumenabdrücke setzten und unter die Miss Robyn aus Australien ihre Krakel malte. Dann überreichte ich das Geld, steckte die Quittungen in meine Kurta, trank eine letzte Tasse Tee mit Umaid, Ramu, den Beamten und Zuschauern, und Momal und Sumal – so benannt nach zwei Stammesfürstinnen von Jaisalmer, eine schön, die andere nicht – gehörten endlich mir.

Sobald wir die Mela hinter uns hatten, wanderten wir in eine Andrew-Wyeth-Landschaft hinein. Ich freute mich aufs Alleinsein, und wenn es nur für eine Minute war, aber es hat nicht sollen sein. Aus dem Nichts, aus dem Himmel, dem Staub oder der Luft tauchten Menschen auf und schlossen sich unserer kleinen Gesellschaft an wie Moleküle, die sich um einen Kristall anlagern. Am ersten Tag wanderten Bhairon und ich dreißig Kilometer. (Die anderen fuhren in den Jeeps.) Abgesehen von einem geschwollenen Knie, meinem schmerzenden Rücken und dem Wunsch, fünfzehn Jahre jünger zu sein, trug ich keinen Schaden davon. Vor jedem Schlagloch riß mir Bhairon in einem Anfall besorgten Übereifers die Nasenriemen aus der Hand. Das Abwehren seiner Ritterlichkeit kostete einfach zu viel Energie, und ich brauchte jeden Funken davon. Am zweiten Tag aber rissen uns dann die bereits arg zerschlissenen Geduldsfäden.

Bei einer früheren gemeinsamen Reise mit einem Photographen hatte ich mich wie ein Tyrann aufgeführt. Also beschloß ich, bei diesem Projekt einmal ganz anders zu sein, zur rechten Zeit ins Licht zu blicken, bei den so schwierigen Abendaufnahmen absolut stillzuhalten und mich nie darüber zu beklagen, daß man mir ständig ein Objektiv vor die Nase hielt. Angesichts der Tatsache jedoch, daß Dilip der Alpha-Typ hoch drei war, daß ich mich wegen meiner Tiere, wegen der Schlaglöcher und der Laster sorgte, daß ich in der vorhergehenden Nacht nicht geschlafen hatte und die Sonne mir Löcher ins Hirn brannte, angesichts dessen, daß mir dieses ganze Unternehmen zum Hals heraushing und ich mir inbrünstig wünschte, ich hätte es nie begonnen; angesichts dessen, daß Bhairon mich anbrüllte, so daß ich anfing, in einer ihm unverständlichen Sprache zurückzubrüllen, und Dilip jetzt vor mir stand und plärrte: «Schau nach links, nach links», während ich mich krampfhaft bemühte, die Kontrolle über Momal zu behalten – angesichts all dieser Dinge, habe ich wohl tatsächlich so was wie «Verpiß dich» gesagt.

Als wir an diesem Abend in ein Rabari-Dhani einliefen, fragten mich meine Gastgeber: «Weshalb willst du dein Kamel nach Jodhpur führen, wo es doch all diese Leute für dich erledigen könnten? Warum fährst du nicht in deinem Jeep? Du hast so viele Laks von Rupien. Warum willst du bei armen Leuten leben?» Sie ließen uns – diese merkwürdige Truppe – allein.

Dilips schlechte Laune äußerte sich in mißmutigem Verhalten gegenüber Koju, den er für einen Faulpelz hielt. (Der vorbildliche Koju! Faul!) Die meine zeigte sich in Verdrossenheit gegenüber Dilip. Aber so ging es einfach nicht weiter. Also setzte ich mich hin und diskutierte es in zwanzig Minuten mehr oder weniger mit ihm aus, während deren, wie Koju mir später kichernd erzählte, ich zwei Schachteln Zigaretten geraucht haben soll.

Wenn das Zwei-Schachtel-Gespräch die bestehenden Probleme auch nicht völlig ausräumen konnte, die mit unseren unterschiedlichen Arbeitserfordernissen zusammenhingen, die jede eindeutige Lösung ausschlossen, da sie sich grundsätzlich im Konflikt befanden, so machte es mir doch deutlich, daß ich die Selbstbeherrschung eines Sadhu entwickeln mußte, wenn zukünftige Reisen für uns alle – Dilip, mich und die Leute, die für uns arbeiteten – einigermaßen erträglich sein sollten. Was auch kommen mochte, nach außen hin mußte ich stets Ruhe bewahren. Und obwohl es mich große Anstrengung kostete, von diesem Tage an gelang mir das auch.

Später fuhr ich, eingequetscht zwischen Koju und Raju, ein Stück im Jeep und brach in Tränen aus. Raju streichelte mir die Hände, und Koju setzte eine männliche Miene auf. Er sagte: «Memsahib, Sie machen sich zu viele Sorgen um uns. Denken Sie nicht an uns. Wir sind da, um Ihnen zu helfen, und wir werden, ohne zu klagen, alles tun, was Sie verlangen. Und wenn es notwendig wäre, würde ich auch für Sie sterben.» Ich glaubte zwar nicht, daß der Märchenprinz so dumm war, sein Leben für eine wie mich hinzugeben, aber ich war zutiefst gerührt, und da das alles im übertragenen Sinne gemeint war, konnte auch ich von mir behaupten, daß ich mein Leben für ihn hingegeben hätte.

Raju sprach das Englische nicht so fließend, daß sie rasch hätte dolmetschen können, aber durch sie bekam ich zumindest das Wesentliche der Gespräche mit. Was aber noch wichtiger war, ich lernte von ihr, wie man sich in der Dorfkultur bewegt, wie man die Großzügigkeit, die man uns bereitwillig zuteil werden ließ, akzeptierte und sie ohne Verlegenheit erwiderte. Früher hatte ich nie gewußt, wem ich Geld geben durfte; und jene, denen ich welches hatte geben wollen, hatten es meist zurückgewiesen. Stets hatte ich das Gefühl gehabt, eine Taktlosigkeit zu begehen, weil das Schenken von Geld in meiner eigenen Kultur einen unangenehmen Beigeschmack besitzt. In Indien jedoch weckt Geld keinerlei unangenehme Assoziationen. Jetzt wußte ich, daß man es in die Hände neugeborener Babys drückt oder, falls keines vorhanden ist, dem jüngsten Mädchen des Haushalts zusteckt. Auch dieses Geld wurde zunächst zurückgewiesen, doch man beteiligte sich an diesem Tanz der Etikette, der in Beharren, Zurückweisen, Beharren, Zurückweisen besteht, bis das Geld schließlich mit einem Lächeln akzeptiert wird.

Und wenn ich dann in ein Dorf getrottet kam und vor Erschöpfung kein Wort mehr herausbrachte, war Raju da und übernahm für mich das Erklären, gewann freundlich und behutsam jedermanns Vertrauen. Sie brachte mich zu den Frauen, mit denen gemeinsam wir dann kochten, auf kleinen Holzbrettchen Chapatis ausrollten, Gewürze in Öl brieten; oder aber sie befahl mir, mich hinzulegen, und spazierte dann auf meinem Rücken auf und ab. Liebe Raju, wie kann ich dir die Empfindsamkeit deiner Seele und deiner winzigen Füße je danken?

Falls ich mich einmal allein auch nur ein Stückchen aus der Siedlung hinauswagte, um eine Sekunde lang Ruhe zu haben und meine Gedanken zu ordnen, war Bhairon sofort an meiner Seite. «Du mußt mich nicht begleiten, Bhairon», sagte ich dann lächelnd und mit zusammengebissenen Zähnen, «ich bin gerne allein.» Doch davon wollte Bhairon nichts hören. «Sie verstehen das nicht. Hier gibt es Gundahs. Die könnten Sie entführen oder vergewaltigen. Wenn Sie auf Wanderung gehen, werde ich stets mit dem Gewehr an Ihrer Seite sein.» Schon der bloße Gedanke daran machte mich depressiv. Eine Ruhepause bekam ich nur, wenn ich vorgab, pinkeln zu müssen. Dann gestattete man mir einen Spaziergang von zehn Metern und zwei Minuten hinter einem Baum ganz für mich allein. Falls sich nicht schon Kinder zum Zugucken versammelt hatten.

Am vierten Tag hatten wir alle eine Erholungspause nötig. Wir hielten schon früh in einem Raika-Dhani, einem winzigen Nest von Jhumpas, das in den Dünen fast verschwand. Unsere Gastgeber eilten geschäftig hin und her, fegten und säuberten ein kleines Haus, in dem wir uns aufruhen sollten, brachten dann Tee und Eimer voller Wasser vom Brunnen, damit wir uns waschen konnten. Dies war die Art von Gastfreundschaft, wie sie nur die Wüste hervorbringt. Als wir uns dann später erfrischt und behutsam unsere Glieder auf dem kühlen Boden ausgestreckt hatten, wurde Mata ji, die älteste Frau der Gemeinschaft, von ihren Enkeln hereingeführt. Nicht eine Spur von Ungeduld trübte die Zuneigung und den Stolz der Kinder, als sie ihr beim Niedersitzen halfen und ihre Hände zu meinem Gesicht führten. «Sie ist alt und lebt im Schatten Gottes», erklärten sie. Mata ji lächelte.

«Gott hat dich zu uns geführt. Hierbei verirrt sich weder der Regen noch ein Gast. Aber es ist traurig, daß ich blind bin, denn nun kann ich dein Gesicht nicht sehen.» Bald war der Raum voller Menschen, die den zu den Fenstern hereinströmenden Luftzug abschnitten, so daß der Schweiß über die Körper rann und sich in Pfützen auf dem Boden sammelte. Mata ji hielt meine Hände umklammert. Ihr Neffe, der Geschichtenerzähler des Dorfes, ergriff, angespornt von einem dankbaren Publikum, einem Kassettenrecorder und seinem ersten ausländischen Gast, das Wort:

«Die ganze Rabari-Kaste stammt von unserem Urahnen ab, welchen Mahadev (Shiva) am Berg Kailash in Tibet geschaffen hat. Als Mahadev einen Stier zum Reiten formte, der ein fünftes Bein auf dem Hals besaß, beschloß Parvati (Shivas Gefährtin), auch für sich ein Spielzeug aus Sand zu machen. Ein merkwürdiges, mißratenes Geschöpf war es, was sie da machte, und das fünfte Bein setzte sie ihm auf den Bauch. Als sie ihren Gatten bat, es mit Hilfe seiner Kräfte zum Leben zu erwecken, meinte er: ‹Aber Parvati, mit diesem Tier stimmt doch etwas nicht. Wenn es erst mal lebendig ist, wird es nur Unheil anrichten.› Da Parvati jedoch hartnäkkig blieb, hauchte Mahadev ihm Leben ein und sagte ‹Uth›, was soviel wie ‹Auf› bedeutet und der Grund dafür ist, weshalb das Kamel heute als ‹Unth› bezeichnet wird. Nun konnte es aber nicht gehen, weil ihm das fünfte Bein in die Quere kam, und Parvati bat ihren Mann, es zu entfernen. Mahadev schnitt es mit seinem Chakra (Messer) ab, doch ein Stumpf, der heute noch zu sehen ist, blieb stehen. (In anderen Versionen heißt es, daß Mahadev das Bein nach oben schob und so den Höcker schuf.) Sobald das fünfte Bein abgeschnitten war, wollte das Unth nicht mehr stillsitzen, und es lief Parvati davon. Sie bat Mahadev nun, einen Menschen zu schaffen, der sich ums Unth kümmern solle. Mahadev seufzte und formte aus den abgeriebenen Schuppen seiner eigenen Haut eine Figur, tröpfelte Nektar darauf und erweckte sie zum Leben. Von diesem Augenblick an zog der Mensch mit dem Unth umher, und Mahadev erklärte ihm, wenn er Hunger habe, könne er die Milch des Kamels trinken.

Eines Tages verirrte sich der Mensch mit seinem Kamel im

Dschungel. Es war dunkel und kalt. Er sah einen Lichtschein in der Ferne, wo auf dem Kremationsplatz eine Leiche verbrannte. Doch da er nichts über Bestattungsrituale wußte, nahm er ein dort herumliegendes irdenes Gefäß, molk die Kamelkuh und erhitzte die Milch in dem Topf. Dann trank er sie und schlief ein.

Als es immer später wurde, weckte Parvati ji Mahadev ji und sagte: ‹Dieser Mensch ist nicht heimgekommen, du mußt etwas unternehmen.› Mit seinem dritten Auge sah Mahadev, daß der Mann auf der Verbrennungsstätte schlief. Er ging mit Parvati hin, weckte ihn und sagte: ‹Steh auf, Bhoot Rabari.› (*Bhoot* bedeutet ‹Geist›, und Rabari heißt möglicherweise ‹abseits der Straße oder des Wegs›, was zum Ausdruck bringt, daß der Rabari sich eines Vergehens schuldig gemacht hatte. Es gibt auch noch andere Etymologien des Wortes – etwa eine persische Wurzel, die ‹grasen›, und eine andere, die ‹der, welcher die Pfade findet› bedeutet.)

Bald brauchte der Rabari eine Frau. Mahadev sagte ihm, er sollte an einen bestimmten Fluß gehen und die Kleider der dort badenden Elfen stehlen. Dies tat er, und die verärgerten Schwestern verfolgten ihn bis vor Mahadevs Tempel. Als sie dort ankamen, erklärte ihnen Mahadev die Lage. Da Mahadev selber sie darum bat, fanden sich zwei der Schwestern, Avri und Bavri, bereit, den Rabari zu heiraten. Sehr viel später verheirateten sich dann einige Rajputs mit den Nachkommen dieser Frauen, und aus diesem Grunde findet man in verschiedenen Rabari-Klans noch immer viele rajputische Namen.»

«Weshalb aber nennt man euch Geister?» fragte ich.

Mehrere Leute antworteten darauf:

«Weil unsere Häuser vom Dorf abgewandt stehen und wir uns nicht an die Sitten des Dorfes halten.»

«Weil wir uns, wenn wir bei der Dang sind, nur selten waschen und deswegen aussehen wie Gespenster.»

«Weil wir im Dschungel leben, wo die Geister wohnen.»

«Weil wir andere Zeremonien haben und nicht alle Hindurituale kennen.»

Der Geschichtenerzähler unterbrach sie. «Vor langer Zeit gab es einmal einen Rabari, dem man sagte, daß er nach dem Tod seines

Vaters das Ritual des siebten Tages vollziehen müsse. Er lief umher und wußte nicht, was tun, bis er einen Brahmanen fand und diesem mit der Bitte, die heiligen Rituale an seiner Statt zu vollziehen, zwei Rupien anbot. Der Brahmane lächelte vor sich hin und sprach auf sanskrit, damit ihn der Rabari nicht verstand, zu sich selbst: ‹Hier habe ich einen dummen, völlig ahnungslosen Rabari. Ich werde ihn reinlegen und ihm sein Geld abknöpfen.› Der Rabari kehrte hochzufrieden nach Hause zurück, und als seine Nachbarn ihn fragten, was der Brahmane gesagt habe, wiederholte er die gehörten Laute. Alle lachten ihn aus und nannten ihn einen dummen Bhoot.»

Mata ji brachte uns mit einem Pst zum Schweigen und sagte: «Schaut, sie lacht über uns. Sie lacht über unsere Dummheit.» Ich versicherte ihr, daß ich lachte, weil ich glücklich war, bei ihnen zu sein, und weil der Geschichtenerzähler so klug sei. Sie drückte mir die Hände, streichelte mir das Gesicht und sagte: «Da können wir ja wirklich froh sein.»

Eine andere Frau verkündete den Versammelten: «Wir heißen Bhoot, weil wir uns vor nichts fürchten, weder vor Schlangen noch vor wilden Tieren, und weil wir in Gegenden reisen, in denen es keine Menschen gibt. Wir sind die Hüter des Weges.» Aus den Augenwinkeln warf sie einen herausfordernden Blick zu mir herüber und fügte hinzu: «Es ist schwer, mit Geistern zu leben.»

Mata ji verteidigte mich. «Aber diese Frau ist mutig. Sie verrichtet Arbeiten, zu denen kein Mann in der Lage ist. Sie ist stark genug, um mit uns zu gehen.»

Inzwischen hatte sich eine Horde kleiner Jungen in blauen Schuluniformen hereingedrängt. Ich fragte, weshalb die Mädchen nicht zur Schule gingen. «Ein Mädchen lebt und arbeitet im Haus seiner Schwiegereltern, eine Ausbildung wäre nur Geldverschwendung. Wir sind arm, und unser Einkommen ist uns wichtiger als Bildung. Normalerweise schicken wir nur einen Jungen pro Familie in die Schule, und nur so lange, bis er lesen und schreiben kann. Aber auch dann wird er mit Stolz die Herden hüten. Abgesehen davon haben wir keine Interesse an Schule und Studium. Da wir weder den Sifarish (Einfluß) besitzen, um die entsprechenden

Stellen zu bekommen, noch das Geld, um Leute zu bestechen, was würde uns eine Ausbildung schon nützen? Die Tiere sind unser Lebensunterhalt, sie sind unser Reichtum.»

Neben mir neckte einer der Jungen sein Tantchen. Sie wandte sich an mich und sagte: «Siehst du, wie er mich quält? Er neckt mich, weil ich Analphabetin bin. Wir Raika sind wie die Tiere, ungebildet und rückständig. Aber eines Tages werde ich meinen Sohn zur Schule schicken, und dann wird er mit gebildeten Menschen am Tisch sitzen können, ohne sich zu genieren.»

Ich fragte, ob jemand einer anderen Arbeit nachginge. In Hungerjahren gab man den Raika-Frauen (und Männern, die abkömmlich waren) Arbeit in Dürre-Hilfsprojekten, beim Straßenbau oder beim Bohren von Brunnen. Und dann gab es noch einen Jungen, der zum Arbeiten in die Slums von Bombay gegangen war, wo Verwandte von ihm einen Süßwarenladen betrieben. «Wollte er denn da hin?» fragte ich. Die Frage schien sie zu verwirren. «Ich meine, weshalb ist er nach Bombay gegangen?» Sie sahen mich an, als sei ich ein wenig zurückgeblieben, und erwiderten: «Um Geld zu verdienen.» Privilegiert, wie man ist, vergißt man leicht, daß Armut vor allem bedeutet, keine Wahl zu haben. Man geht nicht in eine Stadt, weil einen das Landleben langweilt, sondern weil man vor etwas flüchtet, vor der Entwicklung, vor der Armut oder vor ökologischer Zerstörung und weil man in der Stadt vielleicht genug verdient, um einen kleinen Betrag nach Hause zu schicken.

«Als Gott den ersten Raika erschaffen hatte», unterbrach uns der Geschichtenerzähler, «wandte sich dieser Mensch an Gott und sagte: ‹Du bist mir vielleicht einer. Gibst mir zwei Augen, zwei Ohren, zwei Füße, zwei Hände, aber nur einen Magen. Das ist nicht gerecht. Warum hast du das gemacht?› Gott lachte ihn aus und erwiderte: ‹Du närrischer Raika, begreifst du denn nicht, wie schwer es dir werden wird, auch nur einen zu füllen?›»

«Und warum nennt ihr euch manchmal Raika und manchmal Rabari?» Man hatte mir erzählt, daß die beiden Begriffe im Grunde das gleiche bedeuteten, ältere Leute jedoch dazu tendierten, die ältere Bezeichnung Rabari zu verwenden, während heutzutage Raika wohl mehr en vogue war.

Ich fragte sie, ob ich vielleicht in diesem Jahr mit ihnen auf die Dang gehen könne.

«Du bist immer willkommen», sagte Mata ji, «aber dieses Jahr legen wir eine Pause ein. Normalerweise ziehen wir nach Haryana. Es ist eine sehr schwere Arbeit, und wir sind froh, wenn wir wieder daheim sind. In Haryana wimmelt es von Badmaash (Gaunern). Heuer aber hatten wir so viel Regen, daß wir nicht so weit fort müssen.» Auf jeden Fall waren die Herden ständig unterwegs, ein Umstand, der auf die Hungersnot des Jahres 1942 zurückging. Damals hatten die Nomaden besser als viele andere überlebt, weil sie weite Strecken mit ihren Herden zurücklegten. Es war unpraktisch, sie ganz nach Hause zu bringen. Folglich pendelten zwar die Menschen zwischen Dang und Dorf hin und her, die Tiere aber kehrten niemals zurück. Während jener Hungersnot, erzählte mir Mata ji, hatten sie Kinder anderer Kasten mitgenommen, damit sie Kamelmilch trinken und überleben konnten.

Als es Zeit war zum Aufbruch, fragte ich Mata ji, ob sie mir Kamelfutter verkaufen könne. «Ariiiiii, wenn ich Geld von dir nehme, komme ich nicht in den Himmel. Du bist mein Gast.» Auf die drei winzigen goldenen Sonnen auf ihren Vorderzähnen deutend, sprach sie: «Wenn ich sterbe, ist dies das einzige Gold, das ich mitnehme. Was nimmt man mit bei seinem Tod? Nur die guten Taten und die Liebe der anderen.» Schließlich gab ich ihrem Enkel das Geld, der einer Generation angehörte, die es gelernt hat, Großzügigkeit durch Pragmatismus zu mildern.

Am nächsten Morgen kam mir beim Wandern immer wieder der Ausdruck «Hüter des Weges» in den Sinn. Da er etwas Festes und Rigides an sich hatte, hatte ich ihn für eine Fehlübersetzung gehalten. Doch falls es eine war, so war es eine glückliche, die mir jetzt eine tiefere Wahrheit enthüllte. Denn die Rabari waren tatsächlich die Hüter unseres ursprünglichen Weges – des Nomadentums nämlich.

Am vorletzten Tag unserer Reise fuhr Dilip nach Jodhpur, um in einem Hotel zu übernachten. Er wollte uns am Morgen erwarten, um die klassische Aufnahme «Kamele vor dem Fort von Jodhpur» zu schießen. Und ich beschloß, wie ein braver Hauptmann, bei meiner Truppe zu bleiben. Da Raju bereits nach Hause gefahren war, kampierten nur noch Koju, Bhairon und ich neben einem kleinen weißen Tempel. Der arme Bhairon hatte sein Bestes getan, um sowohl den Wünschen der verrückten Weißen als auch den Ansprüchen des Fotografen gerecht zu werden. Und was war sein Lohn außer einem Mund voller Staub und wehen Füßen? Auf seinem Gesicht lag jener Ausdruck, wie ihn Katzen manchmal kriegen, wenn sie genug von einem haben: so etwas Flaches um die Ohren. Er sagte zwar nichts, aber ich war mir ziemlich sicher, daß er den Tränen nahe war. Oder aber einem Mord.

Koju machte sich taktvoll daran, ihm Wasser zu wärmen, und ich begann, den Dal zu kochen. «Bhairon Sing ji ist sauer», sagte ich, erhielt jedoch keine Antwort. Bhairon saß mit gekreuzten Beinen auf dem Tempelstufen und begann sich zu rasieren. Dann verschwand er hinter dem Tempel, um sich zu waschen. Ich widmete mich dem Kochen, bis mich ein herrlicher Bariton dabei unterbrach. Ich warf einen Blick in den Tempel, und da stand Bhairon, stand in frischen weißen Kleidern vor der Göttin und reinigte seinen Geist mittels Gesang.

Als wir am nächsten Tag auf Narendras Farm gehumpelt kamen, hob er die Arme zum Himmel und rief aus: «Bhairon Sing Raika – *History ka hero.*» Und ich streckte Koju meine rechte Hand entgegen, der sie scheu mit beiden Händen faßte, sich grinsend verbeugte und mich Narendra übergab.

5

Der Held der Geschichte verwandelte sich wieder in einen Polizisten. Dilip kehrte nach Delhi zurück. Momal und Sumal wurden vor dem Haus angepflockt. Und ich hatte endlich wieder jemanden zum Reden. Sobald ich Narendra erblickte, quollen all die zurückgehaltenen Worte der letzten Wochen wie Schwefelgas aus einem Geysir. Da saß er in seinem Rattansessel, nickte ernsthaft, lächelte hin und wieder, während ich atemlos drauflosquasselte, meine Erregung in dieses tiefe, stille Wasser schleuderte, ohne sie je aufschlagen zu hören. Ich sprach zu ihm, so wie Bhairon vor seiner Göttin gesungen hatte. Mit der gleichen tiefen Dankbarkeit. Nach den ersten unkontrollierten Ergüssen verzog ich mich auf mein Zimmer und verschlief einen ganzen Tag. Am nächsten Morgen ließ Narendra mir ausrichten, es sei jemand da, mit dem er mich gerne bekannt machen würde.

Meine, wenn auch unzureichende, Bekanntschaft mit Indiens Gottesmännern machte mich nicht geneigt, sie besonders zu schätzen. Wenn ich überhaupt über sie nachdachte, konnte ich sie nur als habgierige Scharlatane betrachten, die in Cadillacs herumfuhren und spirituelle Vakuen ausbeuteten. Und dann gab es noch die anderen, die Politik mit religiösem Fanatismus verquickten und allen Indern, außer Moslems, Christen, Jains, Juden und Sikhs, Toleranz predigten. Schließlich war ich ja auch nicht wie viele andere Westler nach Indien gekommen, um Bhagwan zu finden.

Doch als ich Bhawani Shankar ji gegenübersaß und ihm ins Gesicht blickte, war mir klar, daß ich einen hochentwickelten Menschen vor mir hatte. Um ihn herum war alles Süße und Selbstlosigkeit, Klarheit, Kraft und Humor. Um es mit einem Bild auszudrücken, er war so transparent, daß man durch ihn hindurchsehen konnte. Er trug einen zerschlissenen, aber peinlich sauberen Dhoti und einen blaßblauen Turban, dessen Farbe genau dem Ton seiner Augen entsprach. Er war sehr alt.

Wir unterhielten uns eine Weile, wobei Narendra für uns dolmetschte. Dann wechselten sie leise ein paar Worte. Bhawani wandte sich wieder an mich und sagte: «Wegen deines Vorhabens mußt du dir keine Sorgen machen. Alles wird gut werden, denn du verfolgst keine egoistischen Ziele. Du mußt lernen, Gelassenheit zu bewahren, und als Hilfe will ich dir ein Mantra geben.» Es war ein alter Sanskrit-Vers, ein Gebet an Devi. Ich sollte es auswendig lernen und jeden Tag rezitieren.

«Aber, Bhawani ji, es hat doch wohl kaum Sinn, dieses Gebet zu sprechen, wenn ich gar nicht glaube, daß Devi oder sonst jemand es hört.»

Er lachte laut und erwiderte: «Da hast du ganz recht! Niemand hört es; weil da nichts ist. Nur die Schöpfung selber, an die unsere Worte nicht heranreichen. Stell sie dir als Maschine vor, die das Universum in Bewegung hält. Denk sie dir in wissenschaftlichen Begriffen, wenn du willst, aber sprich dennoch das Mantra. Du wirst sehen, es wird dir guttun.»

Er weigerte sich, etwas anzunehmen, und erzählte zur Erklärung die folgende Geschichte. Die Maharani von Jodhpur hatte sich bei ihm für seine Hilfe bedanken wollen, indem sie ihm einen Samtmantel nähen ließ. Er verweigerte die Gabe mit der Begründung, daß er sich an die Wärme und den Luxus des Mantels gewöhnen würde, doch wenn er zuletzt verschlissen wäre, was sollte er dann tun? Es sei besser, nie einen Mantel besessen zu haben als einen zu vermissen.

«Als mein Kind starb, hätte ich mich ganz meinem Kummer hingeben können, denn ich liebte es sehr. Doch hätte dies weder meinen Sohn zurückgebracht noch sonst jemandem geholfen. Es ist besser, weiterhin seine Pflicht im Dienste der anderen zu tun, als sich im Schmerz zu suhlen, den das Festhalten mit sich bringt.»

Es hat etwas Beunruhigendes, einem Menschen zu begegnen, dem man nichts schenken kann, weil es ihn nach nichts verlangt. Er kann nicht bezaubert oder gewonnen werden, weil die von ihm ausstrahlende Liebe ohnehin schon bedingungslos ist. Ich sprach mein Mantra nur selten, doch wenn ich es tat, sagte ich es für Bhawani ji, dessen Herz rein war wie eine Tempelglocke.

«Du hast ihn meinetwegen kommen lassen, nicht wahr?»

«Er kommt mich sowieso immer besuchen. Aber da du schon mal hier warst ...»

«Das ist furchtbar nett von dir, Narendra. Aber, sag, all dieses Puja-Zeugs, das du da zelebrierst. Was geht eigentlich in dir vor, während du das machst? Ich kann mir einen solchen Glauben überhaupt nicht vorstellen.»

«Wenn der Alte stirbt, werde ich wahrscheinlich damit aufhören.»

«Aber was glaubst *du*? Glaubst du an das Weiterleben der Seele nach dem Tod?»

«Nein.»

«Glaubst du ans Karma?»

«Nein. Es gibt nur ein Leben.»

«Glaubst du dann an einen Gott, der von dir weiß und der dich hört?»

«Nein.»

«Und an wen, zum Teufel, richten sich dann deine Gebete?»

«An niemand bestimmten. Ich denke an Jesus, Buddha, Mohammed, Parvati. Die Erde war gut zu mir. Es ist eine Art, na ja ... ich selber zu sein, zu mir zu kommen und ... zu danken.»

Es hatte keinen Sinn, zu fragen, wem er da dankte, da das Wer oder Was dieser Angelegenheit offenbar keine Rolle spielte. Die Sache war wohl einfach die, daß Narendras Gebete ihm bei seiner Segelfahrt durch die Stürme des Lebens den notwendigen Ballast verschafften.

«Du brauchst jemanden, der sich um die Kamele kümmert.»

«Nein. Ich hatte früher schon Kamele ...

«Hmm. Aber das war in Australien und jetzt bist du in Indien, und in Indien brauchst du jemanden, der die Kamele versorgt. Du wirst nicht die Zeit haben, sie auf die Weide zu begleiten, daher habe ich mir die Freiheit genommen, einen Raika zu engagieren ...»

«Wenn jemand angeheuert werden muß, dann mache ich das ...»

Wie immer setzte Narendra seinen Willen durch, und ein paar Tage später traf Chutra Ram Raika ein, ein Mann, dessen zwergenhafte Erscheinung in umgekehrtem Verhältnis zu seinem Ego stand. Seine Leute gingen nicht mehr auf Wanderschaft, arbeiteten jedoch, wenn sich die Gelegenheit bot, für die hiesigen Grundbesitzer. Er trug seinen Turban schief und keck und stolzierte auf zierlichen Beinchen umher. Bis zur zehnten Klasse war er zur Schule gegangen, sprach Hindi und ein paar Brocken Englisch, erklärte, er fühle sich geehrt, mein Unth Wallah (Kamelführer) zu sein, und verlangte den doppelten Lohn.

Zum ersten Mal empfand ich meine mangelnden Sprachkenntnisse als Vorteil. «*Kya?*» sagte ich. Ich verstand genug Hindi, um mir Chutras Ansprache auch auf englisch zusammenreimen zu können. Sie ging ungefähr so:

«Ich fühlte mich überaus glücklich und geehrt, für eine so bedeutende und wohlhabende Persönlichkeit wie dich arbeiten zu dürfen. Ich werde arbeiten wie tausend Männer, und ich werde dich beschützen und mich um Momal und Sumal kümmern, da ich alles über Kamele weiß. Dafür zahlst du mir doppelt soviel, wie Sahib mir angeboten hat. Denn da ich der einzige Sohn meiner Eltern bin, muß ich mich um meine Mutter kümmern, die sehr arm, sehr alt und sehr krank ist. Ich muß ihr ein neues Haus bauen.»

Chutra seufzte tief und begann dann, Dornen von meiner Kurta zu zupfen, eine angemaßte Vertraulichkeit, bei der ich mich ausgesprochen unbehaglich fühlte. Abgesehen davon benutzte er die vertraute Anredeform *tum*. In Hindi verwendet man *tum* zur Anrede von Personen, die jünger sind als man selber, oder gegenüber engen Freunden oder aber Leuten von niederem gesellschaftlichen Rang. Bedienstete beispielsweise werden von ihren Arbeitgebern stets mit *tum* angesprochen. Diese linguistische Hierarchie ging mir gegen den Strich. Folglich benutzte ich *tum* nur bei Kindern und redete die Diener stets mit *aap*, der höflicheren und respektvolleren Form, an. «*Kya* aap *ne bole*?» sagte ich spitz, doch solche Anspielungen verfingen bei Chutra nicht. Ich zog mich ins Haus zurück, um die Angelegenheit mit Narendra zu besprechen.

Wir hatten schon öfter solche Diskussionen gehabt. Ich wollte meinen Angestellten mehr Geld zahlen; er verbot es.

«Aber weshalb?»

«Weil, wenn du Koju oder Chutra mehr bezahlst, alle eine entsprechende Erhöhung bekommen müssen, und ich habe Hunderte von Leuten, die für mich arbeiten. Abgesehen davon werden sie bereits gut bezahlt. Meine Spitzenleute verdienen mehr als Staatsbeamte, alle kriegen drei Monate Urlaub im Jahr und viele weitere Vergünstigungen. Bitte, mach mir mein System nicht kaputt.»

«Dein Feudalsystem», brummte ich.

«Laß das meine Sorge sein. Chutra werde ich mir noch vorknöpfen. Er kriegt jetzt schon das Doppelte wie in seinem letzten Job, und der Halunke muß sich bloß um zwei Kamele kümmern.» Er lachte. «Aber seine Unverfrorenheit ist schon bewundernswert.»

Ein wenig später brachte Koju den Tee herein. Seine Miene war nachdenklich. Ich reimte mir die paar Fetzen gemurmelten Marwaris zusammen und bildete mir ein, er habe gesagt: «Wenn gewisse Leute Schwierigkeiten machen, dann gibt es tausend andere, die den Job dieser Leute gebrauchen können. Gewisse Leute sollten dankbar sein für das, was sie angeboten kriegen, denn es ist mehr, als andere Leute für mehr Arbeit erhalten.»

Der Gedanke der Solidarität unter den Arbeitern war noch nicht ins ländliche Rajasthan vorgedrungen. Den hier arbeitenden Marwari mangelte es gänzlich an jener unabdingbaren Vorbedingung für Klassenbewußtsein: dem Neid. Koju identifizierte sich mit Narendra und, wenn dieser nicht da war, mit mir. Was gut war für uns, war auch gut für ihn. Unsere Feinde waren seine Feinde. Vor jedem, der uns begegnete, prahlte er damit, daß seine Memsahib einen Betrag, der einem ganzen Tageslohn entsprach, für Zigaretten ausgab. Und betrachteten mich die Empfänger solcher Informationen etwa mit Abscheu und Verachtung? Ganz im Gegenteil. Meine Verschwendungssucht war Zeichen meines hohen Status, und die angemessene Reaktion auf überlegenen Status ist Demut und Respekt.

Trotz der schweigenden Mißbilligung seiner Umgebung gab Chutra nicht auf. Ich gewöhnte es mir an, wie ein Dieb zu meinem Zimmer hinüberzuschleichen und zu hoffen, daß ich ihm nicht begegnete. Doch irgendwie witterte er meine Anwesenheit, und schon war er an meiner Seite und schmeichelte mir, beschwatzte und bedrängte mich.

«Chutra, du mußt diese Angelegenheit mit Sahib besprechen. Er legt die Höhe der Löhne fest.»

«Ganz und gar nicht! Du bist meine Wohltäterin. Du bist reich, und ich bin ein armer Mann. Du kannst bestimmen, wieviel du mir gibst.»

Niemand wußte besser als er, welche Scharen sich draußen vor den Hoftoren drängten. Für den Preis meiner Zigaretten hätte ich zehntausend Kamelführer haben können. Doch Chutra Ram Raika verfügte über eine Schulbildung bis zur zehnten Klasse, und wenn er auch nur einen Dhoti, ein zerschlissenes Hemd und einen schäbigen Turban sein eigen nannte, so war er doch jemand. Um seine Unentbehrlichkeit zu beweisen, stand er um fünf Uhr auf, fütterte die Kamele, stutzte ihr Fell zu hübschen Mustern und brachte sie dann hinaus auf die Felder, damit sie sich an den Ketcheribäumen gütlich taten. Wo immer ich hinblickte, Chutra war schon da und demonstrierte auf aufdringliche Weise Geschäftigkeit. Was die Kamele anging, so habe ich nie derart verhätschelte Viecher erlebt. Ihre Bäuche wurden immer monströser, ihre Hökker geradezu obszön und ihre Launen unerträglich. Meine australischen Kamele waren sicherlich auch verwöhnt gewesen, aber sie hatten Manieren. Jedes Aufbegehren wurde mit einem kräftigen Knuff quittiert. Nicht jedoch bei Momal und Sumal. Versuchte ich einmal, mich ihnen zu nähern, war Chutra schon da und machte mich nervös, sagte mir, was ich wie zu tun hatte, und riß mir Zaum und Zügel aus der Hand.

Nun sind Kamele ja nicht blöd. Sehr rasch begriffen diese beiden, daß sie jeden tyrannisieren konnten, so lange sie nur vor Chutra krochen. Mit größtem Vergnügen hätte ich sie in die Steppe hinausgejagt, um sie dort mit der Fußkette die angemessene Haltung zu lehren, aber der Unth Wallah war überall.

Chutra hatte mir bereits die Geschichte der Prinzessinnen erzählt, nach denen man die beiden Kamele benannt hatte. Momal war die Prinzessin von Lodvara, der alten Hauptstadt Jaisalmers. Man rühmte sie für ihre Schönheit. Sumal, ihre ganz und gar nicht schöne Schwester, kleidete sich wie ein Mann und liebte die Jagd. Mahendra war ein Prinz von Amarkot, der alten Hauptstadt Pakistans. Er war ungeheuer häßlich, besaß nur ein Auge und eine sehr dunkle Hautfarbe. Doch er liebte Momal und wollte sie heiraten. Seine Liebe fand vollste Erwiderung. Mahendra besaß ein ganz wundervolles Kamel mit Namen Chikal, dem es keinerlei Probleme bereitete, Nacht für Nacht sechshundert Meilen zurückzulegen und den Fluß Kaak zu durchschwimmen. Gegen Mitternacht ritt Mahendra zu seiner Geliebten, verweilte dort bis vier Uhr früh und kehrte wieder nach Hause zurück.

Eines Nachts hatten Momal und Sumal miteinander geplaudert und waren darüber so müde geworden, daß sie im selben Bett einschliefen. Als Marendra eintraf, lagen die beiden eng umschlungen beieinander. Mahendra sah nur, daß ein anderer, so glaubte er zumindest, bei seiner Geliebten schlief. Er wurde sehr zornig und galoppierte nach Hause.

Um vier Uhr früh erwachte Momal und sagte: «Wo ist mein Mahendra?» Die Diener erzählten ihr, daß er zwar dagewesen, aber sehr erzürnt wieder davongeritten sei. Er hatte sie wohl mit Sumal gesehen, dachte sie bei sich und ließ ihm durch einen Boten ausrichten, er solle kommen, damit sie das Mißverständnis aufklären könne. Dies verweigerte er.

In der darauffolgenden Nacht beschloß Momal, ihn selber aufzusuchen. Inzwischen aber hatten die Regenfälle eingesetzt, und der Fluß war angeschwollen. Mit jeder Minute stieg das Wasser höher und immer höher. Das Verlangen jedoch, ihren Prinzen zu sehen, war so stark, daß sie ins Wasser sprang und ertrank. Mahendra aber sollte nie eine andere heiraten.

Chutra kämpfte mit den Tränen, als er mir diese Geschichte erzählte. Später prahlte er dann damit, daß die Raika in der guten alten Zeit Kuriere des Königs gewesen und tiefer in die königlichen Gemächer vorgedrungen seien als jede andere Kaste. Raika hatten ihre Rajas auf die Schlachtfelder von ehedem begleitet; ja, der gesamte Adel sei auf die Intelligenz, Kühnheit und das Geschick der Raika angewiesen gewesen.

Jetzt begriff ich seine Denkweise. Durch einen Glücksfall waren die guten alten Zeiten zurückgekehrt, und er, Chutra Ram Raika, stand in den Diensten eines Mitgliedes des Durbar (Gerichts) von Jodhpur sowie dessen Besucherin, einer märchenhaft reichen Europäerin. Ergo mußten die Kamele das beste und teuerste Futter bekommen, die besten Sättel, mußten sie mit Glöckchen und Silber und Okkispitze herausgeputzt werden, damit jeder sah, daß sie gewöhnlichen Kamelen in jeder Hinsicht überlegen waren. So aber hatte ich mir das nicht vorgestellt. Ich wollte ausdauernde, verläßliche, gutwillige Kamele. Kamele, die etwas vertrugen, auch wenn es einmal härter herging. Für diese selbstherrlichen, fetten, übellaunigen, grell aufgeputzten, bösartigen und vor allem auch gefährlichen Prinzessinnen hatte ich gar nichts übrig.

Doch meine Vorstellung beruhte auf der Unkenntnis der natürlichen Ordnung der Dinge. Ich durfte nicht meine eigenen Kamele versorgen. Das entsprach nicht meinem gesellschaftlichen Rang und hieß gleichzeitig, daß er, Chutra, seiner Aufgabe nicht gewachsen war. Ich sollte mich wie eine weißhäutige Rani benehmen, für die es undenkbar war, einen Gurt enger zu stellen oder ein Dromedar zu bestrafen. Das Grundübel aber lag hierin: Ich, sein Boß, die Person, deren Befehlen er gehorchen sollte, war eine Frau.

Der Konflikt war von Anfang an vorprogrammiert, und ich konnte dabei nur verlieren. Chutra hatte das gesamte Gewicht der Tradition hinter sich, er sprach fließend Hindi und Marwari (es ist sehr schwer, zu befehlen, wenn man seine Befehle nicht formulieren kann) und besaß die Haut eines Elefanten. So kam es, daß Momal und Sumal seine Kamele wurden und ich meine letzte Hoffnung, irgendeinen Aspekt meines Lebens in Rajasthan in den Griff zu bekommen, fahrenließ. Trug diese Ohnmachtserfahrung vielleicht zu meiner Charakterbildung bei? Lernte ich nun, auf meine altgewohnte Selbständigkeit zu verzichten? Ganz und gar nicht. Ich lernte, daß ich mich nur in der nächtlichen Einsamkeit meines kleinen Zimmers über Arschlöcher wie Chutra ärgern und aufregen durfte.

Der einzige von den Dienern, der wirklich begriff, daß ich selber etwas tun mußte, war Koju. Ja, er verstand mein Bedürfnis so gut, daß er sich inzwischen zufrieden zurücklehnte und meine Zigaretten rauchte oder auf meinem Kassettenrecorder Marwari-Lieder spielen ließ, während ich nicht nur meine eigene, sondern auch seine Arbeit erledigte. Irgendwie hatte ich mit den Dienstboten keine glückliche Hand.

Ich konnte mich einfach nicht an den Gedanken von der naturgegebenen Unterlegenheit bestimmter Menschenklassen gewöhnen, von Menschen, die man dann so abscheulich, gönnerhaft oder schlicht brutal behandeln konnte, wie es einem beliebte, mit denen man aber gleichzeitig in familiärer Vertrautheit zusammenlebte. Ich hatte in Delhi Leute kennengelernt, die, ansonsten absolut anständig, ihre Diener wie Haustiere behandelten. In meinem tiefsten Innern hing ich der protestantischen Überzeugung an, daß man seine lästigen Pflichten selber erledigen sollte und daß bei einer Teilung der Welt in Herren und Knechte die Herren verlernten, für sich selbst zu sorgen, den Knechten aber die Fähigkeit zu selbständigem Denken abhanden kam. Vielleicht war die egalitäre Ideologie meiner eigenen Kultur ja Kompensation für die Kluft, die dort die Individuen voneinander trennt. Zumal die Struktur der indischen Gesellschaft den Individuen nicht nur eine Ordnung aufzwingt, sondern auch eine Art von psychischer Sicherheit schafft. Jeder weiß genau, wer er im Hinblick auf alle anderen ist und wo er steht.

Es herrschten einfach andere Moralvorstellungen, an die ich mich gewöhnen mußte. Doch wie sollte ich innerhalb dieses Gefüges einen Platz finden, der mir erträglich war und die Leute um mich herum nicht in Schwierigkeiten brachte? Unfähig (oder unwillig), zwischen hoch und niedrig, nah und fern zu unterscheiden, schenkte ich allen die gleiche Aufmerksamkeit, verausgabte mich daher, verwirrte meine Gesprächspartner und brachte ein System, das bis zu meiner Ankunft perfekt und reibungslos funktioniert hatte, aus dem Gleichgewicht.

Und trotzdem waren meine engsten Gefährten die Diener, die über meine Witze lachten, sich bemühten, mir ihre Sprache beizubringen, mir ihre Geschichten erzählten, einfach da waren, wenn ich Gesellschaft brauchte, sich taktvoll zurückzogen, wenn sie meine Unaufmerksamkeit spürten – die Diener, die meine Freunde geworden waren. Doch diese Freundschaften umfaßten so viele kulturelle Feinheiten, deren ich mir nicht bewußt war, daß nur *ihre* Akzeptanz der durch Geburt gezogenen Grenzen, *ihr* Verständnis für die korrekten Beziehungen zwischen den Schichten der Gesellschaftspyramide, *ihre* Toleranz gegenüber meiner Unwissenheit Ärger in ihren Reihen vermied.

Narendra hatte Takat Singh gebeten, meine Kamele abzurichten. Ganze Traktorladungen voller Sand waren zur Vorbereitung des Ereignisses vor der Jhumpa aufgeschüttet worden. Am Morgen, als es dann losgehen sollte, riß Sumal mir fast den Unterarm ab, eine Ungezogenheit, die Chutra mit einem wohlwollenden Lächeln quittierte. Um sechs Uhr früh traf Takat in seinem blauen Safarieanzug ein, erschütterte die Hügel mit seinem schallenden Gelächter und sagte: «Wollen doch mal sehen, ob sie das nach dem heutigen Tag noch mal probiert.»

Ich setzte mich direkt an den Ring, um die Vorführung zu verfolgen. Als erstes wurden die Vorderläufe der Kamelkuh mit Seilen zusammengebunden, so daß sie nur noch kriechen konnte. Dies tat sie brüllend und ächzend, bis sie mit zitternden Hinterbeinen zu Boden sank, worauf Takat, der weder Ärger noch Sentimentalität zeigte, mit einem Seil auf sie einschlug, bis sie wieder kroch. Chutra zerriß es das Herz, ich aber empfand bei diesem Anblick dann doch ein wenig Genugtuung. Am Ende dieses ersten Dressurtages krochen meine Prinzessinen auf Befehl und ohne auch nur einen Laut des Protests von sich zu geben. Vier Wochen lang sollten diese morgendlichen Veranstaltungen nun fortgesetzt werden, bis Momal und Sumal auf Befehl die Köpfe senkten, auf Befehl herumrollten (eine nützliche Taktik, wenn man in der Wüste unter Feuer gerät, wenn ich auch hoffte, daß ich sie nie würde anwenden müssen), auf Befehl im Paßgang gingen, anhielten, weitergingen – und jeder Impuls, jemanden zu verfolgen, zu beißen oder zu treten aus ihren hübschen Köpfen verschwunden zu sein schien.

In Takats Gegenwart war Chutra ein Muster an Bescheidenheit, um nicht zu sagen an Unterwürfigkeit. Doch sobald Takat verschwunden war, brummte er, daß nur Raika mit Kamelen umzugehen verstünden und daß diese ganze Abrichterei die reine Zeitverschwendung sei. Takat hatte ihm strenge Anweisungen gegeben: Jeden Tag mußte er die Tiere bewegen und das gesamte Programm mit ihnen durchziehen. Wie vorauszusehen, hielt Chutra sich nicht daran. Doch zumindest konnte ich durchsetzen, daß jeden Morgen um fünf mit ihnen ausgeritten wurde.

Ich ritt stets Momal, den Rolls-Royce. Und dann ging es in flottem Tempo dahin, Chutra selbstverständlich vorneweg – den Turban noch etwas verwegener drapiert als sonst, den Rücken kerzengerade, die kurzen Beine wie Finger in den Rücken des Tieres gekrallt, sang er in schaurigem Falsett Marwari-Lieder und schwenkte seine Peitsche wie ein Schlachtenbanner. Dunst stieg aus den Chilifeldern auf, Wasservögel paddelten in den Bewässerungsgräben, die Paläste in der Ferne erstrahlten im rosafarbenen Licht der aufgehenden Sonne.

Was immer ich vom Boden aus an den Tieren auszusetzen hatte, sobald ich auf ihnen saß, war ich nur noch hingerissen. Es war, als schwebe man auf Wolken oder Seide, sie reagierten auf die geringste Bewegung, das leiseste Wort. Jaisalmerische Reitkamele und australische Arbeitstiere, das war ein Unterschied wie Gold und Blei. Chutra wuchs im Sattel über sich selbst hinaus. Auf dem Rücken eines derart eleganten Kamels gesehen zu werden entschädigte ihn für seine Kleinwüchsigkeit, seine Armut, für all die Erniedrigungen eines intelligenten Menschen, der sich weit unter seinen Fähigkeiten verdingen mußte. Er war mir während dieser Ausritte schon fast sympathisch geworden, bis er eines Tages meinte: «Madam Sahib reitet sehr gut.» Erstaunlich, wie sich ein Kompliment in eine Beleidigung verkehren kann, wenn es nur mit der gehörigen Portion von Sarkasmus geäußert wird. Ich schwieg.

«Selbstverständlich», fuhr er fort, «können Raika-Frauen ohne Sattel reiten und sich auch auf ein stehendes Kamel schwingen.»

Du kleines Arschloch, dachte ich und hätte gerne damit geprahlt, wie ich in meiner Jugend auf dem bloßen Rücken meiner Kamele durch Flußbetten galoppiert war. Aber dazu fehlte mir der Wortschatz.

Kehrte ich aber von diesen Wüstenausflügen zurück, so mußte ich jedes Mal feststellen, daß die Kamele in ihre alten Gewohnheiten zurückfielen und ich mich ebensogut auf den Kopf stellen wie hoffen konnte, ich würde je Einfluß auf meinen Kameltreiber gewinnen. Sieh es doch einmal von der positiven Seite, sagte ich zu mir, da es sonst niemanden gab, mit dem ich hätte reden können. Du hast die zwei besten Kamele in ganz Indien, wirst von einem Exminister und zahllosen Helfern und Gefolgsleuten unterstützt, und es widerspräche allen Gesetzen mathematischer Wahrscheinlichkeit, wenn du bei all diesen Anstrengungen nicht irgendwo in sechs Staaten die geeignete Gruppe fändest ...

Vierzehn Tage später traf der Held der Geschichte ein. Er hatte, nachdem er sich *meinetwegen* lange den Kopf zerbrochen hatte, nun genau den richtigen Ort gefunden, an dem ich meine Geschichte ansiedeln konnte, und zufällig handelte es sich dabei um sein eigenes Dorf, Baabara. Wenn ich auch sehr wohl wußte, daß blanker Eigennutz hinter seinem Vorschlag steckte, war ich ihm dennoch dankbar.

Aus übertriebenem Verantwortungsbewußtsein in Hinblick auf die fotografischen Ansprüche der Zeitschrift war ich bisher wählerisch gewesen. Bei der Suche nach einer Raika-Gruppe hatte ich stets Dinge wie Wüstenaufnahmen, hübsche Jhumpas, spektakuläre Bilder von der Ankunft in Pushkar und ähnliches im Blick behalten. Bhairons Leute lebten, wie ich wußte, in einer langweiligen, kahlgefressenen Gegend und würden ihre Tiere den Chambal River entlangführen, vorbei an Fabriken, Abwasserkanälen, lekken Atomkraftwerken, um dann zuletzt in die von Banditen heimgesuchte Wüste zu ziehen. Was nicht unbedingt den Schilderungen von Sanddünen bei Sonnenuntergang entsprach, mit denen ich mir das Geld und das Interesse meiner Verleger gesichert hatte.

Und dann war da natürlich auch noch Bhairon. Trotz meiner Sympathie für den Polizisten, ja sogar Zuneigung hatte ich mich bei unserem vorigen Abenteuer doch manches Mal bei dem Wunsch ertappt, ihn still und heimlich zu erwürgen und in einer Düne zu verscharren. Wenn dieses Gefühl natürlich auch auf Gegenseitigkeit beruhte, so mußte es aus seiner Sicht doch weitaus reizvoller sein, mich durch die Wüste zu führen, als sich von seinem Vorgesetzten in Jodhpur schikanieren zu lassen, vor allem dann, wenn er mich dazu überreden konnte, meine Forschungen auf sein Dorf zu konzentrieren, wodurch er sich einen bezahlten Urlaub und seiner Familie und seinen Freunden wer weiß welche Vergünstigungen verschaffen konnte. Nun begriff ich zwar allmählich, wie sehr dieser vormalige Nomade sein Polizistendasein verabscheute und daß er sich nach der Pensionierung sehnte wie ein Gestrandeter nach einem Schiff, doch ich fand die Vorstellung nicht gerade verlockend, daß er mir ein ganzes Jahr lang nicht mehr von der Seite weichen und auf meine Fragen völlig falsche Auskünfte geben würde. Andererseits wurde die Zeit allmählich knapp.

Bhairon wollte mich einem der mächtigsten Numberdare in ganz Rajasthan vorstellen, einem Mann, der so klug war, das ihn selbst die Politiker des Distrikts hofierten. Der Numberdar würde mich, wie Bhairon mir versicherte, mit Vergnügen auf seine Dang mitnehmen, doch gab es da einen Haken. In der Steppe zu beiden Seiten des Chambal River wimmelte es von Banditen, und daher gehörten eine Pistole, ein Gewehr sowie er selber, Bhairon, zum unverzichtbaren Reisegepäck.

«Aber das ist doch sicher übertrieben», sagte ich. «Wenn deine Leute keine Gewehre auf die Dang mitnehmen, warum, um Himmels willen, sollte ich es dann tun?» Auf seinem Gesicht lag nun wieder jener gereizte Katzenblick. «Wenn sie welche kriegen können, nehmen sie sie mit. Auf jeden Fall aber sind alle, Männer, Frauen und Kinder, mit Lathis und Steinschleudern bewaffnet. Letztes Jahr haben die Banditen einen Mann entführt und ihm beide Beine gebrochen, weil seine Familie das Lösegeld nicht aufbringen konnte. Wir Raika versuchen, die Regierung dazu zu bringen, zu unserem Schutz entlang der Wanderroute bewaffnete Posten aufzustellen. Nicht nur stehlen die Banditen unsere Tiere, sie nehmen auch oft Frauen gefangen, um sich mit ihnen zu vergnügen, und du würdest einen guten Preis bringen.» Irgendwo hatte ich im kleinen Rest meiner romantischen Vorstellungen immer noch die Illusion, daß die Banditen Robin-Hood-Typen mit attraktiven Schnurrbärten und sozialistischen Tendenzen wären, die bei einer eventuellen Begegnung vielleicht gern plaudern, zumindest aber gutes Material fürs Schreiben liefern würden. Bhairon brachte mich auf den Boden der Tatsachen zurück. Falls an ihrer Ritterlichkeit je etwas dran gewesen war (die Einschätzung hing natürlich davon ab, ob sie dir die Füße abhackten oder ihre Beute mit deinem Dorf teilten), so war sie inzwischen längst verschwunden. Heutzutage mußte man sich eher auf organisierte Armbrecher aus Bombay gefaßt machen, was etwa so angenehm war, wie auf ein Vipernnest zu stoßen. Daß die Raika bereit waren, ihr Leben zu riskieren, indem sie ihren Herden diese neue Route entlangtrieben, bewies ihre Verzweiflung und ihren Wagemut, der es ihnen seit Urzeiten ermöglicht, zu überleben.

Heimlich, still und leise hatte ich bereits einen im Ruhestand befindlichen Banditenführer getroffen, aber nicht einmal er, der noch zur alten Schule gehörte (Schnurrbart, sozialistische Tendenzen), konnte unsere Sicherheit garantieren. Andererseits störte mich nicht nur die Vorstellung, irgendwelche Knochen gebrochen zu kriegen; ich fürchtete auch, daß meine Anwesenheit auf der Dang meine Gastgeber in noch größere Gefahr bringen würde. Was mich wiederum neugierig machte auf die Beweggründe dieses Numberdars, der mich unbedingt mitnehmen wollte.

Haken hin oder her. Allmählich kristallisierte sich ein neuer Plan heraus. Ich würde schnellstens nach Baabara fahren, damit ich den Numberdar noch antraf, ehe er zur Dang zurückkehrte. Anschließend wollte ich mich mit Dilip in Jaipur treffen, um zur etwa hundert Meilen entfernten Dang zu fahren und die Schur zu fotografieren. Ich dankte dem Helden der Geschichte, telefonierte mit Dilip, engagierte Raju als Dolmetscherin und traf meine Vorbereitungen, um in der folgenden Woche nach Baabara aufzubrechen.

6

Auf dem Weg nach Baabara brachte uns Bhairon in ein Dorf, in dem einige der Stammbaumforscher der Raika, die Raos, lebten. Sobald wir die Förmlichkeiten der Begrüßung hinter uns hatten, war der Rao zu einem Gespräch bereit.

«Nun, Madam, was führt Sie zu uns?»

«Ich würde gerne etwas über die Rabari erfahren.»

«Über die Rabari weiß ich nichts. Die Rabari von Gorwar und Gujarat haben ihre eigenen Genealogen. Ich bin nur Rao für die Raika.»

«Ich verstehe. Nun, dann würde ich gerne etwas über die Raika erfahren.»

«Wir, die Raos, wissen viele Dinge von den Raika, Dinge, die geheim sind und die wir Ihnen nicht erzählen werden. Aber es gibt auch andere Dinge, die ich Ihnen, wenn Sie mitkommen wollen, erklären kann. Aber zuerst müssen Sie Tee trinken.»

Wir tranken den unvermeidlichen Tee, umgeben von einem Meer lächelnder Gesichter, die uns so rückhaltlos anstrahlten, so bezaubernd, vornehm und ausdrucksstark wirkten, daß jedes weitere Wort fast überflüssig schien. Wenn man diesem Lächeln zum ersten Mal begegnet, drängt sich einem die Überzeugung auf, diese Menschen müßten einer höheren Gattung angehören. Und am hellsten von allen in diesem Raum lächelte das Gesicht des Rao.

Man führte uns in ein anderes Zimmer in einem anderen Gebäude, das im Nu bis unter die Deckenbalken gefüllt war. Der Rao öffnete ein vielbenutztes Buch, dessen Seiten mit herrlicher Hindi-Kalligraphie bedeckt waren.

«Bei der Erschaffung der ersten Raika auf dieser Welt wurde auch meine Familie erschaffen, damit sie die Geschichte der Raika niederschriebe. Raika aber wurden sie genannt, weil die Frau des ersten Raika Rai hieß. Sie war eine Fee. Die beiden hatten einen Sohn und zwölf Töchter. Die Töchter verheiratete man mit Rajputs; sie wurden die Urmütter der sechsunddreißig offiziellen Unterkasten der Raika.» (In Wirklichkeit gab es Hunderte. Niemand wußte genau, wie viele es waren, denn jedesmal, wenn ein Sohn mit seiner Familie fortzog, um sich in einer anderen Gegend niederzulassen, konnte dies zur Entstehung einer neuen Unterkaste führen.) «Jeden Tag trage ich Neues in mein Buch ein. Das ist meine Aufgabe, so wie es die meines Vaters und Großvaters war.»

Alle fünf, sechs Jahre reisten Rao ji und sein Vater durch ganz Indien, um Geburten, Todesfälle und Heiraten ihrer Raika-Klientel aufzuzeichnen. (Jede Unterkaste besaß ihr eigenes Buch, das an die dreißig Kilo wog.) Als Gegenleistung für ihre Dienste erhielten sie Tiere, Kleidung und Geld. Rao ji behauptete nun, daß es lediglich eine schlechte Gewohnheit sei, wenn die Raika sich Rabari nannten. Ihr eigentlicher Name sei Raika oder Devassi. Die Kaste untergliedere sich in drei Hauptzweige: die Rabari von Gorwar, die Devassi oder Raika und, in der jüngeren Geschichte (am oberen Ende des Stammbaums), noch die Rabari von Kutch.

Ich wußte, daß viele ältere Raika sich noch immer Rabari nannten und die Rabari anderer Staaten beide Namen verwandten, wenn auch die Bezeichnung Rabari um so häufiger wurde, je weiter die Kaste sich von Rajasthan entfernt hatte (und je länger die Trennung von Jaisalmer, ihrem Ursprungsort, zurücklag). Doch erst vor kurzem hatte ich festgestellt, warum es sich so verhielt. Es gab Versuche der politisch regeren Numberdare Rajasthans, die gesamte Kaste unter dem Namen Raika zusammenzuschließen, da sie hofften, auf diese Weise Macht zu gewinnen und eine eigene Lobby aufbauen zu können. Die Bezeichnung Rabari erschien ihnen weniger ruhmreich als der Name Raika, ja sogar verächtlich. Denn der Stammesüberlieferung zufolge hatte das Wort Rabari die Nebenbedeutung «naiver Dummkopf», während Raika, wie Chutra so häufig hervorhob, ein Ehrentitel war, auf den man stolz sein konnte, ja geradezu ein heroischer Name. Es war zwar durchaus zutreffend, daß die Rabari nie versucht hatten, innerhalb der Hindu-Hierarchie aufzusteigen, doch es bestand auch kein Zweifel, daß ihre Verbindung zu den Rajputs, einer sehr hohen Kaste, sie mit Stolz erfüllte. Obwohl ich nie herausfinden konnte, wie viele Raika/Rabari es nun wirklich gab, war man allgemein der Meinung, daß ihre Zahl sich in Indien auf etwa eine halbe Million belief. Keine schlechte Machtbasis, wenn es ihnen gelang, sich zusammenzuschließen.

«Wissen Sie denn, wie die Kamele nach Indien kamen?»

«Nein, Rao ji. Erzählen Sie es mir doch.»

«Pabu ji wachte über die Ehre des Viehs und der Frauen. Er hatte eine Nichte, die verheiratet werden sollte. Als Hochzeitsgeschenk wünschte sie sich ein paar Kamele, die es damals aber in Indien noch nicht gab. Aus diesem Grunde reiste er, als Eremit verkleidet, nach Sri Lanka, das als Heimat der Kamele galt. Dort stahl er Ravana einige Tiere, worauf man ihn aufs Meer hinausjagte. Er aber streute Pfauenfedern aufs Wasser, und auf diesen überquerten es die Kamele wie auf einer Brücke. Inzwischen begannen die neuen Verwandten die Nichte schon zu necken und sagten zu ihr: ‹Oh, ah. Wir sollten lieber unsere Spindeln wegräumen, damit sie nicht von all den Kamelen über den Haufen gerannt werden.›» Ich fragte den Rao, ob, da Sind in Pakistan liegt und das Wort «Meer» oder «übers Meer» bedeutet, die Geschichte vielleicht darauf hinweisen könnte, daß die Kamele in Wirklichkeit aus dem Norden gekommen seien. Ganz und gar nicht, versicherte er mir, seine Geschichte sei Wort für Wort wahr.

Etwa eine Stunde lang hatten wir in dem Raum gesessen. Und Raju hatte sich tapfer und mit begrenztem Erfolg bemüht, das Gesagte zu dolmetschen. Es war Zeit zum Aufbruch. Ich beugte mich zu ihr hinüber und fragte, ob ich dem Rao etwas geben solle und, wenn ja, wieviel. Eine Bezahlung sei wohl nicht notwendig, meinte sie, aber eine Gabe von einundzwanzig Rupien wäre vielleicht eine nette Geste. Ich entschied mich für einundfünfzig. (Die Extrarupie soll Glück bringen und geht wahrscheinlich auf die alte Zahlenmystik zurück.) Das Lächeln des Rao verzerrte sich auf eine merkwürdige Weise, deren Bedeutung mir verschlossen blieb.

Bisher war ich bei meinen Aufenthalten in Nomadengruppen stets nach dem Grundsatz verfahren, Geld oder sonstige Geschenke stets dem gesamten Klan, dem Oberhaupt der Familie, die sich um mich gekümmert hatte, oder aber den Kindern zukommen zu lassen. Ich überreichte es öffentlich, so daß alle es sehen konnten. Erhielt ich besondere Informationen, war ich bestrebt, mich innerhalb eines angemessenen Rahmens dafür erkenntlich zu zeigen, wobei ich mich immer an der Obergrenze orientierte, weil ich wußte, daß dies von einer Europäerin erwartet wurde. Es war außerordentlich schwierig für mich, dies zu beurteilen, da ich meiner fehlenden Sprachkenntnisse wegen oft nicht herausbekam, wer die obersten Klanführer waren oder welcher meiner Informanten tatsächlich der entscheidende war. Wenn ich Raju bei mir hatte, verließ ich mich ganz auf ihr diplomatisches Geschick.

Wir stiegen in den Wagen und warteten auf Bhairon, der in ein intenstives Gespräch mit dem Rao vertieft war. Schließlich trat Bhairon an mein Fenster und flüsterte verlegen: «Er verlangt zweihundert Rupien.» Keiner sprach ein Wort. Ich überreichte die

Summe. Sich wegen Geld zu streiten hätte für Bhairon Gesichtsverlust bedeutet und für mich zusätzlichen Ärger. Das breite und huldvolle Lächeln erhellte nun wieder Rao jis Gesicht, und er verbeugte sich tief, als wir davonfuhren.

Koju war entrüstet und zeigte es, indem er die Kiefer aufeinanderpreßte und das Lenkrad so fest umklammerte, daß seine Knöchel weiß hervortraten – aber der Wortwechsel hatte auch sein Gutes: Mindestens fünfzehn Minuten lang hielt Bhairon den Mund.

Wir erreichten Baabara und begaben uns sofort zu Zwei-Meter-Gigas Haus. Es ist schon eigenartig, wie man sich, sobald sprachliche Verständigung unmöglich ist, auf weniger dominante, vielleicht vorsprachliche Fähigkeiten verläßt, um Menschen zu beurteilen. Womöglich ist es ein chemischer Austauschprozeß, den die Wissenschaftler noch nicht entdeckt haben und der sofortige Vertraulichkeit befördert; oder aber es hatte in diesem Fall etwas mit goldenen Halsketten zu tun. Was immer die Gründe waren, Giga und ich begrüßten uns wie Verwandte, die sich ewig nicht mehr gesehen haben. Er gefiel mir wegen seiner Größe, seines Lachens, seiner Sanftheit, seines Selbstbewußtseins. Am besten aber gefiel mir die Art, wie er mit seiner Frau umging. Bei unserer ersten Begegnung hatte sie eben ihren Schwiegertöchtern, die sich überhaupt nicht darum scherten, ein paar Schimpfwörter an den Kopf geschmissen. Dann, als sie mich sah, verwandelte sich der Drachen im Handumdrehen in eine bezaubernde Frau. Sie packte mich mit ihren rauhen Händen, führte mich durchs Haus, damit ich ihre schönen Sachen bewunderte: Regale voller Messingtöpfe, Truhen voller Juwelen, ein Kamelschmuck aus Ziegenhaar und Kaurischneckengehäusen, und die ganze Zeit lächelte Giga sie zärtlich und voller Bewunderung an. Als alles begutachtet war, zündete sie sich ein Biri an, wobei sie den Rauch durch ein Nasenloch inhalierte. Ich fragte sie, wie es komme, daß sie als einzige Frau rauchte.

«Weil sie ein Badmaash ist», antwortete Giga lachend. Später erzählte mir Koju, sie könne sich das erlauben, weil sie ihre beiden Söhne auf Wanderungen verloren habe. «Wer wird sie da kritisieren, wenn sie sich mal eine Zigarette gönnt?» Von da an beschloß ich, jedesmal, wenn ich rauchte, zu sagen, ich hätte zwei Söhne verloren.

Giga konnte einfach nicht begreifen, warum ich mit ihnen ziehen wollte. «Wozu willst du das tun, wozu dieses Risiko eingehen? Am Ende siehst du aus wie wir.» Er zerrte sich den Turban vom Kopf und zupfte an seinen vorzeitig ergrauten Haaren. Dann erzählte er mir, daß er dieses Jahr nicht auf Wanderung ginge, wenn ich aber bis zum nächsten Jahr warten könne, würde er als mein Leibwächter mit mir kommen und ebenso seine Frau. Bhairon durchbohrte uns mit seinen Blicken und scheuchte uns hastig zum Haus des Numberdars.

Bhopal ji war dürr und weißhaarig wie ein Großmütterchen, aber er strahlte Geist aus wie andere Leute Körperwärme. Wir saßen im Hof vor seinem weißen Steinhaus. Ich fragte ihn, wie solche Wanderungen eigentlich organisiert würden.

Lediglich zwei Numberdare trafen in Kota, einer etwa hundert Meilen entfernten Stadt, zusammen und entschieden, wohin die Tausende von Herden aus diesem Teil Rajasthans ziehen sollten. Abgesandte wurden beauftragt, die Weiden zu erkunden und mit verschiedenen Dorf-Panchaits (Gemeinderäten) Absprachen über Weiderechte auszuhandeln. Sobald sich eine Gruppe an einen Panchait gewandt hatte, mußten die anderen zurückstehen. Mit ungeheurer Geschwindigkeit verbreiteten sich diese Informationen auf mündlichem Wege, bis schließlich jeder Hirte seine eigene Route sowie den jeweiligen Aufenthaltsort aller anderen Dangs kannte. Es ist beinahe unbegreiflich, wie sie das derart effizient ohne Telefon, Jeep oder Post zustande bringen und ohne sich zu irren oder zu streiten. Erst später begriff ich die Effektivität des Lakri o tar, des Stock-Telegraphen.

Die Numberdare kauften dann bei der Regierung von Madhya Pradesh eine Art Einreisevisum; auf diese Weise ließen sich die Herden regulieren und kontrollieren, und man erhielt Zahlen. Zumindest in der Theorie verhielt es sich so. Allerdings empfanden alle, wie der Numberdar erzählte, diese Geldforderung als ungerechte Belastung ihres sowieso schon prekären Einkommens und logen daher hinsichtlich der Größe ihrer Herde. Allmählich verstand ich, daß es aus seiner Sicht ganz nützlich sein konnte, jemanden wie mich dabeizuhaben. Ich hatte Beziehungen und konnte ihnen in brenzligen Situationen womöglich aus der Klemme helfen.

Eine ihrer größten Sorgen war der Sturz der Wollpreise. Aufgrund der Unruhen in Rußland und China war ein Großteil des Wollhandels zum Erliegen gekommen. Kunstfasern traten an die Stelle von Wolle. Ihr Fleisch verkauften sie nach Arabien, doch auch da gab es Probleme. «Heutzutage», meinte ein knorriger Greis mit zwei gerollten und hinter die Ohren geschobenen Bart-Würsten, dessen Füßen man die vielen Jahre der Plackerei in der Wildnis ansah, «hängt alles von der Vermarktung ab.»

Irgendwann im November würden alle Dorfbewohner, die sich für die Wanderung entschieden hatten, mitsamt ihren Frauen und Kindern und dem gesamten Schafbestand der näheren Umgebung nach Kota aufbrechen, um sich dort den größeren Herden anzuschließen. Man kam überein, daß ich in der Obhut Bhopal jis mitkommen sollte, der übrigens die fotografischen Erfordernisse sofort erfaßte. Ja, wir würden durch wüstenähnliche Gebiete ziehen. Und der Fotograf und ich könnten gern mit seinen Leuten nach Pushkar kommen, ehe sie aufbrachen.

«Eines noch, Bhopal ji. Wenn ich meine Aufzeichnungen mache, könnte ich da vielleicht eine Jhumpa mieten?» Ich hatte mir ausgemalt, wie ich in einem dieser kleinen runden Häuser, schlicht und hübsch wie die winzigen Häuschen aus der Kindheit, meine Schreibmaschine aufstellen würde, doch der Numberdar wischte meine Sentimentalität sofort beiseite.

«Du willst in einer Jhumpa wohnen? Wozu denn das? Der Regen schwemmt die Jhumpas davon, und jedes Jahr müssen sie neu aufgebaut werden. Diese Steinhäuser», sagte er und deutete auf sein eigenes, «sind zwar kostspieliger im Bau, aber auf die Dauer doch billiger. Sogar die Raika müssen mit der Zeit gehen.» Es sei vernünftiger, meinte er, wenn ich bei ihm wohnte. Er würde mir alles beibringen, was ich wissen mußte, und sich um mich kümmern, wenn die Zeit der Wanderung heranrückte. Demnächst aber begann die Schur, und er müsse gleich wieder zur Dang zurück, wo ich ihn dann treffen sollte, um unsere Veinbarungen zum Abschluß zu bringen.

Bisher war jeder meiner Pläne gescheitert. Und jetzt wurde mir alles auf dem Silbertablett serviert. Ich würde meine Verpflichtungen gegenüber der Zeitschrift erfüllen können, und all die Ängste und Befürchtungen hatten ein Ende.

Aber ich hatte auch ein paar andere Leute getroffen, die mit diesen Raika zu tun hatten, und konnte mir an meinen fünf Fingern abzählen, daß da Machtkämpfe im Gange waren, in denen ich zu einem Faustpfand werden konnte. Für den Numberdar hegte ich die allergrößte Bewunderung. Doch während ich ihm für seine Fähigkeit, das System zum Vorteil seiner Leute zu manipulieren, durchaus Respekt entgegenbrachte und ihm Glück wünschte, hatte ich durchaus etwas dagegen, daß sich diese Manipulationen auch auf mich erstreckten.

Nach dem Treffen sagte ich zu Raju: «Der Numberdar ist ein sehr kluger Mann.»

Worauf sie entgegnete: «Wer würde auch einen Narren respektieren?»

Ich verabschiedete mich von Bhairon und Raju; Koju und ich fuhren durch den dichter werdenden Regen weiter und holten Dilip ab. Am nächsten Tag erreichten wir den Chambal River, dessen Ufer über viele Meilen von Fabriken und Raffinerien gesäumt waren, die ihre Abwässer in den bedrohlich anschwellenden Strom ergossen. Entwicklungsmaßnahmen kommen in Rajasthan vor allem der Industrie und der in großem Stil betriebenen Landwirtschaft zugute, so daß in erster Linie Leute aus den oberen Gesellschaftsschichten Vorteile daraus ziehen: Industrielle, die neue Mittelschicht, die reichen Großgrundbesitzer. Die Landbevölkerung in den Dörfern wird dabei meist beiseite gedrängt oder in noch tiefere Armut gestoßen. Durch die engen Räume zwischen neuer und alter Welt ziehen die Nomaden, suchen sich Ritzen und Nischen, passen sich an und überleben, bis auch die letzten Pfade verschwunden sind.

Als wir Kota erreichten, stellten wir fest, daß unsere Straße ab

Baran gesperrt war und die zur Dang führende Brücke drei Meter unter Wasser stand. Wäre Dilip nicht dabeigewesen, ich säße jetzt noch am Ufer des Parbati und würde in die Fluten starren. Er wußte genau, wen man um Hilfe angehen mußte und was man zu sagen hatte. Polizeisuperintendent Dr. Bhopinder Singh sorgte dafür, daß am anderen Ufer ein Jeep samt Fahrer für uns bereitstand.

Unser Transportmittel war ein schweres Holzplanken-Fährschiff, das gefährlich leckte und von vier ächzenden kleinen Männern übergesetzt wurde, welche die zwei Ruder an der Hinterseite des Bootes bedienten. Unmittelbar vor unserer Ankunft war ein Tankwagen über die Brücke geschossen. Eine Kuh trieb vorbei, von der nur noch die Hörner aus der Strömung ragten. Es gelang ihr, das Ufer zu erreichen. Der etwas später vorbeikommende Hund hatte weniger Glück. Am Ufer angelangt, sprangen die Ruderer in den Schlamm und zogen uns auf den Uferdamm hinauf.

Wir fuhren in das höher gelegene Gebiet, wo die Herden standen. Es war das typische überweidete Schafland, kahlgefressen bis auf den Fels, die Bäume durch das ständige Benagtwerden zu Bonsais verkümmert. Junge Triebe überzogen die Felsen mit giftgrünem Flaum. Schwer und bedrohlich wälzten sich Regenwolken über den Himmel. Hob man nur einen Finger, brach einem schon der Schweiß aus. Überall gab es hier kleine Dangs. Zwei Monate nach dem Scheren würde die Herde an einen anderen Platz in der Nähe von Guna wechseln.

Die erste Verteidigungslinie einer Dang sind die Hunde. Da ich wußte, daß man eher an Tollwut stirbt als durch Banditen zu Tode kommt, stand ich wie versteinert da, als plötzlich zwanzig Köter geifernd und mit gefletschten Zähnen auf meine Knöchel, vielleicht aber auch auf meine Gurgel starrten. Was die Raika anbetraf, so sahen sie aus, als seien sie durch die Hölle gegangen. Mager, müde, verdreckt und abgespannt. Und dennoch, als sie hörten, wir seien Freunde von Giga und Co., brach ihre Freundlichkeit und Großzügigkeit durch wie die Sonne durch die Wolken.

Die meisten Frauen hockten neben ihren Charpois, kauerten übers Feuer gebeugt in der Sonne und kochten für die Männer. Ich kippte beinahe um vor Hitze. Ja, meinten sie zustimmend, während ihnen Flammen und Rauch ins Gesicht schlugen, es sei schon heiß. Wegen der Hunde mach dir mal keine Sorgen, die beißen nur nachts. Hier, komm, setz dich zu uns. Möchtest du Tee? Chapati? Nein, du sollst uns nicht helfen. Du bist unser Gast. Ich half ihnen, so gut ich konnte, was sie amüsierte. Und vielleicht war ja so ein herzhaftes Gelächter schließlich doch der beste Beitrag.

Den Feinheiten der Parda schenkte man hier draußen eher weniger Beachtung, vielleicht weil sich in einer Situation, in der jeder mit anpacken, womöglich sogar kämpfen muß, jeder bis an die Grenzen seiner körperlichen und geistigen Fähigkeiten gefordert ist, mit physisch gehandikapten Frauen nicht viel anfangen läßt.

Die Kinder konnte man kaum als Kinder bezeichnen, so kompetent und selbstsicher waren sie. Die kleinen Mädchen mit den Babys, die ihnen, fast so groß wie sie selber, auf der Hüfte hockten, wirkten wie kleine Frauen. Ich hatte eine Zeitschrift mit langweiligen Bildern von langweiligen Politikern mitgebracht. Nun drängten sie sich um mich herum und wollten wissen, wie jeder einzelne davon hieß. Ich erfand ein paar sehr merkwürdige Namen, bei deren Klang sie sich schier ausschütten wollten vor Lachen. Diese zähen kleinen Wesen waren soeben – bei einer Kost aus Milch, Chili und Mehl – an die tausend Kilometer marschiert. Warum wirkten sie so aufgedreht? Warum waren sie nicht völlig apathisch?

Nach der Regenzeit litten alle Schafe an Fußfäule. Ein paar Schäfer injizierten die Antibiotika direkt in ihre Hufe, doch mir kam es vor, als hätten diese aus nichts als Wolle und Knochen bestehenden Kreaturen keine Chance. Viele von ihnen waren bereits Krankheiten oder Dieben zum Opfer gefallen oder in den Fluten umgekommen.

Obwohl in jener Nacht – bei all dem Husten, Blöken, Plätschern, Bellen, Schnarchen, Schwitzen und Nach-Fiebermücken-Schlagen – an Schlaf nicht zu denken war, empfand ich zum ersten Mal Begeisterung für das, was ich tat. Welche Unannehmlichkeiten das Dang-Leben auch mit sich bringen mochte, hier konnte man frei atmen. Hier würde ich Kontinuität finden, Freundschaften schließen.

Schon vor dem ersten Sonnenstrahl waren die Frauen auf den Beinen und riefen mich zum Tee. Man versicherte mir, daß Bhopal ji noch am gleichen Tag eintreffen werde. Und bis dahin konnte man sich ja die Schur angucken. Jede Dang hatte Scherer aus einem moslemischen Klan angeheuert und sie mit Bussen aus dem hohen Norden in den tiefen Südosten Rajasthans befördern lassen. Pro Dang waren etwa zwanzig Scherer zugange, wobei jeder pro Tag fünfzig bis sechzig Schafe schor und pro Schaf eine Rupie verdiente.

Die Scherer saßen hinter einer als Windschutz dienenden Dornenhecke, klapperten sehr schnell mit ihren Scheren und ließen kein Härchen stehen, wobei sie ihr Werkzeug andauernd mit einem großen Wetzstahl schärften. Die Wolle wurde auf einer großen, an einem Ast hängenden Waage gewogen, auf einen Haufen geworfen und zu dem Hundertkiloballen gebracht, in dem ein Turban – der des Wollpressers – auf und ab hüpfte. Junge Mädchen besorgten das Aufhäufen der Wolle, oder sie liefen herum wie Hennen und klaubten die noch an den Büschen hängenden Flusen zusammen. Ein Schäfer hielt stets eine gewisse Anzahl von Schafen neben dem Scherer bereit. Danach ließ man sie wieder auf die Weide und trieb die nächsten paar Schafe zum Scherer. Wenn die Schur in allen Dangs beendet war, schickten die Kaufleute ihre Lastwagen, mit denen die Wolle zum Färben in die Fabriken von Bikaner gebracht wurde.

Ich erkundigte mich, weshalb die Raika ihre Tiere nicht selber schoren. Weil man nicht so viele Männer, wie dafür nötig waren, dazu abkommandieren konnte, erwiderte mir ein Schäfer; sie hätten mit dem Hüten schon genug am Hals. Ein anderer aber erzählte mir, diese Arbeit sei *gunda* (unrein).

«Und wascht ihr denn eure Schafe nicht vor dem Scheren, so wie ich es sonst schon gesehen habe?» Der Schäfer lachte, deutete auf den düsteren Himmel und sagte auf englisch: «*Automatic.*»

Nach dem Mittagessen traf ein junger Mann ein und richtete uns aus, daß Bhopal ji sich momentan noch bei einer etwa fünfzig Kilometer entfernten Dang befinde.

«Dann fahren wir hin.»

«Das geht nicht. Die Straßen sind gesperrt.»
«Und wie ist Bhopal Ji hingekommen?»
Der Junge lächelte mich an, als sei ich ein Kind, und erwiderte: «Zu Fuß.»

Der August neigte sich seinem Ende zu. Bis zum Aufbruch der Baabara-Dang blieb mir noch etwa ein Monat Zeit. Bisher war es mir nicht gelungen, mit Bhopal ji Kontakt aufzunehmen, und wahrscheinlich würde es mir auch nicht mehr gelingen, was mich ein wenig nervös machte. Ich wußte, wie leicht sich ein Plan zerschlagen konnte, wie leicht einem alles durch die Finger glitt, wenn man nicht ständig am Ball blieb. Ich würde mich auf Bhairon verlassen müssen.

Narendra meinte: «Warum fährst du nicht in der Zwischenzeit nach Kutch? Ich hab gehört, die Rabari dort lassen ihre Kamele im Meer schwimmen.»

«Aber Kutch liegt ja am Ende der Welt.»

«Mit dem Wagen sind es nur drei Tage.» (Ich hatte schon genügend Dreitageausflüge unternommen, um zu wissen, daß man danach mehr tot als lebendig war.)

«Welche Sprache sprechen sie?»

«Gujarati, glaube ich. Oder irgendeinen verwandten Dialekt.»

«Dann fahre ich nicht. Es sei denn, ich finde einen Dolmetscher, und das ist in so kurzer Zeit aussichtslos.»

«Nicht ganz. *Ich* kann ein bißchen Gujarati.»

Einmal, kurz nach unserer schon so viele Jahre zurückliegenden ersten Begegnung, als ich noch zutiefst von ihm beeindruckt war, hatte er mich durch sein Haus geführt, beiläufig nach einem schweren, uralten Silberkästchen gegriffen und es mir in die Hand gedrückt. «Bitte, nimm das als kleines Geschenk von mir. Als Anerkennung für deinen Mut.» Dann hatte er sich umgedreht und war, mich mit offenem Mund zurücklassend, entschwebt. Und jetzt verschwand er mit derselben Unbekümmertheit und ebenso großer Wirkung in der Jhumpa.

II Wanderung

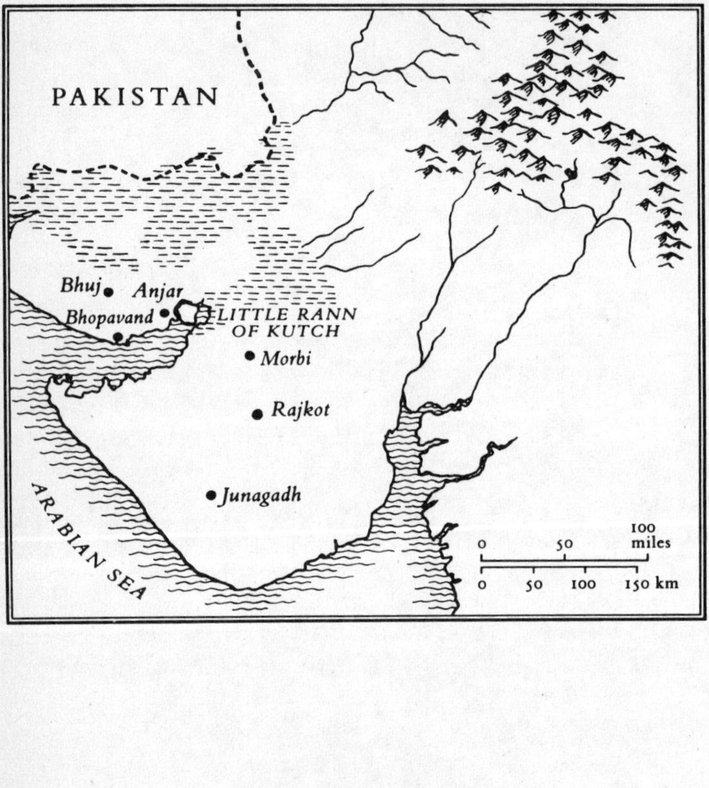

PAKISTAN
Bhuj
Anjar
Bhopavand
LITTLE RANN
OF KUTCH
Morbi
Rajkot
Junagadh
ARABIAN SEA
0
50
100
miles
0
50
100
150 km

7

Eine Rauchspirale, eine Gestalt in wehenden Gewändern, ein Kamel und ein Bett zeichneten sich am Horizont ab. Im Osten schob sich der Mond in den Himmel; hinter mir zerfloß die Sonne im Arabischen Meer. Hier wollte ich sein. Bei diesen Menschen wollte ich leben. Die Last des letzten Jahres mit all seinen Zweifeln, all der Verwirrung fiel von mir ab wie eine alte Haut.

Drei Tage hatten wir gebraucht, um Bhuj, die alte Hauptstadt von Kutch im nördlichen Gujarat, zu erreichen. Märchenprinz und Narendra hatten sich meist beim Fahren abgewechselt, so daß ich mich ganz der Betrachtung der Landschaft widmen konnte, einem verwirrenden Wechsel von Wüste und Meer, so karg und schön wie der Mars. Wir überquerten die Grenze, und die Straßen verwandelten sich in Pisten, so makellos wie Rollbahnen. Verschwunden waren die tödlichen Schlaglöcher, verschwunden die Furchen, Höcker, kniehohen Bankette und Schotterabschnitte, die einen plötzlich in einer Haarnadelkurve überraschten. Verschwunden die überladenen Laster, die wie tote Kakerlaken mit herausquellenden Innereien und himmelwärts zeigenden Rädern am Straßenrand lagen. Und weshalb? Weil hier, anders als in Rajasthan, die Straßenzölle nicht unverzüglich in irgend jemandes Tasche flossen. Ein Teil des Geldes wurde tatsächlich in den Straßenbau investiert.

Auch Frauen sah man in Gujarat. Unverschleierte Frauen. Frauen, die auf Motorrädern fuhren! Und man sah Forstparzellen am Straßenrand, auf denen richtige Bäume wuchsen statt Phantombäume wie in Rajasthan, die nur auf dem Papier existierten. Das Allerbeste aber: Narendra war bei mir. Und er verstand nicht nur die Sprache, sondern auch das, was sich hinter den Worten verbarg: die Andeutungen, kulturellen Eigentümlichkeiten, sozialen Signale. Abgesehen von alldem aber war er der gelassenste und großherzigste Reisegefährte, der mir je begegnet.

Ich befand mich im Besitz eines hastig auf einen Zettel gekritzelten Namens: Dr. Rama Krishna, Stellvertretender Direktor, Gujarat Schaf- und Wollentwicklungsprogramm, Bhuj. Die Erfahrung hatte mich gelehrt, nur wenig Hoffnung auf solche Empfehlungen zu setzen. Doch schon bei der ersten Begegnung mit diesem Südinder und seinen wunderbaren Untergebenen wußte ich, daß ich auf eine Goldader gestoßen war.

Dr. Rama Krishna wollte uns sofort zu einem Schäfer bringen, den er besonders schätzte, Rangka bhai Rabari. Es dauerte einen ganzen Tag, bis wir ihn auf einer windgepeitschten Ebene fanden, nur eine Meile von seinem Dorf entfernt. Seine Mutter breitete ihre beste Steppdecke auf dem Boden aus und brachte uns Tee.

«Meine einzige Heimat sind diese Lager», erzählte sie. «Ich lebe unterm freien Himmel, ob es regnet, ob die Sonne scheint. Nicht das Dorf ist unsere Heimat, die Dang ist es. Denn hier ist unser ganzer Besitz.»

Rangka versicherte mir, daß aus seinem Dorf mehrere Dangs aufbrechen und nach Saurashtra ziehen würden. Er selber werde zwar in diesem Jahr nicht mitkommen, wolle sich aber bei den anderen für mich verwenden. Seine Mutter dagegen meinte, ich solle lieber in Kutch bleiben und gemeinsam mit ihr die nähere Umgebung abwandern.

Rangkas Frau Jasu lachte und verwirrte meine Begleiter mit ihrer Schönheit, die bei ihr nicht nur etwas Physisches war, sondern Ausfluß ihrer gesamten, starken Persönlichkeit. «Ja, bleib bei uns. Du trägst das Wasser, und ich trage das Mehl. Aber ich muß dich warnen: Wenn du mit uns ziehst, wirst du so kohlrabenschwarz wie wir. Sogar dein Haar wird schwarz.» Sie zupfte an meinem strohblonden Schopf und führte mich dann weg, um mir ihre «Aussteuer» zu zeigen, die fein säuberlich auf ein Bett gestapelt war: reichbestickte Decken, Mehlsäcke mit Zierapplikationen, ein Hochzeitsgewand für ein Brüderchen, dessen Fertigstellung noch Jahre in Anspruch nehmen würde, eine mit Muskovitplättchen besetzte Bluse, die sie – ohne Erfolg – über meine Fülle zu zerren versuchte. Es war die schönste Stickarbeit, die ich je gesehen hatte; Äonen des Wanderlebens waren in ihre Muster eingegangen.

Rangka kam diesmal nicht mit, weil er immer noch Flitterwöchner war. Mehr als zwanzig Jahre hatte er auf seine Frau gewartet, immer wieder das Haus der Schwiegereltern aufgesucht und sie bekniet. Erst seit vier Monaten lebte er mit Jasu zusammen, so daß man es mir wohl nachsehen wird, wenn ich ihn vor allem als Liebeskranken wahrnahm. Fünfundvierzigtausend Rupien hatte sie ihn gekostet, den Großteil davon in Schmuck, doch seine Art, sie unter den Brauen hervor zu beobachten, zu prüfen, ob seine Worte auch ihren Beifall fanden, zeigte deutlich, daß sie ihm dies wert war – dies und mehr. Sie waren ein schönes Paar, und wenn man sie so miteinander sah, wünschte man unwillkürlich, all diese Wüstenromanzen aus feudaler Zeit seien doch wahr, und Jasu und ihr Mann fänden da draußen in ihrem Bett unter den Sternen das große Glück. Doch war dies kaum wahrscheinlich. Zum einen wuselten ständig Leute um sie herum: seine Schwestern, seine Mutter, vorbeikommende Kinder, andere Hirten. Zum anderen war keine Zeit dafür. Zumal die Frauen und Kinder Jasus Bett teilten und nicht Rangka.

Zwei alte Hirten kamen herangehinkt. Gegen eine jährliche Kleiderausstattung, ihren Tabak- und Mehlbedarf sowie hundertsiebzig Rupien im Monat schufteten sie bei einem der hiesigen Grundbesitzer. Wir neckten sie und fragten, ob sie verheiratet seien, worauf sie gutmütig lachten und gestanden, daß es nicht einmal zur Verlobung reiche. Unwillkürlich fragte ich mich, ob sie wohl mit ihren Mutterschafen verkehrten, erfuhr jedoch später, daß diese Praxis zwar durchaus nicht unbekannt war, aber als unmoralisch galt und entsprechend bestraft wurde. Sex war kein Recht, sondern gehörte zu den Zugaben des Lebens. Wie Reichtum war Sex eine Sache des Glücks, und hatte man keins, so kümmerte man sich eben ums Näherliegende – ums Überleben.

Wie ich hörte, war es nicht ungewöhnlich, daß Eltern ihre Tochter erst mit Mitte Dreißig dem Ehemann überließen, was gewöhnlich auf Geheiß der Klan-Ältesten geschah. Sicherlich auch aus wirtschaftlichen Gründen, da die Tochter eine wertvolle Arbeitskraft war. Doch, wie ich später erfuhr, hatte es ebensoviel mit Zuneigung wie mit den Finanzen zu tun. Vielleicht war es aber auch so, daß in einer solchen Gemeinschaft jemandes Arbeitsfähigkeit und -leistung untrennbar mit der Liebe und dem Respekt verquickt ist, die ihm dafür entgegengebracht werden.

Dr. Rama Krishna bedauerte die Rabari-Frauen, die im Haus ihrer Eltern bleiben mußten, bis sie «alt» waren. Ich deutete dieses Phänomen anders. Für mich waren sie Frauen, deren Wert als menschliche Wesen sich in einem hohen Brautpreis widerspiegelte. Sie verfügten selbst über Eigentum (da die Familie des Mannes ihnen zur Hochzeit Schafe schenkte und sie den Schmuck ihrer Mütter erbten), und wenn sie auch nicht im Panchait saßen und den Rauch- und Palaversitzungen der Männer fernblieben, so zweifelte doch niemand daran, daß zu Hause heftige Debatten geführt wurden. Ihre Teenagerjahre waren nicht durch Geburten belastet. Ihre Arbeit wurde ebenso geschätzt wie die der Männer. In Dörfern und Städten konnten sie ohne Begleitung und unverschleiert einkaufen und ihren Geschäften nachgehen. Ich will damit keineswegs andeuten, daß sich einige Frauen nach Belieben über die Rechtsordnung der Gemeinschaft hinwegsetzten. Sondern vielmehr, daß die Machtverhältnisse zwischen den Geschlechtern ausgeglichen waren, was sich bei den Frauen in selbstbewußter Aufmüpfigkeit, bei den Männern in belustigter Wertschätzung niederschlug, beides Haltungen, die mich angenehm berührten.

Die Raika-Frauen, die ich in Rajasthan kennengelernt hatte, waren zwar freier als die Frauen anderer Kasten, dennoch aber hatten mich nicht nur jene kleinen Gucklöcher in ihren Ornis verblüfft, sondern auch die Art, wie sie – ganz anders als ihre Cousinen in Kutch – in Gegenwart eines Mannes die Gesichter verhüllten und verstummten. Vielleicht hatte es mit ihren Beziehungen zu den vornehmeren Rajputs zu tun, die es mit der Parda so peinlich genau nehmen, daß eine Frau unter Umständen ihr ganzes Leben als Gefangene verbringt. Aber auch sonst schien sich der rajputische Einfluß negativ auszuwirken. Denn während die Rabari von Kutch wie Edelleute auftraten und sich niemandem unterwarfen, prahlten die rajasthanischen Raika damit, daß sie die Diener von Königen gewesen waren, und neigten schnell dazu, sich von ihren Stammesbrüdern zu distanzieren.

Dies waren die ersten Menschen, die meinen Wunsch, mit ihnen zu wandern, aus ganzem Herzen begrüßten. Als wir uns zum Abschied erhoben, herrschte allseits Zufriedenheit und freudige Erregung. Narendra zog zweihundertein Rupien aus der Tasche und überreichte sie mit schwungvoller Geste dem jüngsten Kind, das sie mit ebensoviel Anmut entgegennahm.

«Wie hast du das bloß gemacht?» fragte ich ihn, als wir in den Wagen stiegen. «Bitte, verrat es mir.»

«Da gibt es nichts zu verraten. Es war einfach eine beglückende Begegnung. Das Geld war ein Zeichen des Danks. Das macht man nur einmal und nur dann, wenn alles stimmt. Ich hab es ihnen gegeben, weil ich beeindruckt von ihnen war, weil Sympathie da war. Mach dich doch nicht verrückt. Halte dich einfach an dein Gefühl. Sei spontan. Aufrichtigkeit respektieren sie.»

Wir fuhren nach Anjar, das auch das Paris von Kutch genannt wird. (Es gibt ein Kopenhagen von Kutch, ein Jaisalmer von Kutch, sogar ein Venedig von Kutch.) Wie Paris sah es allerdings nicht aus, eher wie eine staubige mittelalterliche Provinzstadt mit portugiesischem Einschlag. Zur Monsunzeit ist Kutch vom Rest des Landes mehr oder weniger abgeschnitten, und die Kutchis orientieren sich, auch geistig, eher zum Meer hin. Die blühenden Häfen, die riesigen Schiffe mit ausländischen Namen verleihen dem Volk einen extravertierten Charakter, eine Weltläufigkeit, die es von seinen binnenländischen Nachbarn unterscheidet.

Hier konnte man frei atmen. Ich wurde nicht ganz so oft angestarrt. Außerdem war Kutch nicht so dicht bevölkert, weil es ihm an Wasser mangelte, ohne das Menschen nun einmal nicht leben können.

Narendra sorgte dafür, daß alle um uns herum (Flickschuster, Stoffhändler, Bettler, Hirten) ein Glas Tee bekamen, und wir hockten uns auf die Holzplanken vor einem winzigen Laden aus zerbeultem Blech und Pappe – die anjarische Version des Kaffeehauses –, um das Leben auf der Straße zu beobachten. Es war Hochzeitssaison, und die Stadt war in der Hand von Rabari-Bräutigamen zwischen zwei und zwanzig – sie erstrahlte in deren Glanz. Der Alte, der neben mir seinen Tee schlürfte, brummelte, daß ihm die Hochzeitssaison zum Hals heraushänge, weil die jungen Schäfer nur noch in ihrem Staat herumstolzierten, statt ihm bei den Schafen zu helfen. Er murrte zwar, beobachtete mich aber gleichzeitig beim Beobachten der jungen Männer und lächelte befriedigt.

Zwar reicht das Kriterium Schönheit zur Beurteilung von Menschen nicht aus, aber mußten Leute, die so aussahen, nicht auch innerlich schön sein? Welche Eleganz! Welch sicherer Sinn für Farbe und Schnitt! Welch großartige Selbstdarstellung zur Freude der Zuschauer! Schon allein diese Turbane! Purpurrote, goldene, schwarze Seide, die so gebunden war, daß sie eine leicht dreieckige Form erhielt und so den Gesichtern etwas Pharaonisches verlieh. Als nächstes kam ein langärmliger Kittel aus dickem weißen Baumwolldrillich, mit winzigen Stichen in allen Farben, in erster Linie aber in Purpur- und Rottönen bestickt, mit Gold oder Silber eingefaßt, von knappem Sitz unterhalb der Brust, von wo der geraffte Kittel über den schmalen Hüften wieder weit ausschwang, während die Ärmel faltig hochgeschoppt wurden. Unter dem Kittel der weiße Batist-Dhoti, eines der ältesten Kleidungsstücke der Welt, dessen Beine in pink-, rot- und schwarzgestreiften Nylonsocken steckten, die wiederum in hochhackigen, mit Messing-Nägeln verzierten Pantoffeln mit nach hinten gebogenen Sindbadspitzen verschwanden. Grüppchenweise lungerten sie herum wie heranwachsende Jungen auf der ganzen Welt, eben noch schüchtern und kichernd, im nächsten Moment forsch und prahlerisch. Und inmitten der maskulinen Farbenorgie schritten Gruppen von Frauen in schwarzer Wolle und Silber, schritten in schwarzen Ornis, gebläht wie Klüversegel, an weißgetünchten Mauern vorüber.

Hier fanden die Rabari-Hochzeiten alle am selben Tag statt, dem zweiten September. Normalerweise wird die günstigste Zeit für eine Hindu-Hochzeit von einem Brahmanenpriester ermittelt, den man für die Befragung der Sterne bezahlt. Aber der zweite September ist ja Krishnas Geburtstag, wie hätte er also ungünstig sein können? Diese Mißachtung der Vorschriften war ganz typisch für die Sparsamkeit und den Pragmatismus der Rabari.

Dr. Rama Krishna und die anderen hegten keinerlei Illusionen über die Unschuld der Nomaden, bewunderten sie aber zutiefst und arbeiteten unermüdlich für sie. Das Vertrauen der Rabari zu gewinnen und gleichzeitig gewisse Traditionen, die ihnen heutzutage eher schaden, in Frage zu stellen (beispielsweise sie davon zu überzeugen, daß die Göttin sie nicht bestrafen würde, wenn sie ihren Schafen Medizin gegen Pockeninfektionen gaben) war nicht ganz einfach. Daß sie in beiderlei Hinsicht Erfolge aufweisen konnten, zeugte für ihr Engagement und ihre Weitsicht.

«Wenn sie dir fünfzig Rupien abgauern können, sind sie glücklicher, als wenn du ihnen hundert gezahlt hättest. Aber man kann es ihnen nicht übelnehmen. Sie machen es genauso, wie es die anderen mit ihnen machen. Jeder versucht, sie auszunutzen.»

Ein Feldarbeiter, Mamu bhai, selber Rabari, lachte und fügte hinzu: «Es gibt ein Gujarati-Sprichwort über uns Rabari. Wir bitten dich höflich, den Fuß zu heben, damit wir den Stein aufheben können. Dann schlagen wir dir damit den Schädel ein.»

Dr. Rama Krishna hatte versucht, die Rabari vor der Ausbeutung durch die Kaufleute zu schützen, indem er zur Stabilisierung der Preise die Konkurrenz belebte. Aber die Rabari zogen es weiterhin vor, auf gewohnte Art mit den Banias (Kaufleuten) zu verhandeln, obwohl sie ständig von ihnen übers Ohr gehauen wurden.

Der Kaufmann setzte zusammen mit einem Mukki (das Kutchi-Wort für Numberdar, Ältester) den Preis für die Wolle aller Schafe in seinem Zuständigkeitsbereich fest, und der Bania entlohnte dann die Scherer. Doch weil der Kaufmann die Wolle pro Schaf und nicht pro Kilo kaufte, ließ er einen weiteren Monat bis zur Schur verstreichen, so daß er zum selben Preis die Wolle von sieben statt nur von sechs Monaten erhielt. Während dieses zusätzlichen Monats rannte der arme Mukki dann dem Kaufmann die Türen ein und bekniete ihn und vergrößerte damit nur seine Ausgaben. Zudem zahlte der Bania dann auch nie sofort, sondern wartete, manchmal monatelang, bis der Marktpreis gefallen war. Auf diese Weise wurden die Rabari geschröpft. Allerdings fungierten die Banias auch häufig als Geldgeber für wandernde Hirten. Wenn in einem fernen Staat etwas schieflief (wenn es Streit gab oder jemand verhaftet wurde), schickte der Mukki eine Nachricht an den Bania, der dann hinfuhr und die Sache wieder in Ordnung brachte. Für einen solchen Notfall reichten die Einkünfte aus der Wolle dann nie (das Einkommen aus dem Wollverkauf ist in den letzten vier Jahren um hundert Prozent gesunken. Die Wolle eignet sich lediglich für Teppiche; Schafe, die die feinere Pulloverwolle erzeugen, würden die Unbilden der Wanderung nicht überleben), aber sie konnten sich Geld vom Kaufmann borgen, dessen Sicherheit wiederum die Schafe waren.

Wenn man seine Geschäfte lieber mit den Kaufleuten als mit Regierungsbehörden abwickelte, so lag der entscheidende Grund vielleicht darin, daß die ersteren keine Bankverbindungen oder Dokumente verlangten – ein großer Anreiz für Leute, denen jede Art von Vorschrift widerstrebt und die, falls sie doch einmal Geld übrig haben, sofort Gold kaufen und es vergraben.

Am nächsten Tag begleitete man uns zu einer Rabari-Kamelherde in die wilden, schönen, aber völlig kahlen Hügel. Als Antwort auf meine diesbezügliche Frage meinte Mamu bhai: «Auf jeden Einwohner von Kutch kommen zwei Tiere, das verkraftet das Land einfach nicht. Wir haben versucht, ein Programm zur Bestandsreduzierung durchzuführen, das auch von den Rabari unterstützt wurde, aber die Jains sind hier nicht nur sehr reich, sondern haben auch großen Einfluß. Da ihre Religion das Töten von Tieren verbietet, mußten wir das Programm wegen des politischen Drucks abblasen. In schlechten Jahren verringern sich zwar die Herdenzahlen, aber sobald wir wieder mal einen guten Regen haben, schnellen sie sofort wieder in die Höhe, so daß sich das Land nie erholen kann.»

Der Eigentümer dieser speziellen Kamelherde war relativ wohlhabend. Und das hieß, daß er selber nicht mehr auf Wanderung ging, sondern seine Tiere, nachdem er mit dem Bus das Gelände erkundet hatte, in die Obhut von Angehörigen einer moslemischen Kaste, der Juts, gab, die er mit sechs Rupien pro Kamel und Monat entlohnte. Die Kamele verließen Kutch dünn und kamen dick zurück. In der Zwischenzeit unternahm er mit den kräftigeren, gesünderen Tieren kleine Wanderungen in der Umgebung.

Trotz ihrer unterschiedlichen Religionen hatten sich beide Gemeinschaften, solange man zurückdenken konnte, unterstützt und waren miteinander gereist. Die Juts nahmen einen etwas niedrigeren Rang in der sozialen Pyramide ein, doch ein wohlhabender Jut konnte ebensogut einen armen Rabari einstellen wie umgekehrt. Die Rabari heuerten lieber einen Jut als einen Angehörigen der eigenen Kaste an, denn falls unterwegs etwas schiefging, blieb der Ärger außerhalb der «Familie» und säte keine Zwietracht innerhalb der Gemeinschaft.

Aus diesen Herden waren ein oder zwei weibliche Kamele der Göttin Mata ji ki Meri geweiht. Die Milch dieser Kühe verkaufte man nicht, sondern man gab sie den Kindern, und auch die Tiere selbst wurden nie veräußert, nicht einmal dann, wenn sie alt und nutzlos geworden waren. Die Kamele der Göttin blieben stets bei den Rabari und wurden nie mit den Juts auf Wanderung geschickt.

Nach Bhuj zurückgekehrt, klappte ich im Prince Hotel völlig zusammen, auf dessen Klimaanlage, exzellenten Service und Chicken Tikka Masala ich mich übrigens in den kommenden Monaten zunehmend verließ. An diesem Tag aber bewirkte schon der bloße Gedanke an Chicken Tikka, daß ich nur noch sterben wollte. Narendra saß auf meiner Bettkante und zwang mich, Nimbu-Soda mit Zucker zu trinken. Ich haßte ihn dafür.

Ich hatte es mir in Indien zum Prinzip gemacht, alles zu essen und zu trinken, was ich serviert bekam, denn früher oder später – so nahm ich an – würde sich mein Körper schon an die Bazillen gewöhnen. Und so war es auch. Ich hatte erst zwei Übelkeitsanfälle gehabt, beide Male leicht, und dies war einer davon. Außerdem litten nicht nur die Besucher an Verdauungsproblemen, wie ich aus dem, was hinter diversen Dorfmauern lag, schließen konnte. Und wenn die Inder ohne das – unter recht zweifelhaften Umständen abgefüllte – Wasser aus Flaschen zurechtkamen, dann konnte ich das auch. Ich hatte mir Gammaglobulin-Injektionen verpassen lassen, war gegen Tollwut und Tetanus geimpft und dachte auch manchmal daran, mein Chinin einzunehmen. Darüber hinausgehende Vorsichtsmaßnahmen kamen mir zwanghaft vor.

Dr. Rama Krishna hatte schon ganz Kutch nach einem gewissen Mukki namens Pala bhai abgeklappert, der seiner Überzeugung nach der Allergeeignetste war, um mich mit auf die Wanderung zu nehmen. Er «lebte» zwar in Rangkas Dorf, aber «die Rabari sind ja», wie der Doktor es ausdrückte, «nie zu Hause». Ich wußte, daß meine Freunde von der Behörde sich meinetwegen sehr viel Mühe machten, und ich wußte auch, daß ich, hatte man Pala bhai erst einmal gefunden und ins Büro gebracht, an Ort und Stelle sein mußte, da es womöglich meine erste und letzte Chance sein würde.

Endlich kam der Anruf. Freudig sprang ich auf und lag sofort wieder auf der Nase. Ich schaffte es zwar bis zum Jeep, aber um mich herum drehte sich alles. Narendra meinte, ich sei gelb wie eine Banane. Als wir das Büro erreicht hatten, kam ich zu dem Schluß, daß vor ihnen umzukippen einen größeren Gesichtsverlust bedeuten würde, als überhaupt nicht zu erscheinen. Ich bat Narendra, mich zu vertreten, und fuhr ins Hotel zurück. Ich sprintete ins Bad und zerrte an meiner Hose. Und da geschah es – Ausbruch des Mount St. Helens an einem Ende, Ausbruch des Vesuv am anderen. Es war so heftig und so überraschend, daß ich nicht einmal Zeit hatte, mich zu ekeln. Die nächste halbe Stunde verbrachte ich damit, mich und das Bad zu säubern, dann hastete ich zurück ins Büro. Oh, dieser europäische Magen, dieses hinterhältige Organ, Beweis rassischer Unterlegenheit. Um jeden Preis mußte ich die Unzulänglichkeit meines Magens vor Pala verbergen. Sie würde seine Zweifel an mir nur bestätigen.

Ich betrat das Büro des Doktors. Alles wartete. «Hat es geklappt mit deinem Ferngespräch?» meinte Narendra. «Nein», erwiderte ich und improvisierte ebenso rasch, «aber ich habe es abgesagt, weil ich das Treffen mit Pala bhai nicht versäumen wollte.» Hätte ich ihn nicht an seinem Gebaren erkannt, das mächtige Silberarmband, das sich aus den englischen Buchstaben seines Namens zusammensetzte, hätte meine letzten Zweifel beseitigt.

Er trug die traditionelle Tracht, weißer Turban, weißer bestickter Kittel, und hatte sich den Wollschal mit der selbstzufriedenen Miene eines Mannes, der in Savile Row schneidern läßt, über den

Arm drapiert. Forschend blickte er von Gesicht zu Gesicht. Ich strahlte, faltete die Hände zu einem Namaste und meinte: «Und, wie weit sind die Verhandlungen gediehen?» Sie seien noch zu keiner Entscheidung gelangt, meinte der Doktor, da dies eine sehr schwierige Angelegenheit sei. «Worin besteht das Problem?» fragte ich auf Hindi. Wie aus der Pistole geschossen versetzte Pala: «Fragen Sie lieber, welche Probleme wir Nomaden nicht haben. Schäfer und Schafe werden auf der Landstraße überfahren. Bhil (Stammesangehörige) stehlen unsere Tiere; Banditen klauen unser Geld. Dann die Kämpfe mit den Bauern und der Polizei. Durst, Entbehrungen, gesperrte Weiden. Zu viele Tote jedes Jahr bei der Wanderung.» Nicht eine Spur von Weinerlichkeit lag in seiner Stimme. Er sprach, als hake er die Posten auf einer Einkaufsliste ab.

Natürlich sei das Geld ein Anreiz, mich mitzunehmen, was aber würde passieren, wenn mir etwas zustieße? Würde man ihn und seine Leute dafür verantwortlich machen? Konnte er sich denn darauf verlassen, wenn wir ihm sagten, daß es nicht so sei? Welche Garantien hatte er denn? Was konnte eine derartige Sachlage, die noch nie dagewesen war, nach sich ziehen? Nicht nur einen Ausländer nahmen sie ja bei sich auf, sondern einen europäischen Ausländer. Ja, eine europäische Ausländerin. «Wenn ich die falsche Entscheidung treffe», sagte er schließlich, «bin ich für meine Leute gestorben.»

Und so wurde weiterverhandelt und argumentiert. Jeder der Anwesenden legte seinen Standpunkt dar, und es wurde viel geflachst und gelacht. Wenn einer einen guten Witz erzählte oder etwas «Wahres» sagte, stand Pala auf und schüttelte dem Betreffenden – ungeheuer freundlich und großzügig – die Hand. Aber ich konnte ihm seine Verwirrung nachfühlen. Bei seiner Entscheidung konnte er sich nicht nur von seinem Instinkt leiten lassen, sondern mußte auch finanzielle Erwägungen berücksichtigen und sich überlegen, ob den Leuten in diesem Zimmer, die alle keine Hirten waren, zu trauen war. Hin und wieder winkte er den Kollegen des Doktors, Praveen Singh ji, nach nebenan, um sich mit ihm zu besprechen. Wenn sie dann wieder zurückkamen, wurde die

Diskussion fortgesetzt, wieder ging es hin und her, und die ganze Zeit spürte ich, wie Pala mich betrachtete und zu einem Urteil zu gelangen versuchte.

«Das ist ja alles schön und gut, was Sie da erzählen», meinte Pala, «aber ich bin ja jetzt schon besorgter um Sie als um meine eigene Schwester.» Nach zwei Stunden wurde allmählich klar, daß er sich mit der Idee anfreundete. Er bestand darauf, daß ich einen Begleiter haben müsse. Meinen Wünschen entsprach das zwar nicht unbedingt, aber es würde sie beruhigen, und dieser Mensch konnte mir vielleicht einiges beibringen, so daß ich nicht ständig die anderen belästigen mußte.

Ich hoffte nur noch, daß ich durchhielt, aber allmählich machte mir die Erschöpfung zu schaffen. Sie drang mir ins Gebein, raubte mir alle Kraft. Sie drückte aufs Hirn. Aber ich mußte sie nicht nur ertragen, sondern auch verbergen. Schließlich wurde der Preis vereinbart: zweitausend Rupien pro Monat. Mein Essen mußte ich selber besorgen, die Ziegenmilch würde ich bei ihnen kaufen. Sie wiederum würden Kamel, Sattel und Ausrüstung stellen. «Von jetzt an», erklärte Narendra, «ist Pala bhais Familie deine Familie», worauf wir alle aufstanden, einander die Hände schüttelten und zur Feier unserer Einigung Tee bestellten. Pala erkundigte sich nach meinem Namen. Als ich ihn nannte, runzelte er irritiert die Stirn, als wolle er sagen, was ist denn das für ein Name, und erklärte, daß ich von jetzt an Ratti ben hieße: Schwester des Bluts oder der Leidenschaft. Ich überreichte ihm tausendundein Rupien als Anzahlung und bot ihm, nachdem wir ihn so lange aufgehalten hatten, an, für seine Rückreise aufzukommen.

Mamu bhai Rabari bestand darauf, daß ich Pala mein Hotelzimmer zeigte, das, verglichen mit der Konkurrenz, nur als luxuriös bezeichnet werden konnte. Ein Bett, ein Warmwasserhahn, ein Fenster, eine Klimaanlage, zwei nackte Glühbirnen, ein Resopal-Couchtisch und ein Vinylsofa. Doch es sollte deutlich gemacht werden, daß ich um der Rabari willen auf solchen Reichtum verzichtete und folglich eine ernstzunehmende Person war. Steif, nervös und kichernd saßen wir herum und warteten auf das Essen, das Pala, der noch nie so etwas gegessen hatte, dann allerdings nicht schaffte. Mamu bhai neckte ihn und meinte: «Iß dein Eis lieber auf, sonst machst du einen schlechten Eindruck.» Pala verbrannte sich die Finger am Heißwasserhahn. Wir lachten ihn aus, das Gelächter der Weltgewandten gegenüber dem einfachen Menschen. «Woher hätte ich das denn wissen sollen?» beschwerte er sich, «erst war es kalt.» Als sie hinausmarschierten, erinnerte Mamu bhai ihn verstohlen daran, sich von mir zu verabschieden. Pala schickte sich an, mir die Hand zu schütteln, während ich die Hände zu einem Namaste faltete. Dann streckte ich ihm die Hand entgegen, während er namastete. Ich machte mir nichts vor, die ersten vierzehn Tage bei ihnen würden ein einziger Alptraum von Peinlichkeiten werden.

Am nächsten Tag mußte Narendra nach Jodhpur zurück. Nachdem ich mich ausgiebig verabschiedet und bedankt hatte, schloß ich die Tür meines Zimmers und war plötzlich mit der Leere konfrontiert. In fünf Tagen würde ich einundvierzig werden, und niemand auf der Welt wußte, wo ich dann sein würde. Nicht einmal ich selbst. Viele Geburtstage und Weihnachtsfeste hatte ich allein und glücklich verbracht, so daß ich nicht so recht wußte, warum ich mich jetzt auf einmal ... nun ja ... traurig fühlen sollte. Aber wäre es nicht schön gewesen, wenn ich meinen Geburtstag mit jemandem wie ... sagen wir, Narendra hätte feiern können?

Die Trauungsfeierlichkeiten würden am folgenden Tag stattfinden. Ich hatte Dilip Bescheid gegeben, der ganz begierig darauf war, eine Kinderhochzeit zu fotografieren. Er war schon unterwegs. Der Doktor hatte sich ungeheure Mühe gegeben, ein Dorf zu finden, in dem solche Zeremonien stattfanden, sowie mit einem gewissen Menschen hinsichtlich der delikaten Frage der Fotos zu verhandeln.

Von Delhi nach Bhuj zu gelangen ist nicht leicht – eine lange Flugreise über Bombay, dann noch von Bhuj bis zu dem Dorf; man mußte seine gesamte Fotoausrüstung schleppen und sie zu einem halben Dutzend weiterer Leute in den einzigen Jeep quetschen –, vor allem, wenn man in Delhi eine Frau samt neugeborenem Kind hatte, mit denen man lieber zusammen wäre.

Im Dorf Varshameda wurden wir höflich, aber nicht gerade

herzlich begrüßt. Es hatte sich herumgesprochen, daß die Kinderhochzeiten fotografiert werden sollten, was zu internen Auseinandersetzungen geführt hatte. Würden wir diese Fotos womöglich der Regierung vorlegen und die Leute in Schwierigkeiten bringen? Die Frauen beäugten mich verdrießlich. Unser Kontaktmann Naka bhai versuchte uns zwar nach Kräften zu unterstützen, doch auch er hatte Schwierigkeiten mit seiner Verwandtschaft. «Die meisten Rabari sind naiv», meinte er. «Ich habe in den Hafenstädten gelebt und weiß daher besser Bescheid. Es ist schwer, sie zu verändern.» Naka wußte, welch schwierige Zukunft seiner Kaste bevorstand. Er hatte all seine Schafe verkauft, sich einen Lastwagen zugelegt und versuchte nun, andere davon zu überzeugen, seinem Beispiel zu folgen. Langsam sammelte sich um uns eine Traube von Männern, die uns ihre Probleme schildern wollten.

Ein alter ehemaliger Mukki begann: «Unsere Kinder werden immer Schafe hüten. Was sollten sie auch anderes tun? Sie waren nicht auf der Schule. Und warum sollen wir unsere Lebensweise aufgeben, wir kennen doch nichts anderes?»

Ein junger Mann griff das Thema auf. «Wir Rabari haben keine Zukunft. Die Politiker sagen, wir zerstören die Wälder, *sie* aber haben schon vor zwanzig Jahren versprochen, daß diese Gebiete wieder aufgeforstet werden, und nichts ist geschehen. Warum also dürfen wir unsere Schafe dort nicht weiden? Und warum pflanzen sie Bäume, die zu nichts anderem als zum Feuermachen taugen? Während der Dürre, wenn unsere Schafe vor lauter Verzweiflung davon fressen, bleiben ihnen die Dornen im Maul stecken.» Voller Hoffnung, daß seine Worte über Varshameda hinaus, vielleicht sogar bis nach Raj Sabha gelangen würden, rief er pathetisch: «Wenn uns die Regierung nicht hilft, gehen wir nach Pakistan.» Die Diskussion wurde hitziger, die alten Männer, verwirrt von all der Politik, ließen sich von den jungen Heißspornen beiseite drängen. Schließlich hatte sich ihr Ärger erschöpft.

Um die Atmosphäre aufzulockern, wandte ich mich an die alten Männer. «Also, wann macht ihr diesen jungen Mann zu eurem Anführer?»

Worauf einer antwortete: «Wie können wir ihn zum Mukki machen, Yaar? Mit ihm enden wir womöglich alle noch in Pakistan.» Und sie kugelten sich vor Lachen.

Wir warteten mehrere Stunden auf den Beginn der Feierlichkeiten. Schließlich kehrte Naka voller Bedauern zu uns zurück und meinte: «Sie haben beschlossen, daß nicht fotografiert werden darf.» Dilip explodierte, aber es nützte nichts. Die Entscheidung war getroffen. Endgültig.

Ich sorgte mich um Dilip. Weil er immer sagte: «Du bist nur so gut wie dein letztes Foto» und weil er das Gefühl hatte, daß ich ihm kein brauchbares Material lieferte. Die Rabari machten es ihm nicht gerade leicht. Aber was hätte ich anderes tun sollen? Manchmal geschah während der langen Wartezeiten plötzlich und unangekündigt etwas, und es blieb keine Zeit mehr, ihn aus Delhi herbeizurufen. Oder aber ich bestellte ihn, wie diesmal, und nichts passierte. Er hatte mich voll erwischt – bei meinem Verantwortungswahn. Aber wie auch immer, eines konnte ich ihm versprechen: Bilder von schwimmenden Kamelen und vom letzten Rabari-Dorf in Kutch, das noch im traditionellen Stil erbaut war. Allerdings nicht sofort. Man hatte mir erzählt, die Leute aus jenem Dorf seien mißtrauisch gegenüber Fremden. Deshalb wollte ich selber erst einmal vierzehn Tage mit Dr. Rama Krishna dort wohnen, damit die Einwohner mich kennenlernten und begriffen, was ich von ihnen wollte. Ich wollte sie auf die um einiges dramatischere Ankunft des Fotografen vorbereiten.

8

Bhopavand (der Ort der Priester oder Medien) bestand aus etwa fünfhundert runden, beigefarbenen, weiß verzierten Häusern. Die Dächer waren spitze Kegel aus grauem Stroh, so daß das Dorf von weitem wie ein dichter Haufen schlanker Pilze wirkte. Auch etwas Festungsartiges hatte dieser Ort, doch sobald man ihn betrat, tat er sich auf, und man sah, wie lebendig er war. Die Hütten gingen quasi ineinander über, durch Terrassen und Stege miteinander verbunden. Männer in Weiß und Frauen in Schwarz gingen in die Häuser hinein oder traten heraus. Die kleinen ovalen Türen und Fenster wiesen jene leichte Schiefheit auf, die dem Auge so angenehm ist: Alles hier war durch menschlicher Hände Arbeit aus Erde, Holz, Stroh, Dung oder Stein geformt.

Doch hinter jeder dieser kahlen Außenmauern verbargen sich Märchenwelten, Reiche der Phantasie: runde weiße Paläste mit maurischen Schränken, aus Lehmputz geformt, mit Spiegeln, Hinterglasmalerei und Flitter eingelegt, mit Glühbirnen umrahmt. Weiße, rot oder blau eingefaßte Steppdecken stapelten sich an den Wänden, Messingtöpfe schimmerten in der Dunkelheit, die nur von den Lichtmustern eines oder zweier Fenster durchbrochen wurde. Hier und da säumte ein Streifen blaßblauer oder rosafarbener Tünche die Nische, in der die Götter hausten.

Das Dorf kauerte an einer Küstenlinie, als habe es einen Endpunkt erreicht, als ginge es hier nicht mehr weiter. Hinter ihm erstreckte sich eine rätselhafte Landschaft, Sandinseln und Wattebenen, über die das Meer so rasch und unmerklich hinglitt, daß man erschauerte. Das Wasser war hellbraun und undurchsichtig. Ein, zwei Meilen vom Ort entfernt bezeichnete eine Schaumlinie den Strand, auf dem impressionistische Striche Reisig- und Rupfenhütten andeuteten. Ein Kamelkarren bewegte sich knarrend über das Watt und lieferte Trommeln voller Wasser an die moslemischen Fischer, die dort kampierten. Diese Verbindung von Land und See besaß etwas Verlassenes und eine Weite, in der einem, wie um sie auszufüllen, das Herz anschwoll.

Bhopavand hatte seit Jahrhunderten am Meeresrand gekauert, und schon bald wird es für immer dem Vergessen anheimfallen, was womöglich die Irritierbarkeit seiner Bewohner erklärt. Es sind Kamelzüchter, die einmal recht wohlhabend waren. Ihre Gottheit, eine gewisse Vankul Mata ji, reitet auf einem Kamel, jenem Tier, das sie ihnen als spezielles Erbe vermachte. Auch wenn sich mit den Herden nicht mehr viel Gewinn erzielen läßt, so können sie dennoch die Lebensweise, die sie seit ihren Anfängen ernährt und die einen wesentlichen Bestandteil ihrer Identität ausmacht, nicht einfach aufgeben. Sie können Mata ji nicht verraten.

So ganz habe ich die religiösen Überzeugungen der Rabari nie durchschaut, aber ich wußte, daß sie (bei all den volkstümlichen Scherzen über ihre Unkenntnis der Zeremonien, trotz der lokalen Unterschiede in ihren Glaubensüberzeugungen und -praktiken und obgleich das Wort Rabari als «einer, der außerhalb von Brauch und Sitte lebt» gedeutet werden kann) dennoch eine Kaste waren, der man nachrühmt, sie habe viele Asketen hervorgebracht. Weshalb das so ist, das weiß ich nicht, aber ich vermute, daß man in der Einsamkeit des Hirtenlebens einen Hang zu theologischer Spekulation und Mystik entwickelt. Zwar mag man draußen auf der Dang kaum Zugang zu rituellen Einrichtungen – Tempeln, religiösen Fachleuten, Glaubensvermittlern – haben, aber das heißt ja nicht, daß der Glaube der Nomaden schwächer wäre. Die Götter sind immer anwesend, und die Anhänglichkeit der Rabari ist stark, wenn auch der Dialog mit jenen Gottheiten in Wanderperioden zwangsläufig ein innerer sein muß.

Diese Gemeinschaft nun war ungewöhnlich in dem Sinne, daß die Hauptgottheit offiziell und kollektiv verehrt wurde und diese Verehrung in ein komplexes System von Riten eingebettet war. Neben dem Kamel hatte Mata ji ihrem Volk eine einzigartige spirituelle Überlegenheit vermacht, und alle Männer des Dorfes erbten den Titel eines Bhopa. Im Gegenzug verlangte sie von ihnen die strikte Befolgung der Rituale, einen angemessenen Ort der Verehrung, Opfergaben etc.

Man könnte wohl sagen, die Rabari von Bhopavand waren auf untypische Weise orthodox. Ihre Mata ji schien eine recht unversöhnliche Ausgabe dieser Göttin zu sein, die ihren Verehrern nicht nur verbot, in anderen als den traditionellen Materialien zu bauen, sondern auch die Verwendung von Kerosin untersagte, von Elektrizität ganz zu schweigen. In letzter Zeit aber war sie ein wenig nachlässiger geworden, womöglich, weil sie es für gescheiter hielt, sich der modernen Welt zu beugen, als ihr am Ende völlig zum Opfer zu fallen.

Am Tag meiner Ankunft feierte Bhopavand die Eröffnung seines ersten Betontempels, der wie eine italienische Hochzeitstorte inmitten der graugelben Häuser prangte. Die Erlaubnis für diesen

Traditionsbruch erteilte Mata ji auf folgende Weise. Ihre Bhopas banden eine Ziege vor dem alten Tempel fest, der wie alle anderen Häuser einem Pilz glich. Dann strichen sie der Ziege abwechselnd von unten nach oben und von oben nach unten übers Fell, wobei sie in Trance gerieten und Mata ji befragten, ob sie mit Mörtel und Ziegeln bauen dürften. Falls die Ziege daraufhin erschauerte (und welche Ziege hätte das nicht getan), so war die Antwort positiv. Jedenfalls aber hätte man eine Ziege, die da nicht mitspielen wollte, durch eine andere ersetzt.

Rings um den Tempel flatterten Fahnen und Wimpel, und Besucher aus dem Umkreis mehrerer Meilen drängten sich um die Stände oder wurden unter einem gewaltigen Zeltdach bewirtet. Prächtig gekleidete Rabari-Männer teilten auf Thalis Essen aus: Dal, harte Nudeln, irgendwelche klebrigen Süßigkeiten, alles mit reichlich salzigem Staub überpudert. Danach erledigten wiederum Männer in der Nähe des Wassertankwagens, den die Regierung wegen der Abgelegenheit des Dorfbrunnens für diesen Tag gestiftet hatte, den Abwasch. Hinter ihnen befanden sich die Freiluftküche: Riesenkessel aus vernietetem Eisen, die über Feuergruben blubberten.

Ich wunderte mich, daß sie sich eine so große Feier leisten konnten. Worauf mir der Doktor erzählte, daß derjenige, der die Tür zum Allerheiligsten des Tempels zum ersten Mal aufgestoßen hatte, neuntausendsechshundert Rupien für dieses Privileg gezahlt habe. Ein anderer habe fünftausend Rupien berappt, um die Fahne auf dem Tempeldach hissen zu dürfen.

Nachdem Mata ji nun ihr Einverständnis signalisiert hat, wird der in Form von Elektrizität, Wasserpumpen und Ytong-Häusern einziehende Fortschritt Bhopavand ein völlig neues Gesicht geben. Wer kann vorhersagen, ob dies letztlich von Vorteil oder von Übel sein wird? Mit Sicherheit aber läßt sich behaupten, daß das Einzigartige dem Homogenen weichen muß, ein Prozeß, der charakteristisch ist für unsere Zeit und der mich traurig stimmt.

Den ganzen Morgen wartete Dr. Rama Krishna mit mir und stellte mich auch dem Menschen vor, der mein «Verbindungsmann» sein sollte, gleichsam ein neuer Stabsoffizier, dessen Aufgabe es sein würde, den Leuten von Bhopavand den Grund meines Hierseins zu erklären. Als sie gingen, stellten Koju und ich eine Viertelmeile vom Dorf entfernt unser Zelt auf. Erst später sollten wir entdecken, daß wir in der Nähe des Tierfriedhofs kampierten, den Nacht für Nacht die Hunde heimsuchten, um dort bis zum Morgengrauen heulend herumzustöbern.

Am Nachmittag begaben wir uns zur Begräbnisstätte, um einer Beerdigung beizuwohnen. (Die hiesigen Rabari begruben ihre Toten wie die Moslems.) Dabei versammeletn sich die Frauen wie eine lärmende Schar von Saatkrähen auf einer Seite, die Männer auf der anderen. Bunte Fahnen flatterten in der heftigen Meeresbrise. Trommeln wurden geschlagen. In den vorderen Reihen waren schon einige Männer in Erwartung der Göttin, die gleich von ihnen Besitz ergreifen würde, in Trance gefallen. Sie zitterten, sprangen dann plötzlich wieder auf und tanzten, wobei sie mit dicken Lederriemen auf sich einpeitschten, allerdings nur ein paar Sekunden lang, bis andere Männer die Tänzer sanft von hinten umfaßten und ihnen zur Verhütung ernsthafterer Verletzungen die Riemen entwanden. Man konnte nicht umhin, sie für diese Vertrautheit mit der Gottheit ein wenig zu beneiden. Ich hatte die älteren Männer und Frauen gefragt, ob ich ein paar Fotos machen dürfe, womit sie sich bereitwillig einverstanden erklärten. (Zwar hasse ich es, in solchen Situationen zu fotografieren, doch da Dilip nicht da war, fühlte ich mich dazu verpflichtet.) Als ich dann aber meine Kamera zückte, brüllte ein Mann, ich solle verschwinden. Beschämt und verstört wich ich in die Menge zurück. Ein anderer Rabari, der aus einem abgelegenen Dorf kam und ein paar Brocken Englisch sprach, meinte: «Sind Dschungelmenschen. Wilde. Machen immer Problem.»

Bei meiner ersten Probe-Exkursion nach Bhopavand wurde ich von den Kindern empfangen, einer Bande aufgedrehter kleiner Teufel, die sich nur im Kreischton unterhalten konnten. Ich ließ mir ihre Neckereien gefallen. Anführer der Horde war ein gewisser Seru. In einer anderen Kultur hätte man ihn als hyperaktiv bezeichnet – oder vielleicht als Wunderknaben. Als ihm das Geplärr seiner Bande zuviel wurde, hob er die Hand und machte ein zorniges Gesicht. Sofort erstarb das Gelächter, und alle warteten gespannt. Er zog mich neben sich und begann einen Rhythmus zu spielen. Dabei trommelte er mit den Fingern auf seine aufgeblasenen Backen, schnalzte synkopierend mit der Zunge und verdrehte die Augen. Ich sollte es ihm nachmachen. Das erforderte großes Geschick, doch all die Jahre am Klavier erwiesen sich für mich nun doch als hilfreich. Die kleinen Ungeheuer wollten sich schier totlachen.

Junge Frauen traten hinzu und stimmten ein, alle trommelten mit den Fingern auf die Backen und schnalzten mit der Zunge. Mir fiel auf, daß die Frauen und Kinder permanent in Bewegung waren. Es war, als stünden sie unter Strom. Obgleich sie mit Karbunkeln und Furunkeln übersät waren. Zweifellos hatten sie geschuftet, seit sie laufen konnten, und waren den hohen Energieausstoß gewohnt. Sie fragten mich, wo mein Mann sei, indem sie einen imaginären Schnurrbart zwirbelten, mich fragend anblickten und die Hand zur Seite rissen, als wollten sie sagen: wo? Oder: was? Dann deuteten sie auf mein Lager. Ich begriff, daß sie Koju entweder für meinen Mann hielten oder, wenn nicht Mann, zumindest glaubten, daß ich Dinge von moralisch zweifelhafter Natur mit dem hübschen jungen Rajput trieb. Ältere Frauen kamen vorbei und starrten mich verdrießlich an. Oder bildete ich mir das nur ein? Als ich zum Lager zurückwanderte, kam ich an einer alten Dame vorüber, die die Terrasse vor ihrem Haus neu aufwarf – feuchte Erde, Dung und Wasser, die sie mit den Händen glättete und formte. Sie näherte sich mir und zeigte mir ihre Hände. Sie waren rauh und vereitert. Sie bat mich um Medizin, und ich nahm sie mit zu meinem Zelt, um ihr antibiotisches Pulver zu geben und sie von da an Tag für Tag zu verarzten. Offiziell heilte Mata ji zwar jedes Gebrechen, aber vielleicht konnten ja westliche Medikamente den Prozeß beschleunigen?

Ich wartete ein paar Tage ab und wußte nicht recht, wie ich die widersprüchlichen Signale einschätzen sollte. Manche Leute wünschten, daß ich sie besuchte, und waren sehr freundlich. Andere warfen mir schneidende Blicke zu. Wie immer behandelte man mich mit großer Zuvorkommenheit, doch unterschwellig spürte ich eine merkwürdige Spannung. Das ganze Dorf verschanzte sich vor mir. Ich lud einige der Ladys zum Tee in mein Camp, aber nicht eine einzige erschien.

Das Leben kann ganz schön trist werden, wenn man bei hundertzehn Grad Fahrenheit neben einem Zelt auf der braunen, flachen, von Horizont zu Horizont reichenden Erde hockt und darüber nachdenkt, was andere Leute an ihrem einundvierzigsten Geburtstag so machen. Koju und ich beschlossen daher, durch den Schlamm zu waten und die moslemischen Fischer am Strand zu besuchen. Wir wollten versuchen, ein Boot bei ihnen zu mieten, um den Kanal zu überqueren und auf der anderen Seite nach den Kamelherden Ausschau zu halten, die, wie wir gehört hatten, auf dem Nachhauseweg bald diesen Kanal durchschwimmen würden.

Die Fischer lebten jeweils sechs Monate lang in ihrem fünfzig Kilometer entfernten Heimatdorf. Den Rest des Jahres hausten sie hier unter diesen windigen Schutzhütten im Schatten eines verkümmerten, fast kahlen Baumes. Den ganzen Tag brachten die Männer auf ihren schweren Holzbooten zu, warfen die Netze aus oder fingen kleine Hummer, die sie für viel Geld nach Amerika verkauften. Ein halbes Dutzend Frauen und etwa ein Dutzend Kinder blieben am Strand zurück, salzten und trockneten den Fisch auf stinkenden Gestellen und verpackten ihn dann in Kisten, die sie nach Bombay schickten. Sie hatten weder Süßwasser zum Waschen (jeder gelieferte Kanister kostete zehn Rupien) noch Gemüse, nur das, was das Meer hergab, sowie die Milch zweier Ziegen. Was die Boote anging, so war es ein Rätsel, wie sie draußen auf See bestehen konnten. Der etwa fünfhundert Meter breite Kanal war zwar ruhig und spiegelglatt, doch als wir uns dem anderen Ufer näherten, gab es einen leichten Wellengang. Das Boot schwankte heftig. Koju klammerte sich an den Mast und wirkte äußerst unseemännisch. Als wir ausstiegen, versanken wir fast bis zur Hüfte im Schlamm. Danach stapften wir mehrere Kilometer durch den Morast und suchten die uns umgebende flirrende Weite nach Kamelsilhouetten ab. Koju war mir einige hundert Meter voraus, seine Gestalt wurde immer schmaler, bis sie sich zuletzt im Licht auflöste.

Als wir wieder zurückkamen, hatten die Frauen der Fischer Mut gefaßt und baten uns zum Tee. Wie sehr sie sich doch von ihren Rabari-Nachbarn unterschieden! Sie legten eine Fröhlichkeit und Extravertiertheit an den Tag, die die Härte ihrer Lebensumstände Lügen strafte. Die Jungen gruben ein paar Krebse für mich aus. Ich schenkte einem kleinen Mädchen einundsiebzig Rupien. Danach besuchte ich sie fast jeden Tag, weniger um der Krebse als um ihrer Gesellschaft willen.

Am fünften Tag fuhr Koju zum Auffüllen unserer Wasservorräte zum Brunnen, der einige Kilometer entfernt lag. Es war früher Morgen. Die Salzpfanne erstreckte sich über einen Winkel von hundertfünfzig Grad bis zu den Wolken am Horizont; der verbleibende Winkel wurde von einer Palmenreihe und den Kegelhäusern des Dorfes eingenommen. Eine Gestalt in flatterndem schwarzen Gewand tauchte auf und verschwand wieder. Winzige Vögel rannten durch das Sumpfgras. In den Pausen zwischen dem Hinausfahren des Landwindes und dem Hereinkommen der Meeresbrise hielt die Erde den Atem an. Allmählich entstanden die Trugbilder des Tages und erzeugten den Eindruck, als sei das backofenheiße Zelt von kühlem Wasser umgeben. Eine Ziegenherde erschien, überquerte die Ebene, steuerte kleine Salzgrasinseln an – eine optische Täuschung in der flirrenden Hitze. All die Tausende von Beinen, als seien es die Beine einer einzigen Kreatur, eines monströsen Tausendfüßlers, dem ein einsamer Hirte folgte.

Vom Dorf her erscholl plötzlich Lärm. Ich drehte mich um und erblickte etwa zweihundert Frauen, die auf mich zukamen. Ich stand auf, um sie zu begrüßen, und fragte mich, wie ich diese Massen mit Tee versorgen sollte. Zunächst ging alles gut. Doch schon bald schlug die Begeisterung in etwas anderes, Unerfreuliches um. Die Kinder steigerten sich in eine Art Hysterie hinein, die immer schlimmer wurde und auf die Frauen übergriff. Sie begannen, meine Habseligkeiten zu durchsuchen, nach meinen Sachen zu grapschen, und als ich versuchte, sie davon abzubringen, erkannte ich, daß jedes Eingreifen meinerseits ihre Raserei nur noch steigern würde. Ich stand mit verschränkten Armen vor dem Zelt und starrte entschlossen auf den Horizont. Nicht daß ich Angst gehabt hätte, Angst war das nicht, aber es war schon sehr verunsichernd, mit einer solchen Massenhysterie konfrontiert zu sein, angesichts deren ich völlig machtlos war. Die alte Dame, deren entzündete Hand ich verarztet hatte, versuchte die Frauen zu beschwichtigen, doch ohne Erfolg. Schließlich tauchte der Jeep aus einer Staubwolke auf, und die Frauen und Kinder flüchteten schreiend hinter die stummen Mauern des Dorfs.

Lieber Koju. Er warf nur einen Blick auf mich und wußte, was zu tun war: Er reparierte das Radio, schaltete die englischen Nachrichten an, meinte, er werde ihnen rotes Chilipulver ins Gesicht schleudern, wenn sie noch einmal kommen sollten, und seufzte: «In der Nacht die Hunde, am Tag die Kinder.» Er habe diese Leute ja nie leiden können, sagte er, um aber gleich mit philosophischem Achselzucken hinzuzusetzen: «*Dusare desh, dusare loog*» («Andere Länder, andere Sitten»). Ich nahm den Tee mit zitternden Händen entgegen, und bald lachten wir wieder.

Am nächsten Morgen beschloß ich, erneut ins Dorf zu gehen – nach dem Prinzip, wenn man vom Pferd stürzt, steigt man eben wieder auf. Außerdem hatte ich ja der alten Dame versprochen, ihr die Medizin zu bringen. Die Kinder – hundert, wenn nicht noch mehr – erwarteten mich schon, und diesmal grapschten sie nach meinen Kleidern und meiner Tasche, kniffen mich in alle möglichen Körperteile und riefen: «*Boopin! Boopin!*» (so nämlich hatten sie meinen Namen verstanden). Angstschauder jagten mir über den Rücken. Dies war die hechelnde Meute, und meine Furcht vor ihr war etwas Atavistisches und Tiefsitzendes. Ich gab mich unbekümmert und schlenderte langsam auf einige Hütten zu, in denen man mich früher freundlich aufgenommen hatte. Als die ersten Kieselsteine flogen, zog mich eine Frau in ein Haus hinein. Dort wartete ich, während Kinder und Frauen sich vor dem Eingang drängelten und die Frischluftzufuhr blockierten, so daß wir, die wir uns im Haus befanden, kaum noch atmen konnten. Doch die wunderbare Person, die mich gerettet hatte, bewahrte Gelassenheit. Ruhig sprach sie auf die vor der Tür Stehenden ein, erklärte, wer ich war, was ich hier wollte und daß ich nicht ihr Feind sei. Daraufhin stellten sich ein paar alte Frauen an die Spitze des Haufens und redeten abwechselnd beruhigend und dann wieder halbherzig tadelnd auf die Kinder ein. Meine Beschützer entschuldigten sich sehr bekümmert, doch es war klar, daß ein längerer Aufenthalt in Bhopavand weder sinnvoll noch klug wäre. Später erfuhr ich, daß man mich für eine Spionin der Regierung gehalten hatte.

All jenen, die romantische Auffassungen vom Reisen hegen oder die sich, voller Sehnsucht nach der davon erhofften Freiheit, wünschen, auch sie könnten alte Jobs, Ehemänner, Verantwortlichkeiten abschütteln und wildere Breiten ansteuern, in denen – wie sie glauben – sowohl das Leben als auch sie selbst ganz anders, das heißt, besser wären; all jenen, die nicht begriffen haben, daß man sein Ich wie einen alten schweren Koffer stets mit sich schleppt, die Reisen *nicht* als eine Art von Suche sehen, eine Möglichkeit, seine Neugier zu befriedigen, oder eine Methode, die Welt besser zu verstehen, sondern es als eine Flucht aus der Banalität betrachten, habe ich folgendes zu sagen:

Wenn ihr so müde, frustriert und verdreckt seid, daß ihr am liebsten heulen würdet, aber nicht könnt, weil man euch beobachtet; wenn ihr eure Periode kriegt und Schmerzen habt, sie aber nicht zeigen dürft; wenn ihr nicht wißt, was eigentlich vorgeht, weil ihr die Sprache nicht beherrscht, aber spürt, daß etwas falsch läuft; wenn ihr zwanzig verschiedene Dinge gleichzeitig einkalkulieren müßt und euch nicht sicher seid, ob ihr auch nur bei einer Sache richtig liegt; wenn ihr unter Menschen seid, die euch mißtrauen, Angst vor euch haben oder euch hassen, weil ihr etwas Böses für sie verkörpert; wenn ihr euch nicht verständlich machen könnt; wenn Hunderte von schreienden Kindern euch bedrängen, an Haaren und Kleidern zerren oder euch mit Steinen bewerfen; wenn euch die ganze Menschheit so zum Hals heraushängt, daß ihr am liebsten jeden, den ihr seht, einschließlich euch selbst, über den Haufen schießen würdet; wenn die Dorfhunde heulend und geifernd auf euch zupreschen und ihr dann, wenn ihr schließlich wieder am Zelt angekommen seid, um eine Tasse Tee zu trinken, feststellen müßt, daß die Milch zu Joghurt gestockt ist; wenn es weder jemanden gibt, mit dem man sich vernünftig unterhalten kann, noch Aussicht besteht, daß sich dies in den nächsten Monaten ändern wird; wenn man merkt, wie weit entfernt die Orte und die Menschen sind, die man versteht und von denen man verstanden wird; wenn deine helle Haut, die schon unter der schwachen Sonne des Nordens errötet, von Sonne und Salz zu Keramik gebrannt worden ist, so daß du aufhören mußt, an den Krebs zu denken, den du mit Sicherheit bekommst, ganz zu schweigen von all den Jahren, um die sie deinen Teint altern läßt; wenn die kleinen Biester, die sich in deinem Magen eingenistet haben, dir Krämpfe verursachen und du hinter eine Düne rennen mußt, obwohl es ringsum vor Zuschauern nur so wimmelt; und wenn dir die Gründe für das, was du da tust, derart unklar geworden sind, daß du alles nur noch als mechanischen Leerlauf empfindest, der alle moralischen Werte vernichtet und aus dem du dich wegen deines überentwickelten Verantwortungssinns (oder vielleicht auch, weil dir der Mut fehlt), dennoch nicht befreist, etwa, indem du den Artikel für eine Zeitschrift absagst; wenn du alle Tiefen der Banalität ausgelotet hast, dann beginnst du dich allmählich zu fragen, ob es das alles wert ist.

Genauer gesagt, *was* überhaupt es wert ist, solche Entbehrungen auf sich zu nehmen?

Augenblicke. Du gehst vielleicht einen Strand entlang, der keinerlei Fußspuren trägt. Ein kleines Mädchen ist bei dir, die Tochter eines Fischers, und hält deine Hand. In der Ferne am Ufer siehst du Umrisse, glaubst, etwas wiederzuerkennen, das du auf Bildern schon einmal gesehen hast. Du atmest ein, gerade laut genug, damit das Mädchen dich fragend anblickt, und du deutest hin, und es nickt, und gemeinsam wandert ihr ins blendende Licht. Und da siehst du sie dann, zum ersten Mal in deinem Leben. Aber sie sind ja gar nicht rosa, rufst du und läufst auf sie zu. Auch ihr Schritt beschleunigt sich – lange Scharnierbeine, durch den flirrenden Glast noch verlängert. Bis auf etwa zehn Meter kommst du heran, ehe sie die langsam schreitenden Insektenbeine langsam vom Sand erheben und in flamingoroter Pracht davonschweben.

Es ist nicht das gleiche, wie wenn man sie im Zoo sieht.

Oder du stapfst durch den Schlamm, der dir bis zur Hüfte

reicht, und lachst deinem Freund Koju zu, der das Meer noch nie gesehen hat und mit einer Muschel auf dem Kopf für die Kamera posiert. Und dann sitzt du auf dem Sandboden eines Zelts, gemeinsam mit den Fischern, die dich mit so vielen scharfen frischen Krebsen vollstopfen, wie du nur essen kannst, dich mit winzigen Curry-Fischen, Tee und ihrer Gesellschaft verwöhnen, und du verschlingst fünf Krebse, ehe die schiere Verlegenheit dich zum Aufhören zwingt. Und die Dame des Hauses umarmt dich lachend und führt dich zum Meer, damit du dir das Gesicht wäschst.

Es ist nicht dasselbe, als äße man im Restaurant.

Oder du bist durch eine Sandwüste gewandert. In der Stille, im gleichförmigen Rhythmus des Gehens bist du ins Träumen geraten, und es kommt dir vor, als gingest du hinter dir selber her und sähest dir beim Betrachten der Wirklichkeit zu. Das Wasser, das wellige Muster in den Sand zeichnet, hebt dir einen Gedanken ins Bewußtsein, der einen Abglanz dieses Musters enthält. Welches ist die Kraft, die die Materie in immer kompliziertere und immer unwahrscheinlichere Formen hineintreibt? Warum tut sie das, und warum bist du hier, um es zu beobachten? Was du siehst, ist so erstaunlich, daß du Dankbarkeit empfindest, einfach dankbar bist, zu leben und Sinne zu besitzen, mit denen du das Geschehende wahrnehmen kannst, obgleich all das Sehen, Hören, Riechen, Berühren und Staunen im Handumdrehen enden muß. Und dann spült es einen anderen Gedanken nach oben, und du erkennst, wie stimmig das alles ist, wie richtig, daß du selber Form innerhalb einer unendlichen Kette von Formen bist, Form, die sich aus Materie gebildet hat und wieder zur Materie zurückkehrt, so daß das Vorher und Nachher seine Bedeutung und seinen Schrecken verlieren und sich die Seele für den kurzen Augenblick, in der sich der Lichtstrahl auf der Welle bricht, mit allem, das je war und sein wird, verbunden fühlen kann. Etwas Beständiges bildet sich wieder in dir und verankert dich fest im Leben.

Ich kehrte nach Bhuj und ins Prince Hotel zurück, um meine Wunden zu lecken. Zwei Tage blieben mir dafür, und konnte man die besser verbringen, als im Bett zu liegen, Videos zu gucken, zu lesen, zu schlafen und Chicken Tikka Masala zu essen? Auf der Suche nach dem Video-Shop wanderte ich durch die Gassen von Bhuj. Ich fand ihn auch und kaufte mir sechs Kassetten. Ins Hotel zurückgekehrt, mußte ich aber feststellen, daß jede einzelne so stark beschädigt war, daß nur eine zerkratzte graue Fläche auf dem Bildschirm erschien, über die hin und wieder menschenähnliche Schemen huschten. Der Ton erinnerte an einen Teich voller quakender Kröten. Ich ging zurück, um eine Vergütung zu verlangen oder aber Kassetten, auf denen sich tatsächlich Videofilme befanden.

«Aber Sie haben sie doch schon gekauft, Madam.»

«Ja, das weiß ich, aber ich bringe sie zurück, weil man sie nicht anschauen kann. Und ich will mein Geld wiederhaben, weil ich es schließlich bezahlt habe, um mir Kassetten anzugucken, auf denen was drauf ist, und nicht für solche, auf denen man nichts erkennen kann.»

Der Mann hinter dem Ladentisch sah mich an, als müsse er unter der Last der Sorgen, die ich ihm eben aufgebürdet hatte, zusammenbrechen. Er zog den Zettel heraus, den ich kurz zuvor unterschrieben hatte. Würde sich Madam vielleicht diesen Zettel anschauen, damit sie begriff, daß da gar nichts zu machen war? Im nachhinein ist mir schleierhaft, warum – nachdem doch der ganze Alltag aus derartigen Vorfällen bestand – gerade *ein* solcher Vorfall eine so bestürzende Wut auslösen sollte.

«Es stimmt zwar, daß die Videos leer sind, Madam, aber sehen Sie mal, das geht mich überhaupt nichts an. Ich bin nicht der Eigentümer.»

«Kann ich dann bitte den Eigentümer sprechen.»

«Ja, aber er ist nicht da.»

«Wo ist er?»

«Er lebt in Bombay, Madam.»

Es ging mir nicht ums Geld; mir war an der Logik gelegen. Ich spürte, wie mir auf geradezu blödsinnige Weise das Kinn zu zittern begann. Ich erhob die Stimme. Seine Züge nahmen jene Gelassenheit an, der weder mit Flehen noch mit Raserei beizukommen ist. Er hatte sich innerlich abgewandt. Geschlagen verließ ich den

Laden und beobachtete durchs Fenster, wie er die Videos für den nächsten Kunden wieder ins Regal stellte.

Mit der Verstärkung einiger Freunde aus Dr. Rama Krishnas Abteilung kehrte ich ins Dorf zurück, entschuldigte mich für all die früheren Mißverständnisse und legte erneut meine Position dar. Und plötzlich schien ich der beliebteste Mensch von ganz Bhopavand zu sein. Überall wurde mir Tee aufgedrängt, von allen Seiten kamen die Entschuldigungen, die wohl leider eher mit Angst vor Strafe (wegen der Steinigung) als mit irgendwelcher echter Zuneigung zu tun hatte. Dennoch einigten wir uns darauf, daß mein Fotograf die durch den Kanal schwimmenden Kamele fotografieren durfte.

Ich schlug mein Zelt auf der nahe gelegenen Farm eines Rabari auf, der zwar sein Haus in Bhopavand behalten hatte, es aber vorzog, außerhalb der dort geltenden Beschränkungen zu leben. Schon vor Sonnenaufgang begann er sein Tagwerk, das er erst nach Einbruch der Dunkelheit beendete – was auch für den Rest seiner Familie galt –, und alle Gewinne wurden in die Abzahlung des Darlehens für das erworbene Land gesteckt. Ob ich ihm nicht vielleicht einen Job in Kuwait oder Saudi-Arabien vermitteln könne, fragte er mich. Ich versprach ihm, es zu versuchen.

Dilips betrachtete die mürrischen Bürger von Bhopavand in erster Linie als bestechlich, und selbstverständlich hatte er recht. Er zückte die Geldbörse, und man legte ihm die Welt zu Füßen. Hoch zu Kamel brachte man uns zu den Fotoaufnahmen. Als sie beendet und alle anderen ins Dorf zurückgekehrt waren, gab ich dem kleinen Jungen, der mein Kamel führte, ein Zeichen. Er grinste, schwang sich hinter mir auf den Rücken des Tiers, und im Galopp preschten wir über die Ebene. Das ganze Dorf erwartete uns mit Mienen, die ungefähr folgendes besagten: «Wenn sie so auf einem Kamel reiten kann, dann ist sie wohl doch nicht so übel.» Und Seru, der Anführer der Meute, jener, der als erster Kontakt mit mir aufgenommen, aber auch den ersten Stein aufgehoben hatte, machte eine so sarkastische Verbeugung, daß ich sie nur lachend erwidern konnte.

Nach Dilips Abreise machte ich mich auf die Suche nach Pala

bhai. Im Dorf, in dem er sich angeblich aufhielt, zeigte man mir schon bei der Begrüßung die kalte Schulter. Die Männer wußten nicht, wo Pala bhai war. Hatten, wie es schien, noch nie von ihm gehört. Die Frauen begannen sich um mich zu scharen. Eine dicke, verdrießliche taxierte mich und erklärte: «Sie wird es nie schaffen.» Erhob sich mit verächtlicher Miene und stolzierte, ihre Anhängerinnen im Schlepptau, davon. Die alten Frauen, die, als sie mich so gedemütigt sahen, Mitleid mit mir empfanden, waren nie bis ans Ende der Welt gereist wie die Dicke und beugten sich daher ihrer Autorität. Normalerweise wanderte man nur in der näheren Umgebung, wenn auch einige Dangs bei kargen Regenfällen über die Grenzen Gujarats hinauszogen. Aber in einem besonders schlechten Jahr hatten viele Gujarat gänzlich den Rücken gekehrt, waren weit nach Madhya Pradesh hineingewandert und kamen wie diese Frau nur noch zu Feierlichkeiten, Zeremonien und ihrer kulturellen Bande wegen zurück. Die dicke Frau war seit drei Jahren «fort». Während ihrer Abwesenheit hatte sie ein wenig Hindi gelernt und sich eine gewisse «Weltläufigkeit» angeeignet, was sich in diesen Zeiten mit «rüdem, abweisendem Benehmen» übersetzen ließ.

Zwei ihrer Gefolgsfrauen kamen zurück und erklärten, den Instruktionen ihrer Führerin gemäß:

«Wir nehmen sie mit, wenn sie sich in schwarze Wolle kleidet wie wir.»

«Wir nehmen sie mit, wenn sie sich tätowieren läßt – und zwar an Hals, Gesicht, Händen und Beinen.»

«Wenn sie sich die Ohren durchstechen läßt.»

«Wenn sie abgestandenes Wasser trinken kann, auch wenn es schon grün und schwarz ist.»

«Wenn sie tagelang ohne Wasser auskommt und von Schaf- und Kamelmilch leben kann.»

«Wenn sie auch mit blutenden Blasen noch gehen kann.»

Eine Alte mit schiefsitzender Kieselglasbrille gebot der Verhöhnung Einhalt, berührte meine Hand und sprach: «Du siehst, wir können dich nicht mitnehmen; es ist zu hart und gefährlich für dich. Außerdem würden andere glauben, daß wir dich entführt haben.»

Palas Dang war mit meinem Geld, aber ohne mich davongezogen. Den Exodus der Baabaraner in Rajasthan hatte ich ebenfalls verpaßt. Ich rief Narendra an und schluchzte ins Telefon. Doch als ich dann wieder auflegte, hüpfte ich im Hotelzimmer herum und schrie Yippieee und Hurra. Die Tür meines Verlieses, in dem ich nun seit einem Jahr lebte, hatte sich plötzlich aufgetan. Ich würde einen langen Brief an die Herausgeber schreiben, mich für meine Unfähigkeit, das Gewünschte zu liefern, entschuldigen, das verbliebene Geld zurückgeben und mir die Freiheit nehmen, dieses Unternehmen auf meine Weise durchzuziehen: in meinem eigenen Tempo, mit wenig Geld und ohne den Druck, Fotos oder eine bestimmte Story abliefern zu müssen. Ich würde ein Jahr hier verbringen, die Sprache erlernen, mit den Leuten zusammenleben und mein Buch schreiben.

Aber ich packte es einfach nicht, denn stärker als die Erleichterung erwiesen sich meine unterschwelligen, protestantischen Schuldgefühle.

Zwei Tage später traf mein wunderbarer Narendra ein. Kam direkt aus dem fünfhundert Meilen entfernten Jodhpur hierhergebraust.

Wir fuhren wieder zu Rangka bhai, dem ersten Kutchi Rabari, den Dr. Rama Krishna mir vorgestellt und der mir so gut gefallen hatte. Sein Onkel Phagu war drei Tage zuvor mit seiner Dang aufgebrochen. Er, Rangka, würde sofort mit dem Doktor und Narendra hinfahren, um mit ihnen zu verhandeln. In der Zwischenzeit sollte ich bei Rangkas Frau Jasu bleiben – ein Vorschlag, der ganz offensichtlich als Test gedacht war. Denn hinsichtlich meiner Eignung oder Nichteignung für die Wanderung würde wohl sie das letzte Wort haben.

Wir drängten uns im Schatten eines dürren Bäumchens: Jasu, ihre Schwägerin und mehrere Zicklein, die sich in meine Arme schmiegten. Mein Kopf lag auf dem Bauch der jungen Frau; Jasu schnarchte. Als sie erwachte, zog sie einen Spiegel aus ihrer Bluse und tupfte zunächst sich selber und dann mir Khol auf die Lider. Über die wichtigen Dinge konnten wir uns also schon mal verständigen: Kleider und Make-up. Hatte ich vielleicht zufällig Nagellack dabei? Man hatte mir erzählt, daß die Rabari «in geschlechtlichen Dingen sehr naiv» seien, weswegen sie so wenige Kinder hätten. Als ich die beiden fragte, warum ihre Familien kleiner seien als die anderer Dörfler, meinten sie, das müsse wohl Gottes Strafe dafür sein, daß sie die Gebote nicht einhielten und Hammel äßen. Solche Antworten sind ganz typisch für die Rabari. Fremden gegenüber lügen sie das Blaue vom Himmel herunter, untereinander sind sie radikal ehrlich. Tatsächlich benutzen Rabarifrauen jede für sie erreichbare Verhütungsmethode; das wußte ich von den Ärzten und Krankenschwestern der hiesigen Spitäler.

Ich hatte Sprudel mitgebracht, doch beide Frauen spuckten das Zeug, das sie noch nie vorher probiert hatten, aus. Tee, bitte! Sie zogen ihre Handarbeiten aus den bunten Taschen und stellten mir, während sie stickten, Fragen. Die jüngere Frau zerkleinerte auf einer Dosenkante Spiegelplättchen für ihre Stickerei. Die Spiegel, erläuterte sie, dienten zur Abschreckung von Tigern. Aber es gebe doch gar keine Tiger in Kutch, wandte ich ein. Richtig, erwiderte sie, aber ihre Leute seien ja einst (vor achthundert Jahren etwa) aus Rajasthan eingewandert, und da gebe es welche.

Als die Männer zurückkehrten, schlug Jasu vor, ich solle ihnen für fünfhundert Rupien (fünfzig Rupien über dem Marktpreis) eine Ziege abkaufen, die sie dann von ihren moslemischen Freunden töten lassen würde. Sie selber wolle sie zubereiten, und alle sollten davon essen, um meine Aufnahme in die Familie zu feiern. Ich machte den Vorschlag, sie zum Teetrinken in die nächste Stadt einzuladen. Worauf sie in einer Art Pantomime vorführten, wie sie, meine Hand schwingend, durch die Straßen von Anjar stolzieren und vor den gewöhnlichen Sterblichen angeben würden, die keine solche «Angrez» besaßen. Ich hatte meine Prüfung bestanden.

Rangka brachte gute und schlechte Neuigkeiten. Ja, Phagu sei wohl bereit, mich mitzunehmen. Allerdings müsse ich selber ein Kamel samt Ausrüstung mitbringen, da sie keines in Reserve hätten. Koju und meine Freunde von der Behörde zogen los, um ein Kamel aufzutreiben, Narendra und ich kehrten zum Packen ins Hotel zurück. Alles, was ich für meine Reise benötigte, einschließlich zweier Kamele, befand sich in Jodhpur. Nun hieß es improvisieren.

Am Nachmittag war ein Kamel gefunden: ein junger Bulle, der irgendwelchen Juts gehörte. Wir gingen hin, um ihn uns anzusehen. Wie zu einem Menschen kann man auch zu einem Tier eine spontane Zu- oder Abneigung fassen. Ram Rahim war willig, brav, verträglich, biß nicht und verfolgte auch keine Menschen: Er war ein ganz gewöhnliches Kamel. Ich schwang mich auf seinen Rücken, absolvierte einen flotten Ritt in der Abendsonne und kam zu dem Schluß, daß er mir sehr gefiel.

Man würde ihn mit einem Laster zur Dang fahren müssen. Und auch ich mußte mich sputen, damit ich sie noch einholte. Es blieb keine Zeit mehr, mein Gepäck durchzugehen, das natürlich viel zu umfangreich war, und auch keine Zeit für größere Überlegungen. Phagu bhai hatte seine Lämmer mit Lastern über die Kleine Rann von Kutch befördert, eine weite, aus Salz- und Sumpfflächen bestehende Ebene, die einmal im Jahr vom Meer und von Regengüssen überschwemmt wurde. Da es dort kein Futter und folglich keinen Grund zum Anhalten gab, waren die Schäfer und Herden und die paar Frauen mit ihren Kamelen in einem Tempo von etwa dreißig Meilen pro Tag vorangekommen. Wir holten sie ein, als sie ihren Lagerplatz in einem Flußbett erreichten. Sofort baten sie mich, ein paar Meilen zurückzufahren, um drei Männer und ein paar Schafe aufzunehmen, die zu erschöpft waren und nicht mehr weiterkonnten. Die Männer hatten nichts zu essen.

Als ich bei ihnen ankam, wirkten die Schafe mehr tot als lebendig, und die Männer ähnelten hohlwangigen Gespenstern. Kaum waren wir wieder im Lager, da dämmerte es schon, und die Frauen trugen das Feuerholz, riesige Dornenbündel, auf ihren Köpfen herbei oder droschen die Reiser mit langen Stöcken, um die Dornen stumpf zu machen. Andere waren eine Meile zu einem Brunnen marschiert und kehrten mit jeweils drei großen Messingtöpfen auf den Köpfen zurück. Die Männer trieben die Schafe – fünfhundert Stück Vieh – zum Lager. Seit fünf Uhr früh hatten alle ununterbrochen gearbeitet. Dennoch übertönten ihr Gelächter und die gegenseitigen Begrüßungen das Geblöke der Schafe.

Jede Familie versammelte sich um die ein, zwei Charpois, auf denen sich Ausrüstung, Essen und Sättel sowie mehrere handgearbeitete Steppdecken stapelten. Auf den Charpois schliefen die Frauen und Kinder, zwei bis fünf auf einem Bettgestell. Die Lagerplätze lagen etwa zwanzig Meter voneinander entfernt, weit genug, um ein wenig Privatsphäre zu ermöglichen, aber nicht so weit, daß man einen scherzenden Zuruf nicht mehr verstanden hätte. Ihre Kamele hatten die Familien etwa sieben Meter weiter angepflockt. Drei in einem Dreieck angeordnete Steine bildeten die Herdstelle, hinter der sich das höllische Reisig stapelte und vor der ein, zwei Frauen in schwarzen Wollgewändern kauerten und still und mit nach innen gerichtetem Blick den Teig bearbeiteten, während die an ihren Ohren baumelnden Silberkugeln im Rhythmus des Ausrollens, Schlagens, Klopfens, Knetens hin- und herschwangen. Umrahmt wurde dieses *tableau vivant* von Schafen und Ziegen, die so müde und benommen waren, daß sie sich ihre Nasen am Feuer versengten.

Die Verhandlungen fanden in *ihrem* Dialekt statt, so daß ich keine Ahnung hatte, was gesprochen wurde. Pala, jener Mukki, der sich mit meinem Geld davongemacht hatte, war ein Bhopa gewesen und war mit dem seinem Stand gebührenden Selbstbewußtsein aufgetreten. Phagu dagegen hatte gar nichts Gottesfürchtiges an sich. Eher etwas Ungezogenes, sofern es einem großen, dünnen, gebeugten, eleganten Menschen überhaupt möglich ist, Ungezogenheit auszustrahlen. Von Zeit zu Zeit warf er mir einen Blick zu – aus zunächst spekulierend, dann amüsiert zusammengekniffenen Augen. Schließlich wurde mir bestätigt, daß ich mitkommen konnte und daß folgende Vereinbarungen gelten sollten: Phagus Tochter Jaivi und seine Nichte Parma würden für mich kochen und Wasser holen, Nakki, seine Frau, wäre für das Beladen des Kamels zuständig. Meine Hirse müßte ich selber mitbringen, außerdem hätte ich ihnen pro Monat zweitausendfünfhundert Rupien zu zahlen. Das war ein gewaltiger Betrag für sie, wenn auch Rangka später meinte: «Hätten sie dich nicht gemocht, du hättest ihnen das Zehnfache bieten können, sie hätten dich trotzdem abgelehnt.»

Wir fuhren zurück zu den Lämmern, wo wir, meine Freundinnen und ich, eine Nacht verbringen würden. Nakki begrüßte mich, faßte mich an beiden Händen und führte mich zum Teetrinken ans Feuer. Man spürte sofort: Wie Phagu in der Welt der Männer, so hatte sie in der Welt der Frauen das Sagen. Nur ein paar ältere Frauen und Kinder befanden sich hier, die neben der tosenden Straße kampierten, in der Nähe einer Grube voller Fäkalien und fauligem Wasser und zweihundert Meter von einer Steinbrechermaschine entfernt, die ohne Unterlaß Staub und Dezibel ausspie. Für ein, zwei Tage, in denen sie sich von ihrem Eilmarsch über die Rann erholen wollten, würde dies unser Rastplatz sein.

Am Morgen war Narendra etwas niedergeschlagen, was gar nicht seine Art war. «Ich tue zwar alles für dich, aber bitte, verlang nicht noch mal von mir, daß ich im Freien übernachte. Gott, war das unbequem!»

Ist das Palastleben also doch nicht ganz spurlos an meinem antifeudalen Freund vorbeigegangen, dachte ich mir.

Immer wieder zerrte er Sachen aus seinem Gepäck und meinte: «Das kannst du vielleicht gebrauchen. Nimm das mal lieber mit.»

«Aber Narendra, es ist sowieso schon zuviel ...»

«Laß dir doch bloß ein einziges Mal was sagen, Yaar!»

Der Transporter mit Ram Rahim traf ein. Ich pflockte ihn neben meinem Lagerplatz an, der aus einer zusammenklappbaren Metallpritsche bestand, die unter dem Gewicht von Koffern, Bettzeug, Zelt, Sattel und Vorräten fast zusammenbrach. Dann winkte ich meinem entschwindenden Jeep nach und wandte mich meiner neuen «Familie» zu, mit der ich ein Vokabular von etwa zwanzig Worten teilte.

9

Es gibt nichts Frustrierenderes als das Zusammensein mit Menschen – von denen dein Überleben abhängt, von denen es viel zu erfahren gäbe, die du gern hast, die auch dich zu mögen scheinen und alles über dich erfahren wollen – und so tun zu müssen, als hätte einem jemand die Zunge herausgeschnitten und gleich noch ein Stück Hirn dazu. «*Kya*?» meinte ich dann jedesmal, die Hand hinterm rechten Ohr und mit offenem Mund. Die Ladys reagierten geduldig, wie sie es wohl auch beim Dorfidioten getan hätten. Dann wurden die Fragen lauter und langsamer wiederholt, bis sie endlich seufzend die Köpfe schüttelten oder aber in schallendes Gelächter ausbrachen, mir auf die Schulter klopften und sich wieder ihren eigenen Angelegenheiten zuwandten. «*Samji natti*» («Versteht nicht»), sagten sie, wann immer jemand einen neuen Anlauf probierte. Früher hatte ich Sprachen sehr rasch gelernt, wenn ich sie auch, sobald ich sie nicht mehr benötigte, ebensoschnell wieder vergaß. Doch angesichts der eintausendeinhundert Muttersprachen Indiens hatten sich schon andere und sprachkundigere Leute geschlagen geben müssen.

Schneller lernt man jene andere Sprache der Gesten und Schlußfolgerungen, die ich in meinem Fall durch ein paar kostbare Worte und Sätze aus «Teach Yourself Gujarati» ergänzte, einem faszinierenden Büchlein, das Sätze wie diese enthielt: «Das Schloß deiner Muskete ist rostig», «Morgen wirst du gehängt» oder «Ein Sepoy hat sich erschossen» – in dem aber nirgends und an keiner Stelle von Grammatik die Rede war. Sogar an Schiefertafeln und Farbstifte für die Kinder sowie Bücher mit dem Gujarati-Alphabet für mich selber hatte ich gedacht.

Derart ausgerüstet, wie ich es war, gab man mir zu verstehen, daß ich doch den Kindern Lesen und Schreiben beibringen könne. Und da das Hervorbringen eines Lauts und das Malen des entsprechenden Symbols keine großen Sprachkenntnisse erfordert, dachte ich mir, warum nicht. Ein paar Stunden saßen wir schon unter einer Akazie – während der die Frauen ihren faulen Sprößlingen hin und wieder scherzhaft drohten –, als ein älterer Junge vom Schafehüten kam und seinen Bruder, einen Zwölfjährigen, aufforderte, mit ihm zur Herde zurückzukehren. Der Junge ignorierte ihn und mußte sich dafür am Ohrring zupfen lassen. Er heulte auf und warf sich geradezu in den Schoß seiner Großmutter, klammerte sich schluchzend an ihre schwarzen Röcke, während sein Bruder, hin- und hergerissen zwischen Mitgefühl und seinem Unwillen, dem theatralischen Getue des Jüngeren nachzugeben, ihm ein paar widerwillige Klapse auf den Rücken verpaßte, womit er lediglich erreichte, daß der andere noch lauter schluchzte und sich noch tiefer in die großmütterlichen Röcke vergrub. Dies war die erste und letzte Züchtigung eines Kindes, die ich miterlebte. Oma, die einem so direkten und körperlichen Appell nicht widerstehen konnte, befahl dem Bruder sanft, den Kleinen in Ruhe zu lassen. Der Schäfer verzog sich brummend zur Herde; der Junge aber sprang auf, hatte seine Tränen vergessen und konzentrierte sich erneut mit fast fanatischem Eifer auf die Schiefertafel. Allerdings kippten seine Buchstaben weg oder standen kopf, und wie sollte ich erklären, daß die Ausrichtung eines Buchstabens ebenso wichtig ist wie seine Form?

Wir wandten uns nun den Zahlen zu. Ich zeichnete einen Punkt, zwei Punkte, drei Punkte und schrieb die Zahlen daneben. Sie wiederholten die Übung, bis ich mir fast schon etwas einbildete auf meine pädagogischen Fähigkeiten. Als ich sie dann aber bat, die Zahl der Kieselsteine, die ich in der Hand hielt, hinzuschreiben, malten sie drei Punkte. Phagus und Nakkis jüngste Tochter Hatti, eine Zehnjährige mit so ausgeprägtem Selbstbewußtsein, daß sie es riskierte, einem gehörig auf die Nerven zu gehen, hatte die ganze Zeit furchtbar angegeben und jeden Buchstaben perfekt hingemalt. Sie wurde von ihrer Tante Parma unterrichtet, der wiederum ein anderes Familienmitglied schon im Kindesalter Lesen und Schreiben beigebracht hatte.

Die Kinder waren zwar alle ganz reizend, in Nagji aber hatte ich mich verliebt. Er war das süßeste kleine Kerlchen, das man sich vorstellen kann. Man mußte ihn nur anschauen, und schon strahlte er übers ganze Gesicht. Er trug eine bunte, weite, an den Knöcheln mit Stickerei zusammengefaßte Hose und eine bestickte Weste mit Silberborte. Mit gespreizten Beinen und verschränkten Armen stand er da, starrte in die Ferne und dachte tiefe Gedanken. Nicht einmal die nässenden Pusteln um seinen Mund konnten ihm und seiner liebenswerten Art Abbruch tun. Er war fast sieben Jahre alt und rauchte seinen Chillum wie ein Professor.

Da wir Nagji zu einem Arzt bringen wollten, wanderten wir Frauen an diesem Nachmittag nach Morbi. Sie hatten schon etwas sehr Nervendes, diese größeren Städte, und nicht allein wegen des Lärms und der schmutzigen Luft und der chaotischen Zustände, sondern auch, weil sie widerstreitende Gefühle in einem auslösten: Aufgeregtheit und gleichzeitig Langeweile. Als wir die Hauptstraße erreicht hatten, holte ich tief Luft und zögerte. Irgend jemand versetzte mir einen leichten Klaps zwischen die Schulterblätter, wie man es vielleicht bei einem Kind tut, das zaudernd am Rand eines Schwimmbeckens steht.

«Wo ist das Krankenhaus?» fragte Nakki einen Passanten.

«Welches Krankenhaus?»

«Die Privatklinik», versetzte sie in perfektem Oxford-Englisch.

Etwa zwanzig Leute hockten bereits auf dem Zementboden im Wartezimmer. Wir suchten uns einen Platz, und dann, als der Doktor die Europäerin unter seinen Patientinnen entdeckte, bat er mich in sein Büro. Nach diesem Erlebnis waren die Rabari, die schamlose Vordrängler sind, bei Klinikbesuchen stets ganz erpicht auf meine Begleitung. Das Abtasten ließ Nagji sich zwar gefallen, doch als die Krankenschwester ihn auf ein Bett legte und ein Tablett mit Folterinstrumenten herbeitrug, gestattete er sich einen stummen Schrei.

«Sie müssen ihm frisches Obst und Gemüse zu essen geben», erklärte der Arzt knapp, zuerst in Englisch und dann in Gujarati.

Ja natürlich, dachte ich. Weil so was ja auf Kamelhöckern wächst.

Danach ging es dann holterdipolter die Treppe hinab und über die Straße zum Apotheker, um die Medikamente abzuholen. Der Besitzer des Ladens, fett und feist, wie es seiner gesellschaftlichen Stellung gebührte, saß in einer Art Dämmerzustand vorn neben der Kasse. Sein zweiter Befehlshaber, der schon etwas dünner war, nahm die Bestellung entgegen und brüllte sie einem dritten zu, einem ausgezehrten Männchen, das nun in den Regalen, Schränken und Kästen des winzigen Ladens herumstöberte. Formulare mußten ausgefüllt werden. Alles schien in Zeitlupe abzulaufen. Phrasen wie «Zeit ist Geld» und das dazugehörige Denken haben das ländliche Indien noch nicht erreicht.

Als die Einkäufe endlich erledigt waren, hatte sich die übliche

Menge um mich versammelt. Die Frage: «Aus welchem Land?» erscholl nun neben Gekicher und den unvermeidlichen Bitten um Geld und Kugelschreiber aus vielen Mündern. Beantwortet man diese Frage ganz naiv, wie ich es in der Vergangenheit getan hatte, so wird sie sofort von allen innerhalb Hörweite wiederholt, und das Gelächter schwillt an. Immer mehr Leute bleiben stehen, immer mehr brüllen: «Aus welchem Land?» und beginnen einander zu schubsen, um das Monster besser sehen zu können, bis man sich zuletzt inmitten eines hysterischen Mobs wiederfindet. Wobei aber Anstand und Würde von einem verlangen, so zu tun, als sei er gar nicht vorhanden. Ich nehme an, daß ist die göttliche Vergeltung für die Vorzugsbehandlung, die unsere weiße Haut in den Sprechzimmern gewisser Ärzte genießt.

Die Damenphalanx zerrte mich mit sich fort und eine Gasse hinauf. Der Inhaber eines Schmuckgeschäfts rief: «Aus welchem Land?» Wir eilten an ihm vorbei, doch er brüllte uns nach: «Bitte, kommen Sie. Ich spreche Englisch. Muß nicht kaufen. Trinken Chai mit mir.» Bei dem Wort «Tee» blieb Nakki jäh stehen. Sie führte mich zurück zu dem Mann, der auf meine Auskunft, ich sei Australierin, alle Krickethelden aufzählte, die mein Land je hervorgebracht hat. Er bestellte Tee für alle (Nakki verlangte Kaffee), der in Gläsern in einem Drahtkorb serviert und von einem kleinen Jungen gebracht wurde. Ich bekam einen Stuhl angeboten, Nakki ebenfalls, die anderen nahmen auf den Stufen Platz. Hätte Nakki das Glas mit abgespreiztem kleinen Finger an die Lippen geführt, es hätte mich nicht erstaunt. Es war leicht, ihre Gedanken zu lesen. Meine Anwesenheit brachte ja wirklich so manchen Vorteil mit sich. Als sie ein wenig später Plastiksandalen für Hatti aussuchte, drohte ihr der Schuh-Wallah mit erhobenem Arm, weil sie die Ware angefaßt hatte. Doch kaum hatte er mich erblickt, durfte Nakki so viele Sandalen befingern, wie sie wollte.

Wenn ich die Eigenschaft benennen sollte, die ich bei den meisten Indern bewundere und um die ich sie beneide, so wäre es wohl ihre ungeheure Geduld oder, anders ausgedrückt, ihre Fähigkeit, ohne ständige Sorge und Grübelei einfach *sein* zu können. Ich bewundere sie dafür und beneide sie darum, weil sie mir abgeht.

All die Stunden, die ich ohne Lektüre und ohne Gespräch, Fliegen verscheuchend und vor Langeweile und innerer Unruhe völlig aufgelöst auf dem Boden hockte und auf meine einkaufenden Freundinnen wartete, erwiesen sich zuletzt doch noch als heilsam. Allmählich vergaß ich mein körperliches und seelisches Unbehagen und richtete meine Aufmerksamkeit nach außen. Ich konnte ja die Vielfalt des vorüberströmenden Lebens beobachten oder ein stockendes Gespräch mit einem Bettler anknüpfen, der herangekommen war und mich am Ärmel gezupft hatte. Oder mir den Orni über den Kopf ziehen und, sechzig Sekunden lang an einen Türpfosten gelehnt, vor mich hin dösen. Und wenn mich die Angst überkam, ich würde im nächsten Augenblick durchdrehen und brüllend und haareraufend eine der Gassen hinabstürzen, konnte ich mir Bhawani jis Mantra wiederholen, das mich zwar Gott nicht näherbrachte, mich aber immerhin von mir ablenkte.

Es dauerte allerdings ziemlich lange, bis ich diese Techniken entwickelt hatte, und bei jenem ersten Einkaufsausflug schlichen die Stunden so langsam dahin, als hätte man ihnen Kanonenkugeln an die Fersen gebunden. Endlich war die letzte Besorgung an der Reihe: meine Hirse. Die Frauen griffen sich kleine Mengen davon, kauten darauf herum und warfen den Rest angewidert in die Säcke zurück – dies war der Auftakt zum Feilschen. Wie ich dann gleich feststellen sollte, waren ihnen die Banias keinesfalls gewachsen. Sie gaben entnervt auf, doch war dann das letzte Korn ausgewogen, lächelten und plauderten alle, genauso wie es in meiner Vorstellung die Alliierten und die Italiener an jenem Weihnachtstag getan hatten, von dem mir mein Vater erzählt hatte, als die Gewehre beiseite gestellt wurden und die Männer sich daran erinnerten, daß sie alle nach Gottes Ebenbild erschaffen waren. Jaivi band meine Hirse in ein Tuch ein, stapelte sie sich zusammen mit den anderen Einkäufen – Zucker, Süßigkeiten und Orangen für die Kinder, Zwiebeln, Kartoffeln und Koriander – auf dem Kopf, und wir gingen weiter zum Müller.

«*Paisa. Ek pen.*»

«Aus welchem Land?»

«Greg Chapell, Ian Botham ...»

«*Memsahib paisa, bhuk lagi, das rupee ...*»

Wir flüchteten in einen Raum, der drei mal zwei Meter maß und in dem sich etwa ein Dutzend Frauen, der Mühlen-Wallah und seine elektrische Mühle befanden, die durch all den Mehlstaub kaum mehr zu erkennen war. Das Korn wurde auf den Boden gekippt, wir saßen auf Jutesäcken ringsherum und siebten es dann mehrere Male durch große Siebe. Rüsselkäfer, Zweiglein, Spelzen und Dreck wurden mit der Hand herausgelesen, während uns der Schweiß in Strömen herablief, die Spreu auf der Haut und in den Augen juckte und eine Art Kleber aus Mehlstaub und Schweiß jegliche Körperöffnung verstopfte. Aber all das spielte keine Rolle, denn hier konnten die Frauen außerhalb der Familien- und Sippengrenzen Kontakte knüpfen – die schlauen, alten Hexen und die jungen Ehefrauen – und Informationen austauschen. Die Einleitung solcher Gespräche war dabei immer die gleiche: Wie viele Kinder hatte eine Frau, wie viele Brüder und Schwestern, und wo kam sie her? Mein Wert als Kuriosität schwand rasch, die Stadtfrauen gingen dazu über, die Rabari-Frauen nach Neuigkeiten aus anderen Orten zu löchern, und schließlich war man bei knallharter Weiberpolitik angelangt beziehungsweise beim Tratsch, wie man diese irrigerweise manchmal nennt.

Eine Stunde später wurde das saubere Getreide dem Müller zum Mahlen übergeben, das Mehl in einem Tuch aufgefangen und eingebunden. Wir klopften einander den Staub aus den Kleidern, und dann war es Zeit, sich auf den Heimweg zu machen. Auch jetzt, um fünf Uhr nachmittags, war es noch heiß, und unsere Bündel waren schwer. Ich lud alle auf ein Glas bei einem Straßenverkäufer ein, der hinter seinem winzigen Karren golfballgroße Zitronen auspreßte, den Saft mit kohlensäurehaltigem Wasser versetzte und zuletzt noch Eisstücke von einem grünlichen Block abschlug – ein Luxus, den wir mit mehr Genuß schlürften als andere eine Flasche Champagner. Und danach hielt Nakki zu meinem Entzücken eine Autorikscha an. Zu siebt quetschten wir uns in die Kiste, die, blaue Dämpfe speiend, mit etwa zehn Meilen pro Stunde dahinkeuchte. Schon vor dem Einsteigen wurde ziemlich viel gefeilscht, und am Ende der Reise feilschte man immer noch. Dann war es Zeit,

Feuerholz zu sammeln, Wasser zu holen und zu kochen. Dies war unser Ruhetag.

Das erste größere Kommunikationsproblem ergab sich am Morgen unseres Aufbruchs. Ich hatte viel zuviel Gepäck für ein Kamel und hatte verstanden, daß Phagu einen Teil davon auf die anderen Kamele verteilen wolle. Doch als es Zeit war, das Lager abzubrechen, wurde das gesamte Gepäck Ram Rahim aufgebürdet. Mimisch und gestisch brachte ich meine Besorgnis zum Ausdruck. Phagu gab mir auf gleiche Weise zu verstehen, daß wir keine andere Wahl hätten. Er und ich würden die Abkürzung durchs Stadtzentrum nehmen, während die Dang die lange Route ging, wodurch wir uns die Bestechungsgelder sparten, die wir sonst den Beamten hätten zahlen müssen, die die Forsten am Straßenrand «bewachten». An die Polizisten hatte Phagu bereits fünfhundert Rupien gezahlt.

Die Straße war ein einziges Chaos aus Lastern, Bussen, Jeeps, Ambassadors, Motorrädern, Motorradrikschas, Fahrrädern, Karren, Fußgängern, Kühen, Büffeln, Kamelen, Ziegen und Hunden. Als der Sattel zum zweitenmal von Ram Rahims Rücken glitt und Töpfe, Pfannen und Bettzeug bis auf die andere Straßenseite flogen, beschloß ich, das überschüssige Gepäck in einem Café in der Nähe unseres Lagerplatzes zu deponieren. Phagu würde auf mich warten und auf die übrigen Sachen aufpassen. Ich ging rasch alles durch und warf, was mir unnötig erschien, in einen großen Koffer. Dann band ich das Kamel vor dem «Restaurant» fest – einem nach einer Seite offenen Ytong-Schuppen voller Fliegen und Blechtische – und balancierte den Koffer auf dem Kopf ins Innere. Der Besitzer schob ihn unter sein Bett, das in einer Ecke stand. Ram Rahim aber war immer noch zu schwer beladen und inzwischen so verschreckt, daß er vor den vorbeifahrenden Lastern scheute. Erneut löste sich das Gepäck. In Minutenschnelle luden Phagu und ich diese Hunderte von Pfund wieder auf. Der Nasenpflock des Kamels war blutig. *Mir* kam ein ansehnliches Stück meines Schienbeins abhanden, was ich aber erst später bemerkte. Als wir endlich die Dang erreichten, die jenseits von Morbi unter einer Skyline von Schornsteinen, auf einem mit Ziegel- und Glasstücken, Müll und menschlichen Exkrementen übersäten Fleckchen Erde ihr Lager gefunden hatte, hatte sich ein lärmendes Publikum um uns geschart.

Unbegreiflicherweise wußten alle schon genau, was sich zugetragen hatte. Mit Gesten gab mir Phagu zu verstehen: «Ratti ben, du lädst das Gepäck ab, und ich binde das Kamel fest.» Als ich mich gehorsam umdrehte, um seiner Anweisung Folge zu leisten, brachen alle in Gelächter aus, und Phagu meinte: «Nein, ruh dich aus.» Er klopfte mir auf die Schulter und entfernte sich mit mekkerndem Gelächter, um die Schäfer einzuteilen, watete durch ein Meer von mehreren tausend hungrigen, blökenden Schafen und griff sich einige Lämmer heraus, die über Nacht angebunden werden sollten. Seit Sonnenaufgang hatte er sich keine Ruhepause gegönnt.

Eine gewisse Hektik war spürbar angesichts all der Arbeit, die bis zum Einbruch der Dunkelheit noch zu erledigen blieb. Die Frauen rannten barfuß über Stock und Stein und jagten die Lämmer. Ich bemühte mich zwar, ihnen zu helfen, aber die Hunde attackierten mich, sobald ich nur eines der Tiere berührte – vor allem ein wahnsinniger Köter mit gelben Augen. Nagji zog mich hinter sich her, drohte den Hunden und versuchte, mir zu erklären, welche Lämmer zu welchem Lager gehörten und wie man sie an die langen Ziegenhaarseile band, die an den Betten befestigt waren. Ich marschierte mit den Frauen zu einem Brunnen, und die Stadtleute folgten mir wie eine Horde Brüllaffen. Am liebsten hätte ich mich in ein Loch verkrochen, um zu sterben. Jaivi hakte mich unter, lächelte so ironisch wie ihr Vater und sagte etwas, das in etwa bedeuten mochte: «Bist du dir jetzt noch sicher, daß du bei uns leben willst?»

An diesem Abend wurden an den Feuern lang und breit die Probleme des Tages erörtert. Vor allem Nakki schien sehr besorgt und wiederholte immer wieder das Wort «*Chor*», was soviel wie Dieb bedeutet. Auch von «*biscoot*» sprach sie öfter, einem der Dinge, die ich im Fernfahrercafé zurückgelassen hatte. Offenbar wollte sie sagen, daß man mir mein Gepäck stehlen würde und daß ich es zurückholen solle. Ich besaß aber weder die Energie noch die sprachlichen Fähigkeiten, um ihr verständlich zu machen, daß das Gepäck momentan ganz unten auf meiner Prioritätenliste stand, und wenn der Gastwirt meine Kekse essen wollte, könne er das gerne tun. Ebensowenig begriff ich, daß die Gespräche meist viel unkomplizierter waren, als ich vermutete. Man einigte sich, daß ich am Morgen auf Ram Rahim zurückreiten solle, um, ehe die Dang aufbrach, das Gepäck zurückzuholen. Wieder schien es, als ob das überschüssige Gepäck verteilt werden sollte. Ich ließ mich auf alles ein, nickte, lächelte, stimmte zu, ohne das Gesagte wirklich zu verstehen, bis ich schließlich den Hügel auf meinem Bett erstieg und nur noch Bewußtlosigkeit herbeisehnte, die dann gegen drei in der Frühe endlich eintrat. Zwei Stunden später wurde ich von den Männern geweckt, die den Schafen ihre Melodien vorpfiffen, -schnalzten, -trillerten und -johlten. Die ganze Nacht hatten sie Wache gestanden, mit Stöcken auf den Boden getrommelt, und mit irgendwelchen Gegenständen gerasselt, mal auf den Steinen geschlafen und dann wieder über mich gekichert, die ich nach den Schafen boxte und sie verfluchte, weil sie sich ohne Unterlaß an meiner Pritsche rieben. Die Ziegen benutzten gerne die Bettpfosten, um sich zwischen den Hörnern zu kratzen, jenen verknöcherten Körperteilen, die ihnen zum Stoßen dienen und denen mit der menschlichen Faust nicht nur nicht beizukommen ist, sondern mit Hilfe deren sie auch Knöchel zerquetschen können wie rohe Eier. Meine Knüffe empfanden sie als genußvolle Zugabe, als Zeichen meiner Zuneigung, und sie sprangen auf mein Bett, um sich mehr davon zu holen

Die Rufe der Schäfer klangen alle ein wenig anders, bildeten sozusagen Variationen auf ein Thema, und der Gesamteffekt erinnerte an amazonische Holzblasinstrumente mit Percussion-Begleitung. Es gibt Morgenrufe zur Ankündigung des Aufbruchs, einen Ruf, mit dem man die Schafe zur Tränke führt, und viele andere mehr. Die wesentlichen Signale sind dabei immer die gleichen, aber jede Gegend besitzt quasi ihren eigenen Dialekt von Rufen. Wobei sich der Signalcode der moslemischen Viehzüchter wiederum von dem der Rabari unterscheidet. Jeder Schäfer kennt seine Schafe, auch wenn sie in die Hunderte gehen, und sie ihn, und jeden Morgen lösen sich diese Tiere aus der großen Herde, um hinter ihm herzuziehen.

Als es hell wurde, sah ich, wie sich mehrere mit ihren Loti (Wasserbehältern) entfernten; später versammelten wir uns zum Teetrinken an den Feuern. Nakki fragte mich, ob ich mir schon die Zähne geputzt hätte, und reichte mir einen Akazienzweig. Kauen, spucken, kauen, spucken, eine halbe Stunde lang in jenem Rhythmus, den das Schlagen und Formen des Teiges vorgab. Jeden Morgen das gleiche: heißes Millet Roti (Fladenbrot) mit einer Suppe aus Masala, Ghi, Salz und Buttermilch. Und am Abend wieder. Natürlich auch frische Schafsmilch, wenn man sie vertrug, und den unvermeidlichen Tee, der als Aperitif vor den Mahlzeiten getrunken wurde und der so stark und süß wie eine Amphetaminspritze war.

Phagu schor die Ziegen und drehte die Wolle zu Strängen, die er gegen Bares in der Stadt verkaufen wollte. Nach dem Frühstück gab er den Schäfern seine Instruktionen und schickte sie mit ihren Herden auf die Weide. Die Kamele wurden der Aufsicht eines Unth Wallah überlassen. Dann befahl er mir, mich mit meinem ach so hungrigen Kamel in Bewegung zu setzen. Die Vorstellung, allein zurückzureiten, war mir überaus angenehm. Doch nein, Phagu hatte nur gescherzt. Er würde mitkommen und nichts, das ich ihm in meiner Gestensprache erwiderte, konnte ihn von seinem Vorsatz abbringen.

Im Café wusch ich mich über einem Eimer in der Küchenecke. Ich wollte Phagu zum Essen einladen, was er ablehnte, dann holte ich meinen Koffer heraus, und schon befanden wir uns wieder auf dem Rückweg zur Dang. Ich hätte viel darum gegeben, ein echtes Gespräch mit diesem Mann zu führen, ihm zu sagen, wie dankbar ich ihm für all seine Mühen war und wie leid es mir tat, daß ich ihm so viele Umstände bereitete. Aber die Worte standen mir nicht zu Gebote. In Morbi tranken wir vor einem verstaubten kleinen Dabar (Speiselokal am Straßenrand) Tee. Ich kaufte Klee für mein Kamel, und sobald wir die Dang erreicht hatten, erklärte Phagu jedem, der es hören wollte, daß ich mich zum Waschen mit kaltem Wasser begnügt hätte, obwohl der Gastwirt mir angeboten habe, es mir zu wärmen. Damit heimste ich mir Pluspunkte ein, ebenso wie mit dem Verteilen meiner *biscoot*.

Gegen drei beluden wir erneut die Kamele. Aber das war ja nun wirklich absurd! Wieder wurde das gesamte Gepäck Ram Rahim aufgebürdet. Ich fühlte mich verwirrt und hilflos. Und draußen auf der Landstraße übergab ich dann Parma die Zügel – nachdem mein Gepäck in einem Radius von zehn Metern verstreut lag, ich in den verhedderten Seilen fast einen Finger verloren hatte, nachdem ich den Kindern in einer ihnen unverständlichen Sprache zugebrüllt hatte, sie sollten sich von den Beinen des Kamels fernhalten, ebenso wie dem dummen jungen Burschen, der an Ram Rahims Nasenriemen zerrte, obwohl der vor Schmerz brüllte – ich übergab Parma die Zügel, teilte ihr fuchtelnd mit, daß ich sie nach etwa einer Meile am nächsten Halteplatz wieder einholen würde, versuchte, die mich und mein Gepäck umtosende Kakophonie zu ignorieren, wartete auf eine vorüberfahrende Rikscha, hievte alles inklusive meiner Wenigkeit hinein und deutete in Richtung der Dang.

Ich erreichte das Lager, wo ich schon von Phagu erwartet wurde. Nachdem er sich meinen Finger besehen und mein Schienbein inspiziert hatte, meinte er: «Das ist *bau taklif* (großes Problem) für dich und *taklif* für uns.» – «*Bau taklif*», erwiderte ich zustimmend. Überlegte er es sich nun vielleicht doch noch anders und schickte mich nach Hause? Ich mußte zugeben, daß der Gedanke einen gewissen Reiz besaß. Ich war völlig zerschlagen, zum Umfallen müde und hätte am liebsten geheult. Hätte sie am liebsten umgebracht, diese Schwachköpfe, die sich sogar jetzt auf dem Lagerplatz immer noch gaffend, deutend, kreischend um mich scharten. Nicht einen Augenblick gönnten sie einem Ruhe, nirgends war man vor ihnen sicher. Jetzt drängten sie sich sogar noch näher heran, zeigten mich ihren Kindern, kratzten sich am Sack und glotzten. Aber am unerträglichsten war mir das Gefühl, eine derartige Belastung für meine Gastgeber geworden zu sein und diese gräßlichen Eindringlinge in ihre Welt zu locken.

«Weißt du, was ich tun werde», sagte ich, beziehungsweise gab ich ihm mimisch zu verstehen. «Ich bringe jetzt das Gepäck nach

Morbi zurück und warte dort, bis der Jeep kommt und es abholt. Kann ich dir das Kamel inzwischen dalassen?»

«Ja, natürlich, aber das kannst du doch nicht allein machen!» Wenn sogar das einfachste Gespräch Zeit und Mühe erforderte, wie sollte ich ihm dann erklären, daß die Einsamkeit in den Städten quasi mein natürlicher Zustand war. Ich versuchte ihm zu vermitteln, daß er sich keine Sorgen um mich zu machen brauche. Ich würde mich eben auf Gnade und Ungnade dem Circuit House ausliefern, das gewöhnlich für reisende Politiker und allerlei hohe Tiere reserviert ist. Der Gedanke, eine ihm anvertraute Frau schutzlos den Übeln der Stadt auszusetzen, gefiel Phagu zwar nicht, doch es blieb ihm keine andere Wahl. Trotzdem bestand er darauf, mich und mein Gepäck zur Rikscha zu bringen und sich zu vergewissern, daß ich Dr. Rama Krischna erreichte und ein sicheres Quartier fand.

Wir telefonierten in einer der winzigen Zellen, die man auch in den entlegensten Winkeln Indiens findet. Daß sie überhaupt existieren, ist schon ein Wunder, so daß man über die schlechten Verbindungen wirklich nicht meckern sollte. Aus diesen Zellen habe ich in der ganzen Welt angerufen und betrachte sie daher mit großer Zuneigung und Dankbarkeit. Ich schrie in die Muschel, und mein Gesicht wurde noch röter, als es in dieser Hitze schon war. Schick mir ... Jeep ... Morbi ... Circuit House. Schließlich hatte er meine Botschaft verstanden. Ich reichte Phagu den Hörer, weil ich dachte, er wolle noch etwas hinzufügen. Er nahm ihn zweifelnd in die Hand, hielt ihn einige Zentimeter von seinem goldenen Ohrring entfernt, flüsterte ein paar Worte in die Muschel, zuckte die Achseln und gab ihn mir wieder zurück.

Im Circuit House geschah dann etwas ganz Ungewöhnliches. Phagu begann förmlich zu schrumpfen. Auf der Dang kam er mir stets wie ein imponierender Mann vor, der große Intelligenz und Autorität ausstrahlte, vor dem man ein wenig Ehrfurcht empfand und den man gleichzeitig umarmen wollte. Wie ein so eigenwilliger Mensch, daß seine Eigenschaften es ihm ermöglichten, Klassen-, Kasten- und Kulturschranken zu überwinden. Während Phagu nun in dieser Umgebung mit all den Gärten, geteerten Auffahrten und Büros kleiner wurde, entspannte ich mich allmählich. Hier war ich auf meinem Terrain und erklärte auf englisch, wie dankbar ich wäre, wenn man mich ausnahmsweise hier aufnehmen würde, da ich mich in einer merkwürdigen Zwangslage befände. Der Mann erklärte sich einverstanden, gab Phagu mit einem Blick zu verstehen, daß er das Gepäck nehmen und uns folgen solle. Auch ich griff nach einigen Taschen, doch ein Träger eilte herbei und nahm sie mir ab. Im fluoreszierenden Licht des Zimmers, in das man mich geführt hatte, sah ich dann, was der Manager sah, wenn er Phagu anblickte, beziehungsweise es lieber vermied: einen schmuddeligen Turban, riesige Ohrringe, demütig herabhängende Schultern. Einen dieser bunten kleinen Tupfen, die den großartigen Hintergrund des indischen Lebens ausmachen. Er war nicht unhöflich, ganz und gar nicht. Doch unter seinem Blick hörte Phagu auf zu existieren.

Ich hatte mir eingeredet, daß ich mich an diese andere Ordnung der Welt gewöhnen würde. Mir eingeredet, daß die Kurzangebundenheit, Unhöflichkeit oder Schikane eines Höhergestellten gegenüber einem Niedrigergestellten für den da unten nicht unbedingt verletzend war, der sich ja wiederum in gleicher Weise gegenüber den unter ihm Angesiedelten verhielt. Es war lediglich die symbolische Bestätigung der geltenden Rangordnung, die von beiden Teilnehmern der Interaktion als die korrekte Umgangsform anerkannt wurde.

Aber ich gewöhnte mich nicht daran, weder damals noch später. Und es war mir ein weiterer Grund, die Menschen, mit denen ich reiste, zu lieben. Trotz ihres stolzen Bekenntnisses zu ihrer Kaste schien sich ihr Leben außerhalb der rigideren Hierarchien der Seßhaften abzuspielen. In den folgenden Monaten bei ihnen erlebte ich weder unhöfliches Betragen gegenüber einem anderen Menschen, wie bescheiden dessen Rang auch sein mochte, noch unnötige Grausamkeit gegenüber irgendeinem anderen Lebewesen.

Phagu kehrte mit der Rikscha zur Dang zurück. Ich verriegelte die Tür, schloß die Läden, drehte die Lichter aus und verkroch mich.

10

«Narendra, ich bin im Circuit House von Morbi.»

«Ich weiß. Ich habe versucht, dich anzurufen. Mach dir keine Sorgen. Das kriegen wir schon wieder hin. Also, ich mach dir folgenden Vorschlag …»

Rangka bhai, der Rabari, den ich als ersten kennengelernt hatte, Mamu bhai, der Rabari-Stabsoffizier, und zwei weitere Angestellte von Dr. Rama Krishna trafen am folgenden Tag mit dem Amts-Jeep ein. Ihre bloße Anwesenheit erfüllte mich mit solcher Dankbarkeit, daß ich sie schon bald mit meinen pantomimischen Darstellungen der Aufladeaktionen, der Verfolgung der Lämmer, der nächtlichen Kämpfe mit den Schafen furchtbar zum Lachen brachte. Mamu erklärte auf hindi, daß nach der tagelangen Hetze der Rann-Durchquerung alle, Mensch wie Tier, sehr müde gewesen seien, so daß ihnen die Bewältigung solcher Probleme zu diesem Zeitpunkt besonders zusetzte. Hinsichtlich der Konfusion über die Rückholung meines Koffers erklärte er, daß *chor* zwar der Dieb sei, *chhor* aber soviel wie «zurücklassen» bedeute. Sprachlich sei da etwas durcheinandergeraten, und sie hätten wohl gemeint, daß ich zurückgehen wolle, um die *«biscoot»* zu holen, während ich nun glaubte, daß sie dies von mir verlangten. Was wiederum zeigte, wie weit sich die Rabari klaglos und fraglos und zu einer Zeit, da es ihnen am schwersten fiel, um meinetwillen verausgabt hatten. Ich begriff auch allmählich, was sie von mir unterschied. Bereits von Kindesbeinen an wußten sie, daß das Leben schwer war, und nahmen dies einfach hin. Und da es nun einmal so war, ersparten sie sich die Mühe, sich groß darüber aufzuregen.

Als die anderen zum Einkaufen gingen, blieben Rangka und ich allein zurück und verfielen in jenes verlegene Schweigen, das nur bei starker Sympathie entstehen kann. Worin besteht sie, diese Anziehungskraft, die sich über jede Schranke, die der Mensch auch aufrichtet, hinwegsetzt? In derartigen Situationen, in denen man unendlich empfindlich und empfänglich ist, wird man sich ihrer sehr stark bewußt. Warum wir als Individuen so und nicht anders aufeinander reagieren, das kann immer noch niemand beantworten. Schließlich meinte er in seinem stockenden Hindi, vielleicht hätte ich ja, wenn das alles zu schwierig für mich würde, Lust, zu ihm und den Seinen zu ziehen. Sie würden mich gerne bei sich aufnehmen, und ich müßte auch nichts bezahlen. Meinen sprachlichen Möglichkeiten entsprechend, erklärte ich ihm, daß nicht das spartanische Leben das wirklich Schlimme sei, sondern die Unmöglichkeit, mich verständlich zu machen und selber zu verstehen.

Aber das stimmte nicht ganz. Alles brachte mich zur Raserei. Die dauernde Erregung und der Tumult, die mageren Körper und die glotzenden Gesichter, die quengelnden Bettler, die mich am Ärmel zupften, meine unterdrückte Entrüstung über so viel *unnötiges* Leiden, so viel Fühllosigkeit, so viel Gleichgültigkeit hinter der Maske spiritueller Verfeinerung.

Wenn ich so etwas wie eine Überzeugung hinsichtlich eines Lebens unter Fremden hegte, dann diese: Man darf sein eigenes Land kritisieren, ja, hat sogar die Pflicht dazu; sobald man aber eine Kulturgrenze überschreitet, läßt man seine sozialen und politischen Werturteile zurück. Vor allem, wenn man jener Kultur angehört, die sowohl die Definitionsmacht als auch die Macht zur Fehlinterpretation besitzt. Auf all meinen Reisen war ich froh gewesen, Ansichten, die mich ursprünglich geprägt hatten, gegen jene neuen, aus der Differenz sich ergebenden Perspektiven einzutauschen. Doch in der letzten Zeit waren ungebeten ganze Urteils-Bataillone aus einem weniger entwickelten Teil meines Selbst aufmarschiert, die ich auf keinerlei Art abzuwehren vermochte. Und da ich jenem früheren Standpunkt – daß man nicht urteilen darf, ehe man versteht – so leidenschaftlich angehangen hatte, entsetzte mich diese neue Denkart. Was würde aus mir werden, wenn ich ihr Raum gewährte? Würde ich mich nicht verabscheuen müssen? Waren das denn wirklich neue Gedanken, oder hatten sie schon die ganze Zeit in mir gelauert?

Immer hatte ich den Drang gespürt, mit der Welt in Verbindung zu treten, mir meiner selbst und meines Lebens möglichst bewußt zu sein, jedem Ereignis eine Bedeutung zu entreißen, und dieses zwanghafte Bedürfnis hatte sich auf jede meiner Handlungen ausgewirkt. Und da war ich nun, in einer Stadt, auf der der Staub von Jahrhunderten lag, eine Stadt voller Wunder und unentdeckter Reize, und die Vorstellung, mich ihren bedrängenden, verfolgenden Menschenmassen auszusetzen, war mehr, als ich ertragen konnte. Lieber hockte ich in einem dunklen, hermetisch abgeschlossenen Raum und schöpfte Energie für die nächste Attacke.

Und doch regte sich am folgenden Tag, als ich mich von Mamu und Rangka verabschiedet und erneut meinen Platz unter den ins Unbekannte aufbrechenden Frauen, Kindern und Kamelen eingenommen hatte, wieder etwas von dieser verschütteten Empfindung in mir, und ich wußte, dies ist es, wofür wir Menschen gemacht sind; erst dies verleiht allem anderen seinen Wert.

Wie ein Zug auf dem Gleis zog die Prozession dahin und hielt erst, als der Zielort erreicht war: ein Tal mit einem Stausee, in dem sich die Büffel suhlten und die Menschen sich, ihre Kleider oder ihre Fahrräder wuschen. Rings um den See sickerte aus Exkrementenhaufen und -würsten langsam Krankheit ins Wasser – unseren Trinkwasserspeicher.

Scheiße findet in den Reiseführern über Indien nur selten Erwähnung. Genausowenig wie jene öffentlichen Klosetts, in denen sich die Exkremente in den Ecken häufen und die Wände bis in Deckenhöhe und an Stellen, die jeder Vorstellung spotten, damit vollgekleistert sind. Scheiße in Rinnsteinen, auf Bürgersteigen, um Ruinen und Gräber, in öffentlichen Parks, Scheiße, die an Schuhen klebt, die Ufer von Stauseen und Flüssen verunstaltet, Dörfer umgibt, sich in Gassen und vor den Türschwellen der Reichen häuft und in ewigem Kreislauf von Körper zu Körper wandert – allgegenwärtige menschliche Scheiße.

Ich hatte Medikamente gegen Ruhr dabei und auch gegen ein paar andere Krankheiten, von denen ich verschont zu bleiben hoffte. Am meisten aber von all diesen Unerquicklichkeiten fürchtete ich den Guineawurm. Unter Nomaden, die ja aus Brunnen und Seen trinken mußten, war der Guineawurm angeblich endemisch. Der Parasit dringt in den Organismus ein, bahnt sich einen Weg durch den Körper bis unter die Haut, gewöhnlich an Arm oder Bein, wo er sich verkapselt, sich ein furunkelartiges Häuschen baut und mit der Fortpflanzung beginnt. Irgendwann platzt der Furunkel und gibt massenhaft Eier frei, die wiederum ins Wasser gespült werden, wo sie dann auf den nächsten Kandidaten lauern. Manchmal jedoch verirrt sich der Parasit im Körper und tritt statt an den Gliedern aus dem Auge oder Ohr aus. Ich hatte mir zwar einen Wasserfilter mitgebracht, doch schon nach ein paar Tagen gab ich die Sache auf. Denn entweder hatten wir es eilig mit dem Aufbruch, so daß ein Gang zum Brunnen und die halbe Stunde, die das Filtern in Anspruch nahm, nicht in Frage kamen. Oder wir erreichten eine Wasserstelle, nachdem wir schon stundenlang ohne einen Tropfen Flüssigkeit gewandert waren. Und dann noch lange auf einen sauberen Becher Wasser zu warten, das schaffte ich einfach nicht. Schließlich überantwortete ich meine Gesundheit dem Zufall und trank alles, was auch meine Gefährten tranken.

An jenem ersten Abend waren alle besonders freundlich. Frauen von anderen Lagerstellen schauten vorbei, um Prashad mit uns zu essen, eine klebrige Süßigkeit aus Mehl, Milch und Jaggery. Wie hatten sie bloß die Zeit gefunden, das Konfekt zu einem Tempel zu bringen und es dort segnen zu lassen? Wie hatten sie es geschafft, es zuzubereiten?

«Das ist jetzt deine Dang», sagten sie. «Du wirst schon sehen. Es wird dir bei uns gefallen.»

Nakki erklärte nun: «Ich bin Rangka bhais piu, und deswegen bin ich deine Ben, weil Rangka dein Bhai ist, was wiederum heißt, daß Jasu deine Babi ist; du sollst sie also nicht Jasu ben nennen, sondern Jasu babi», worauf dann alle diskutierten, wer denn wohl sonst noch alles zu meiner etwa fünfzigköpfigen Verwandtschaft gehörte. Sie erkundigten sich nach meinem Alter und guckten erstaunt, als ich einundvierzig sagte. Ich fragte Nakki, wie alt *sie* denn sei. Sie blickte nur einen Moment lang zu Boden, und alle verstummten. Ich hatte sie auf Mitte siebzig geschätzt. Aber sie war nur sieben Jahre älter als ich.

Mein Rastplatz lag eingekeilt zwischen den Lagerstellen meiner nächsten Verwandten. Auf der einen Seite kampierten, etwa drei Meter von mir entfernt, Nakki, Phagu, Jaivi, Latchi, Hatti und

Arjun; auf der anderen Lakhma, ihre Nichte Parma sowie Lakhmas Mann, den sie ganz offenbar für einen unsäglichen Langweiler hielt. Kaum setzte er sich einmal neben sie, stieß sie leise genervte Seufzer aus, und sobald er sich seinen Chillum anzündete, fächelte sie sich vor dem Gesicht herum und hustete. Zum Glück war er zu dämlich, um seine Wirkung auf sein geliebtes Eheweib überhaupt wahrzunehmen, und reagierte auf jede Verdrossenheit mit gemächlichem Paffen.

Obwohl ich Nakki dem Alter nach näherstand, waren die beiden jungen Frauen Jaivi und Parma meine eigentlichen Peers, mit denen ich den Großteil meiner Zeit verbringen sollte. Jaivi war Phagus älteste Tochter und insgeheim mein Liebling. Sie hatte die Zwanzig überschritten, besaß den trockenen Humor ihres Vaters und ein Gesicht, das in seiner runden Offenheit einer Sonnenblume ähnelte. Parma dagegen, meine «Cousine», war knallhart und kompromißlos und von herberer, nicht so eindeutiger Schönheit wie Jaivi. Latchi, Phagus Fünfzehnjährige, betrachtete die Welt mit jener gelangweilt-arroganten Miene, die Heranwachsende so unausstehlich macht, und verbrachte den Großteil ihrer Zeit damit, in den Spiegel zu starren oder sich ihrer Faulheit wegen antreiben zu lassen.

Rauhe Manieren hatten sie alle, und um meine Aufmerksamkeit zu erlangen, bohrten sie mir schon mal den Finger in den Arm oder die Rippen, so daß ich einen blauen Fleck davontrug. Ein freundlicher Klaps war bei ihnen ein Knuff. Eine spielerische Berührung wurde zu einer Ohrfeige. Dann aber bewiesen sie auch wieder äußerste Feinfühligkeit, etwa wenn sie eine Handfläche küßten oder ein Gesicht berührten. Was diese Frauen so schön machte, war ihre absolute Unfähigkeit zu einer unharmonischen Bewegung.

Im Schein der Flammen betrachtete ich sie eingehend und war beeindruckt von der Einmaligkeit ihrer Charaktere, hier, an diesem Ort, wo es keine Bücher oder Filme gab, keine Reisen über die Grenzen Gujarats hinaus, keine Vorstellung vom Rest der Welt – nichts von alldem, was man üblicherweise mit der Erweiterung und Bereicherung der Persönlichkeit assoziiert.

Als die einzelnen Gesichter stärker in mein Blickfeld rückten, hatte ich ein merkwürdiges Déjà-vu-Erlebnis. Ich sah Phagu vor einer Wandtafel stehen und Teilchenphysik lehren. Oder Parma, wo hatte ich denn sie schon einmal gesehen? Auf einer Bühne? Jaivi, das erkannte ich jetzt, war meine Freundin Jenny, zehn Jahre jünger allerdings und mit einer schwarzen Perücke auf dem Kopf. Dieses breite Gesicht, das ich immer für etwas ganz Jenny-Spezifisches gehalten hatte, wiederholte sich hier in Jaivi, quasi als Variation aufs gleiche Thema. Und da drüben saß meine Nichte als uralte Frau. Dann sah ich, daß Phagu gar kein Physikprofessor war, sondern daß er mich an irgendein Gemälde erinnerte. Einen Vermeer vielleicht – dieser so vertraute, nach der Seite gewandte Blick. Es gibt so viele verwandte Gesichtstypen auf der Welt.

Im Feuerschein wandelte sich Ähnlichkeit in Verschiedenheit und wieder in Ähnlichkeit. Worauf kam es an? Auf unsere Ähnlichkeit oder auf die Unterschiede?

Am zweiten Tag versuchte ich, mich über einer Schüssel zu waschen, aber die Kinder kamen mir nach, um mir dabei zuzuschauen. Ich opferte die Reinlichkeit der Züchtigkeit und behielt meine Hose an. Später schaute ich Nakki ab, wie man das machte. Sie saß vor der Zeltbahn, massierte sich Ghi ins Haar und füllte dann eine Schale mit Wasser und ein wenig Buttermilch. Sie nahm Orni und Bluse ab, entblößte die Brüste, während sie den Rock die ganze Zeit anbehielt. Anschließend goß Jaivi ihr die Mischung übers Haar und über den Rücken. Sie wusch ihren Oberkörper, Beine und Füße und kauerte sich dann über die Schüssel, um sich unter den Röcken zu säubern. Danach kämmte sie die langen grauen Locken aus, bis sie sich in der Sonne ringelten. Als ihr Schwager vorbeikam, gab Parma ihr ein Zeichen, und Nakki hob ihr schwarzes Wolltuch, um sich zu verhüllen; jedoch eher nachlässig – eine rein formelle Geste. Hier auf der Dang ist die strenge Einhaltung der Parda unpraktisch, und alle, inklusive der Schwäger, haben Verständnis dafür. Er blickte taktvoll zur Seite und marschierte unverdrossen weiter.

Nakkis Waschmethode nützte mir allerdings nicht allzuviel, da ich keinen Rock, sondern eine Hose trug. Daher schleppte ich meinen Eimer, wann immer es möglich war, in abseits gelegenes

Gebüsch und verbarg mich, so gut es eben ging, kauerte mich in einen Graben, hinter eine zerfallene Mauer oder einen dürren Baum und wusch mich verstohlen, Stück für Stück. Eine sorglose Haltung gegenüber der Parda war eine Sache; sich als Frau mit entblößtem Unterleib erwischen zu lassen eine ganz andere.

Mein üblicher Tagesablauf gestaltete sich etwa folgendermaßen. Noch vor Tagesanbruch erwachte ich mit einem Gefühl von Verletzlichkeit und Verwirrtheit, sah dann hinüber zu Jaivi, wartete auf ihr ironisches Grinsen, mein Landefeuer, und erblickte ein Gorgonenhaupt. Viele Gorgonenhäupter. Man hat mir zwar schon gesagt, daß mein Aufstehgesicht einem ausgewachsenen Mann angst machen kann, aber ich weiß, daß es durchaus nichts Furchterregendes hat, sondern daß ich vielmehr die Anwesenheit eines anderen kaum wahrnehme und noch ganz weggetreten bin. Doch rechnet man irgendwie nicht damit, daß Nomaden Morgenmuffel sein könnten.

Nach dem Scheuern der Töpfe mit Schlamm und Kies, dem Schlagen der frischen Ziegenmilch zu Buttermilch und Ghi und dem Klären des Ghi überm Feuer war der gesellschaftliche Verkehr schon so weit in die Gänge gekommen, daß man sich der angenehmeren Tätigkeit des Kochens zuwenden konnte. Und dann dem Zähneputzen, dem das Frühstück an den Lagerfeuern folgte. Später packten sich die Schäfer etwas Roti in ein Tuch, schnappten sich ein kleines Trinkgefäß und begannen, ihre Herden zu sortieren. Lämmer wurden zum Trinken zu ihren Müttern gebracht; neugeborene und kranke blieben bei den Frauen, um auf den Kameln transportiert zu werden. Unter Blöken, Mähen und Flötenklang brachen die Männer nun auf. Gab es bei den Herden etwas zu tun – ob Verabreichung von Spritzen, Einflößen von Medikamenten oder Scheren –, so erledigte man dies vor dem Aufbruch oder am Abend nach der Rückkehr. Phagu und ein weiterer Mann gingen dann auf Erkundungstour, und zurück blieben die unter Aufsicht des Unth Wallah grasenden Kamele sowie die Frauen, die nun stickten oder benachbarte Städte oder Dörfer besuchten, um Vorräte einzukaufen. Manchmal hockten die Frauen fast den ganzen Tag unter den Planen; manchmal zogen wir am späten Vormittag los, nachdem Phagu am Vorabend die Strecken und Zeiten festgelegt hatte. Eine halbe Stunde vor dem Aufbruch brachte der Unth Wallah die Kamele, die dann mit ein paar Stükken Roti gefüttert und beladen wurden.

In den ersten Tagen bestand Nakki noch darauf, mein Kamel zu beladen, doch allmählich überzeugte ich sie davon, daß ich es selber schaffte. Trotzdem gingen sie mir dabei meist zur Hand oder beobachteten mich amüsiert aus den Augenwinkeln. Etwa eine Woche lang kontrollierten sie mich – ob ich die Seile fest genug geschnürt und die richtigen Knoten gemacht hatte –, weniger aus Sorge um mich als aus Angst, unterwegs Zeit zu verlieren. Als erstes wurden jene beneidenswert schönen handgestickten Steppdecken (Gudios) über den Kamelrücken drapiert, dann folgte der Sattel. Über den Sattel wiederum warf man einen großen Ziegenhaarsack, der zu beiden Seiten zwei tiefe Taschen bildete. Diese nahmen das Kochgeschirr auf (glänzende Messingtöpfe, runde Tonschüsseln, irdene Kochplatten zum Backen des Roti und kleine Teetassen aus Edelstahl) sowie bestickte Mehlsäcke, Eßvorräte und die paar wenigen persönlichen Habseligkeiten. War dies alles dann sorgfältig festgebunden, wurde der Charpoi nach oben gehievt, so daß seine vier Beine himmelwärts ragten. Auf den Charpoi folgte die Zeltplane, die man so befestigte, daß Taschen entstanden, in die man die Lämmer warf. Umgedrehte Wasserkrüge aus Messing zierten die vier Bettpfosten, stets zur Hand, um an einem Brunnen rasch aufgefüllt zu werden. Wer zum Gehen zu erschöpft war (und daß hieß, das man halbtot sein mußte), lag zwischen den Lämmern, wo er kräftig durchgeschüttelt wurde und ächzte wie ein Matrose.

Aus irgendeinem Grund ergatterte ich nie einen Sitzplatz; auf dem Kamel ritt stets die fünfzehnjährige Latchi. Sie kletterte auf den gewaltigen alten Bullen, setzte einen Fuß auf sein Knie, den nächsten auf den Hals, und schon war sie auf dem Charpoi gelandet und kauerte drei Meter über dem Erdboden in luftiger Höhe. Ihr schwarzer Orni flatterte, entblößte die rückenfreie Bluse und die helle Haut. Kaum war sie oben, begann sie sich die Flechten auszukämmen und vor dem Spiegel an sich herumzuzupfen.

Manchmal hob man auch die kleine Hatti zu ihrer Schwester hinauf; manchmal ging sie wie wir anderen zu Fuß.

Am Anfang fiel es mir schwer, ohne Wasser auszukommen. Während des Gehens war es unmöglich, die Feldflasche vom Sattel zu holen, und ganz undenkbar, die Kamelkette wegen einer Kleinigkeit wie Durst anzuhalten. Ich gedachte, mein Problem dadurch zu lösen, daß ich mich bei jedem Einkauf mit Orangen eindeckte. Während des Aufladens steckte ich mir heimlich ein, zwei Früchte in die Taschen, um während des Gehens verstohlen daran zu lutschen. Doch irgendeiner bekam es immer mit, und ich war gezwungen, sie mit den anderen zu teilen. (Ich merkte, daß dies auch für sie ein Problem darstellte; hatten sie einmal etwas ganz Besonderes in der Stadt gekauft, so versuchten sie, es zu verbergen, denn sobald es jemand sah, mußte man es ihm anbieten. Einmal hörte ich Nakki leise fluchen, als einige Rabari in ebendem Augenblick, in dem sie sich ihre *biscoot* schmecken lassen wollte, herangeschlendert kamen. Als die Frauen aber dann bei ihr saßen und die Kekse verputzten, hatte man den Eindruck, als habe Nakki das Paket nur für sie hervorgeholt.)

Gewandert wurde ohne Unterbrechung, es sei denn, wir kamen an einen Brunnen, zu dem dann mehrere Frauen hinrannten, um die Krüge aufzufüllen, während die andern die Kamele weitertrieben. Hielten wir dann, zum Tränken der Kamele, doch einmal an, hangelte Latchi sich von ihrem Hochsitz, als klettere sie an einem Weinstock herab, und füllte ihre vier Krüge. Zuweilen pflückten wir Laub von den Bäumen am Wegrand, um abends die Zicklein damit zu füttern, oder ließen die ausgehungerten Kamele an einer Stelle, wo es besonders nahrhaftes Futter gab, eine Weile grasen. Manchmal wanderten wir zwei Meilen, manchmal zwanzig, in gerader Linie oder aber im Kreis, je nachdem, wo sich der verabredete Treffpunkt befand oder wo die Wälle aus Kakteen und Steinen – die Quadrate und Rechtecke des Seßhaften – uns hinführten.

Sobald wir den Lagerplatz erreicht hatten, durften sich die Kamele hinsetzen, und wir luden ab. Die Charpois wurden wieder auf die Füße gestellt, die Lämmer mit langen Leinen daran festgebunden, dann die Ausrüstung darauf gestapelt, wobei die schönen

Steppdecken den Abschluß bildeten. Meine eigene Ausrüstung war eine Billigversion der ihren: eine zusammenklappbare Aluminiumpritsche, ein wirres Sortiment von Taschen, zwei alte Daunendecken, Kissen und Schaffelle sowie ein Zelt, das in der Verpackung blieb. Bald entdeckte ich auch den Grund, weshalb sie alles auf die Betten stapelten. Ließ man nämlich irgend etwas auf dem Boden liegen, was ich eines Nachts entnervt tat, weil ich es nicht mehr aushielt, auf einer Gepäckablage zu liegen, hatten es die weißen Ameisen bis zum nächsten Morgen in Staub verwandelt.

Nach dem Abladen zogen einige Frauen los, um Dornenreiser zu sammeln, wobei sie die Zweige mit langen Holzstecken aufspießten und auf ihren Köpfen zu einem wirren, zwei Meter breiten und ein Meter hohen Wust stapelten. Andere Frauen marschierten zur Wasserstelle, die hundert Meter, aber auch mehrere Meilen entfernt liegen konnte. Und dann wurde gekocht, Teig in einer Metallschüssel zu einem großen Fladen ausgezogen, von dem man Stücke abriß und zwischen den Handflächen – rechte Hand über linker, linke über rechter – auszog, herumwarf, klopfte, drehte, nochmals hochwarf, bis schließlich ein vollkommen runder Roti von zwanzig Zentimeter Durchmesser und ohne Risse fertig war für die Backplatte.

Am Abend, wenn die Männer mit den Herden zurückkehrten, wenn die Lämmer von ihren Müttern getrennt und an den Seilen festgebunden waren, wenn die Neugeborenen zu den entsprechenden Lagerstellen gebracht, die Kamele eingefangen und angepflockt waren, jede Lagergemeinschaft ihren Weihrauch entzündet und zur Abwehr böser Geister am Rande der Dang herumgeschwenkt hatte, wenn kleine Arbeiten wie das Schneiden neuer Stöcke aus Eukalyptusästen, das Flechten neuer Seile, das Verarzten der Tiere oder das Ausbessern der Ausrüstung erledigt waren, dann endlich konnten sich die Schäfer bei ihren Familien ausruhen; es war die schönste Zeit des Tages. Und genauso, wie sie aufgestanden waren, setzten sie sich nieder: mit einem tiefen Seufzer und einem «Iiiih, Bhagwan», dem gewöhnlich eine erschöpfte Stille und schließlich Gelächter und das Berichten der Tagesereignisse folgte. Dies war die einzige Zeit, in der die Männer auf den Betten liegen konnten, obwohl auch sie meistens am Boden auf den Steppdecken hockten. Nach dem Essen erörterte man die Pläne für den nächsten Tag. Über Nacht wurden unsere Kamele an Pflöcke gebunden, Ram Rahim so nah bei meiner Pritsche, daß wir im Dunkeln miteinander flüstern konnten.

Normalerweise saß ich mit meiner Familie am Feuer und versuchte, mich am Kochen und an den Gesprächen zu beteiligen. Das verlangte Konzentration, und oft wurde es mir zuviel. Im Durchschnitt schlief ich nachts wohl zwei bis drei Stunden. Nach der Tagesarbeit verzog ich mich manchmal auf meine Pritsche und stellte mich schlafend, aber das Karussell der Gedanken drehte sich schwerfällig weiter, gelähmt von Ängsten, die wohl denen eines Frischerblindeten oder -ampurtierten ähnelten. Ich konnte nicht sprechen. Ich verstand nichts. Aber ich mußte sprechen. Ich mußte verstehen. Und dann hörte ich: «Ratti ben, das Essen ist fertig!» Und mein Magen krampfte sich zusammen, als müßte ich zu einer Prüfung antreten, auf die ich nicht vorbereitet war.

Eines Abends zeigte ich ihnen einen Artikel, den ich für eine Zeitschrift verfaßt hatte, mit Bildern von mir und meinen Kamelen in Australien. Phagu hielt die Zeitschrift verkehrt herum und erkundigte sich immer wieder, ob ich denn wirklich die Person auf den Fotos sei und ob sie in meinem Land oder einem anderen aufgenommen worden seien. Ich erkannte die gewaltige Kluft zwischen unseren Welten, das gewaltige Mißverständnis, wo ich vorher nur Gemeinsamkeiten erblickt hatte. Eine kaum wahrnehmbare Schwermut stahl sich in seine Züge. Als ich daran dachte, wie er seine Töchter erzog, sich ihretwegen anstrengte und stolz auf sie war, wollte ich meine Zeitschrift nur noch verschwinden lassen, denn machte meine Freude am Lesen seinen Ausschluß aus der Welt der Lesekundigen nicht erst richtig deutlich? Diese fürsorgliche Reaktion meinerseits zeigte sich aber auch in seinem Verhalten, dann nämlich, wenn er spürte, wie wenig ich von seiner Existenz und seiner Welt begriff, wenn er merkte, daß ich keine Ahnung hatte, worum es eigentlich ging.

Eines Nachts, als ich, Schlaf vorschützend, auf meiner Pritsche lag, ertönte plötzlich ein irrsinniges Gebell. Der Mond schien so hell, daß ich sehen konnte, wie eine Gestalt in rasendem Tempo auf die Felsenhügel zurannte. Zwei Schäfer nahmen stöckeschwingend die Verfolgung auf. Wie mutig dieser Dieb doch war, dachte ich nur, oder wie verzweifelt! Da lediglich der Verlust eines einzigen Lamms zu beklagen war und offenbar keine Chance bestand, es zurückzubekommen, betrachtete man den Zwischenfall eher als spannende und amüsante Unterbrechung der Routine und vergaß seinen Ärger. Parma schlich sich von hinten an Hatti heran, hob in einer universellen Geste die Arme und rief, vor sie hin springend, den Kutchi-Ausdruck für «Buuh!». Hatti quiekte und verschwand blitzschnell unter der Steppdecke.

Sie war das am meisten geliebte (und verwöhnte) Kind. Mit erhobener Faust, vorgerecktem Kinn und gebieterisch ihre Röcke schwingend kommandierte sie uns alle herum. Die älteren Schwestern flochten und schmückten ihr die Haare und förderten damit eine ohnehin schon überentwickelte Eitelkeit. Und abends, wenn die großen Brüder zurückkehrten, fragten sie als erstes nach Hatti, die dann auf ihnen herumkletterte und sich aufführte wie ein kleiner Teufel. Holte jemand zu einer Ohrfeige aus, so kicherte sie nur hysterisch; sie wußte, daß keiner zuschlagen würde. Die Familie aber sah in dieser Unverschämtheit nichts als bezaubernde Eigenständigkeit – ein notwendiges Training in Sachen Sturheit. Ich mochte Hatti zwar, aber eher aus sicherer Distanz. Für sie dagegen, das war unverkennbar, war ich die dümmste Person auf Gottes Erdboden. Nicht nur, daß ich nicht reden konnte, ich konnte ja nicht mal einen anständigen Roti backen.

«Warum sind deine Roti so schön und meine so häßlich?» fragte ich Jaivi eines Abends. Phagu erwiderte: «Weil sie es von Kindesbeinen an geübt hat.» Dennoch wußten sie meine Mühe zu schätzen, denn sie bot weiteren Anlaß für Heiterkeitsausbrüche. Sie lachten gern, diese Rabari.

Die Kinder fanden sich leichter mit meiner Schweigsamkeit ab als die Erwachsenen, sie schwatzten einfach weiter, als könne ich sie verstehen, und schienen nicht allzu viele Antworten zu benötigen. Alle wußten, daß ich für Nagji besondere Zuneigung hegte. Und obwohl man ihn deswegen aufzog, landete er dennoch fast jeden Abend auf meiner Pritsche und rauchte in freundlichem Schweigen seinen Chillum.

Ich beobachtete Hatti, die mit einer grünen Plastikpuppe spielte, der sie aus Stoffetzen und einer alten Hundekette ein Kleid improvisiert hatte. Sie schleifte sie in einem Lederpantoffel mit Schnabelspitze mit sich herum, einem Wagen, mit dem sie Kontinente, wenn nicht Welten durchmaß. Getrocknete Kamelbohnen, in Plastiktütenreste eingebunden, waren Gold und wertvolle Edelsteine. An einen anderen Tag hatte ich sie, ganz in die Betrachtung eines toten Lamms vertieft, beobachtet. Versuchsweise ließ sie einen Stein auf sein Köpfchen fallen. Ein unergründlicher, aber beunruhigender Ausdruck lag auf ihrem Gesicht.

Die Dang bot den Kindern ein Übungsfeld. Die kleinen Mädchen besaßen ihre eigenen Spielstickarbeiten und trugen kleine Messingtöpfe auf den Köpfen. An den Abenden spielten sie Roti-Kneten. Die allerkleinsten Kerlchen rauchten Biris und Chillums. Und schon bald würden diese Schätzchen am Morgen mit den Männern das Lager verlassen, würden, weiße Turbane auf dem Kopf und Stöcke in der Hand, nach den Schafen rufen – verheiratete, verantwortliche Männer, die sich im Alter von acht, neun Jahren bereits ihren Lebensunterhalt verdienten.

Eines Abends besuchten wir nach dem Entzünden des Weihrauchs das Lager von Phagus Bruder Pala, um Bhajjans (religiöse Lieder) zu singen. Ein Mann sang die erste Zeile eines Liedes, seine Gefährten stimmten ein. Dann begannen die Frauen, die unter ihren schwarzen Wolltüchern beisammenhockten, zu singen, sie wetteiferten mit den Männern, schrien sich die Lunge aus dem Leib und lachten, wenn jemand falsch sang, oder hielten sich schüchtern zurück. Sie sangen ein Lied über Ratti ben, meine historische Namensvetterin, die man zwischen die Leichen zweier erschlagener Männer gelegt hatte – der eine Rabari, der andere ein Feind –, um zu verhindern, daß sich deren Blut vermischte. Sie tranken Tee und sangen, bis die taumelnden Sterne die Mitternacht überschritten. Sie sangen sich in Trance.

Es war, als nähmen sie spirituelles Bad in der Musik, als spülten diese Lieder, so alt wie der Subkontinent, ihre Sorgen hinweg.

Und wieder erstaunte mich ihre Vertrautheit miteinander – dieses Band zwischen ihnen, das sich fortwährend festigte, wie der Kalk in den Knochen: durch Gesang, durch das gemeinsame Verzehren von Prashad, durch gegenseitige Hilfe beim Ausbessern ihrer Matten oder das gemeinsame Rauchen eines Chillums. Wie tröstlich mußte es doch sein, in allen Stürmen des Lebens stets auf die Unterstützung der anderen rechnen zu können, eine Unterstützung, die jede Handlung und jeden Gedanken färbt und mit der ewiggleichen Stimme seit den Zeiten der Vorfahren dasselbe sagt: «Schon gut. Wir sind ja alle da. Du bist nicht allein.»

11

Aber die Vorfahren waren mir zeitlich zu entrückt, als daß mich ihre Stimme erreicht hätte, und mit jedem weiteren Tag wuchs meine Isolation. Sie hatten mich freundlich und mit großer Wärme in ihre Gemeinschaft aufgenommen. Nun stand ich draußen vorm Fenster in der Kälte und beobachtete sie durch die Scheiben. Sie spürten, wie ich zu ihnen hineinspähte, und wandten sich ab, als wollten sie sagen: Warum starrst du uns an? Verschwinde! Was mit viel Wohlwollen begonnen hatte, verkümmerte wegen der mangelnden Sprachkenntnisse, die es hätten nähren können. Ich hatte mir eingebildet, ich könnte mit Hilfe einer Art vorsprachlichen Zeichenidioms ziemlich komplizierte Interaktionen verstehen, geglaubt, ich könnte mich auf einem Ozean der Unverständlichkeit über Wasser halten. In Wahrheit aber ging ich langsam darin unter.

Mehr als vierzig Leute befanden sich auf der Dang. Jaivi meinte geringschätzig: «Wir können uns all unsere Schafe merken. Warum kannst du unsere Namen nicht behalten?» Sie ließ mich eine Karte der Lagerstellen zeichnen, auf der ich dann die Namen und Verwandtschaftsgrade eintragen mußte. Sie testeten mich. Wer ist der Junge da drüben, und wer ist die Tochter der Schwester seiner Mutter?»

«Samji natti!»

Tagsüber schützten wir uns unter einer Zeltbahn vor dieser gräßlichen Sonne. Der Wind fuhr unter die Plane und blies uns heißen Sand ins Gesicht. Stunde um Stunde entsetzliche Langeweile, während wir darauf warteten, das Lager zu wechseln. Die Zeit schien sich zu dehnen, wie sie es manchmal in Träumen tut. Ich flüchtete mich in Prousts Werk, in seine kühle, privilegierte Welt. Marcel erwachte, bezaubert von den Liedern der Bauern, die unter seinem Fenster ihre Ware verkauften. Er lag zwischen weißen Laken; bald würde er Françoise läuten, damit sie ihm seinen Morgenkaffee brachte. Auf Zehenspitzen verließ ich das Schlafzimmer in Paris und blickte auf. Eng an mich gedrängt, stickten die Frauen, schneuzten sich den Rotz aus der Nase, spuckten und rülpsten. Auch zwei Männer saßen unter der Plane und zitterten vor Fieber. Einer kroch hinaus, um sich zu erbrechen. Nakki rieb ihm Beine und Arme mit einer rohen Zwiebel ein. Mit Wunden übersäte Zicklein tranken aus unseren Wasserkrügen und urinierten auf unsere Matten. Die Luft schien zur Hauptsache aus Staub zu bestehen. Der Horizont versprach nichts Besseres. Wo war ich bloß hingeraten? Was suchte ich eigentlich hier?

Ich versuchte mir Notizen zu machen, aber die Worte gingen mir aus, verdunsteten in der Bläue über mir. Ich hörte, wie sie über mich redeten. In jenem trüben Bereich zwischen Wachen und Schlaf verstand ich – mit grenzenloser Erleichterung – ihre Worte. Ich versuchte, sie mir für später ins Gedächtnis einzuprägen, obwohl ich um die Vergeblichkeit dieser Übung wußte. Mein Alltagsbewußtsein würde sich über dieser fruchtbaren Stelle schließen wie der Zement auf einem Parkplatz. Schwebend verharrte ich in einer gewaltigen Einsamkeit, so rein und grausam wie der Himmel. Die Frauen redeten auf mich ein. Ich wollte meinen Kopf packen und den Zement herausschütteln. Sie brüllten mich an, als sei ich taub oder schwachsinnig. Sie drückten mir den Kugelschreiber in die Hand und gaben mir zu verstehen, daß ich Namen – von Onkeln, Cousins, Ehemännern der Schwestern von irgendwelchen Müttern – niederschreiben und sie mir merken sollte. Dann erhielt ich einen Stoß in die Rippen.

«*Ratti ben, cha pio.*» Nakki stand über mir und hielt eine Tasse Tee in der Hand. Ich solle hier nicht schlafen. Skorpione. Es sei Zeit, das Lager abzubrechen.

Seit wie vielen Tagen schon hatte ich nicht länger als zwei Stunden täglich geschlafen? Zehn? Zwanzig? Ich hatte jedes Zeitempfinden verloren. Meine Temperatur stieg und stieg, und ich konnte kaum noch schlucken. Ständig spotteten sie: «Wenn du krank bist, solltest du lieber nach Bhuj zurückkehren ... Hast du's immer noch nicht satt? So satt, daß du nach Bhuj zurückwillst?»

Wollen sie denn wirklich, daß ich gehe? Wie muß ich mich denn verhalten? Ich begreife nicht, was um mich herum vorgeht. Ich höre ständig, wie sie über mich reden, mein Hiersein wie einen schweren Stein in ihren Hirnen wälzen. Was reden sie denn jetzt schon wieder?

Ich hatte mein Zelt aufgestellt und auf Schlaf gehofft, aber die Schafe sprangen die ganze Nacht über gegen die Plane, und zwei von ihnen verbrachten die Nacht bei mir im Zelt. Sie rieben ihre Nasen daran, so daß am nächsten Morgen milzbrandgrüne Rotzklümpchen auf der Plane klebten. In einer anderen Nacht schleifte ich mein Bündel etwa fünf Meter von der Herde weg und sank in bewußtlosen Schlaf. Bei ihrem Aufbruch zum Lager eines Onkels hatte keine von ihnen mich gesehen. Doch dann wurde ich von ihnen – schwarzen Gespenstern vor dem Sternenhimmel – geweckt. Sie befahlen mir, zu meiner Pritsche zurückzukehren. Ich kochte vor Wut. Begriffen sie denn nicht, daß ich es ohne Schlaf einfach nicht mehr aushielt? Sie lachten, hackten auf mir herum. Bohrten mir ihre Finger, knochige Hexenfinger, ins Fleisch.

«Wenn du hier draußen schläfst, schickt Phagu dich zurück nach Bhuj.» Wie ich sie haßte! Die Schafe und Ziegen kauten, verdauten und husteten. Sie waren so krank, mehr tot als lebendig, und trotzdem fraßen sie alles ratzekahl. Der große unersättliche Magen Indiens – Fressen und Gefressenwerden.

Jeden Morgen beim Aufwachen hatte ich schon Angst. Ich mußte ihnen gegenübertreten. Mußte mich zu ihnen setzen und mit ihnen essen. Manchmal lächelten sie mich an oder lachten, aber ihre Gesichter verrieten mir nichts. Sie musterten mich von der

Seite und machten sich ihre eigenen Gedanken. Hatten nicht die leisteste Ahnung, wie quälend es war, nicht sprechen zu können, sich die Welt überhaupt nicht strukturieren zu können, elend und ausgesetzt zu sein an einem Ort, wo einem sogar der Himmel fremd war. Von meinem anderen Leben hatten sie keine Vorstellung, und gerade dies machte wohl beides – die Isolation und den Schlafmangel – so ungeheuer belastend.

Das Land war ein einziges Wüstenei, nichts als Staub und Geröll. Nichts lockte das Auge oder die Seele zum Verweilen. Das Licht brannte die Farbe aus allen Dingen. Aus Blau wurde Weiß. Aus Grün ein stumpfes Grün oder Graubraun. Nur das Schwarz der Frauen widerstand der Herrschaft der Sonne, bildete winzige Risse in diesem Laken aus Licht. Die Männer in Weiß verschmolzen mit den Schafen oder Felsen und wurden unsichtbar. Am Abend kamen die Herden aus den Schluchten geströmt. Bei ihrer Ankunft im Lager wurde der Staub unerträglich. Die ganze Nacht hindurch drängten sich die Tiere um mein Feldbett und rieben sich daran. Wütend schlug ich mit einem Seil auf sie ein. Boxte nach ihnen und verletzte mich an Ellbogen und Händen.

Manchmal konnte ich mir nicht einmal Wasser besorgen, weil sie mir nicht gesagt hatten, daß wir diesmal früher aufbrechen würden. Ich hatte keine Ahnung, wielange ich ohne Wasser würde auskommen müssen. Ich war hilflos wie ein Kind. Allein marschierte ich zu einer sich in der Nähe befindlichen Eisenbahnsiedlung, einem namenlosen Kaff, das niemandem außer seinen Bewohnern bekannt war. Vielleicht gab es dort einen Laden. Etwas Kaltes. Vielleicht gar Eiswürfel. Tat ich nur einen Schritt aus dem Schatten, verspürte ich Übelkeit. Es war schon Herbst. Wie überstehen sie bloß den Sommer? Wie kann hier überhaupt etwas überleben? Fünf Meilen gehen, nur fünf Meilen, und dann etwas Kühles. Etwas anderes. Und wenn ich es geschickt anfing und keiner mich sah, konnte ich während dieser fünf Meilen allein sein. Ich näherte mich der Siedlung, zog mir den Orni übers Gesicht. Eine ausgefahrene Straße, staubige Bäume, ein paar im Schatten japsende, kranke Hunde mit Rippen wie Klaviertasten. Ein Gleis, das nach Nirgendwo führte und sich auch in der Gegenrichtung im

Nichts verlor. Längs dieses Gleises sah ich, von einem Ende Nordindiens bis zum anderen, die gleiche Ansammlung von Hütten, die gleichen im Müll stöbernden Kühe, die gleichen Kinder in Lumpen und Silber, mit ihren Augen voller Fliegen. In beide Richtungen kein Weg, kein Ziel.

Es gab einen Laden, den üblichen Schuppen, in dem die Ware aus Blecheimern und Säcken verkauft wurde und der sogar hier zwecks Anlockung von Kunden mit billigem Schnickschnack bestückt war. Eis gab es keins, dafür aber Orangenlimonade, warm und dick wie Blut. Ich trank vier Flaschen davon. Leute begannen sich um mich zu scharen. Hastig kaufte ich noch ein wenig Konfekt – zähe, mit Staub überpuderte Zuckerwatte – und eilte zum Lager zurück.

Manchmal zogen wir an Dörfern vorbei, die ich nur daraufhin taxierte, ob sie womöglich ein Telefon besaßen und, falls ja, wie ich zu diesem gelangen konnte. Könnte ich nur Narendras Stimme hören, nur einen zusammenhängenden Gedanken äußern, dann würde ich auch durchhalten. Ich könnte ihn bitten, Koju mit dem Jeep zu schicken. Oder irgendeinen Dolmetscher. Manchmal waren die Dörfer so nah, daß ich Einzelheiten erkannte. Warum ließen sie mich bloß nicht gehen? Weil es eineinhalb Stunden hin waren und eineinhalb Stunden zurück und es dann dunkel und zu gefährlich wäre, allein unterwegs zu sein. War es das? Wußten sie vielleicht, daß gerade dieses Dorf kein Telefon besaß? Oder hielten sie mich aus schierer Boshaftigkeit davon zurück?

Manchmal kündigte Nakki an, daß wir am nächsten Tag ins Dorf gehen würden, und ich klammerte mich an diese Hoffnung wie eine Mutter an ihr Kind und legte mich zu Bett. Wurde es dann aber morgens Zeit, das Lager abzubrechen, wandten wir dem Dorf den Rücken zu und wanderten in die entgegengesetzte Richtung. Das Bedürfnis zu reden war wie ein phantastischer Hunger; sie waren meine Folterer und placierten das Essen immer knapp außerhalb meiner Reichweite.

Die Malaria streckte die Schäfer nieder, wo sie gingen und standen. Auch ich war verschleimt und fiebrig. Ich darf nicht krank werden. Darf einfach nicht … Eines Nachmittags schließlich baten mich die Frauen, mich bereitzuhalten; wir mußten in die Stadt, um Spritzen und Vorräte zu besorgen. Drei Meilen auf einem Pfad, dann die Straße entlang, und die ganze Zeit stellte ich mir Narendras Stimme vor – so, als führe ich zwar allein in meinem Boot durch die nächtliche stürmische See, sähe aber dennoch das stetige Blinken des Leuchtturms im Hafen.

Der Arzt rief mich in sein Sprechzimmer, und wie üblich marschierten die Rabari hinter mir her. Er lachte, bat sie, Platz zu nehmen und bestellte Tee und Wasser.

«Auch ich bewundere diese Leute. Sie führen ein sehr schweres Leben.»

«Das dürfen Sie aber laut sagen», erwiderte ich.

«Und Sie gehen jetzt nach nebenan in mein Haus und stellen sich meiner Frau vor. Und dann duschen Sie sich.» Ich drehte mich fragend nach Nakki um. «Das geht schon in Ordnung», meinte der Arzt. «Wenn ich mit ihnen fertig bin, werden sie draußen unter der Markise auf Sie warten.»

Nicht einmal an seinen Namen erinnere ich mich. Obwohl dieser Arzt damals im Grunde meine Rettung war. Und es war mir auch völlig egal, daß ich meine Freundinnen um der Annehmlichkeiten der Wohlhabenden willen im Stich ließ. Ich schrubbte und rubbelte wie eine Wilde unter dieser Dusche, ja, ich glaube, ich habe sogar gesungen. Eine halbe Stunde später befanden wir uns wieder im Gewirr der Straßen und bahnten uns einen Weg durch den Menschenstrom. Ich kaufte eine Schachtel Konfekt, die ich dem Arzt auf dem Heimweg vorbeibringen wollte, und so viel Gemüse für die Dang, wie ich tragen konnte. Dann erzählte ich Nakki, daß ich eine Selbstwähl-Zelle finden müsse, um Jodhpur anzurufen. Ja, meinte sie, ich könne ruhig gehen, aber ich solle mich beeilen. (Dies gab sie mir mit einem Fingerschnipsen zu verstehen.) Sie würden hier auf mich warten. Ich hastete davon.

Es dauerte lange, bis ich die Zelle gefunden hatte. Jeder, den ich um Auskunft bat, schien in eine andere Richtung zu deuten. Dann übernahm wie üblich einer von den etwa dreißig Leuten, die sich inzwischen um mich geschart hatten, das Kommando und führte mich durch schmale Gassen hinter einen Basar. Zehn Leute drängten sich in einem Raum von der Größe einer Toilette. Man kriegte kaum Luft. Kleider sogen sich mit Schweiß voll. Und mir platzte schier der Kopf. Endlich brachte der Zellen-Wallah eine Verbindung nach Jodhpur zustande. (O bitte, bitte!) Nach etwa zehn Minuten reichte er mir den Hörer.

«Madam, die Verbindung ist sehr schlecht. Sie müssen schreien.»

Ich schrie: «Narendra ...» und hörte endlich seine leise, so ersehnte Stimme.

«Geht es dir gut? Wo bist du? Soll ich kommen?»

«Ich kann jetzt nicht reden», brüllte ich. «Zu schwierig. Ja, es geht mit gut ...»

«Was? Ich kann dich nicht hören.»

«Es geht mir gut ...» Und plötzlich war die Leitung tot. Ich versuchte, Dr. Rama Krishna zu erreichen, kam aber nicht durch. Ich legte auf, und dann preßte ich zu meiner Schande vor dreißig Leuten, die zur Tür hereinglotzten und sich am Fenster die Nase plattdrückten, die Hand vor die Augen und heulte.

Ich rannte fast zu unserem Treffpunkt und erfuhr, daß ein Schäfer gekommen war, der uns bat, in der Stadt zu warten, was wir dann vier Stunden lang taten. Und da keiner wußte, wann wir aufbrechen würden, konnte ich weder zur Telefonzelle zurückkehren noch das Konfekt abgeben.

Vier Stunden. Wir hockten auf dem glühend heißen Pflaster oder wechselten uns auf einer schmalen Holzplanke ab, die, zur Hälfte von einer Mauer beschattet, an eine offene Latrine grenzte, deren Gestank sich mit den Gerüchen von fauligem Müll, Bratöl und Gewürzen vermischte. In der gleichen Gasse befand sich etwa fünfzig Meter weiter der Fleischmarkt. Dort tranken Leute neben einem Haufen dampfender Abfälle Tee – neben Hühnerköpfen und -füßen, Ziegenmägen und anderen nicht ganz so leicht identifizierbaren Bestandteilen tierischer Anatomie, die von schmächtigen, schweißglänzenden Männern in Holzkarren geschaufelt wurden; bis zu den Knien standen sie in Blut und Dreck, mit nackten Oberkörpern, und die Sonne knallte auf sie herab wie ein Hammer, der klingend auf einen zu fest angeschraubten Deckel niedersaust. Hitze und Licht, Fliegen, die um klebrige Süßigkeitenstapel schwirrten, die Teetassen, die Augen der Kinder, die herumrennenden Schweine und die Frau im blütenweißen Sari, die angewidert durch den Kot stöckelte.

Ein Mann mit einer riesigen Python tauchte auf. Er war in Lumpen gehüllt, seine Beine mit nässenden Wunden übersät. Er preßte den Passanten Geld ab, indem er ihnen jäh die Schlange vors Gesicht hielt. Kaum hatte er meines erblickt, kam er schon gesprungen. Aus der Nähe konnte ich sehen, daß die Lippen der Schlange grob mit Bindfaden vernäht waren, ihr Mund blutig und verzogen war. Sie hatte keine Arme und Beine, um sich zu wehren, keinen Mund, um gegen ihr Schicksal zu protestieren. All ihr Leiden konzentrierte sich in den Augen, die jetzt, in der Erinnerung, einen fast menschlichen Ausdruck annehmen. Aus ausreichendem Abstand, sagen wir, sechs Metern – das heißt, dem Abstand, den man sich gegen geringes Entgelt verschaffen kann –, bietet der Mann mit der Schlange einen großartigen Anblick, ein Fotomotiv, das man sich nicht entgehen läßt. Aus nächster Nähe ist er nur gräßlich.

Wie man sich wünschte, diese Armen auch nur einmal sagen zu hören: «Krieg den Palästen, Friede den Hütten!» Lösten dann aber zornige Blicke die Selbstbeherrschung auf den Gesichtern ringsum ab, überlief es mich kalt, und ich widerrief meinen rebellischen Impuls. Hier nämlich würde keine vertikale Eruption stattfinden – bei der sich die unterste Lavaschicht einen Weg nach oben bahnt –, sondern lediglich eine laterale, bei der sich jeder gegen jeden wendet und ein Kampf aller gegen alle entbrennt. Manchmal dachte ich, der Ausbruch stehe nahe bevor, daß es jetzt nur noch eines weiteren korrupten Beamten, eines weiteren Lasters, eines weiteren Dezibels bedurfte oder aber einer weiteren zugeflickten Schlange, mit der so ein Hungerleider vor fremden Gesichtern herumfuchtelte.

Der Schäfer kam, um uns abzuholen. Ich weiß nicht mehr, wie viele wir waren, vielleicht zehn, die wir uns gemeinsam in eine Blechrikscha quetschten. Nach der Fahrt lag noch ein Querfeldeinmarsch von zwei Meilen vor uns. Doch nun gab es Streit. Der Fahrer fuchtelte wild mit den Armen und verlangte mehr Geld. Es handelte sich um einen Betrag von fünf Rupien. Ich nahm eine Frau beiseite und sagte, ich würde zahlen. Doch Nakkis Gerechtigkeitsgefühl war stärker als ihre Gier. Sie zeterten und zeterten. Zehn Minuten, zwanzig Minuten. Warum drückte ich dem Mann nicht einfach fünf, zwanzig, hundert Rupien in die Hand? Ich weiß es nicht. Ich tat, was alle taten. Wir hatten zwei kranke Kinder dabei und einen sehr kranken Mann. Ich stand ganz hinten, und als ich den Kopf zur Seite wandte, sah ich in der geduldigen Miene der Frau neben mir sekundenlang eine Verzweiflung, so alt wie der Kontinent selber. Ich bahnte mir einen Weg durch die Frauen, gab dem Mann seine fünf Rupien, und wir brachen auf. Nakki brummelte etwas von Gaunern und Dieben.

Arjun wankte beim Gehen. Er stürzte. Wir halfen ihm auf. Noch einmal hundert Meter, und wieder ging er, fiebrig vor sich hin murmelnd, zu Boden. Zwei Frauen verteilten ihre schweren Kopfbündel auf uns übrige und stützten ihn eine Zeitlang. Wieder fiel er hin. Fünf Minuten lang lag er stöhnend am Boden, und wir standen um ihn herum. Noch einmal hundert Meter. Wieder fünf Minuten Pause. Bis wir die Dang erreicht hatten. Nun war es höchste Zeit, zusammenzupacken und aufzubrechen. Arjun wurde zu den kranken und neugeborenen Lämmern aufs Kamel gehievt. An diesem Tag wanderten wir noch zwölf Meilen.

Offenes Land gab es nun keines mehr; wir kampierten auf dunklen, gepflügten Feldern. Pechschwarzem, schwerem Staubboden. Manchmal begegneten wir anderen Rabari-Gruppen mit ihren Kamelkolonnen. Alle schienen zu wissen, wer sie waren und woher sie kamen. Viele Dangs befanden sich noch hinter uns, viele waren vor uns, der Strom der Schafe ergoß sich Welle für Welle aus Kutch ins fruchtbare Ackerland Saurashtras.

Immer wieder tauchte die verschwommene Silhouette einer Burg am Horizont auf, zu deren Füßen sich ein Städtchen an den Hang schmiegte. Wir schienen sie zu umkreisen wie die bunten Bänder den Maibaum. Schließlich erreichten wir, nur zwei Meilen von ihr entfernt, unser Lager. Ich sah die neogotischen Türme jenseits des Hügels. Als ich mich bei Passanten nach der Burg erkundigte, erzählte man mir, sie sei inzwischen in ein Gästehaus umgewandelt worden. Auf jeden Fall aber gibt es in Palästen in der Regel auch Telefon. Diesmal würde ich Zeit haben, hinüberzugehen und Dr. Rama Krishna anzurufen, damit er mir einen Jeep und einen Dolmetscher schickte. Mit jemandem reden zu können war mir inzwischen wichtiger geworden als zu essen. Ich wagte es kaum noch, auf eine Verbindung nach Jodhpur zu hoffen.

Ich überquerte die Felder und erreichte die leere Straße. Schon bald hielt ein junger Mann auf einem Fahrrad neben mir an. «Wohin möchten Sie?» Ich zeigte auf den steilen, geröllübersäten Felshang, die Burg auf dem Gipfel. Er nickte und bat mich, aufzusteigen.

Da mir inzwischen klar geworden war, daß ich schon vor einiger Zeit durch ein Kaninchenloch gefallen war und mich in einer Wirklichkeit befand, in der ich mich, ohne mich groß zu wundern, bei immer «ulkigeren» Dingen ertappte, kauerte ich mich im Damensitz auf den Gepäckträger – vorsichtig, damit ich ihn nicht durch eine Berührung beleidigte, und demzufolge auch in Gefahr, uns beide aus dem Gleichgewicht zu bringen. «Wo bin ich? Warum tue ich das eigentlich?»

Mein Chauffeur schnaufte und keuchte, bis wir das Burgtor erreicht hatten, hinter das er keinen Fuß setzen wollte. «Hotel», sagte ich, deutete hin und fügte noch hinzu: «Kommen Sie, Tee trinken.» Aber er schüttelte nur den Kopf. Ich bot ihm Geld an und merkte, daß ich ihn beleidigt hatte. (Würde ich es denn nie kapieren?) Dann jedoch meinte er, ich müsse etwas für ihn tun. Ich kam ums Verrecken nicht drauf, was das sein sollte. Irgend etwas mit «Charmanni» und Schreiben.

«Nicht verstehen. Komm morgen früh zu Rabari auf Hügel.» Ich wandte mich um und wollte hineingehen, doch er ließ es nicht zu. Seine Stimme wurde drängend; ich hatte keine Ahnung, was er wollte. «Morgen», sagte ich, bezähmte meine Hysterie und zeigte auf die Straße. Er öffnete den Mund, wollte etwas sagen. «Verschwinde», schnappte ich weniger bösartig, als mir zumute war.

Mit einem Hotel hatte der Palast keine Ähnlichkeit. Er sah aus, als stamme er aus Grimms Märchen. Aber schließlich sah ja auch ich nicht gerade aus wie ein Gast. Ein Mann rückte in einem Anbau, einer anmutigen Zimmerflucht mit Veranda, Möbel hin und her. Ich bewegte mich knirschend über den unkrautüberwachsenen Kies der Auffahrt und war mir meiner unsäglich dreckigen Kurta und des noch dreckigeren Chunni nur allzu bewußt. Ich blickte auf meine Füße und hoffte, daß er nicht auch dahin guckte.

«Entschuldigen Sie, man hat mir erzählt, dies sei ein Gästehaus. Wäre es vielleicht möglich ...?»

«Warten Sie bitte. Ich komme sofort.»

Zum Glück schien er nicht zu bemerken, daß er es mit einer vor Hitze, Durst und Erschöpfung verrückten, vielleicht sogar gefährlichen Person zu tun hatte, und begrüßte mich, als wolle er ein am Vortag begonnenes Gespräch fortsetzen. Und da kam er auch schon heraus, dieser Gentleman (denn dies war er mit Gewißheit), rollte seine leinenen Hemdärmel herunter und führte mich ins Haus.

«Ähh, tja, ich habe mich schon gefragt, ob dies ein Hotel ist, weil ...»

Er führte mich zu einem Rattantisch in dem riesigen steinernen Atrium, bat mich zu warten und ließ mich allein. Ich dachte an die Sekunden, die verstrichen, die Minuten, die verlorengingen, da ich ja wieder zur Dang zurückmußte. Nach einer Ewigkeit kam ein Diener mit einem Tablett und brachte mir ein Glas Wasser. Ich leerte es auf einen Zug. Er brachte ein zweites.

«Ist dies denn ein Hotel?»

«Raja Sahib wird in Kürze zurücksein.»

Schließlich kehrte mein Gastgeber in blütenweißer Kurta und mit frischgekämmten Haaren zurück. Er roch nach teurer Seife, Sandelholz und Mottenkugeln. Er setzte sich mir gegenüber in einen Sessel und sagte: «Livingstone, nehme ich an.»

Ich ging auf seinen Scherz ein und fragte Stanley, ob dies ein Hotel sei. Aber der Maharadscha wollte sich über das Schicksal der Rajput-Herrscher nach der Unabhängigkeit verbreiten. Wie schwierig dies doch für sie alle gewesen sei. Wollte wissen, warum nicht mehr über die Rajput-Herrscher nach der Unabhängigkeit geschrieben wurde. Warum sich der Rest der Welt nicht so für die

Rajput-Herrscher nach der Unabhängigkeit interessierte, wie er es eigentlich wollte. (Das Bild einer dampfenden Teetasse und eines Eimers voller Wasser begann sich in Luft aufzulösen wie das Grinsen der Edamer Katze.)

«Hmm», sagte ich.

«Sehen Sie», sagte er, «wir waren einmal größer als die Könige Europas, weil wir tatsächlich über das Leben von Tausenden von Menschen geboten.»

Mit dem Besitz von Tausenden von Leibeigenen, dachte ich mir, sollte man sich heute ja wohl nicht mehr brüsten. Dann aber ging mir auf, daß, egal, in welcher Zeit wir uns auch befanden, es wohl kaum die heutige war, und schwieg daher. Hin und wieder stellte er mir eine Frage, doch meine Antworten schienen ihm keinen großen Eindruck zu machen. Er schlug mir vor, über die Rajput-Herrscher nach der Unabhängigkeit zu schreiben. Ich überwand mich und fragte ihn, ob er ein Telefon besitze. Dies schien ihn einen Moment lang aus der Fassung zu bringen, als ob die Erwähnung eines Telefons ihn aus jenen Sphären reiße, wo keine Person von irgendwelcher Bedeutung je derartige Fragen stellte. Er reagierte mit einer vagen, abwinkenden Geste. (Der Übersetzer löste sich ebenso in Luft auf wie vorher der Tee und das Badewasser.) Schließlich fragte ich, ob ich noch etwas Wasser haben könne. Zwei Gläser eines grünen Likörs wurden gebracht. Ich kippte meines auf ex. Falls der Maharadscha es mitbekommen hatte, war er zu gut erzogen, um es sich anmerken zu lassen.

Um das Gespräch auf ein Thema zu lenken, das mir Gelegenheit böte, ein wenig Eindruck zu schinden oder zumindest den Namen meines Freundes einmal laut auszusprechen – nach dem ich, wie ich nun merkte, beträchtliche Sehnsucht verspürte –, fragte ich ihn, ob er Narendra kenne.

«Natürlich. Wer kennt ihn nicht?» Er verstummte. «Aber er ist kein *echter* Prinz, wissen Sie.»

Die Sonne ging unter. Der Maharadscha entschuldigte sich. Es mußte nur einige seiner rajputischen Pujas vollziehen. Sein Diener würde mich zur Dang zurückfahren. Ich bedankte mich bei ihm. Keine Ursache, erwiderte er.

«Aber sagen Sie mir noch, ist dies nun ein Hotel oder nicht?»

«Hmm. Wer weiß.» Dann war er verschwunden, und die verlorene Zeit hatte ihn wieder verschluckt.

Trotz meiner Enttäuschung konnte ich dem Maharadscha gegenüber keinen tiefen Groll empfinden. Der Rolle des Fürsten entspricht es ja nicht, sich in die Lage eines anderen hineinzuversetzen, sondern vielmehr, Objekt der Vorstellungen und Gedanken anderer zu sein. Ich hatte diese merkwürdige Enthobenheit an vielen ehemaligen Herrschern registriert – die Unfähigkeit, anderen zuzuhören, und die Überzeugung, daß die eigenen Bedürfnisse von höchster Wichtigkeit sind und alle anderen sie automatisch befriedigen müssen. Dieser Narzißmus hat nichts Beleidigendes. Er ist ein Glaube und zu tief verwurzelt, als daß er einen beleidigen könnte. Und er hat nichts Persönliches, sondern folgt einem Rollenmodell. Ein Fürst erhält seine Bedeutung durch den ehrfürchtigen Blick der anderen. Sein Blick aber geht durch uns hindurch und über uns hinweg.

Nun saß nur noch Stanley am Tisch. Livingstone verschwand wieder im Dschungel.

An jenem Abend bei der Dang senkte sich ein bisher ungewohntes Gefühl der Ergebenheit über mich. Ich wollte die Schwierigkeiten nicht noch durch Widerstand vergrößern, der nur zu Mißerfolg und Energieverschwendung führte. Die äußeren Ereignisse konnte ich nicht beeinflussen, verändern konnte ich nur meine Reaktionen auf sie. Ein wenig Hinduismus stahl sich an jenem Abend in meine Seele.

Am Morgen kam langsam ein Fahrradfahrer über die Felder gezuckelt. Die Frauen begrüßten den Fremden mit höflicher Reserviertheit. Nakki warf mir Blicke zu.

Nun wurde mir klar (ich hatte ein Hindi-Taschenwörterbuch bei mir), was mein Radler wollte. Er war Moslem. Er hatte seine Arbeit verloren. Er war völlig pleite und hatte Angst. Ich sollte ihm helfen, einen Brief an einen deutschen Touristen zu schreiben, dem er eine Zeitlang als Chauffeur gedient hatte, weil der ihm mit Sicherheit ein Ticket nach Europa schicken würde. Zehn Meilen war er von seinem Dorf hierhergestrampelt, um mir diese Bitte vorzutragen.

«Ich kann aber nicht deutsch schreiben.»

«Dann eben englisch.»

Ich riß eine Seite aus meinem schmuddligen Notizbuch und schrieb, nachdem es mir zunächst schwergefallen war, meine Gedanken zu konzentrieren, folgendes: «Ich bin Australierin und hier in Indien unterwegs. Diesen Brief schreibe ich im Auftrag eines Freundes – eines jungen Dorfbewohners –, der Ihnen bekannt ist. Offensichtlich war er eine Zeitlang als Fahrer für Sie tätig. Nun befindet er sich in Schwierigkeiten und sucht einen Job. Er hat die Hoffnung, daß Sie ihm vielleicht in Deutschland irgendeine Arbeit anbieten können. Bitte schreiben Sie an die obengenannte Adresse. Auch wenn Sie ihm nicht helfen können, wäre es sehr liebenswürdig, wenn Sie diesen Brief beantworteten.» Ich wollte schon mit Alice im Wunderland unterschreiben, dachte mir aber dann, daß dies die Chancen des Radfahrers verringern würde.

Er umklammerte den Brief wie ein Ertrinkender und radelte davon. Ich ließ mich auf mein Bett sinken. Unter mir bewegte sich etwas. Im Liegen drückte ich mich von der Matratze ab und riß gleichzeitig die Decke unter mir weg. Es war eine Spinne von der Größe einer Riesenklematis mit behaarten Beinen und zangenartigen, gezackten Freßwerkzeugen, gewaltig genug, um mit einem einzigen Biß ein Telefonkabel zu durchtrennen. Sie blickte mich an. Ich war nicht entzückt. Ich packte Jaivi am Orni und zerrte sie an mein Bett. Sie betrachtete die Spinne, dann mich und sagte etwas, das ich mir nur als Kutchi-Entsprechung von «Na und?» deuten konnte. Tatsächlich handelte es sich um ein recht schönes Exemplar eines Tieres, das hier als Kamelspinne bekannt ist. Ich schlug sie tot.

Meine erleuchtete Ergebenheit ins Gegebene hielt an, bis wir uns, ein, zwei, vielleicht auch drei, vier Tage später (die Zeit dehnte sich hier wie Kaugummi), dem nächsten Dorf näherten. Ich erklärte Phagu, daß ich sofort in dieses Dorf gehen müsse, um den Jeep zu bestellen. Nichts sollte mich davon abhalten. Er schien dies zu verstehen. Er sah mir zu, wie ich einen kleinen Rucksack und Wasser zusammenpackte, sah zu, wie meine Hoffnung und Erregung immer mehr zunahmen, um mich dann – als ich, den Stock schon in der Hand, meinen irgendwie stumpf blickenden

Freunden munter zuwinken und aufbrechen wollte –, anzuhalten und zu sagen: «Du gehst morgen, nicht heute.» Ich starrte ihn an, packte dann wortlos meine Sachen weg und setzte mich, kochend vor Wut, auf meine Pritsche. Wenn man so viel Zorn hinunterschluckt, geschieht etwas Schreckliches mit unseren Eingeweiden. Sie verwandeln sich in Schlangen, die sich gegenseitig zerfleischen.

In jener Nacht träumte ich, daß unser Lager von Banditen umzingelt sei, von denen jeder mit sechs gewaltigen Penissen ausgestattet war. Die Eicheln dieser Penisse ähnelten den Mundwerkzeugen der Kampelspinne. Ich metzelte die Banditen auf unterschiedlichste Weise nieder, bis die gesamte Dang in Blut schwamm.

Am Morgen packte ich meine Sachen erneut. Phagu hatte immer noch Bedenken. «Ich kann nicht mitkommen», meinte er, zur Erklärung seines Verhaltens und, wie ich nun sah, auch als Entschuldigung. Ich schüttelte ihm lachend die Hand und sagte: «Ich gehe. Es muß einfach sein.»

Mit besorgter Miene begleitete er mich noch ein Stück über das Stoppelfeld, zögerte dann und meinte schließlich: *«Jao!»* (Geh!) Als ich mich umwandte, erblickte ich, da, da drüben, eine Staubwolke, die über die Felder herangewirbelt kam. O herrlicher Jeep! O gepriesene Verbindung zur Außenwelt! Hätte Phagu nicht neben mir gestanden, ich wäre auf die Knie gesunken und hätte vor lauter Dankbarkeit geschluchzt. Und hinter dem Steuer prangte, mutmachend wie eine Kavalleriefahne, Kojus stolzer Schnurrbart, Kojus Lächeln. Er hatte Post dabei, alte Nummern der *New York Review of Books* und einen Brief von Narendra. Und er hatte Praveen Singh ji von der Behörde in Bhuj mitgebracht, der einmal nachsehen wollte, wie ich zurechtkam. Worte, Worte, wunderbare Worte. Eine ganze Wortlawine.

Mit Hilfe von Praveen Singh, der Hindi sprach, sowie Koju, dessen Gemurmel und Zeichensprache ich längst deuten konnte, war ich nun wenigstens in der Lage, mit ihnen zu kommunizieren. Sogar auf höchst reduzierter Stufe bietet die Alltagssprache ein gewisses Strukturierungsschema, das dafür sorgt, daß die Gedanken das Wesentliche nicht allzusehr verfehlen. Sieht man sich dieses Schemas beraubt, so kann man in ziemlich merkwürdige Bewußtseinszustände geraten, vor allem dann, wenn man eine Art Geiselsyndrom gegenüber seiner Umgebung entwickelt hat. Jetzt erkannte ich an der Begeisterung, mit der sie sich, gedolmetscht von Praveen Singh, mit mir unterhielten, daß die Sprachbarriere auch für sie frustrierend gewesen war.

Ihr Gerede über meine Rückkehr nach Bhuj war nur ein Scherz gewesen, da sie glaubten, mich aufheitern zu müssen. Ich hatte nicht glücklich gewirkt; sie hatten sich Sorgen um mich gemacht. Sie fühlten sich besser, wenn sie mich zum Lachen bringen konnten, doch in letzter Zeit hatte ich überhaupt nicht mehr gelacht. Sie hatten mich gerne dabei und wollten, daß ich bei ihnen blieb, aber ich konnte nicht außerhalb der Dang schlafen, es sei denn, ich hatte eine Pistole bei mir. Schließlich waren sie für meine Sicherheit verantwortlich.

«Aber ich kann nicht schlafen», erwiderte ich, «und lieber will ich durch Banditen umkommen als vor lauter Erschöpfung.» Wir handelten einen Kompromiß aus. Ich durfte, etwas abseits von der Herde, im Zelt schlafen. Und mußte mir, sofern ich mir keine Pistole beschaffen konnte, zumindest einen Prügel zulegen.

An diesem Abend fand dann eine Art Party statt. Auch andere Familien schauten vorbei, man war froh, Fragen stellen und scherzen zu können, vor allem aber, daß man mir endlich die Funktionsweisen und inneren Strukturen der Dang erklären konnte.

«Jetzt verstehst du wohl, warum wir dich nicht in die Stadt lassen konnten?»

«Ja, ja, Ratti ben. Jetzt begreifst du, warum wir das Lager so früh abbrechen mußten.»

«Richtig, dieser turbanschwingende Schäfer auf dem Hügel, der hat uns signalisiert, wo die Herden waren.»

«Nein, Ratti, für sein Mukki-Amt bekommt Phagu nichts bezahlt, aber alle anderen auf der Dang beteiligen sich an seinen Ausgaben.»

Die befriedigendste Neuigkeit für mich aber bestand darin, daß Pala bhai, der über den Buschtelegrafen (ein weit effektiveres Kommunikationssystem als die Fernwähl-Zellen) gehört hatte, daß ich mich eher als Vor- denn als Nachteil erwies, mir durch

Praveen Singh ausrichten ließ, ich solle Phagus Dang verlassen und mich der seinen anschließen.

«Aber *das* ist doch ihre Dang», rief Parma aufgebracht, und ich versicherte ihr, daß ich keinerlei derartige Absichten hegte.

Phagu klärte mich über die Einzelheiten seiner Arbeit auf. Gewöhnlich erkundeten zwei Männer, er und ein Begleiter, im vorhinein das Gelände. Am Abend erzählte er dann den anderen, welche Route sie am folgenden Tag nehmen mußten, wo das Lager aufgeschlagen würde, wo Wasser, wo Weideflächen zu finden wären. Änderte sich etwas an diesem Plan, kehrte er zurück, um die Frauen zu informieren. Ansonsten aber steuerten diese den verabredeten Ort an, holten die Herden entweder ein oder erkundigten sich nach ihnen. Die Schäfer hinterließen spezielle Wegmarkierungen, um die eingeschlagene Route zu markieren oder darauf hinzuweisen, daß man einer bestimmten Fährte nicht folgen sollte. Phagu selber mußte mitunter viele Meilen vorausreisen, und falls es einen Bus gab, nahm er auch manchmal den. Meistens aber ging er zu Fuß.

Während sie wanderten, waren die Schafsexkremente ihre Haupteinnahmequelle. Phagu handelte etwa mit einem Farmer aus, auf einem bestimmten Feld zu lagern. Die Schafe fraßen die Stoppeln weg (tatsächlich strömten sie fast wie ein Staubsauger auf das Feld), hinten kam der fertige Dung heraus, und der Erlös wurde entsprechend der Anzahl der Schafe, die eine Familie besaß, auf die Dang-Mitglieder verteilt. Sobald Phagu seinen Schafscheiß-Deal unter Dach und Fach hatte, hinterließ er dem Eigentümer des Feldes sein Tuch, damit andere Viehhirten wußten, daß das Feld belegt war.

«Wenn das Oberhaupt einer aus, sagen wir, vier Brüdern und einer Schwester bestehenden Familie beschließt, daß nur ein Familienmitglied auf die Dang gehen soll, dann zahlen die übrigen Brüder und die Schwester diesem einen festen Lohn für seine Hütearbeit, ob der Verkauf von Dung, Fleisch oder Wolle finanziell etwas abwirft oder nicht. Erzielt man einen Gewinn, so wird dieser später unter den Familienmitgliedern aufgeteilt.»

«Aber das führt doch sicher manchmal zu Unstimmigkeiten.

Was macht ihr, wenn es unter euch oder zwischen euch und anderen zu Meinungsverschiedenheiten kommt?»

«Es gibt keine Streitigkeiten in der Dang oder zwischen den Dangs. Nein, das gibt es nicht. Vielleicht züchtigt ein Mukki mal einen jüngeren Burschen, der sich nicht an die Regeln hält und seine Schafe an Stellen weidet, wo es ihm nicht erlaubt ist. Aber das war es dann auch schon. Und verstrickt sich einmal ein Dang-Angehöriger in eine polizeiliche Untersuchung, etwa, weil er einen Dieb verprügelt hat, dann wird das Bestechungsgeld, das man zur Vermeidung einer Gerichtsverhandlung und der dafür anfallenden Kosten an die Polizei bezahlt, von allen Dang-Mitgliedern gemeinsam aufgebracht.»

Bei diesen Fragen lebten sie alle auf. Sie liebten es, von sich zu reden, und hielten sich mit Recht etwas auf ihre Sachkenntnis zugute. All dies war ihnen eine gute Entschuldigung gewesen, um einmal lange aufzubleiben, Prashad zu essen und Tee zu trinken; und nun entfernten sie sich allmählich mit knackenden Kniegelenken und «Eeeh, Bhagwan»-Rufen zu ihren Lagerstellen. Leises Lachen war noch zu hören und die Fetzen einer Melodie, die über das Meer der Schafe driftete, und dann war nur noch Stille.

Phagu streckte sich auf dem Bett aus, paffte seine Chillum und starrte hinauf in den Himmel.

«Kennst du die Sterne, Phagu?»

«O ja. Früher haben wir Rabari uns nur an den Sternen orientiert. Wir waren ‹Pfadfinder›, das ist die eigentliche Bedeutung unseres Namens. Aus bestimmten Konfigurationen kann man Zeit und Ort sehr genau ablesen. Aber heute gibt es Uhren, und das Land ist dicht besiedelt, und so haben wir dieses Wissen verloren ...»

«Es hat sich jetzt schon so vieles verändert. Wie deine Enkel wohl einmal sein werden? Wie sie wohl leben werden?»

«Man sagt mir, daß mein Beruf keine Zukunft hat und daß ich meine Herden verkaufen soll. Aber wie kann ich mir jetzt um all das Gedanken machen? Die Schafe nehmen meine ganze Zeit, Kraft und Konzentration in Anspruch. Ich bin viel zu sehr mit dem bloßen Überleben beschäftigt, Ratti ben, als daß ich deine tiefschürfenden Fragen beantworten könnte.»

Am Morgen wimmelte es um, unter und im Jeep nur so vor Leuten. Sie kletterten auf die Kühlerhaube oder hockten auf dem Dachgepäckträger. Parma tat, als chauffiere sie, und die Kinder wollten unbedingt im Wagen frühstücken. Junge Männer stellten sich hinter dem Rückspiegel an, um sich die Haare zu kämmen.

Ich fuhr die Frauen zum Einkaufen ins nächste Dorf, was ihnen ziemlich zu Kopfe stieg. Auf dem Rückweg saßen meine Schwestern neben mir auf der Vorderbank und gossen Hohn und Spott über die gewöhnlichen Fußgänger aus. Parma, die glaubte, ich verstehe sie nicht, verkündete laut: «Das ist unser Taxi, und Ratti ben ist unsere Fahrerin.»

Ich schickte Koju mit Praveen Singh nach Bhuj zurück und bat ihn, in zehn Tagen wieder zurückzukehren. Einige Male hatte man mir deutlich zu verstehen gegeben, daß ich das «Taxi» doch ruhig dabehalten könne, und wenn dies auch in mancherlei Hinsicht verführerisch war, so sagte mir doch meine Intuition, daß es mehr Probleme schaffen als lösen werde.

Auch an diesem Abend besuchten uns ein paar Frauen von den anderen Lagerstellen. Nakki begann mir zu erzählen, warum sie Schwarz trugen. (Denn sie sind bestimmt die einzige Rabari-Gruppe und, soweit ich weiß, die einzige Volksgruppe in Indien, die dies tut.) Sie waren so erpicht darauf, sich verständlich zu machen, daß zwei weitere Frauen die Geschichte noch mal wiederholten, wobei jede mit ungeheurem Einsatz die Sprachbarriere zu überwinden trachtete, indem sie mich Sätze niederschreiben ließen, die ich dann wieder ausstreichen und erneut schreiben mußte.

«Vor langer Zeit, als die Rabari noch in Jaisalmer lebten, verliebte sich der Radscha in eine junge Rabari, deren Schönheit im ganzen Umkreis gerühmt wurde. Ihre Familie aber sagte: ‹Auch wenn du unser König bist, können wir unsere Tochter nicht in eine andere Kaste einheiraten lassen.› Dies mißfiel dem König, denn er war es gewohnt, seinen Willen zu haben. Die Rabari wußten nun, daß sie fliehen mußten, und als sie im Kreis beisammensaßen, schütteten sie Salz in eine Schale Wasser, tranken es und gelobten, von nun an nie wieder das Salz Jaisalmers zu kosten. Sie zogen fort, der untergehenden Sonne entgegen, und die Soldaten des Radscha verfolgten sie. Es kam zu einem Gemetzel. Aber anstatt dem König nachzugeben, flehte das junge Mädchen die Göttin an, es zu retten. Sein Gebet wurde erhört; Mutter Erde tat sich auf und verschlang es. Seit dieser Zeit tragen wir Rabari, die wir Kutch schließlich doch noch erreichten, Schwarz zum Zeichen unserer Trauer, und der Ort, an dem die junge Frau starb, ist uns heilig. Und nun gibt es auch keine Heiraten mehr zwischen Rajasthani Raika und Kutchi Rabari. Denn hat man einmal einen Ort, an dem man Schlimmes erlitten hat, hinter sich gelassen, so löst man alle Verbindungen.» Vielleicht würden sie mich eines Tages hinbringen, damit ich wußte, wovon sie sprachen. Oder sollten wir vielleicht lieber gleich zum Himalaya ziehen und die Wohnstatt der Götter besuchen?

Als es Zeit war, schlafenzugehen, musterte Phagu mich unter den Augenbrauen hervor. «Aber nach Divali solltest du wohl lieber nach Bhuj zurückkehren.» Alle hielten den Atem an; ein Schweigen senkte sich über uns. Ich holte tief Luft, preßte die Fäuste ins Gesicht wie ein Kind und plärrte: «Bitte, bitte, schick mich nicht nach Bhuj!» Als sie aufgehört hatten zu lachen, wischte Phagu sich mit dem Turbanzipfel die Tränen ab und sagte: «Ratti ben, bleib bei uns, solange du willst.»

12

«Erzähl uns doch, wie du damals dein Gepäck ...» Phagu begann mit völlig ausdrucksloser Stimme, schaffte es aber nicht, seinen Satz zu Ende zu führen. Bereitwillig spielte ich ihnen zum hunderttausendendsten Mal vor, wie ich meine Koffer durchwühlte, Kleider und Biscoot-Büchsen in alle möglichen Richtungen schleuderte.

«Sag uns doch noch mal den Namen deines Vaters!» Antil Guildford Montgomerie Nugent Davidson.

«Zeig uns, wie Arjun vom Doktor zurückgekommen ist!» Eins, zwei, drei, vier, fünf, sechs, aaaah – und hochdramatisch fiel ich in Ohnmacht.

Falls mein Beitrag zur Moral der Truppe darin bestehen sollte, Phagus Stichwortgeber zu spielen, so störte mich das nicht allzusehr. Wo die äußere Realität derart bedrohlich war, wurden Harmonie und Fröhlichkeit im Innern der Gruppe um so wichtiger, und gerade in dieser Hinsicht zeigte sich Phagus Genie als Mukki am deutlichsten. Immer wieder brachte er alle zum Lachen, denn er wußte: Ließen sie sich von ihren Lebensproblemen niederdrükken, sie wären längst untergegangen, da ihr Leben aus nichts als Problemen bestand.

Ich entdeckte etwas, das meine eigene Kultur charakterisierte, zumindest die der Nachkriegsgeneration: den Glauben nämlich, daß das Leben im Grunde leicht sein sollte, daß stets jemand zur Stelle sein wird, um uns aufzufangen – eine Überzeugung, die uns in Fleisch und Blut übergegangen ist und knapp unterhalb der Bewußtseinsschwelle liegt. Die Rabari gaben sich derlei Täuschungen nicht hin. Ich selber hatte mich immer für unverwüstlich gehalten, für einen Menschen, dem Findigkeit und Selbstvertrauen in die Wiege gelegt worden waren. Jetzt aber wußte ich, wie verweichlicht ich war und wie mißmutig, im Grunde ähnlich wie diese alten Frauen in den Pflegeheimen – so, wie man nun wirklich nicht werden möchte. Anders als meine Gastgeber mußte ich erst noch lernen, auch im Angesicht bitterster Not fröhlich zu bleiben. Es gelang mir nicht wie von selbst. Manchmal schien es mir, als bestünde ich nur noch aus Unzufriedenheit und Verzweiflung, als tobe ein Sturm in meinem Innern, der nach Entladung suchte. Zu solchen Zeiten kam mir ihr Gelächter gefühllos vor, und ich haßte sie. Dann aber, wenn ich schon glaubte, ich könnte weder sie noch mich auch nur einen Augenblick länger ertragen, fiel die scheinbare Härte von ihnen ab wie eine warzige Haut, und Freundlichkeit, Liebenswürdigkeit und unerschöpfliches Mitgefühl kamen darunter zum Vorschein. Etwa bei Rammi, die eine Extrameile lief, um mir einen Brunnen zu zeigen, und mir mein Wasser nach Hause trug. Oder bei Jaivi, die einen Teil des selbstgemachten Prashads versteckte, bis ich wieder zurück war. Bei Nakki, die nachts auf Zehenspitzen an mein Bett schlich und Phagu zuflüsterte: «Sie schläft. Sie ist müde. Morgen muß sie mehr essen.»

Das Wohlwollen, das sich manchmal in ihrem Lächeln zeigte, ihre Fähigkeit, sich ohne große Erwartungen für andere zu verausgaben: mit all diesen menschlichen Gesten gelang es ihnen immer wieder, mich aus meinem Loch herauszuhieven. Und ich ertappte mich dabei, wie ich, fast gegen meinen Willen, leise in ihr Lachen einstimmte und die Zärtlichkeit wie eine frische Brise nach dem Sturm wieder in mein Herz einkehrte.

Für diese ihre Art, Lachen zu einer Überlebensstrategie zu machen, bewunderte ich sie am meisten. Vor allem Phagu, auf dessen Schultern bleischwer die Verantwortung lastete. Immer bedenkend, daß eine falsche Entscheidung das Ende ihrer Einkünfte bedeuten konnte, mußte er vorausdenken, planen, sich den Kopf zerbrechen. Er mußte Diplomat und Psychologe sein, mal hart, mal weich, mußte Unternehmer, spiritueller Führer, General und Friedensstifter in einer Person sein. Manchmal, wenn er sich unbeobachtet fühlte, standen Sorgenfalten auf seiner Stirn, sein Verhalten aber verriet nie eine Spur von Selbstmitleid, ja nicht einmal den Gedanken daran.

Die Stellung eines Mukki ist nicht erblich. Wenn Phagu es einmal nicht mehr packte oder zu alt für seine Aufgabe wäre, würde ein fähigerer Mann an seine Stelle treten, was jedoch keinerlei Gesichtsverlust bedeutete. Dann konnte er unter Führung eines anderen weiterhin an der Wanderung teilnehmen oder aber zu Hause bleiben und seine Söhne und Töchter schicken. Solange er jedoch noch Mukki war, brachte man ihm und seiner Familie absoluten Respekt entgegen, wenn dieser Respekt auch in seinem Falle manchmal in blinde Verehrung umschlug, weil Männer von Phagus Kaliber einfach an jedem Ort und zu jeder Zeit selten sind. Eine subtile Macht strahlte von unserem Lager aus. Es war ein unwiderstehlicher Anziehungspunkt, denn nirgends gab es fröhlicheren Gesang, besseren Prashad, geistreichere Witze und anregendere Gespräche.

An den Abenden, an denen Phagu erschöpft und mit tief eingesunkenen Augen von seinen Streifzügen (die tagelang dauern konnten) heimkehrte, spürte man, wie sehr sie ihn schätzten. Einmal beobachtete ich, wie Parma, die ich bei mir die eiserne Jungfrau nannte, die Falten seines Kittels ordnete (ohne daß er es bemerkte), flüchtig all ihrer Liebe und Sorge mit dieser überaus zarten Geste Ausdruck verlieh, einer Geste, die man über Kulturen und Äonen hinweg wiedererkennt.

Einmal drückte Spaßvogel Phagu mir einen langen Stock, einen Sack mit Roti und eine Wasserflasche an die Hand und befahl mir, mit den Herden hinauszuziehen. Ich spielte meinen Part. Alles kicherte wie auf Kommando. Phagu zerrte mich zurück, nahm mir die Requisiten wieder ab, legte mir den Arm um die Schultern und sagte: «Wann gehst du denn nun nach Bhuj zurück?»

«Ich werde *nie* nach Bhui zurückkehren ... Aber ich würde dich gern auf einem Erkundungsgang begleiten.»

«Das wirst du bald satt haben», sagte Phagu.

«Nein, nein.»

Ich hatte es tatsächlich bald satt. Wir wanderten in ein Dorf, auf eine Farm. Über ein paar Felder, um einen Talab (Stausee) herum, wieder ins Dorf zurück, dann über einige Felder zu einer anderen Dang, immer wieder einen Hügel hinauf und in eine Schlucht hinab. Dann schlossen wir ein Geschäft mit einem Bauern ab, trafen unsere Schäfer und wanderten zurück zu einer anderen Farm. So verging der Morgen. Nun, da wir allein miteinander waren, wurden wir ziemlich schweigsam, als seien wir wortlos übereingekommen, die improvisierten Kabarettnummern bleibenzulassen. Die frustrierenden Verständigungsversuche machten alles nur noch bedrükkender, so daß wir in ein Schweigen verfielen, das durch ein gelegentliches Grinsen oder einen Seitenblick zwar durchaus beredt, aber nicht behaglicher wurde. Aber auch wenn ich seine Sprache gesprochen hätte, wieviel von Phagus Welt hätte ich wohl begriffen? Könnten wir die Welt, und sei es auch nur eine Minute lang, mit den Augen eines anderen sehen: Das wäre wohl echtes Reisen.

Ich wußte, daß die Dang-Führer sich häufig trafen, um ihr allgemeines Vorgehen zu erörtern, wußte, daß die Schäfer zusammenkamen und Neuigkeiten austauschten, verstand aber nicht, wie eins ins andere griff, um diese gewaltigen Bewegungen von Tieren und Menschen zu erzeugen, die durchaus nichts Chaotisches, sondern eher die Qualität eines präzisen Mechanismus made in Germany besaßen. Nun hatte ich Gelegenheit, zu beobachten, wie das alles zustande kam. Wann immer wir einem anderen Viehhirten, egal, von welcher Kaste oder Religion, begegneten, ob im Basar oder an einem einsamen Berghang, schüttelte Phagu ihm als erstes die Hand und stöpselte dann seinen Lakri o tar, den Hirtenstab-Telegrafen, ein.

Nie sah man einen Schäfer ohne seinen Stab, ob er nun (mit hochgezogenem Bein) daran lehnte, mit ihm auf Schafe eindrosch, Gundahs (Räuber) abwehrte oder, wie ein Hirte es mir einmal vorgeführt hatte, Revolver aus den Händen von Polizisten schlug. Überall auf der Welt ist er Symbol für den Hirten und hat dem wunderbaren Kommunikationssystem, ohne das die organisatorische Meisterleistung der Wanderung undenkbar wäre, seinen Namen gegeben. Zwei Hirten begegnen sich. Sie schütteln sich die Hände. Sie tauschen Informationen aus. Wie viele Schafe besitzt diese Dang, wo zieht sie hin, wie sind die Bauern in dieser oder jener Stadt, ist ein bestimmtes Gebiet schon von anderen Hirten belegt, wie viele Schafe sind schon hier durchgezogen, was geschah eigentlich auf jener Kamel-Dang, wer kam bei dieser oder jener Schaf-Dang zu Tode, wieviel Bestechungsgeld hat man eigentlich diesem Forstbeamten bezahlt, wie weit sind sie mit der Erdnußernte in Gegend A, wann ernten die Bauern in B, was sagte W zu X im Dorf Y, wieviel hat es gekostet, Schäfer Z vor einem gerichtlichen Verfahren zu bewahren? Und so weiter. Man muß hier schon eine beträchtliche Portion Mathematik voraussetzen, namentlich von der kombinatorischen Sorte. Bei all den Wanderungen und Begegnungen steigen die Chancen zum gegenseitigen Austausch und zur mehrmaligen Überprüfung der Fakten. Aber auch die Wahrscheinlichkeit von Irrtümern erhöht sich, jenen «Übertragungsgeräuschen» quasi, die die Effektivität eines jeden – ob nun elektronischen oder sonstigen – Kommunikationssystems beeinträchtigen. Im System der Hirten aber gibt es praktisch keine Geräusche. Anders als bei der stillen Post, bei der die von einer Person an die nächste weitergegebene Information sich bis zur Unkenntlichkeit verändert, bleiben die von den Nomaden verbreiteten Informationen bis ins kleinste Detail hinein korrekt.

Auf kurze Sicht mochte es zwar im Interesse des einzelnen Hirten liegen, seine Konkurrenten im Kampf um die Ressourcen zu beschwindeln. In einem größeren allgemeinen Zusammenhang jedoch liegt es in jedermanns Interesse, die Wahrheit zu sagen. Der örtlich begrenzte, persönliche und kurzfristige Vorteil wird also, um es anders zu sagen, dem Nutzen der Gemeinschaft geopfert, obwohl einen niemand wegen dieses Regelverstoßes bestraft – und dies unter Menschen, die die Verstellung zu einer Kunstform entwickelt haben. O wunderbare Nomaden! O Hoffnung des Menschengeschlechts!

Endlich lag die Dang wieder unter uns. Hockende Kamele säumten den Rand der Herde, von der ein Duftgemenge aus Urin, Staub, Räucherstäbchen und Nacht aufstieg und aus der sich durch Lichterketten markierte kleine Paläste aus Luft und Feuerschein erhoben. Über ihr aber standen Venus, Sirius und die im purpurnen Raum schwebende Mondsichel. Die Stadt, aus der wir kamen, lag nur eine Gehstunde entfernt, und doch besaß sie keinerlei Bezug zu dieser lebendigen Welt unter den Sternen. Weitab von allem befanden wir uns hier, außerhalb von Raum und Zeit.

Hatti versetzte mir zur Begrüßung einen Knuff gegen den Schenkel. Ich hob drohend die Faust, worauf sie in wildes Gekicher ausbrach.

Mit einem «Eeeh, Bhagwan» ließ ich mich schwerfällig zu Boden sinken und lehnte mich an den Pfosten eines Charpoi.

«Trink Tee, Ratti ben.»

«Nach dir.»

«Nein, nein, du trinkst jetzt erst mal.»

«Nein, zuerst du ...» Auch wenn einen die Tasse Tee womöglich wieder zum Leben erweckte, so mußte man dennoch seine Gier bezähmen, mußte Mensch bleiben. Koffein und Zucker putschten uns jetzt wieder auf, Ziegenköpfe tauchten aus dem Dunkel auf, Schafe starrten ins Feuer, die Ohrringe der Frauen baumelten hin und her, vom Schatten ins Licht, während die Hände den Teig kneteten und man sich die Begebenheiten des Tages erzählte – und so das Heute mit dem Morgen, das Leben der einzelnen mit *dem* Leben schlechthin verwob.

Phagu schloß Hatti in die Arme, küßte ihr die Handflächen und streckte sich auf dem Bett aus, während seine Tochter sich an seine Seite schmiegte. Er begann sie die Verse eines Liedes zu lehren, sang ihr eine Zeile vor, die sie dann so lange wiederholte, bis sie die Zeile auswendig konnte. Andere Kinder kamen und stimmten ein, kletterten aufs Bett, rollten sich wie Katzen rings um Phagu zusammen, der schwarzes Ziegenhaar flocht und seinen Chillum rauchte, wobei er ihn hin und wieder einem der kleinen Buben reichte. Das Singen ging wohl noch eine gute Stunde lang weiter, nur hie und da, wenn jemand falsch sang, von Gelächter oder einem Hagel zärtlicher Knüffe unterbrochen. Als es Zeit war zum Abendessen, reichte Phagu mir das geflochtene Ziegenhaar. Ein Halfter für Ram Rahim.

Ich ging zu meinem kleinen Kamel, probierte ihm das Halfter an, kitzelte seine Lippen, blies ihm in die Nüstern und lag dann lange neben meiner Pritsche, lauschte den keuchenden, wiederkäuenden Tieren, dem Aufschlagen der Hirtenstäbe auf den Felsen, dem leise glitschenden Geburtsgeräusch der Lämmer und starrte hinauf in jene alles einhüllende Dunkelheit. Am Morgen, wenn wir weiterzogen, würde nichts auf unser Lager hinweisen außer den schwarzen runden Stellen, wo die Feuer gebrannt hatten, und unseren Fußspuren, die der Wind verwehen würde.

Ungefähr einen Monat lang war ich auf der Dang, als der Jeep mit Dr. Rama Krishna und seiner Familie eintraf. Er hatte für Phagus Herden Medikamente mitgebracht und mir das, was ich am dringendsten benötigte: Freundschaft und die englische Sprache. Divali, das Lichterfest, stand vor der Tür, und die Dorfläden hatten sich mit Feuerwerkskörpern eingedeckt. Ich kaufte Wunderkerzen für die Kinder und Knallfrösche für mich selber, aber nur, weil der Vorsitzende Mao, umringt von explodierenden Knallfröschen und indischen Göttern, die Verpackung zierte. Das war einfach Kitsch der Superklasse, und sorgfältig verstaute ich sie in meinem Gepäck.

Am Ende jenes Wochenendes überredete mich Phagu, ihn nach Bhuj zu chauffieren, damit er Rangka besuchen konnte, der sich in ihrem zweihundert Meilen entfernten Heimatdorf das Bein gebrochen hatte. Schon einen Tag nach dem Unfall wußte die ganze Dang Bescheid. Wir packten die von den Frauen für Rangka zubereiteten Süßigkeiten ein sowie eine Genesungskarte von mir, die die Unterschriften beziehungsweise Daumenabdrücke aller Dang-Mitglieder trug. Phagu hätte natürlich ebensogut den Bus nehmen können. Sein Beharren, daß ich ihn fahren müsse, bewies mir wieder einmal, daß ich meine Entscheidung, den Jeep nicht dazubehalten, in weiser Voraussicht getroffen hatte.

Ich hatte schon befürchtet, daß die Hitze nie zu Ende gehen und der indische Winter sich als ebenso flüchtig wie der englische Sommer erweisen würde. Am Abend meiner Rückkehr aus Bhuj jedoch, als Gräue den Osten säumte wie ein urzeitliches Meer, das einen toten Küstenstrich überspült, stahl sich zur Feier jenes Augenblicks, an dem ich gewöhnlich einschlief, eine prekäre, kaum wahrnehmbare Kühle zwischen die Laken. Zwei Stunden später rissen mich wie gewohnt die Fliegen und die heiße Hand der Sonne aus dem Schlaf. Zwei Dinge aber hatten sich verändert. Die Wärme um mich herum befand sich in Bewegung. Und die Schäfer hatten sich in Decken gehüllt.

Nach Divali begannen die Winde zu wehen, genau wie Phagu es vorausgesagt hatte. Für mich waren es die Meeresbrisen des australischen Sommers. Für die Rabari waren es arktische Winde, die Krankheiten mit sich brachten. Schon bald litt ein Drittel der Dang nicht nur an Malaria, sondern auch an der Grippe. Befanden wir uns in der Nähe einer Stadt oder eines Dorfes, wanderten wir viele Meilen, um einen Arzt aufzusuchen. Ansonsten zogen wir einfach weiter. Am Morgen spannten die Frauen nun keine Plane mehr auf; ungeschützt hockten wir unter einem Himmel, der kein Erbarmen mit meiner zarten Haut kannte. Ich kauerte im Schatten meines Betts wie ein dem Licht ausgesetzter Regenwurm. Aber nur selten fiel die Sonne von der Seite ein, sie zog es vor, senkrecht auf uns herabzubrennen. Ich fühlte mich krank und schluckte handvollweise Antibiotika, die keine Wirkung zeigten, doch hatte ich inzwischen gelernt, nicht über mein Elend nachzugrübeln, es beiseite zu schieben wie sie oder es als Material für komödiantische Nummern zu verwenden.

Der Langeweile war da schon schwerer beizukommen. Wer noch nicht sechs, acht, zehn Stunden lang, wartend und völlig auf sich selbst zurückgeworfen, auf einem schwarzen gepflügten Acker unter einem sienafarbenen Himmel gesessen hat, weiß nicht um die wahre Bedeutung des Wortes Langeweile. Ich besaß nicht das Schlaftalent der Nomaden, die während dieser unendlichen Nachmittage ihre Stickarbeit wegpackten und schnarchten. Unter solchen Gegebenheiten verwandelt man sich allmählich in einen Zombie. Das Hirn funktioniert zwar noch gut genug, um den Schmerz zu registrieren, zum Erlernen einer Sprache aber reicht es nicht mehr. Die Langeweile erlöste mich also weder von der Mattigkeit noch von der Stummheit.

Prousts Prosa hatte ich längst als Toilettenpapier zweckentfremdet. Die wenigen von der Vorsehung geretteten Seiten, die zu kleinen Kugeln zusammengeknüllt zwischen meinem sonstigen Plunder steckten, suchte ich jetzt wieder hervor und las sie wie Poesie, ließ mir einzelne Ausdrücke und Sätze auf der Zunge zergehen, denn wie eine Art Rettungsleine verbanden sie mich mit der Küste eines vertrauteren Selbst. Einer Küste, die allmählich zurückwich.

Immer wieder hatten mir die Frauen versprochen, mir beizubringen, wie man einen Gudio macht, aber irgendwie hatte ich es nie geschafft, bei unseren Dorfausflügen einen Stoff dafür zu erstehen. Ich beschloß, dies im nächsten Dorf nachzuholen und den fertigen Gudio, dessen Herstellung Wochen in Anspruch nehmen würde, Narendra zu schenken.

Bald bot sich eine Gelegenheit. Wir wanderten fünf Meilen, um einen Arzt aufzusuchen. In der winzigen Praxis, einem blauen Zementloch mit Glühbirne, drängten sich zitternde grauhäutige Gestalten, die in diversen goyaesken Posen am Boden kauerten. Auf einer Seite befand sich ein Gestell mit alten Spritzen und ein paar Antibiotika- und Chlorochininflaschen. Der Doktor saß hinter einem wackligen Metallschreibtisch. Er war hochadrett, sein Haar pomadisiert und in der Mitte gescheitelt. Er wirkte fröhlich und tüchtig und war mir auf Anhieb sympathisch. Er sei ein richtiger Arzt, versicherte er mir. Das heißt, er hatte westliche Medizin studiert und in einer Großstadtklinik gearbeitet. (Die Leute, die sich in diesen Dörfern als Ärzte bezeichnen, sind oft bloß ehemalige Pillendreher.)

Und was hatte ihn veranlaßt, sich hier niederzulassen? Es gefiel ihm hier. Es war ruhig. Er kannte fast alle seine Patienten. In der Stadt hätte er sicher mehr Geld verdient, doch wozu braucht man Geld, wenn man sowieso schon glücklich ist? Außerdem: «Die Städte hat der Mensch erschaffen, die Dörfer aber Gott.» Seine Therapie war im Grunde immer die gleiche, sie bestand aus einer Spritze, gefolgt von Ratschlägen wie: «Iß drei Tage lang keine Tomaten» oder «Brühe ein wenig Somf (Fenchelsamen) auf, und trinke das Kochwasser». Er sah mich an und zwinkerte, womit er mir zu verstehen gab, daß die Diätempfehlungen nur für die Ungebildeten galten. Dann meinte er: «Wenn ich ihnen keine Spritze gebe, fühlen sie sich betrogen. Die Leute wollen sich nach einer Stunde besser fühlen, so daß wir leider immer nur Symptome und nicht die Ursachen behandeln können.» Der Arzt steckte die Spritzen in ein Sterilisiergerät, das an einen Woolworth-Toaster erinnerte. Ja, ja, natürlich mache er sich Sorgen wegen Aids, doch es gebe «vordringlichere Probleme in Indien». Und dann erhielten unsere Kranken ihre Spritzen, und wir brachen zum Einkaufen auf.

Die ganze Länge der Straße war von Gemüseständen gesäumt. Aus einem Tea-Shop stiegen fröhliche Rauchwölkchen. Ich kaufte so viel Grünzeug, wie ich tragen konnte, und ein paar kleine Geschenke: Nagellack, Süßigkeiten, Bänder. Dann lehnte ich, von meinen Einkäufen umgeben, an einer Lehmmauer über einem Rinnstein und ließ das Straßenleben an mir vorüberziehen. Sobald die Frauen ihre Geschäfte erledigt hatten, wollten sie mich hier treffen; danach wollten wir gemeinsam den Stoff kaufen gehen. Wie immer begannen sich Horden um mich zu scharen. Als meine Freunde zurückkehrten, war ich in der Menge untergegangen und vergrub den Kopf in den Armen.

Als die Rabari begriffen, wie sehr ich diese Menschenansammlungen haßte, setzten sie all ihre Geschicklichkeit darein, mich vor ihnen zu schützen. Denn schließlich wurden auch sie in den Dörfern von «*Bhoot, bhoot*» (Gespenst) plärrenden Kindern begrüßt.

«Warum starrt ihr sie denn so an?» rief Jaivi und bahnte sich einen Weg durch die Menge. «Würde es euch vielleicht gefallen, wenn man eure Schwestern so anglotzt?» Alle waren sich einig, daß ihnen das nicht gefiele, und glotzten weiter. Ich konnte nicht umhin, die Dörfler mit den Nomaden zu vergleichen, die anderen so viel respektvoller begegnen, so viel kultivierter und verständiger sind. Wann immer ich wandernden Kastenangehörigen in Dörfern begegnete, musterten sie mich zwar mit unverhohlener Neugier, nie aber haben sie mich derart bedrängt.

Die Rabari-Frauen logen, daß sich die Balken bogen, wenn es darum ging, die endlosen Fragen über mich abzuschmettern. Manchmal gaben sie mich als Regierungsbeamtin aus, ein andermal als Tierärztin. Einmal war ich auch Polizistin, was alle umgehend zum Schweigen brachte. Aus der ungeheuren Gelassenheit, mit der sie diese Flunkereien von sich gaben, erkannte man, daß die Täuschung der Außenwelt ihnen über Jahrhunderte in Fleisch und Blut übergegangen war. Und dabei verhielten sie sich nie undiplomatisch, worin die Provokation auch bestehen mochte.

Meine unbeheure Wut gegenüber der Menge entsetzte mich. Am liebsten hätte ich jedes einzelne Gesicht gepackt und in den Rinnstein gedrückt. Ich tat es nicht, sondern begab mich in jenen halbkatatonischen Zustand, in dem man nur noch registriert und sich nichts anmerken läßt.

Es gab nur einen einzigen Stoffladen, einen elenden, mit ein paar wenigen staubigen Kattunballen bestückten kleinen Schuppen, an dessen Seitenwand sich eine Holzbank entlangzog. Wir ließen unsere Schuhe auf der Eingangsstufe stehen und verteilten uns mit wichtigen Mienen auf der Bank. Parma und Jaivi ließen den Ladenbesitzer nacheinander alle vorhandenen Stoffballen aufrollen, obschon wir uns bereits auf die Farben geeinigt hatten: Weiß als Grundfarbe, Rot für den Rand.

Es war spät geworden. Wir mußten uns beeilen. Wir drängelten uns durch die Menschenmenge, die uns zur Stadt hinausfolgte und dann langsam wie ein Kometenschweif ausdünnte, bis endlich nur noch die Kerntruppe übrigblieb: meine Schwestern und Tanten, die im Gänsemarsch über stille Bergpfade eilten. Wir hielten an, um unsere Bündel zurechtzurücken. Parma lächelte, als sie mir die schwere Last wieder auf den Kopf setzte: «Ja, Ratti ben, jetzt bist du ein *bhoot* wie wir.»

Acht Frauen saßen mit mir im Kreis, der Gudio spannte sich zwischen uns wie eine Picknickdecke, Nadel und Faden warteten auf ihren Einsatz. Der Gudio war einen Meter fünfzig lang und einen Meter breit; er bestand aus zwei Außenschichten aus weißem Kattun und drei Wolldecken als Futter, die alle mit ein paar wenigen groben, später zu entfernenden Stichen zusammengeheftet waren. Ich verstand nun, warum sie sich gegenseitig halfen und das Besticken eines Gudio zunächst einmal gemeinsam in Angriff nahmen. Man stelle sich bloß vor, wie deprimierend es wäre, allein vor eineinhalb Quadratmeter Stoff zu sitzen und zu wissen, daß man mehrere hunderttausend Stiche machen mußte, ehe er überhaupt nur annähernd einer Steppdecke gleichsah.

Parma starrte eine Zeitlang auf die weiße Fläche und begann dann unter den Blicken und mit Billigung der älteren Frauen, ein Muster aufzuzeichnen. Als erstes halbierte sie das Rechteck. In den beiden Hälften zeichnete sie dann Paisley-Wirbel von der Größe von Palmblättern, die sie innerhalb der beiden Rahmen kunstvoll miteinander verschränkte. Ihre Muster gestaltete sie in langen fortlaufenden Linien, so daß man, solange einem der Faden nicht ausging oder man den äußeren Rand erreichte, die Nadel nicht aus der Hand legen mußte. Als dies zu jedermanns Zufriedenheit beendet war, begannen wir mit der Arbeit. Mit winzigen Vorderstichen aus rotem dickem Baumwollgarn folgten wir den Linien von Parmas Eingebung. Ich merkte bald, daß diese nur als ungefähre Vorgabe dienten, als Thema, wenn man so will, und jede einzelne, wenn ihr danach war, subtile Variationen hinzufügte – nichts so Eigentümliches, daß es die Harmonie des Entwurfs sprengte, aber doch individuell genug, um ihn zu beleben.

Jede Frau besaß sozusagen ihre eigene Stickhandschrift, und bis zum heutigen Tag meine ich mich bei genauer Betrachtung des Gudios zu erinnern, wer was gestickt hat. Nakki arbeitete mit der Gewandtheit einer Fee; Lakhma mit der Schwerfälligkeit eines Trolls. Lakhma, das muß man hinzufügen, war ein wenig beschränkt. Immer die letzte, die einen Witz kapierte, die erste, die nach dem Essen griff, und wenn sie mal gerade nicht aß, stand ihr der Mund offen. Wenn sie bloß aufhören würde, dachte ich, da ich schon jetzt beträchtlichen Besitzerstolz für meinen Gudio hegte, denn ihre Stiche erinnerten an die grobe Spur eines Geiers zwischen dem zarten Filigran von Zaunkönigen. Nakki registrierte meine Blicke und meine gerunzelte Stirn und preßte die Lippen aufeinander, um nicht zu grinsen. Doch es half nichts. Sie zwinkerte Parma zu, die zu Jaivi hinüberblickte, die wiederum Rammi anguckte und so weiter, bis alle sich nur noch mit Mühe das Lachen verbissen, alle außer Lakhma, die uns stumpf und einfältig anlächelte. Schon nach zehn Minuten hatte ich einen Krampf, doch sobald eine von uns auch nur ein wenig nachließ, rief Nakki: *«Karo!»* (Weiter), als ob wir einen Berg bestiegen. Ein starkes Gefühl der Verbundenheit stellte sich ein, es wurde viel gelacht, erzählt, gewispert. Auch Frauen von anderen Lagerstellen kamen vorbei, gingen uns zur Hand oder brachten Prashad. Nie hätte ich gedacht, daß ein Stickkränzchen so viel Spaß machen könnte.

«Wann kommt denn das Taxi zurück, Ratti ben?»

«Wie weit ist es eigentlich in dein Land, Ratti ben?»

«Wie lange würde es dauern, wenn man hinwandern würde?»

«Wie ist es möglich, daß die Sterne bei euch anders aussehen als hier bei uns?» (Versuchen Sie mal, das in Zeichensprache zu erklären!)

Alles, was ich ihnen in meinem stockenden Hindi, Gujarati oder in Zeichensprache erzählte, setzte eine der Frauen sofort in ein Lied um oder vielmehr in einen Singsang. Immer wieder die gleichen Töne und Strophen, gesungen im Schrittempo und mit starker Betonung auf dem letzten Wort. «Ratti bens Taxi kommt, es kommt bald, kommt *bald.*» Oder «Ratti bens Heimat ist weit, ach so weit – weit, so *weit.*» Als ich ihnen erzählte, daß in Australien manche Kleinfamilien ein Gebiet so groß wie Kutch besaßen mitsamt allen Schafen und dem Vieh darauf, guckten sie mich an, als wollten sie sagen: «Auch wir können dir faustdicke Lügen auftischen, aber ein bißchen *glaubhaft* sollten sie schon sein.»

Da sie mir nun halfen, erwarteten sie von mir, daß ich den Tee zubereitete. Ungeschickt schleppte ich drei Steine herbei und schürfte mir am Dornenreisig die Haut auf. Latchi warf mir jenen speziellen Blick zu, den Teenagerblick für ganz besonders bescheuerte Erwachsene, griff nach den Streichhölzern und befahl mir, zum Gudio zurückzukehren. Lange hatte es gedauert, bis sie sich herabließ, mich zur Kenntnis zu nehmen. Und nun erwies sie sich doch tatsächlich als Superkumpel. Sogar das gelbäugige Hundemonster war kürzlich einmal unterm Bett hervorgekrochen und hatte mir zweimal wie verrückt mit dem Schwanz zugewedelt, ehe es wieder darunter verschwand.

Wir unterbrachen unsere Näharbeit, um Tee zu trinken und den unvermeidlichen Tabak zu schnupfen, nach dem die älteren Frauen richtig süchtig zu sein schienen. Danach holten sie winzige Glasphiolen mit weißen Kristallen hervor. Nur ein Körnchen davon rieben sie sich in die Augen, worauf diese heftig tränten. Natürlich mußte ich es ausprobieren. Es war ein Gefühl, als ramme einem jemand einen glühenden Dolch ins Auge, drehe ihn langsam darin herum und reibe zu allem Überfluß noch Ätznatron in die Wunde. Ich mußte schon all meine Willenskraft aufbieten, um nicht laut loszubrüllen. Wozu dieses Zeug denn gut sei, fragte ich. Um die Augen zu «reinigen». Um die Wahrheit zu sagen, ich glaube, sie waren süchtig nach dem Schmerz des weißen Pulvers, der ja auch durchaus von orgastischer Qualität war. Ich fragte sie, warum sie keine anderen Medikamente nähmen, und versuchte ihnen zu erklären, daß Spritzen Gefahren in sich bargen, namentlich die Übertragung anderer Krankheiten durch schmutzige Nadeln. Wäre es denn nicht besser, redete ich auf sie ein, Chinintabletten gegen Malaria oder Aspirin gegen Fieber mitzunehmen, Medikamente, die billig und überall erhältlich waren. «Oh, wenn du das sagst, Ratti ben, dann machen wir das auch», logen sie, damit ich mich endlich zufriedengab.

Eher noch nahmen sie Medikamente für die Schafe mit, die an Milzbrand, Blutvergiftung und Leberekeln litten. Sie spritzten die Tiere mit Terramycin oder flößten ihnen Arzneitränke ein, im Glauben, daß es sich dabei um Stärkungsmittel handle, weil die Tiere danach auf wundersame Weise zunahmen.

Ich legte meinen Kopf in Jaivis Schoß. Nur meine Beine ragten noch in die Sonne. Zicklein drückten mir ihre spitzen kleinen Hufe in den Leib oder knabberten an meinen Ohren. Später kamen einige Moslems, um zwei Schafe zu kaufen. Die Einstellung der Rabari zum Bruch hinduistisch-vegetarischer Essensvorschriften ist nicht unbedingt heuchlerisch, eher zurückhaltend. Folglich wurde der Verkauf alter oder kranker Tiere etwas verstohlen gehandhabt, obgleich die Rabari ihre Tiere gelegentlich auch selber verspeisten. Auf alle Fälle aber wirkte die ökonomische Symbiose zwischen Rabari und Moslems auf sehr praktische Weise der Bigotterie der Glaubensgemeinschaften entgegen. Wobei ich glaube, daß die relative Toleranz der Nomaden auch noch einen anderen Grund besitzt: die permanente Konfrontation mit unterschiedlichen Lebensweisen nämlich, die sich aus der Notwendigkeit ständiger Grenzüberquerungen ergibt.

Meine Geschenke wurden mit großer Selbstverständlichkeit von ihnen akzeptiert, während meine überströmenden Dankesbekundungen angesichts von Geschenken oder geleisteter Hilfe nur Verwirrung bei ihnen auslöste. Wüstenkulturen besitzen nur selten ein Wort, das unserem «danke» entspricht, da Teilen unabdingbare Voraussetzung fürs Überleben und integraler Bestandteil dieser Lebensform ist. Man lernt es in frühester Jugend. Wann immer ein Kind Süßigkeiten erhält, teilt es sie mit allen anderen.

Parma und Jaivi, Hatti und Latchi riefen mich an ihre Betten, sie wollten den Nagellack ausprobieren. Vier Sorten hatte ich gekauft: Purpur, Pink, Scharlachrot und Kastanienbraun. Der purpurne und der pinkfarbene wurden umstandslos zurückgewiesen. Hatte ich denn gar keinen Geschmack? Wozu paßte denn Purpur? Und wer mochte schon fades Pink tragen? Kastanienbraun war am besten, weil sich die Farbe in ihren bestickten schwarzen Kleidern wiederholte, und das feurige Rot war sehr schön für Hatti, die noch kein Schwarz trug, sondern wie ein Weihnachtsbaum aufgeputzt war: mit ihrem grünem Rock aus vielen Quadratmetern raschelnder Seide, der bunten, reichbestickten Bluse und dem Silberschmuck.

Schon immer hatte ich mich wohl gefühlt in Situationen, die es einem erlaubten, die Fesseln künstlich hergestellter Attraktivität abzuwerfen. Ich war mehr als glücklich, mich nicht mehr darum scheren zu müssen, ob meine Kurta zu meiner Hose paßte oder ob Schafskot in meinen Haaren klebte. «Wer sieht es denn schon, wen juckt es?» Die Antwort darauf gaben die Rabari-Frauen, die ihr Aussehen vielleicht gezwungenermaßen, nie aber freiwillig vernachlässigten. Manchmal musterten sie mich von der Seite, offenbar erstaunt, was ich mir da wieder übergeworfen hatte. Da mir diese Blicke nicht entgingen, stellte ich mich dann vor sie hin und fragte: «Geht das denn so?», worauf sie einander mit zuckenden Mundwinkeln ansahen und erwiderten: «Ja, ja, Ratti ben, geht schon.» Später meinten sie dann taktvoll, ob ich nicht ein wenig Khol auftragen wolle oder weshalb ich denn den hübschen Rock nie anzöge, den ich, wie sie wußten, im Gepäck hatte. Oder hatte ich vielleicht Lust, mir von ihnen die Haare flechten zu lassen? Doch trotz all der zur Schau getragenen Besorgnis war leicht zu erkennen, daß sie mich als einen hoffnungslosen Fall von Geschmacksverirrung betrachteten.

Wozu all diese Eitelkeit? Dieses Sichherrichten, Sichherausputzen vor kleinen Handspiegeln, die sie in ihren Miedern bei sich trugen, das sorgfältige Auftragen des Khol, die mit Bändern verlängerten Kleiderfalten, die mit Seidenfäden befestigten Glasstückchen, die Freude an ihrem Silberschmuck – und nun das sorgfältige Aufpinseln des Nagellacks auf diese verarbeiteten, flammenversengten, dornenzerstochenen Hände, die sie von sich streckten und begutachteten wie eine Schar von Hollywoodstars in einem Boudoir? Wen wollten sie denn damit beeindrucken, hier, wo sexuelle Beziehungen außerhalb der Ehe nicht nur mißbilligt wurden, sondern überhaupt nicht existierten? So behaupteten sie zumindest, und ich glaubte es ihnen.

Ich will nicht so tun, als hätte ich Einblick in das Bewußtsein eines Rabari, aber wo dem Individuum außerhalb seiner Gemeinschaft keine Bedeutung zugemessen wird, gehören alle Besitztümer, sogar die Schönheit eines Menschen, nicht nur den Individuen, sondern der ganzen Gruppe. Eine Frau schmückt sich folglich, weil sie eine Rabari ist und Rabari-Frauen für ihre Schönheit berühmt sind; Schönheit verschafft der Gemeinschaft, aus der man seine Identität und Stärke bezieht, Ansehen bei den anderen und wird auch innerhalb der Gruppe mit Anerkennung quittiert.

«Wann, hast du gesagt, sollte das Taxi kommen, Ratti?» Parmas Tonfall entging mir nicht. Jedesmal, wenn der Jeep kam, fiel es mir schwer, mich dem moralischen Druck zu widersetzen, den sie dann auf mich ausübten. Für sie war das Taxi eine phantastische Sache. Doch war es einmal da, veränderten sich Entfernungen und Zeiten, und mir wurde bewußt, daß mein Aufenthalt bei ihnen nur eine Art Ersatzleben war. Ich war Touristin in vorindustrieller Zeit.

Die dominierende Zeitrechnung auf dieser Welt ist meine eigene, die der postindustriellen technologischen Ära. Die meisten meiner Zeitgenossen schwelgen zwar gern in früheren Epochen, sind jedoch nicht bereit, wirklich in die Vergangenheit zurückzukehren und ihre Bequemlichkeit aufzugeben. Sie hätten es gerne, wenn einige Menschen in diesen früheren Zeiten verblieben (ob diese das wünschen oder nicht), auf daß sie selbst gelegentlich zu Besuch kommen können, immer natürlich unter der Option, sich, wenn es zu anstrengend wird, wieder davonzumachen. Und auch ich hatte mich ja nur entschließen können, trotz aller Härten mit ihnen zu wandern, weil ich wußte, daß diese Mühen vorübergehender Natur waren. Sie aber wollten Auto fahren, weil ihnen die Mühsal, der sie nicht zu entfliehen vermochten, zum Hals heraus hing.

«Das Taxi kommt bald.»

«Ah. Kommt ‹Kaajun› auch mit?»

«Ja, Koju kommt auch.»

«Und Sahib?»

«Ich weiß es nicht.»

«Wenn das Taxi da ist, fahren wir alle nach Junagadh.»

Ich weigerte mich, etwas dazu zu sagen, akzeptierte aber die Fahrt nach Junagadh bereits als *fait accompli*, ob es mir nun paßte oder nicht. Und es paßte mir nicht. Sie wußten inzwischen, daß ich ihnen kaum etwas abschlagen konnte, und sie nutzten dies weidlich aus, so lange, bis ich mich stur stellte, worauf sie dann wiederum ihren unwiderstehlichen Charme spielen ließen. Als Koju das letzte Mal dagewesen war, hatte Phagu gefragt, ob man vielleicht einen kurzen Erkundungstrip ins vor uns liegende Gelände unternehmen könne. Ich ließ Koju zurück, und wir fuhren bei Tagesanbruch los. Gegen neun fragte ich mich bereits, wann es wohl wieder nach Hause ging. Ich hatte keine Landkarten dabei und verließ mich daher ganz auf Phagu. Ich beobachtete ihn aus den Augenwinkeln. Diesen Mann, der nicht stillsitzen konnte, seine rastlosen Hände, seine Blicke, die hin- und herschossen, nach Wasser, Futter, Lagerplätzen, Dörfern mit Einkaufsmöglichkeiten Ausschau hielten, der überlegte: Wann wird wohl hier die Baumwolle geerntet? Sollen wir es riskieren, in dieses Dschungelgebiet zu ziehen? Alles in allem: ein Musterbeispiel menschlicher Intelligenz.

Nach dreihundert weiteren Meilen – über Staubpisten, an gepflügten Feldern und Stauseeufern entlang – drohten die wütenden Vipern in meinem Innern sich über das ganze Wageninnere zu ergießen und sich in Phagu zu verbeißen. Und plötzlich grinste er mir wieder zu, und der Zorn ließ nach. Diese Fahrt würde ihm lange Busreisen ersparen, unzählige Wanderungen, wochenlange harte Arbeit. Und dagegen hatte ich auch gar nichts einzuwenden, mich störte nur, daß er mich manipulierte. Hätte ich gewußt, daß ich den ganzen Tag hinterm Steuer sitzen würde, so hätte ich mich natürlich besser vorbereitet.

«Bist du müde, Ratti ben?»

«Natürlich bin ich saumüde.» (Ich sagte das auf englisch.)

Er lachte. «Halt mal hier an!» Und man stelle sich vor: Der alte Geizkragen spendierte mir beim Chai Wallah so viel Tee, wie ich trinken konnte – wobei ich denjenigen sehen möchte, der mehr als fünf Gläser schafft.

Als wir zurückkamen, war es dunkel. Die ganze Klan begrüßte mich mit Prashad und Lobeshymnen, ich aber hatte die Nase gestrichen voll, ließ mich nicht mehr beschwatzen und zog mich sofort ins Zelt zurück. In mein Notizbuch schrieb ich: «Sie nehmen mich aus wie eine Weihnachtsgans.»

Ich lag lang ausgestreckt auf dem Rücken und schlief mit den

Handflächen nach oben – wie völlig Erschöpfte es eben tun. Durch die gallertartigen Wände des Schlafes hindurch spürte ich etwas Schweres, Feuchtes in meiner linken Hand. Zum Teufel mit ihnen! Dachte ich. Ich hab genug von ihren Scherzen. Mir mitten in der Nacht einen Klumpen Erde in die Hand zu drücken, das geht einfach zuweit! Kochend vor Wut auf meine Peiniger, schleuderte ich den «Klumpen» von mir und sah, wie er sich in die urzeitliche S-Form verwandelte.

Die Schlange landete irgendwo zu meinen Füßen im Gepäck. Im Lichtstrahl der Taschenlampe erwies sie sich als kleines harmloses Würmchen, das mich auf irgendwie zutrauliche Art anstarrte. Ich wollte ihm zwar nicht weh tun, doch es mußte aus meinem Zelt verschwinden. Da ich keinen Prügel fand, rief ich nach einem Wächter. Mit Hilfe von Zeichensprache befahl ich ihm, die Schlange mit dem Stock zu Boden zu drücken, damit ich sie hinter dem Kopf packen und in die Kaktushecke schleudern konnte. Er muß mich wohl mißverstanden haben, denn einen Augenblick später war alles ringsum mit Blut, Giftzähnen und Schuppen besudelt. Zwecks Identifizierung bewahrte ich auf, was von ihr übriggeblieben war. Wochen später erfuhr ich dann, daß eine Krait, die giftigste Schlange Indiens, bei mir genächtigt hatte.

Eines Morgens, als ich meine Decken zurückwarf und mich aufsetzte, stieg der Vollmond im Westen in sein Bett und zog die Wolken über sich, während Hunderte von Kranichen in Regen verheißenden Formationen über unser Lager flogen: ein Van-Gogh-Gemälde in Braun-, Schwarz- und Grautönen, überwölbt vom strahlenden Gelb des Himmels.

Ich war geprägt von der kargen, strengen und keuschen australischen Landschaft, in der selbst die Erde etwas Empfindsames und Unbezähmbares hat. In Indien dagegen gab es kein Stäubchen, das nicht schon einmal im Dienste des Menschen gestanden hatte – umgepflügt, zu Töpfen geformt, aufgegessen, ausgeschissen, als Staub emporgehoben und wiederum untergepflügt worden war. Sogar Kleinkinder hatten bereits Jahrtausende hinter sich. Wenn der australische Horizont einen einlud, seine Lasten abzuwerfen und dem Fluchtpunkt zuzustreben, so erstickten hier die vom Menschen geschaffenen Beschränkungen jeden Impuls zu freier Bewegung. Hunde und Zäune, Festungen und Verteidigungsmauern, Zenana (Frauengemächer) und mit Eisenspitzen bewehrte Tore. Nasenringe, Fußeisen. Regeln und Vorschriften, welche die Struktur der Gesellschaft unverrückbar festschrieben. Das Aussehen dieses Landes war geprägt vom Gedanken, daß der Sicherung und dem Schutz des Privateigentums absoluter Vorrang gebührt.

In Delhi hatte ich jemanden getroffen, der meinte: «Daß die Aborigines sehr rückständig sein müssen, wurde mir klar, als ich hörte, daß Ayer's Rock jahrtausendelang in ihrem Besitz war, ohne daß sie ihn je verziert und geschmückt haben.» Ich stellte mir Uluru in Indien vor: mit Safran und Silber beschmiert, in den Höhlen häuft sich der Kot, an seinem Fuß wimmelt es von Bettlern und Schleppern, die die Touristen am Ärmel zupfen – die ganze Macht und Erhabenheit des Ortes unter Brüsseler Spitze begraben. Wie gegensätzlich diese beiden Vorstellungen von Schönheit doch waren!

Als ich nach Jahren in der australischen Wüste zum erstenmal nach England kam, empfand ich die Landschaft als zahm und, nun ja, hübsch, bloß hübsch. Heute dagegen kann ich mir nicht mehr vorstellen, daß ich nicht von Anfang an von ihrer Würde und subtilen Schönheit ergriffen war. Dazu hatte ich eine neue Art des Sehens erlernen müssen. Hatte meinen australischen Blick aus zusammengekniffenen Augen, der endlose Weiten in sich aufnimmt, ablegen und mit kurzsichtigerem Auge nach den Details des Vordergrundes – Details, in die sich Geschichte eingeschrieben hat – Ausschau halten müssen. Die englische Landschaft wurde einem gleichsam schon fertig gerahmt geliefert.

Indien aber? Wie konnte ich hoffen, es je zu begreifen, je hier heimisch zu werden?

Dieser Morgen markierte eine Art Neubeginn. Diese Farben, die ich nie zuvor in solcher Zusammenstellung erblickt hatte, die charakterische Form der Felder und Hügel, die Frauen in Schwarz – all diese Elemente bildeten einen Ort, an den ich zurückkehren konnte, auf den ich Anspruch erheben konnte. Parma kam heran und setzte sich zu mir aufs Bett. Eine Zeitlang beobachteten wir gemeinsam die Kraniche. «Sie kommen von jenseits des Meeres wie du. Bald wirst du in dein Land zurückkehren und uns vergessen.»

13

Zunächst hatte ich geplant, mit den Rabari bis an die Grenze von Gujarat zu reisen oder sie, falls die Regenfälle in Kutch ausblieben und Phagu die Grenze nach Madhya Pradesh überschreiten mußte, auch dorthin zu begleiten. Nun war er dank unserer Erkundungsfahrt zu dem Schluß gelangt, daß man sich in diesem Jahr das Risiko einer Wanderung über weite Entfernungen und in unbekanntes Territorium sparen konnte: Die Dang würde in Saurashtra bleiben.

Was würden meine Auftraggeber wohl davon halten, wenn ich sechs Monate lang auf diesen gottverlassenen Äckern meine Runden drehte? Das war wohl kaum der epische Stoff, den man ihnen in Aussicht gestellt hatte. Und Dilip würde die Dang – da war ich mir ziemlich sicher – todlangweilig finden. Ich mußte mir etwas anderes überlegen, um sowohl die Zeitschrift als auch ihn zufriedenzustellen.

Auf diese Weise setzte sich jene eigentümliche Instabilität, die durch die innere Struktur der Dang zeitweise aufgehoben gewesen war, erneut als Leitmotiv dieser Reise durch. Welche Mühe man auch aufwandte, jeder Plan blieb dem zweiten Gesetz der Thermodynamik unterworfen. Indien ist nicht der geeignete Ort für Menschen, die irgendeinen Anschein von äußerer Ordnung benötigen, weil sie selbst chronische Chaoten sind.

Meine Freundschaften mit den Rabari hatten mehrere Phasen durchlaufen: Auf die Flirtphase folgte eine der Höflichkeit, in der man sich nur von seiner besten Seite zeigte; dann die Phase der Vertraulichkeiten, die schließlich von Mißverständnissen, Streit und Wiederversöhnungen abgelöst wurden. Inzwischen hatten wir zu einer Art Normalität gefunden, was zwar nicht so aufregend war, aber von größerer gegenseitiger Akzeptanz zeugte. Genau wie Liebende jedoch, die, sind die Neugier und der Wunsch zu gefallen einmal verschwunden, Vorteile aus den Schwächen des Partners zu ziehen versuchen, begannen die Rabari nun die meinigen auszunutzen.

Eine Dorfbewohnerin war ins Lager gekommen. Sie hatte die Rabari gefragt, ob ich denn reich sei. Worauf sie erwiderten: «So reich, daß sie sich ein Zimmer mit Klimaanlage leisten kann.»

Die Frau schürzte die Lippen und nickte langsam und nachdenklich.

«Sie hat sogar einen Jeep.»

Die Frau warf mir einen raschen Seitenblick zu, aus dem Gier und Berechnung blitzten.

«Mit Klimaanlage!» Nun musterten sie mich alle von der Seite.

Ich hatte eine Riesendummheit begangen und begann erst jetzt die Konsequenzen zu begreifen. Ich hätte mich ebenso skrupulös an unsere Vereinbarungen halten müssen, wie sie selbst es zu Beginn getan hatten, und ihnen dann am Ende der gemeinsamen Reise ein Geldgeschenk überreichen sollen. Doch wie konnte ich mich guten Gewissens mit diesen unvorstellbar kleinen Geldsummen abgeben, die mir so wenig und ihnen so viel bedeuteten? Wie konnte ich knausern, wenn es darum ging, einen Dollar für ein Taxi oder fünfzig Cents für Süßigkeiten, ein Arzthonorar oder für ein Medikament zu zahlen? Aber mein Denken war falsch. In meiner Welt mocht ein Paisa nichts wert sein; hier war er ein Paisa, und wenn es eine Regel gab, nach der die Nomaden lebten, dann die, daß ein Narr und sein Paisa bald voneinander geschieden sind.

Es hatte ganz harmlos begonnen. In meiner Verzweiflung über die so schwierige Verständigung wollte ich meinen guten Willen durch Großzügigkeit beweisen, nicht nur in Hinblick auf Geschenke, sondern auch bei Dingen, die zu ihren vertraglichen Verpflichtungen gehörten. Zunächst noch unmerklich, dann allmählich deutlicher begann die Habsucht, für die ihre Kaste berühmt ist, durchzuscheinen wie Kupfer durch eine abgegriffene Versilberung. Es geschah auf nette Art, durch Winke und Anspielungen, nie durch offenkundige Bitten, dennoch aber schuf es eine Spannung, die mich ärgerte und an meinen Energiereserven zehrte. Sie hatten mich des Vergnügens (und der Macht) des Schenkens beraubt. Vielleicht empfanden sie meine Freigebigkeit ja als subtile Beleidigung – die weiße Frau, Barra Sahib, die so reich war, daß sie ihr Geld an die Armen und Verachteten verschwenden konnte. Und als Abwehr gegen das Gefühl oder den Anschein oder das Eingeständnis, zu den Verachteten zu gehören, als Möglichkeit, ihren Stolz, für den sie ebenfalls berühmt waren, zu wahren, mußten sie aus mir herausholen, was ich ihnen sowieso gegeben hätte.

Manchmal spürten sie meine Verzweiflung. Und wie raffiniert, wie geschickt sie mich dann umgarnten! Gelang es ihnen nicht, mich aus meiner Stimmung herauszureißen, gaben sie zunächst auf, wurden still und erfreuten mich dann mit irgendeiner Kleinigkeit – reparierten ein Stück der Ausrüstung, brachten mir ein besonderes Essen oder Tee ans Bett. Und gab ich ihnen das Gewünschte dann einmal doch nicht, was selten vorkam, so lachten und umarmten sie mich trotzdem. Für sie war das alles ein Spiel. Zu einem früheren Zeitpunkt der Reise hatte ich Nakki einen Sattel abgekauft. Nun behauptete sie, sie habe ihn mir zu einem zu niedrigen Preis verkauft, und verlangte noch einmal hundert Rupien. Es gab Augenblicke, da bestand sie nur noch aus Gier, und es fiel mir schwer, ihr Paroli zu bieten.

Auch Koju bemerkte dies, wenn er mit dem Jeep kam, und verabscheute sie dafür. Der Stolz der Rajputs war von ganz anderer Art. Doch mein stillschweigendes Eingehen auf diese Forderungen verblüffte ihn. Nie hatte er mich auch nur um einen Paisa mehr als das Vereinbarte gebeten, so als habe unsere Beziehung keinen finanziellen Aspekt, sondern sei eine reine Herzensangelegenheit. Ich konnte förmlich hören, was er dachte: Vornehmheit lohnt sich nicht. Geblendet von seiner Sicherheit und seiner natürlichen Anmut, wie ich es war, vergaß ich manchmal, daß Koju kein weltgewandter und erfahrener junger Mann aus der Großstadt war, der mal eben eine Spritztour aufs Land machte. Er war ein ungebildeter Bauernjunge, dessen Welterfahrung sich auf ein paar Hütten in der Dünenlandschaft um Jodhpur beschränkte. In letzter Zeit war er launisch wie ein Teenager und etwa ebenso hilfreich.

Seine große Schwäche war sein Ehrgeiz, der beliebteste Junge weit und breit zu sein, was ihm normalerweise ja auch gelang. Nun aber befand er sich zum erstenmal in seinem Leben in einem anderen Land und bei merkwürdigen Leuten, die eine andere Sprache sprachen und sich für seinen Charme nicht empfänglich zeigten. Er fühlte sich einsam und verunsichert. Und er war überhaupt nicht dafür gerüstet, mit dieser ungeheuer komplexen Eifersucht fertig zu werden.

Ich hatte ihn, so oft es ging, nach Bhuj geschickt, weil ich wußte, daß er dort ein paar rajputische Freunde gefunden hatte. Auf der Dang aber hockte er den ganzen Tag auf seinem Hosenboden, erzählte Geschichten über sein Dorf, während ich irgendwelche Sachen hochstemmte, schleppte, auf- und ablud. Ich wollte, daß er es selber merkte, daß er mir aus eigenem Antrieb half, ohne daß ich ihm wie einem Diener befehlen mußte. Ein Verhalten, das Koju verwirrte, denn was war er denn, wenn kein Diener? Es fiel mir schwer, Anweisungen zu geben, lieber machte ich alles selber oder wartete, bis es so offensichtlich war, daß ich Hilfe brauchte, daß es auch einem Kretin nicht entgehen konnte. Entweder war Koju ein Kretin, oder aber er bestrafte mich. Bitte nicht, Koju, nicht jetzt, flehte ich innerlich; schmoll später, wenn ich wieder ein bißchen Kraft habe. Jetzt brauch ich dich doch.

Ich war erschöpft. Müdigkeit machte sich in den Synapsen und den Bindegeweben der Organe breit. Das Knochenmark ächzte, und der es umgebende Kalk knirschte vor Erschöpfung. Jede Zelle brüllte: Ich kann nicht mehr. Und die chemischen Reaktionen wollten nur noch, daß ihre undankbare Aufgabe endlich zu Ende ging, damit sie sich auflösen und in eine andere organische Gestalt übergehen konnten, die weniger müde war als Robyn Davidson. Und dann gab es noch etwas Komisches, ich hatte schon ziemlich lange meine Periode nicht mehr gehabt ... aber darüber konnte ich mir jetzt keine Gedanken machen.

Das Land war hier so flach und kahl, daß das Auge sich an jeder winzigen Gestalt festhielt und sie nicht loslassen wollte, als müsse das Sehvermögen vor so viel euklidischer Geometrie verzweifeln. Und am Horizont schob sich in diesen Tagen manchmal im Südosten, manchmal im Südwesten ein blauer Berg vorüber: Junagadh, die Stadt der Moguln und der Hindutempel.

Hätte ich gewußt, was Phagu gewußt haben muß – daß dieses so sehnsüchtig erwartete und vieldiskutierte Fest das Ende unserer glücklicheren Zeiten markieren würde –, so hätte ich die Irritationen auf unserer Fahrt nach Junagadh wohl ignoriert und wäre aufgeschlossener gewesen. So aber, wie die Dinge lagen, brach ich schon in schlechter Laune auf, die sich mit jeder Schwierigkeit unterwegs nur noch steigerte. Am Abend vor dem Aufbruch hatte Phagu meinen Wagen mit allen meinen Sachen entführt und kehrte erst spätnachts zurück. Und was war Koju bloß für ein Idiot, daß er das alles geschehen ließ? Außerdem stellte ich fest, daß die vorsorglich versteckte Schachtel mit den Mao-Knallfröschen, dieses unersetzliche Andenken, von Hatti (dieser Schurkin!) entdeckt, zerfetzt und zum Terrorisieren der Schafe aufgebraucht worden war. Und zu guter Letzt wurde ich am Morgen unserer Abreise vor Tagesanbruch von diesem autoritären alten Scheißkerl Phagu geweckt und mußte mir sagen lassen, es sei höchste Zeit, aufzubrechen.

«Koju», sagte ich. «Ich bin nicht bereit, mehr als zwölf Leute in oder auf diesem Jeep mitfahren zu lassen. Und du sorgst mir dafür, daß nicht mehr als zwölf Leute mitkommen, okay?» Koju schien das auch für okay zu halten. Ich umklammerte das Lenkrad. «Nicht mehr als ...» brüllte ich, aber niemand hörte mir zu, alle kreischten, lachten, drückten und drängten, fest entschlossen, sich nicht abwimmeln zu lassen. Kinder hockten auf der Kühlerhaube, Jungentrauben klebten wie Pfahlmuscheln an den Seiten, Füße baumelten über die Wagendachkante wie bei diesen Kutschen mit Fransenbesatz. Und auf der Ladefläche des Jeeps befanden sich, so wie es aussah, hundert körperlose, in schwarze Wolle gewickelte Frauengesichter. «Fahren wir», sagte Parma und knuffte mich in den Rücken. Ich verschränkte die Arme, saß oder kauerte vielmehr auf dem Fahrersitz und wartete, bis es leiser wurde. Dann sagte ich: «Zwölf und nicht einer mehr.» Schließlich drückte ich die Zahl meiner Mitfahrer auf siebzehn. Koju saß neben mir, und neben ihm hockten noch eine Frau und zwei Kinder auf dem Vordersitz. Ellbogen und Köpfe bohrten sich in meinen Rücken, so daß ich mich übers Lenkrad kauern und mich nach der Seite drehen mußte, um den Körpern auszuweichen, die mich gegen die Fahrertür preßten. Als ich gerade den Motor starten wollte, öffnete Koju noch einmal die Beifahrertür, drückte sich noch enger an mich heran, hob das Knie über den Schaltknüppel und meinte: «Vorn ist noch für einen Platz.»

Das wirst du mir büßen, Koju, dachte ich. Das büßt du mir.

Phagu sah grinsend zum Fenster herein und tätschelte mir die Schulter. Ich starrte ihn böse an, und dann ging es los, holterdipolter über Stock und Stein, bis wir endlich auf der Straße waren. Unterwegs legten wir mehrere Teepausen ein, so daß Frauen und Kinder, denen schlecht geworden war, sich waschen und erholen konnten. Parma war bleicher als ich und hatte sich zu meinem Fenster hinaus übergeben. Den Burschen aber schien es ganz gutzugehen, sie kauerten auf dem Gepäckgestell, hielten nach Polizisten Ausschau und beugten sich von Zeit zu Zeit vornüber, um mir kopfüber durch die Windschutzscheibe zuzugrinsen, so daß ich keine Straße mehr sah.

Warum bat ich eigentlich nicht meinen Chauffeur, sich hinters Steuer zu setzen? Ich glaube, es hatte etwas mit jener primitiven Reaktion auf Schmollverhalten zu tun, bei dem die Angeschmollte den Schmollenden durch demonstrative Selbstbestrafung bestraft, in der Hoffnung, daß der Schmollende ungeheure Schuldgefühle entwickelt und ihr anbietet, das Steuer zu übernehmen. Koju bot es mir aber nicht an, das heißt, vielleicht tat er es sogar, und ich lehnte es mit gottergebener Leidensmiene ab, weil ich mein Elend genoß. Ich erinnere mich nicht mehr. Ich weiß nur noch, daß wir viele Stunden später den Fuß eines Berges erreichten und die ersten der neuntausendneunhundertneunundneunzig Stufen erblickten, die zum Gipfel und zum höchsten Tempel Ambadji hinaufführten, wo wir bei Gott Punkte sammeln konnten, damit wir nicht als Kakerlaken oder Unberührbare wiedergeboren wurden (oder, besser noch, gar nicht mehr wiedergeboren wurden – eine Vorstellung, die mich am karmischen Glauben schon immer abgeschreckt hat).

Wir parkten den Wagen und inspizierten ein Eßlokal. Im vorderen Teil, der sich zur Straße hin öffnete, blubberten auf Lehmöfen die Kochtöpfe. Dahinter erkannte man Blechtische in der Dunkelheit, in die das durchs Dach einfallende Licht Streifen warf. Ferkel rannten hin und wieder die Vordertreppe hinauf oder unter die Tische, nur um sich einen Tritt einzuhandeln und quiekend auf die Straße zurückzulaufen. Die Wände und Holzstreben des Restaurants waren mit Bildern diverser Götter gepflastert, mit Fotos von Leuten, die zum Ambadji hinaufgestiegen waren, sowie von Verwandten des Gastwirts, die offenbar in die Tausende gingen. Nagji, mein kleiner Freund, und ich teilten uns einen Tisch und eine Zigarette; alle tranken Tee oder aßen, alle außer Parma, die draußen am Jeep lehnte. Neben dem Café stand ein blaues «Hotel». Ein paar Straßenhändler verkauften ihr Gemüse auf der Gasse, doch anders als bei so vielen anderen Tempeln, die ich besucht hatte, herrschte hier eine friedliche Atmosphäre. Hier konnte man sich Gott als ruhigen, wiederkäuenden Burschen vorstellen. Die Gebäude schmiegten sich in den Fels, der senkrecht aus dem Boden aufstieg wie eine Insel aus dem Meer. In einer Spalte, etwa zwanzig Meter von uns entfernt, befand sich die etwa drei Meter breite, in den Berg gehauene und von dunklen Granitmassen überragte Treppe. Kleine Höhlen im Fels neben den Stufen beherbergten ein paar Läden, in denen Opfergaben und mit Flittergold verzierte Gemälde der Götter verkauft wurden.

Die Treppe stieg zunächst gemütlich bergan und verschwand dann hinter einem Felsen. Die verschwiegenen, sich ins Muttergestein schmiegenden Stufen vermittelten einem eher das Gefühl eines Eintretens als eines Aufstiegs. Vielleicht hatten die alten Steinmetze gewußt, daß kein Mensch den Gipfelsturm in Erwägung gezogen hätte, hätte der Berg im voraus verraten, welche Mühe das kostet.

Mein Reiseführer war in Hindi geschrieben, so daß ich damals noch nicht über die zehntausend minus eins Stufen Bescheid wußte. Aber auch mich hatte das Gipfelfieber gepackt, wenn auch nicht aus so eindeutig religiösen Gründen. Später erzählte man mir, daß es nur sechstausendneunhundertneunundneunzig Stufen seien, aber dies endgültig entscheiden zu wollen, das ist, als wolle man feststellen, wie viele Engel auf einem Stecknadelkopf tanzen.

Ich wartete darauf, daß Märchenprinz mir die Kameratasche abnähme, wie es, ob es nun sein Job war oder nicht, jeder wohlerzogene junge Mann getan hätte, doch er war bereits in der Spalte verschwunden. Nakki, Gelo, Lakhma und Jaivi übernahmen die Führung. Nagji hielt meine Hand. Parma rief mir zu, ich solle auf sie warten. Und dann setzten wir uns in Bewegung.

Je höher man kam, um so leichter wurde einem ums Herz und um so näher fühlte man sich dem Geist des Berges und den Menschen, die diese Stufen in den Stein gehauen hatten. Die Wintersonne glitzerte auf den Felsen; die Höhenwinde hoben die Kurtas und trockneten unseren Schweiß. Affen pöbelten uns an. Jede Treppenbiegung, jedes erreichte Plateau bot etwas Neues: einen in eine Nische eingelassenen Schrein, einen winzigen von Felsen überschatteten Teeladen, eine Gruppe blühender Sträucher und Bäume, einen kleinen Tempel mit Glockenklang und Göttern, die uns aus Glasaugen anstarrten, einen Sadhu in safranfarbenem Gewand, der uns sein Prashad anbot und mit entzücktem Lächeln unsere Münzen in Empfang nahm, Aussichten in die Tiefe und auf die über uns aufragenden Felsmassen, die mit jeder Treppenkehre eine andere Form und Schwere annahmen. Jede Biegung eröffnete eine neue Perspektive auf die zurückgelegte Strecke und war darin eine Metapher für unser Leben.

Die Rabari schienen gleichgültig gegenüber den ästhetischen Freuden, die der Berg ihnen bot. Für sie war die Besteigung eine ernste Angelegenheit. An jeder heiligen Stätte spendeten sie Geld oder Geschenke und ließen sich segnen, als sollten all jene gottlosen Tage auf der Dang und alle, die noch vor ihnen lagen, wiedergutgemacht werden. Nur die eiserne Jungfrau schien so etwas wie eine romantische Ader zu besitzen. Jedesmal, wenn wir anhielten, legte sie sich hin und starrte verträumt in den Himmel, nach den

Vögeln, den Bäumen oder auf eine aus den Wolken aufragende, von einem Adler umkreiste Steilwand.

«Ho, Ratti ben.» Ich drehte mich um und sah, daß sie noch immer in die Höhe blickte. Ich ging zurück. Sie versuchte aufzustehen, wurde dabei ohnmächtig, kam wieder zu sich, erbrach sich, wurde erneut ohnmächtig und stand schließlich auf. «Gehen wir», sagte sie. Ich solle niemandem sagen, wie schlecht es ihr ging, doch nach der etwa tausendsten Stufe fiel es auch den anderen auf.

Nakki, die zwar gern mal wartete, bis Parma sich erholt hatte, war alles andere als weichherzig. Es lag in Parmas Interesse, den Gipfel zu erreichen, und Hätscheln und Päppeln würden ihr kaum dabei helfen. Nur mit festem Willen und Disziplin würde sie es schaffen, wie schlecht ihr auch sein mochte. «*Jai Ram ji ki* (irgendwas) *ho*», erscholl ihre strenge Stimme, und Parma reagierte darauf wie ein Infanterist in Boadiceas Heer.

Nicht ein einziges Mal beklagte sie sich. Nicht ein einziges Mal dachte sie an Aufgeben. Mit gelblichem, schleimverkrustetem Gesicht schüttelte sie die Benommenheit ab, grinste mich an, erbrach sich, stieß mich in den Rücken, als sei ich diejenige, die alle aufrechthielt, und schleppte sich, einen Arm um meine Schulter gelegt, als handle es sich um eine vertrauliche Geste und nicht um die lebenserhaltende Maßnahme, die es in Wirklichkeit war, die Stufen hinauf. Wirkte ich aber einmal zu besorgt oder gab ich mir zuviel Mühe, so warf sie mir jenen «Du kotzt mich an»-Blick zu und schleppte sich allein weiter. Unmöglich, solche Leute nicht zu lieben, auch wenn man sie haßt.

Nach der dreitausendsten Stufe aber haßte ich eigentlich nur noch Koju. Jedesmal, wenn ich ihn einholte, warf er mir den verletzten Blick eines trotteligen Liebhabers zu, dem es nur mit mäßigem Erfolg gelingt, seine widerstreitenden Gefühle zu verbergen. Ich reichte ihm die Kameratasche. Er nahm sie. Wir sprachen kein Wort.

Auf halber Höhe stand eine Gruppe von Tempeln mit blauen Mosaikkuppeln. Sie sahen aus wie köstliche fette Napfkuchen, und ihr Anblick erweckte in einem den Wunsch, sie zu verschlingen und nach weiteren zu grapschen. Während ich noch ooohte und aaahte, setzte Parma jenen spöttischen, nachsichtigen Blick auf. Was *sie* betraf, so hätten sie ebensogut aus Ytong-Blöcken bestehen können, und ich fand es schon merkwürdig, daß die Rabari, die einen so hochentwickelten Schönheitssinn besitzen, so blind für die sie umgebenden Wunder und offenbar nicht in der Lage sind, zwischen Kitsch und Erhabenem zu unterscheiden.

Nach fünf Stunden hatten wir den vorletzten Gipfel erreicht. Je näher wir unserem Ziel kamen, um so weniger Läden und Gläubige sah man noch und um so langsamer und quälender wurde der Aufstieg. Aber die Luft war wie Champagner, und wir waren unserem Ziel so nahe, daß wir unsere Erschöpfung mit Gelächter vertrieben. Parma ging es inzwischen schon so gut, daß sie Wasser bei sich behalten konnte und keine stützende Schulter mehr brauchte. Der Pfad führte am Schrein eines weiteren Brahmanenpriesters vorüber, der wie eine Spinne an seinem Lieblingsplatz auf der Lauer lag, um die Durstigen zu «tränken». Als ich an die Reihe kam, verlangte er eine Armbanduhr und hundert Rupien. Gelo sagte schockiert: «Aber sie gehört zu uns.» Ich sagte, es sei egal, ich wolle kein Wasser von diesem Menschen, und schüttete es zurück in sein Lota.

Endlich ragte Ambadji auf dem Gipfel vor uns auf. Ein paar hundert Schritte hinab in die Schlucht und dann die steile Felswand hinauf. Ich beschloß, sie auf dieser letzten Etappe nicht mehr zu begleiten. Es war ihr Tag, ihr Schrein, es waren ihre Götter. Ich lehnte mich an einen warmen Stein und betrachtete den Sonnenstrahl auf einem Flecken goldenen Grases – ein Zen-Garten en miniature in granitener Umfassung. Als ich mich mit Wonne und Schönheit vollgesaugt hatte, wanderte ich zum letzten Tea-Shop zurück. Es war der übliche improvisierte Laden, nach beiden Seiten hin offen, die Chai-Kannen ganz vorn, die Tische weit hinten im Dunkeln. Ich war die einzige Kundin.

Der Besitzer fuhr fort, in die Bläue hinauszustarren, die kaum zehn Meter vor seinen Füßen begann. Ein Zwerg in rotem Hemd und winzigem Sarong huschte fegend und murmelnd im Dunkeln herum. Ansonsten war alles still. Als ich meine Rechnung beglich, fragte ich: «Wie schaffen Sie eigentlich Ihre Vorräte hier herauf?» Er lächelte verträumt. «Jeden Tag steig ich hinunter; jeden Tag steig ich herauf.»

Als sie zurückkamen, strahlten sie. Sogar Koju wirkte glücklich. Ich schlenderte an seine Seite und bat ihn, in meiner Nähe zu bleiben, da ich vielleicht fotografieren wolle. Die Rabari setzten sich schon wieder in Bewegung und meinten, unten würde man sich wiedersehen. Eine halbe Stunde später hatte man das Gefühl, als sei niemand mehr auf dem Berg. Dunkelheit sickerte aus den Felsen, und die Stufen waren kaum mehr zu erkennen. Der Aufstieg war ermüdender gewesen, dafür war der Abstieg nun schmerzhafter. Die Knie knackten und wimmerten. Die Waden verkrampften sich. Blasen füllten sich mit Wasser. Wie ich Koju um seine Jugend beneidete, diese lässige Energie, die man erst registriert, wenn sie einem abhanden gekommen ist. Obwohl auch er hin und wieder kleine Ächzer ausstieß. Im Dunkeln marschierten wir weiter.

Unten aber fanden wir keine Damen in Schwarz; der Restaurant-Wallah hatte sie nicht gesehen; sie waren wohl immer noch auf dem Berg. Wo aber schliefen sie? Und die zweite Frage: Wo würden wir nächtigen? Koju beschloß, im Wagen zu schlafen. Ich bat ihn, mir ein Zimmer im blauen Hotel zu besorgen. Es kostete fünfzig Rupien.

Fünfzig Rupien für ein völlig leeres Zimmer, das heißt, leer bis auf einen wirren Haufen von verdreckten, durch langen Gebrauch schwarz gewordenen Steppdecken, einen Lichtschalter und Wanzen. Ich ließ das Licht an und legte mich vorsichtig auf die schmuddligen Razais. Die Wände waren dünn. Die Tür ließ sich nicht abschließen. Ein dicker Mann in weißem Unterhemd platzte herein und trottete wieder hinaus. Mehrere Stunden lag ich nur da und lauschte auf das wirklich entsetzliche Rülpsen und Furzen, das Räuspern, das etwa alle dreißig Sekunden ertönte und dem das Aufklatschen des Speichels, Kindergreinen, das Weinen einer Frau folgte und wie zur Krönung zuletzt noch ein Lautsprecher, der, keine zwanzig Meter von mir entfernt, Bhajjans in die Nacht dudelte. Das ist die Hölle, dachte ich, während ich dalag und die Wanzen und der Abscheu vor meinen Mitmenschen mich zermürbten. Gegen drei stand ich auf und schlüpfte zu Koju in den Wagen.

Als die schwarzen Raben bei Tagesanbruch taptap ans Fenster klopften, war ich nicht erfreut. *Sie* hatten eine schöne Nacht unter Sternen auf den Charpois droben in der kühlen Bergluft verbracht. Warum war ich bloß heruntergekommen? Wir frühstückten und verstauten dann alle wieder im Jeep. Jetzt aber ging es nicht etwa auf direktem Wege zur Dang zurück, o nein! Nun wurde an jedem Tempel Junagadhs haltgemacht. Gegen zehn hatte ich schon so viele Treppenbrunnen gesehen und Glocken geläutet, daß es mir fürs ganze Leben reichte. Ich parkte den Wagen im Stadtzentrum und ließ sie weiterwallfahrten. Im Jeep war es allerdings zu heiß zum Dösen, so daß ich nach einem Tea-Shop Ausschau hielt, um im Sitzen zu schlafen. Ich wollte nur noch in Ruhe gelassen werden. Sonst nichts.

Ich wanderte in der Stadt umher und suchte nach einer Höhle, in die ich mich verkriechen konnte. Männer zischten und kicherten und kamen hinter mir. Ich fand einen Stein und ließ mich darauf nieder. Es kam zu einem Menschenauflauf. Ich vergrub den Kopf in den Händen und ignorierte sie. Ein paar Augenblicke später blickte ich auf und sah mich, keine drei Handbreit von meinem Gesicht entfernt, mit einer Reihe von Hosenläden konfrontiert. Und über den Hosenläden eine Reihe von Augen, die mich mit diesem stumpfen Blick fixierten. Ein beklemmendes Gefühl schnürte mir die Kehle zu und explodierte hinter den Augäpfeln. Ich begann, die Straße hinunterzulaufen, und dachte nur noch: Ich hasse Indien, ich hasse Indien, ich hasse Indien.

Ich saß in einem Tea-Shop. Unter meinen Füßen floß grauer Schleim durch offene Abzugsgräben. Ein kleiner Junge wusch in einer schmierigen Brühe, auf der Fettaugen, Essensreste und ersoffene Fliegen schwammen, Teller ab. Um den Jungen, die Teller, die Essensabfälle und den Schleim herum summte ein Fliegenschwarm. Das Kind selbst war so dünn, daß man mit beiden Händen seinen Leib umspannen konnte. Neben uns stand ein Gebäude, das auch eine Straße in Paris oder an der Upper Westside von New York hätte zieren können. Doch es war heruntergekommen, die blinden Fenster mit Pappe und Blech vernagelt – ein Elendsquartier aus zerbröckelndem Mörtel und gesplittertem Glas, von Abfällen und Kotgestank umgeben.

Was sahen andere, was ich nicht sehen konnte? Oder aber was sah ich, das andere offenbar übersahen? Die wohlhabenden Westler, die hierherkamen, um Erleuchtung zu finden, was sahen sie? Fanden sie diese Unterdrückung und Korruption etwa spirituell? Konnten sie in der Verehrung der Rupie etwas Nichtmaterialistisches entdecken? Erblickten sie in dieser Stagnation, dieser Sackgasse, ein erstrebenswertes Ziel für die Menschheit?

Ich blickte die Straße hinunter und sah einen völlig nackten Mann, der, mit Asche beschmiert, dahinwanderte. Ich sah eine Gestalt in Schwarz und Rot, ebenfalls mit Asche beschmiert, einen Thrishool in der Hand, mit dem man Stücke verbrannten Menschenfleisches auf den Verbrennungsstätten aufspießt, um sie zu essen – ein vornehmer tantrischer Brauch. Ich sah einen Zwerg, der von einem Holzwagen Plastikkämme, Haarbänder und Haarklemmen verkaufte. Er war das häßlichste Männlein, das ich je gesehen hatte, und auf seinem Kopf prangte ein riesiges Toupet. Und dennoch hatte niemand einen Blick für diese erstaunlichen Tribute an die Vielfalt der menschlichen Gattung – *mich* starrten sie an. Und ihre Blicke schälten mir das Fleisch von den Knochen. Ich ging zurück, um mich im Wagen zu verkriechen.

Gegen drei Uhr am Nachmittag näherten wir uns der Stadtgrenze. Als wir durch die Stadtmauer fuhren, löste sich ein lauter Schrei aus den Kehlen aller Wageninsassen. Sie hatten so viele Tempel besucht, sich so viel heiliges Wasser über die Köpfe gegossen, daß ihre Seelen nun geradezu transparent waren. An den Treppenbrunnen diverser Tempel hatten sie Wasserflaschen gefüllt, um sie ihren Lieben zu Hause mitzubringen, ebenso wie den von Brahmanen gesegneten Tempelnippes; sie hatten sich die Bäuche vollgeschlagen, und nun wurden sie in «ihrem» Taxi von «ihrer» Taxifahrerin nach Hause chauffiert.

Am Abend erreichten wir dann wieder das Lager, doch keiner hatte es mit der Rückkehr zu den anderen eilig. Es würde eine rituelle Begrüßung geben, bei der das heilige Wasser überreicht wurde. Zwar hätte ich eigentlich bei der heimkehrenden Gruppe bleiben sollen, doch erlaubte man mir, Fotos von Hatti zu schießen, die zu diesem Anlaß feingemacht wurde. Sie würde das Wasser in Empfang nehmen. Zwei ältere Frauen schminkten und schmückten sie: mit Khol und Lippenstift, einem antiken, über und über mit Perlen besetzten, bestickten Kopfschmuck, der aus zwei die Ohren bedeckenden Scheiben bestand. Auf den Kopf setzte man ihr einen kleinen Krug. Sie begann zu zittern, als ob sie demnächst vor Tausenden von Zuschauern Portias Rede über die Gnade vortragen solle. Als die Vorbereitungen abgeschlossen waren, standen sich die beiden Gruppen zu beiden Seiten des Feldes gegenüber und begannen zu singen. Langsam schritten sie aufeinander zu. Hatti befand sich in der Mitte ihrer Gruppe, von älteren Frauen untergehakt und gestützt. Dann trat sie, nun wieder gelassen und selbstbewußt, den Genius der Rabari verkörpernd, einen Schritt vor. Und ihr Anblick besänftigte die Wut, die sich an diesem Tag in mir angesammelt hatte.

Danach kehrte wieder Normalität ein. Meine Parodie der den Ambadji erklimmenden Parma wurde zu einem beliebten Programmpunkt unserer Abendunterhaltung.

In den Nächten aber, wenn ich mir meine Boxkämpfe mit den Schafen lieferte, spürte ich, daß die letzten beiden Monate ihren Tribut gefordert hatten. Immer wieder stieg jene Wut in mir auf, die mich in Junagadh gepackt hatte, und ebenso die Angst vor ihr. Sie brodelte aus irgendwelchen Tiefen herauf und ließ sich nicht unterdrücken. Der Satz «Ich hasse Indien» paßte nicht zu der Person, für die ich mich immer gehalten hatte. Alles brachte mich in Rage, am meisten aber jenes Gefühl der Hoffnungslosigkeit, das Gefühl, daß alles, was man in der Hoffnung auf Veränderung unternahm, vom ungeheuren Gewicht Indiens erdrückt wurde, von einem Gewicht, das sich nicht nur nach Mengen-, sondern auch nach Zeiteinheiten bemaß. Gegen Indien kann man nicht ankämpfen. Indien lehrt einen entweder Ergebung ins Unvermeidliche, oder aber es treibt einen in den Wahnsinn.

14

Dilip war wohl der am wenigsten ergebene Mensch, der mir je begegnet ist. Wo ich mich in der Regel überfahren ließ, suchte Dilip die direkte Auseinandersetzung. Wenn ein Bettler zwei Rupien verlangte, statt sich mit einer zufriedenzugeben, riß Dilip ihm die erste wieder aus der Hand. Wenn sich auf der Straße Leute um mich scharten, brüllte er sie an: «Geht nach Hause, und schielt nach euren Müttern und Schwestern.» Wenn ein Regierungs-Wallah untätig herumhockte, während die Bittsteller warteten, haute Dilip auf den Schreibtisch und sorgte dafür, daß man ihn beachtete. Nichts konnte sich seinem scharfen prüfenden Blick entziehen. Vielleicht gab es aber auch nichts, das ihm gestattet hätte, *sich* zu entziehen.

Die Zusammenarbeit mit einem Fotografen ist bei solchen Projekten zwangsläufig mit Ärger verbunden. Wenn aber praktisch jeder Schritt Probleme mit sich bringt, ist es gut, irgendeine Sache zu finden, bei der man sich einig ist. Und jetzt, da ich ihm endlich eingestanden hatte, daß sein Land mich völlig fertigmachte, hatten wir endlich diese Gemeinsamkeit gefunden: Gemeinsam droschen wir nun auf Indien ein.

Und noch etwas bot mir Dilip: den Reiz eines gewissen Komforts. Seiner Ausrüstung wegen und auch, weil er nicht einsah, warum er es anders halten sollte, übernachtete er im Hotel. Er hatte sich das beste in Rajkot ausgesucht – eine moderne Hochhauskaserne in so baufälligem Zustand, daß sie geradezu «organisch» wirkte. Elektrokabel umrankten sie wie Schlingpflanzen; Zement bröckelte von der Fassade wie die Granitplatten vom Berg Junagadh. «Nimm dir doch auch ein Zimmer», meinte Dilip.

Ein ganzes Zimmer für mich allein, um meine Eindrücke und Erlebnisse zu notieren, meine Sachen zu waschen, auf einem ebenen Bett zu schlafen. Dieses Zimmer gäbe mir Gelegenheit, wieder mal für eine Weile jene andere Robyn Davidson zu sein. Warum sollte ich mich denn so quälen? Ich konnte jede Woche einen Tag in die Stadt fahren, ein Bad nehmen, mich einmal richtig ausschlafen und dann wieder zur Dang zurückkehren.

Gerade die Rabari würden mich ja für blöde halten, wenn ich bei ihnen ausharrte, statt in einem vollklimatisierten Hotel zu übernachten.

Als Dilip seine Aufnahmen beendet hatte, war das Zimmer kein Luxus mehr, sondern für mich so unentbehrlich geworden wie das Schneckengehäuse für die Schnecke. Am letzten Tag unserer Aufnahmen, als ich schon dachte, es zerreißt mich, irgendwann läßt sich dieser wachsende Zwiespalt nicht mehr kitten, da löste sich eine Bettlerin aus der mich umlagernden Menge und trat mir, als ich eben in Dilips Wagen steigen wollte, in den Weg. Es ärgerte mich, wie sie an meinen Kleidern zerrte, nicht losließ und jetzt auch noch aggressiv, das heißt weinerlich krächzend und zugleich gereizt, nach meinem Ärmel schnappte. Je hartnäckiger sie blieb, um so entschlossener war ich, ihr nichts zu geben. Ich spürte, wie sich mein Magen verkrampfte und die Wut brodelnd in mir hochkochte. Ich kletterte in den Wagen und versuchte, das Fenster hochzukurbeln. Schon aber fuhr knuffend ihr Arm herein. Ich wandte den Kopf und starrte ihr in die Augen, und blanker Haß glühte in unseren Blicken. Ich packte ihren Arm und stieß ihn hinaus. Dilip fuhr hupend davon und schien entschlossen, jeden zu überfahren, der ihm nicht schnell genug aus dem Weg sprang.

Wir gingen in ein klimatisiertes Restaurant. Dort gab es Kellner mit Tabletts und gestärkte Tischtücher. Wir saßen an einem Spiegelglasfenster, das uns vom Straßenleben abschirmte. Von all dem Unbehagen. All dem Elend.

«Ich hätte diese Frau am liebsten geschlagen.»

Dilip blickte mich an und sah, daß ich zitterte. Dann sagte er, sichtlich besorgt: «Wenn es mal so schlimm geworden ist, wird es Zeit, zu gehen.»

Als er wieder nach Delhi abgereist war, beschloß ich, mich noch zwei Tage lang im Hotel zu erholen. Nachdem ich eine Stunde unter der Dusche gestanden hatte, schaltete ich den Fernseher ein, um nun meine Psyche von englischen Worten berieseln zu lassen. Ich wollte nicht wissen, was in der Welt los war. Das alles war sehr weit weg und hatte mit dem Ort, an dem ich mich befand, nichts zu tun. Ich wollte nur in meine Muttersprache eintauchen. Es war ein bißchen wie Heimweh. Dann rief ich Narendra an, und das dünne Rinnsal meiner verbliebenen Energie tröpfelte dankbar in den Ozean der seinen.

«Ich weiß nicht mehr, was ich machen soll. Dilip fragt mich: ‹Wo ist die Story?› Und ehrlich gesagt, ich weiß es nicht.»

«Hmm.»

«Und jetzt überlege ich mir, ob ich nicht mit meinen Kamelen nach Jodhpur zurückwandern und mich unterwegs anderen Dangs anschließen soll. Dann kann Dilip seine Bilder machen, und das Ganze kriegt wenigstens so halbwegs eine Form.»

«Aber entspricht das auch deinen Wünschen?»

«Nein. Aber ich habe ja keine andere Wahl.»

«Ich tue alles, was du willst.»

Ich wollte nur noch, daß er oder sonst jemand mir sagte, es genüge jetzt, und ich könne wieder nach Hause gehen. Aber das hätte er natürlich nie getan. Aus irgendeinem, mir schleierhaften Grund glaubte er, daß dieses ganze Unternehmen einen Sinn hatte; glaubte auch jetzt noch daran, wo ich es nicht mehr tat. Ja, vor allem jetzt.

Ich bauschte die Probleme mit Koju, der ebenfalls im Hotel wohnte, ein wenig auf, um Dampf abzulassen, ohne dabei an die Nachwirkungen zu denken. Narendra rief ihn an. Was dabei gesprochen wurde, weiß ich nicht, das Ende der Geschichte aber war, daß Koju, in Tränen aufgelöst, den Bus nach Jodhpur bestieg und ein Mann aus der Schaf- und Wollabteilung in Bhuj an seine Stelle trat.

«Aber Narendra, das hab ich nicht gewollt.»

«Hör zu, Yaar. Du stehst unter Druck. Du brauchst jemanden, auf den du dich verlassen kannst und der dir wirklich behilflich ist. Wenn Koju meint, sich wie eine Primadonna aufführen zu müssen, dann bringen ihn ein paar Wochen zu Hause vielleicht wieder auf andere Gedanken. Er muß sich mal darüber klarwerden, was er eigentlich will.»

Wie sich herausstellte, war Ramesh, mein neuer Fahrer, vielsprachig und tausendmal tüchtiger als Koju. Aber Koju und ich hatten so manches miteinander durchgemacht. Ich hatte ihn im

Glauben gewogen, er sei eher mein Gefährte als mein Diener. Und ich hatte ihn verraten.

Um über all das nicht nachdenken zu müssen, konzentrierte ich mich auf den Fernseher. Laufend schaltete ich um und versuchte, das, was ich da zu sehen bekam – das geistige Elend der Moderne nämlich –, mit dem, was ich erlebt hatte, zusammenzubringen. Umwerfende Frauen in märchenhaften Saris und mit rosa Toilettenpapierschleiern schwebten durch kitschige Marmorbäder mit goldenen Wasserhähnen. Oder gossen Meister Proper in westliche Toiletten, worauf ein blinkender Sternenschweif erschien. Oder setzten ihrem westlich gewandeten Gatten Nestlé-Nudeln vor, sobald er durch die Tür trat. Werbung von der gröbsten, manipulativsten Sorte, die ihr Gift in jeden Winkel des Landes ergoß. Und diese aufgemotzten BBC-Frauen, die die neuesten Katastrophenmeldungen verlasen. Wie fremd sie hier anmuteten! Und wie sicher und aufgehoben. Wie ließen sich diese Fernsehbilder mit dem Leben jenseits meiner Zimmertür in Einklang bringen – den Straßenkehrern etwa, Menschen, so gesichtslos wie Möbel, die teilnahmslos Staub von einer Ecke in die andere fegten? Am nächsten Tag kehrte ich zum härteren, aber auch humaneren Leben auf der Dang zurück.

Es war Mitte Dezember. Fast drei Monate lang war ich bei den Rabari gewesen, und mein Aufenthalt neigte sich seinem Ende zu. Niemand sprach darüber, doch es war spürbar, als habe sich ein kleiner Graben zwischen uns aufgetan, der mit jedem Tag größer wurde. Den Jeep behielt ich nun meist bei mir. Es wäre mir allzu puritanisch erschienen, den bescheidenen Luxus nicht zu genießen, der etwa darin bestand, einmal pro Woche zu einem der baufälligen Dak-Bungalows (staatlichen Rasthäuser) zu fahren und in der Einsamkeit einer Betonkabine ein heißes Bad zu nehmen, ein Bad und ein Bett in einem Zimmer, das, abgesehen von einem kaputten Pankha und einem löchrigen, staubigen Moskitonetz, völlig kahl war. Bei jeder Rückkehr begrüßten sie mich mit gleicher Herzlichkeit, doch es war, als grüßten sie vom Deck eines Dampfers, der bald auslaufen würde. Wir drifteten auseinander, und eine Luftschlange nach der anderen riß ab.

Endlich war es Winter geworden, in den Nächten blies ein kühler Wind. Die Rabari kauerten sich unter ihren Wolltüchern zusammen wie Inuit vor ihren Iglus. Am Himmel standen Schäfchenwolken. Und abseits vom Staub der Dang war die Luft klar wie Kristall. Jeden Tag ging Phagu nun mit dem Jeep auf Erkundungsfahrt, wobei Ramesh das Steuer übernahm und wir beide, Phagu und ich, auf dem Gepäckgestell kauerten. Jenes fast vergessene Schönwettergefühl stellte sich wieder ein – in der köstlichen Luft, die die Welt wieder schön machte. Wir fuhren durch welliges Farmland, und es war, als fiele das Licht durch einen Amethysten. Die gepflügten Felder leuchteten purpurrot, und Ambadji, das inzwischen näher gerückt war, aber immer noch am Horizont klebte, erstrahlte blau vor dem blaßrosa Hintergrund.

Während mein Leben in diesen letzten Wochen also leichter wurde, wurde das der Rabari immer härter. Der Weg, der jetzt noch vor ihnen lag, wurde immer enger und düsterer. Und trotz ihrer Bemühungen, die gute Laune zu bewahren, herrschte inzwischen eine recht gedrückte Stimmung. Eines Tages, als wir eben unser Lager aufgeschlagen hatten, näherten sich Angehörige einer in der Nähe lebenden Hirtenkaste und begannen zu brüllen und uns zu bedrohen. Die Frauen besänftigten sie. Aber ja doch, wir würden schon weiterziehen. Kein Grund zur Aufregung. Danach rissen sie Witze über den unmittelbar bevorstehenden «Krieg» und meinten scherzend, daß ich nun mal lieber lernen solle, die Schleuder zu gebrauchen. (Unsere Prügel hielten wir nun, für alle Fälle, stets griffbereit.) Doch ihr Humor hatte etwas Gezwungenes. Die Lage war ernst. Phagu brach auf, um ein anderes Lager zu suchen; wir übrigen packten zusammen und legten noch einmal sechs Meilen zurück.

Tag für Tag wiesen Bauern uns nun ab, schickten uns weiter und bedrohten Hirten wie Frauen mit Stöcken und Messern. Ein Gundah kam ins Lager und kündigte an, er werde seine Kameraden mitbringen und ordentlich Zoff machen. Phagu reichte ihm fünf Rupien und ein Glas Tee. Der Mukki der örtlichen Rabari-Dang kam zu Besuch, und es entspann sich ein hitziger Wortwechsel, bei dem Phagu zuerst auf den Bauch des anderen, dann auf seinen eigenen deutete. Aber der Streit endete versöhnlich, und am Nachmittag schwatzten sie miteinander wie alte Klatschbasen. Dennoch mußten wir weiterziehen.

Ich war nach Gondal, der nächsten Stadt, gefahren, um Anrufe zu erledigen und mich zu waschen. Als ich zurückkam, waren alle am Aufladen, und die Atmosphäre war geladen wie vor einem Gewitter.

«Parma, was ist denn los?»

«Pack zusammen, Ratti ben. Wir müssen weiter.»

Diesmal war trotz aller Taktik und Diplomatie Blut geflossen. Phagu hatte beschlossen, die Dang in drei Gruppen aufzuteilen. Von einer kleineren Herde würden sich die Einheimischen weniger bedroht fühlen. Schweigend luden wir also auf, und als wir ein paar Meilen die Straße entlanggezogen waren, teilte sich die Herde. Devshi bhai führte seine Gruppe auf einen unbefestigten Weg zu unserer Linken. Wir hoben grüßend die Hände und konzentrierten uns dann auf die vor uns liegende Strecke. Ein wenig später scherten Pala bhais Familie und ein paar andere auf gleiche Weise aus. Wieder der schweigsame Abschied. Gerade erst hatte ich mir alle ihre Namen eingeprägt.

An jenem Abend war unsere Dang erbärmlich zusammengeschrumpft: auf drei Lagerstellen mit etwa fünfzehn Leuten pro Lager. Die Traurigkeit war geradezu greifbar und umhüllte uns wie die Dunkelheit. Lange würden wir unsere Freunde nun nicht mehr sehen. Von jetzt an wurde die Wanderung nicht nur anstrengender, sondern auch einsamer. Denn bei so wenigen Leuten mußte der einzelne das Dreifache leisten. Auf mehr als drei Stunden Schlaf konnten die Schäfer nicht mehr hoffen, eher auf weniger. Die kleinen Buben schufteten wie Männer und kehrten abends mit grauen Gesichtern ins Lager zurück. Und was Phagu anbetraf, so glaube ich, daß er manchmal überhaupt nicht mehr schlief.

Nakki, Jaivi, Parma und ich fuhren los, um Einkäufe zu besorgen. (Gehen stand nun gar nicht mehr zur Debatte.) Wie in unzähligen anderen indischen Dörfern gab es auch hier ein paar Läden längs einer unbefestigten Straße, deren Ende auf der einen

Seite von einem Baum und einem Brunnen (an dem wir uns die Füße wuschen) markiert wurde; am anderen Ende erstreckte sich das Nichts. Der Dorfschullehrer wurde von meiner Anwesenheit unterrichtet. Er lud uns in sein Haus, in seinen kühlen Hof: In ihren schwarzen Roben saßen die Frauen, hoch aufgerichtet, in vollem Bewußtsein ihrer Würde und ihres Stils, im Halbkreis am Boden. Wie traurig, dachte ich, sie verlassen zu müssen.

Der Lehrer sagte: «Dies sind vielleicht arme Leute, aber gute Leute. Machen nie Ärger. Ältestes Volk in Indien. Sie müssen etwas für sie tun.»

Nakki und die anderen fühlten sich von seinem Lob ungeheuer geschmeichelt. «Ja», meinten sie zustimmend, «wir sind aufgeschlossene Leute. Wir verurteilen andere Menschen nicht, sondern lassen sie in Ruhe.» Sie bemühten sich sehr, die gottergebene Miene der unterdrückten Massen zur Schau zu tragen, doch es wollte ihnen nicht so recht gelingen. Der rabarische Schalk brach durch und versaute ihnen die Nummer.

Der Lehrer schenkte ihnen Getreide und sprach: «Mutter Teresa gibt. Aber auch ich gebe.»

Ich fragte ihn, ob er Christ sei.

«Nein, Madam. Ich bin Inder.» Er reichte jeder der Frauen zehn Rupien, die sie wohlwollend in Empfang nahmen – Nakki mit gierig glänzenden Augen. Dann brachten die Frauen des Hauses den Tee. Solche Tage erleben die Rabari nicht allzu oft.

Als wir wieder auf der Straße waren, erklärte Nakki ganz ernsthaft: «Das war ein guter Mensch.» Alle anderen aber begannen zu kichern und sausten frei und respektlos wie der Wind die Straße hinab. Als sie später auf der Dang die Geschichte zum besten gaben, legte mir Phagu den Arm um die Schultern und sagte: «Wenn du willst, kannst du fünf Jahre bleiben.»

Am nächsten Tag schwang ich mich zum ersten Mal seit unserer Abreise aus Bhuj auf Ram Rahim und ritt auf ein Feld, auf dem, wie ich wußte, Phagu mit einigen örtlichen Patels beisammensaß. Offenbar schmeichelte es ihm, mich da plötzlich vorbeigaloppieren zu sehen. «Sie gehört zu uns», bemerkte er grinsend zu den Farmern, die nur noch Bauklötze staunten. Ich stieg ab, und gemeinsam schlenderten wir zum anderen Ende des Feldes, um Ram Rahim an einem Baum festzubinden, von dem er fressen konnte. Und jetzt erzählte ich Phagu, daß ich sie nun doch verlassen würde und beschlossen hatte, nach Jodhpur zurückzuwandern. Eine Weile saßen wir noch beisammen. Sie würden mich sehr vermissen, sagte er, aber ich glaube, er meinte eher den Jeep. Ich wünschte, ich hätte ihm damals sagen können: «Du bist ein ganz außergewöhnlicher Mann.»

Zu Weihnachten erwartete ich Freunde aus Australien. Zwei Wochen wollten wir in Narendras Haus im Himalaja verbringen, wo ich mein altes Ich und meine Energie wiederzufinden hoffte. Narendra würde mir Momal, Sumal und Chutra Ram Raika schikken. Dann konnte Chutra in der Zwischenzeit schon nach Dangs Ausschau halten, die in Richtung Jodhpur zogen, und sobald ich wieder zurück war, würden wir gemeinsam aufbrechen.

Zwar redete ich mir gern ein, daß es mich nervte, meine Verpflichtungen nun auf diese Weise erfüllen zu müssen. Aber enthielt nicht auch dieser neue Plan noch Illusionen, Traumfetzen, die herumhingen wie zerrissene Gebetsfahnen Monate nach der Leichenverbrennung? Und jenes alte Gemälde vom Sonnenuntergang in den Dünen, das ich längst verloren geglaubt hatte, es war ja immer noch da – verkleckst und verblichen und mit welligen Rändern zwar, aber immer noch sehr romantisch. Vor meinem inneren Auge erstreckte sich nun eine Landstraße, die sich durch Granithügel schlängelte und an Dünenhängen entlangzog. Hin und wieder begegneten uns ein paar Leute auf Fahrrädern oder Ochsenkarren, die aber die Raika, die Frau und die drei Kamele kaum eines Blickes würdigten. Dieses Bild erfüllte mich mit einem Gefühl inneren Friedens, und ich spürte eine Weite in der Brust, als sei ein zu enges Band gelöst worden. Endlich würde ich fähig sein, zu «sehen», was um mich vorging, fähig, mich damit auseinanderzusetzen. Ich würde «dazugehören». Ich würde versuchen, mich auf irgendeine Weise zu tarnen – mir eine schwarze Perücke oder eine moslemische Burqua zulegen.

Doch es gab auch noch ein tieferes Motiv für die Verlängerung dieser Selbstquälerei: Es war die Suche nach einem Sinn, jenem

Sinn, der dieser merkwürdigen Reise bisher so vollkommen abgegangen war.

Chutra traf mit den Kamelen ein und einem Zeigefinger von der Größe einer Honigmelone: Schlangenbiß. Er wickelte den schmutzigen weißen Verband ab und legte etwas frei, das mir eher nach Wundbrand aussah. Ob er denn beim Arzt gewesen sei? Einmal, vor Wochen schon, aber die Medizin sei ihm ausgegangen. Die entsprechende Puja habe er allerdings verrichtet. In der Nähe von Gondal luden wir Momal und Sumal das Gepäck ab. Zur Dang konnten wir sie nicht mitnehmen, da Momal und Sumal Kühe und die Dang-Kamele ausnahmslos Bullen waren. Wir fanden eine Farm, auf der wir sie zurücklassen konnten, und brachen zur Dang auf. Wie nicht anders zu erwarten, gab Chutra den ganzen Nachmittag nur an und behandelte meine Freunde aus Kutch mit kaum verhohlener Verachtung. Ich schickte ihn mitsamt seinem Schlangenbiß und seinem ewigen Gemecker zur Patel-Farm zurück. Phagu bewegte die Lippen – es war nur ein unmerkliches Zucken – und warf mir einen Blick zu. Oh, diese vielsagenden Blicke, so scharfsichtig, so bedeutungsschwanger! Wie sie mir fehlen würden! Falls man Blicke lesen konnte wie Sätze, dann entsprachen die Phagus den Sätzen Gogols oder Sternes. Und die Chutras dem «Reader's Digest».

An meinem letzten Abend bei der Dang stürzte die große Sprachbarriere, die «Berliner Mauer» der Sprache, ein, und ich führte meine erste mehr oder weniger flüssige Unterhaltung. Phagus Sohn wollte Chauffeur bei mir werden.

«Aber ich habe doch schon einen, und außerdem kannst du gar nicht fahren.»

«Du kannst es mir doch beibringen.»

«Aber warum willst du deinen Beruf aufgeben? Wegen des Geldes?»

Er verneinte.

«Ja, ist dir eure Arbeit vielleicht zu schwierig oder zu gefährlich?» Nein, die harte Arbeit mache ihm nichts aus.

«Die ständigen Auseinandersetzungen stören mich, die andauernden Sorgen. Tag und Nacht. Wir kommen nie zur Ruhe. Früher waren wir so was wie Könige. Heute behandelt man uns wie Hunde.»

Am Morgen kamen die Frauen, um sich von mir zu verabschieden; sie balancierten die Zeremoniengefäße auf den Köpfen und sangen. Natürlich verspotteten sie mich auch. Sie sind schon ein äußerst unsentimentales Volk. Den ganzen Morgen hatte Phagu mich herumgeführt. Er wollte mir Ram Rahim abkaufen (selbstverständlich zu einem günstigen Preis), doch ich blieb hart. Sie wollten ihre Weihnachtsgans noch mal kräftig ausnehmen, ehe sie verschwand, wenn ihre Zuneigung auch durchaus echt war; und schließlich hatte ich ihnen ja auch ein paar ziemlich gute Lacher beschert. Ein Transportmittel. Geld. Und erwies ich mich am Ende nicht als fast ebenso robust wie sie selber? Der gelbäugige Köter, der so viel Gefallen an mir gefunden hatte, daß er zuletzt in meinem Zelt schlief, kam, um sich zu verabschieden, wedelte zweimal flüchtig mit dem Schwanz und gestattete mir sogar, ihm über den Kopf zu streichen. Phagu meinte: «Nimm den Hund, und überlaß uns das Taxi.»

Dann umarmten sie mich, hielten mich an den Händen und umarmten mich noch einmal. Begleitet von ihren Gesängen, fuhr ich davon.

Nie hatte ich etwas so Anstrengendes erlebt wie diese Reise mit den Rabari. Aber ich konnte jederzeit in meine komfortable und sichere Welt zurückkehren; für sie war die Dang das wirkliche Leben.

Meine Bewunderung für sie war grenzenlos, und wenn ich sie auch manchmal haßte, so hegte ich doch nie einen echten Widerwillen gegen sie. Klaglos ertrugen sie alles, sangen sich nachts in Trance oder marschierten zwanzig Meilen zu einem Tempel, um ihren Göttern dafür zu danken, daß sie am Leben waren. Nie erlebte ich bewußte Grausamkeit von ihrer Seite. Und Unterwürfigkeit war ihnen fremd. Sie verlangten weder Almosen noch ein leichtes Leben, nur all jene Hilfen und Ausgleichsgelder, die andere Inder automatisch erhielten, *sowie* die Anerkennung ihrer Sachkenntnis und Erfahrung. Dr. Rama Krischna hatte den Sachverhalt einmal so formuliert: «Die Regierung zahlt für alle möglichen Tiere, die bei Dürren oder Überschwemmungen umkommen, Entschädigungen, nicht aber für Schafe und Ziegen. Wir haben versucht, der Regierung zu erklären, daß die Rabari den Staatssäckel durch ihre Wanderungen entlasten. Aber niemand hört auf uns.»

Ich will sie ja nicht glorifizieren. Wie alle, die um ihr Überleben kämpfen, sind sie zu Hinterhältigkeit fähig; oft sind sie eine Plage für die Bauern, die ihre mageren Ernten zu schützen versuchen; und ihre Kamel- und Schafherden richten unermeßlichen Schaden an – allerdings auch nicht mehr als die Pflüge und Gifte der Farmer und weniger als die Korruptheit jener, von denen sie ausgebeutet werden. In einem so desperaten Land wie Indien wäre es vielleicht absurd, ihnen eine Vorzugsbehandlung angedeihen zu lassen. Dennoch wird, wenn sie ihre Wanderungen einmal einstellen, etwas Unschätzbares verlorengehen. Denn gerade ihre mobile Lebensweise fördert jene Eigenschaften, die sie so sehr auszeichnen: Toleranz und Unabhängigkeit, List, Mut und Witz.

Manchmal, wenn ich besonders schwer an allem trug, hielten sie bei ihrer Arbeit inne, lächelten wissend und gütig oder flüsterten in die Dunkelheit, «Geh schlafen, Ratti ben», oder sie riefen: «Ho, Ratti. Komm Tee trinken», Worte, mit denen sie womöglich eine problematische und schwierige Zuneigung zum Ausdruck brachten. Und eben in diesen Augenblicken streifte uns der Schatten von etwas unendlich Fernem, das einen flüchtigen Moment lang den Abgrund zwischen uns überbrückte, so daß auch ich ein schwaches Echo unserer gemeinsamen, unermeßlich fernen Vergangenheit vernahm: «Schon gut. Wir sind ja da. Du bist nicht allein.»

III Ewige Wiederkehr

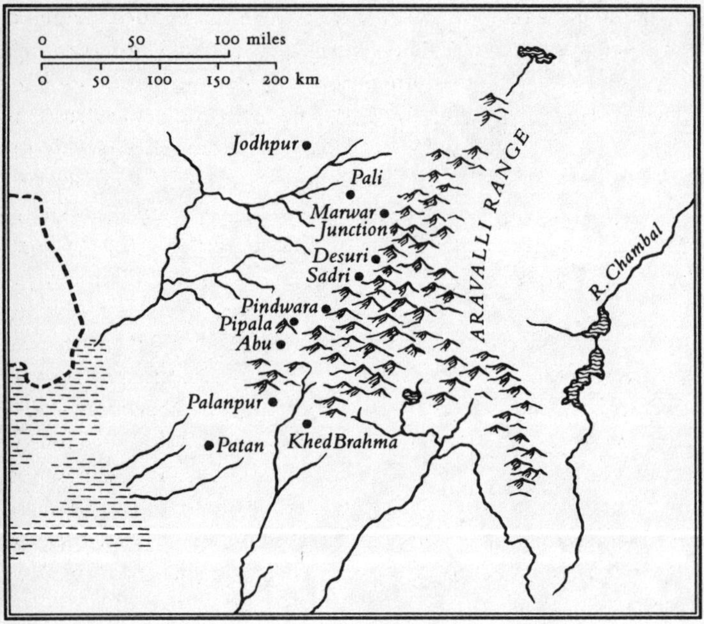
0 50 100 miles
0 50 100 150 200 km
Jodhpur
Pali
Marwar
Junction
Desuri
Sadri
Pindwara
Pipala
Abu
Palanpur
Patan
KhedBrahma
ARAVALLI RANGE
R. Chambal

15

Ich stand am Rande der Kleinen Rann von Kutch, der kleineren von zwei weiten Flächen aus Sand, Salz und Schlamm, die sich über Tausende von Quadratmeilen erstrecken. Während des jährlichen Nordwestmonsuns werden sie von den Fluten aus den Aravali-Ketten im Osten und den Tiden des Arabischen Meers im Westen überschwemmt, die Kutch in der Regenzeit vom übrigen Indien abschneiden und in der Trockenzeit ein gewaltiges Nichts zwischen Kutch und dem Rest Indiens hinterlassen. Die Kleine Rann von Kutch liegt etwas unterhalb und östlich ihrer großen Schwester; die Große Rann aber wird von der pakistanischen Grenze durchschnitten, was bedeutet, daß es unmöglich ist, eine Besuchserlaubnis zu erhalten. Heute wird sie nur noch von Schmugglern und den Grenzsicherheitstruppen überquert – und ein großartiges Stück Geographie anscheinend sinnlos verschwendet. Das aufregendste an den beiden Ranns jedoch ist – abgesehen von Miniaturwäldern aus Salzkristallen, preußischblauer und jadegrüner Salzbrühe in Tümpeln aus geschliffenem Glas, Herden weißer Esel und Wolken von Flamingoschwingen – ihre absolute Leere.

Von der Küste bis zum Horizont erstreckte sich diese braun-weiß-blaue Leere. In meiner Brust entfaltete sich ein Segel. Und mein Gesicht zeigte den hungrigen Blick jener, die an diesen menschenleeren Orten der Erde den ursprünglichen Garten Eden wiederfinden. Ich sah zu Chutra hinüber. Er trug die Miene eines Menschen zur Schau, der verdammt ist, die Launen einer Wahnsinnigen zu ertragen, die – wie es die verkehrte Ordnung der Dinge nun einmal wollte – sein Boß war.

«*Kitna sundar*», sagte ich, wobei ich die Schultern straffte, tief Luft holte und ihm derart zu verstehen gab, daß nur Menschen von gesteigerter Sensibilität die Schönheit dessen, was da so flach und leer vor uns lag, zu ermessen vermochten. Chutra starrte darauf, kratzte sich unter seinem Turban und erwiderte: «Da ist ja nichts.»

Den Angaben meiner Landkarte zufolge, einem grob gezeichneten kleinen Quadrat von zwanzig Zentimeter Seitenlänge, das ich beim örtlichen Pan-Wallah erstanden hatte, war die Rann an dieser Stelle nur zwanzig Meilen breit. Also genügte es, wenn wir Wasser, zwei Roti und ein paar Orangen mitnahmen. Den Rest unseres Gepäcks verstauten wir im Jeep, der die Rann auf konventionellere Art – über eine Brücke – überqueren würde.

Die Berichte unserer «Nachrichtendienste» differierten.

1. Aber ja doch, es gab da einen recht passablen Weg über die Rann, und er sei, wie auf der Karte angegeben, auch leicht zu finden. (Man sah darauf mehrere gepunktete Linien, die Heftnähten ähnelten und in der Legende als Fußpfade bezeichnet wurden.)
2. Es gab keinen Weg, habe auch nie einen gegeben, und falls wir nicht die absolut einwandfreie Brücke benutzen wollten, die man gebaut hatte, damit die Rann-Durchquerer nicht vom Hitzschlag ereilt wurden, würden wir womöglich auf Nimmerwiedersehen verschwinden.
3. Einen richtigen Weg gab es zwar nicht, aber Schafe und Schäfer durchquerten die Rann hin und wieder, einige erst vor kurzem, so daß es auch uns keine Probleme bereiten sollte.

Auf meiner Landkarte war mitten in der Rann ein Schnörkel eingezeichnet, der wohl eine Bodenerhebung markieren sollte. In diesem Schnörkel wiederum befand sich ein x, das eine Quelle bezeichnete. Da wir nach Norden steuerten, würde unsere Route rechts beziehungsweise östlich des Schnörkels verlaufen.

Natürlich wäre ich am liebsten allein gegangen und hätte vielleicht auch darauf bestanden, hätte ich nur mit meinem lieben kleinen Ram Rahim fertigwerden müssen, der so brav und geduldig war – ganz anders als die beiden Maharanis, die in den letzten zwei Tagen vor jedem Lkw und jedem Bus gescheut hatten. Rikschas und Personenwagen hatten sie noch großzügig ignoriert, bei Bussen und Lastern aber versuchten sie sich gegenseitig zu bespringen oder ihren Kamelführer über den Haufen zu rennen.

Ich hatte mich demonstrativ jeglichen Kommentars bezüglich ihres Verhaltens enthalten. Ram Rahim hatte nicht gescheut.

Meinen Plan, die Rann auf dem Kamel zu durchqueren, hielten alle für eine recht abstruse Idee. Ein Alleingang aber, das war eine Art subkontinentaler Häresie: «Aber es gibt da ja keine Dörfer, keine Menschen!»

«Genau», sagte ich dann und spürte, wie sich das Segel blähte. Endlich mal ein paar Augenblicke, in denen ich so allein sein konnte, wie es in diesem Land nur möglich war: allein mit einer anderen Person. Diese kleine Belohnung – nach der Strafe des vergangenen Jahres und vor den Schwierigkeiten, die, wie ich wußte, noch vor mir lagen – würde ich mir nicht entgehen lassen. Bisher hatte ich allem und allen anderen Vorrang gegeben: der Zeitschrift, Dilip, den Nomaden, den Leuten, die für mich arbeiteten oder mir ihre Hilfe anboten. Jetzt aber würde ich meinen Geist in der feurigen Wüste stählen, und wenn es Chutra nicht paßte – Chutra mit seinem Schlangenbiß, den ich ihm immer noch nicht verziehen hatte und auf den wir, nach Ärzten und Apothekern suchend, viel Zeit verschwendet hatten, den ich ihm dreimal täglich hatte reinigen, verbinden und bandagieren müssen, weswegen er beim Beladen der Kamele nutzlos war –, dann sollte er sich doch einen anderen Arbeitgeber suchen. Meine eigenen kleinen Beschwerden, zwei eitrige Löchlein in der Knöchelgegend und die ausbleibende Periode, waren zu unbedeutend, als daß ich mir darüber Gedanken machen konnte.

Am folgenden Morgen stand ich als erste auf. Ein eher ungewöhnliches Ereignis, das mich viel Überwindung kostete, Chutra jedoch ein für allemal klarmachte, wer hier das Sagen hatte. Mir war daran gelegen, in der Morgenkühle aufzubrechen, Chutra aber trödelte auf entnervende und aufreizende Weise herum. Am Vorabend hatte ich ihn gebeten, sich die Strecke anzusehen; als wir uns jedoch endlich in Bewegung setzten und den Weg nicht finden konnten, wurde klar, daß er es nicht getan hatte. Im Grunde war es leichter für mich, die Dinge selber zu erledigen, als sie an Chutra zu delegieren. Tat ich es aber, war er zutiefst beleidigt. Er war nicht träge – keineswegs. Er hatte nur seine eigenen Methoden, und seine Methoden und meine lagen mehrere Jahrhunderte und zwei Ozeane auseinander.

Am Rande der Rann standen die Schuppen der Salzarbeiter. Nichts schützte sie vor der Grausamkeit dieses Infernos, nichts ihre Haut vor dem Salz, das brannte wie die siebenschwänzige Katze. Die Luft schien zu stehen. Der Salzschlamm stank, und die Kinder waren schlaff wie Stoff-Fetzen, die sich in dürren Zweigen verfangen haben. Es überraschte einen direkt, wenn sie sich einmal rührten. Den ganzen Tag schufteten sie im Schlamm; nachts schliefen sie auf festem Schlammboden unter schrägen Juteplanen. Die meisten von ihnen arbeiteten mehr oder weniger wie Leibeigene. Der Lohn war, falls sie überhaupt welchen erhielten, kärglich; die Arbeit nahm kein Ende; und Hoffnung gab es nicht.

«Wo ist der Pfad?» fragte Chutra eine im Schlamm steckende Vogelscheuche. Sie wies teilnahmslos in die Richtung, in die wir gingen, und wollte trotz Chutras weiter auf sie eindringendem Redestrom kein Wort von sich geben. Die kleine Rann hatte sie ihrer Stimme beraubt.

Wann immer wir versuchten, uns nach Norden zu wenden, begannen die Kamele im Schlamm hin- und herzurutschen. Schließlich stießen wir auf ein Band von Tierfährten, das sich quer über die Salzpfanne erstreckte und dessen wellige Parallelen sich in gleißender Ferne verloren. Der Boden unter unseren Füßen war nun härter, beinahe trocken. Natürlich mußten die Schäfer, die mit ihren Herden über die Rann zogen, die sicherste Route kennen. Und ob dies nun besagter Weg war oder nicht, wir brauchten uns ja sowieso nur in nördlicher Richtung zu halten, um früher oder später den Nordrand zu erreichen. Danach folgte man einfach einem der Fußpfade, die zu Quellen und Dörfern führten. Mein Gott, ich hatte so was doch schon hundertmal gemacht, und auf weit tückischerem Gelände als diesem hier. Chutra stellte sich an, als sei dieser lächerliche kleine Spaziergang ein Ritt über den Bodensee, und das machte mich nervös.

«Weißt du, Chutra, daß man in meinem Land achthundert Meilen wandern kann, ohne einen Menschen oder eine Wasserstelle zu Gesicht zu bekommen?» (In Wirklichkeit sagte ich: «Chutra, mein Land in, achthundert Meilen in, Menschen nicht, Wasser nicht, verstehst du?»)

«Achcha», meinte er, ohne die Blickrichtung zu ändern. Ich ließ ihn vorausreiten.

Das «Band», dem wir folgten, teilte sich nach einer Weile in drei Bänder auf. Ich nahm an, daß sie später wieder zusammentreffen würden. Wir hielten uns an das mittlere. Am Horizont erblickte ich etwas, das weniger flach zu sein schien als die es umgebende Ebene. Einen Moment lang schwebte es dort, um gleich wieder in der Ebene zu versinken. Dies erheiterte Chutra so sehr, daß er sich entschloß, mich anzusprechen. Er lehnte sich im Sattel zurück, stieß sich mit dem Stock den Turban übers Auge, wandte sich halb zu mir um und sagte: «Madam Sahib Kamel sehr guuuute Kamel; Chutra Kamel *nicht* gute Kamel. Madam Sahib Ram Rahim schööööne Kamel. Momal und Sumal *sundar nahin, samajhdhar nahin* (nicht schön, nicht intelligent).» Er grinste unnatürlich und drehte sich wieder um. Beim Lächeln entblößte er scharfe kleine Schneidezähne, die in ihrer zierlichen Widerwärtigkeit gut zu seinen nackten Schienbeinen paßten.

Ich versetzte: «Momal und Sumal bessere Kamele ... ist ... äh ... sind. Alle Leute das ... verstehen ... können. Ram Rahim nicht schön, aber ich mag, weil ... er nicht Verbrecher.»

Diese Äußerungen gingen mir nicht eben leicht von der Zunge. Sie waren mühsam, ermüdend, von vielen Pausen unterbrochen, während deren ein Homunkulus in meinem Hirn meilenweise Regale ablief und fieberhaft nach Vokabular und grammatischen Regeln suchte. Wenn dieser Homunkulus dann mit dem entsprechenden Material unterm Arm keuchend im Sprachzentrum eintraf, war der Wunsch, etwas zu sagen, oft schon verschwunden – die Vergeblichkeit des Ganzen hatte ihm den Garaus gemacht. Worauf der Homunkulus dann seine Papiere zu Boden schleuderte und mit Streik drohte.

*

Ein paar Stunden später war die «Küste» immer noch kaum näher gerückt, und der Boden unter uns wurde immer schlüpfriger. Die Salzkruste barst, Morast kam zum Vorschein, in den die Hufe der Kamele einsanken, so daß es beträchtliche Muskelkraft kostete, sie wieder herauszuziehen und die physikalischen Gesetze auszugleichen. Wir stiegen ab. Jetzt verzweigte sich das Band der Fußspuren in alle Richtungen, und wir waren gänzlich auf uns selbst gestellt und der Gnade des Schlamms ausgeliefert. Glitt ein Kamel nun aus oder stürzte gar zu Boden, so konnte es sich leicht das Becken oder ein Bein brechen, und damit wäre dann alles zu Ende. Momal und Sumal führten sich auf wie Ladies, die man eben aus ihrem Boudoir auf die Straße befördert hatte, die sie noch nie zuvor hatten überqueren müssen. Damen, die nicht ahnten, daß man seinen Körper auch zu etwas anderem gebrauchen konnte, als sich auf einem Diwan zu räkeln, einen Spiegel zu halten oder Boshaftigkeiten von sich zu geben. Herrische, reizbare Geschöpfe, die mit hochgerafftem Sari geziert dahintrippelten. Um ihnen Gerechtigkeit widerfahren zu lassen, Ram Rahims Trittfestigkeit hatte natürlich auch damit zu tun, daß die Steine von Kutch seine Füße abgehärtet hatten, während die Füße der Prinzessinnen nur mit dem Sand Jodhpurs vertraut waren und folglich Reifen ohne Profil ähnelten. Dennoch kämpfte Ram Rahim sich tapfer voran, während die Prinzessinnen nacheinander schnappten und überhaupt heraushängen ließen, daß sie, hätten sie das alles vorher gewußt, nie mitgekommen wären.

Etwa zwei Stunden später reichte uns der Schlamm bis an die Waden, und jeder Schritt wurde zu einem kleinen Wunder menschlicher Willenskraft. Meine Füße waren von Salz und Schlamm wund und geschwollen, mir war kotzübel, jeden Augenblick rechnete ich mit einem Sturz der dicken Damen, und als wäre das alles noch nicht genug, mußte ich, als ich meine Feldflasche geleert hatte, auch noch feststellen, daß Chutra nur eine Reserveflasche mitgebracht hatte statt der verlangten drei.

«Aber Madam Sahib hat gesagt fünf Stunden.»

«*Chutra, ich sage, hab gesagt … Füllen …* (Scheiße) … *Mitnehmen Wasser … Alles …* (Ich meine … Verdammt noch mal) …

Wasser wichtig, fünf Stunden nicht wichtig ... Nicht ...» (Ach, zum Teufel damit!)

Nun kann man in wüstenartigen Landstrichen auch dann, wenn nur wenig schiefläuft, Angst bekommen (die in den meisten Fällen unberechtigt ist, weil es trotz Durst, Hunger, Benommenheit oder Erschöpfung unwahrscheinlich ist, daß man gleich stirbt) und sich verfluchen, daß man so ein Narr gewesen ist. Wasser aber ist die einzige und entscheidende Ressource, mit der man diese Panik unter Kontrolle halten kann.

Hin und wieder setzte ich mich in den Schatten meines Kamels, hielt den Kopf zwischen den Knien und würgte. Und zwischen den Anfällen sagte ich mir vor: «Es geht mir prima. Kein Grund zur Besorgnis.» Ich legte mich auf den Rücken, damit die Kleine Rann von Kutch aufhörte, sich wie ein Karussell um mich zu drehen. Aber sie hörte nicht auf. Chutra schlug mir vor, ich solle reiten, er werde Ram Rahim führen. Dies schien eine gute Idee, bis wir uns dann in Bewegung setzten. So gräßlich das Gehen war, es war immer noch besser, als seekrank auf einem Wüstenschiff herumzuschaukeln. Die Wölbung am Horizont wirkte nun wie ein Stück festen Bodens inmitten eines wogenden Meeres aus Licht. Wir waren jetzt seit fünf Stunden unterwegs.

«Nordseite ...» sagte Chutra. Ich glaubte ihm nicht, was vernünftig von mir war, denn es war nicht die Nordseite, es war der Schnörkel – eine Insel aus Sand, Felsbrocken und Skeletten, die wir erst nach einer weiteren Ewigkeit erreichten und die sich, wie ich mir ausrechnete, auf halber Strecke zu unserem Ziel befand. Die Nacht brach herein.

Wenigstens waren wir jetzt aus dem Schlamm, und ich fühlte mich allmählich wieder lebendig genug, um einen trockenen Roti in Angriff zu nehmen. Wir banden unsere Tiere fest, setzen uns auf die Felsen und vesperten. Nach dem Essen und einem Schluck Wasser fühlte ich mich wieder richtig munter. Nichts vermittelt uns eine positivere Lebenseinstellung als so eine überstandene Übelkeit.

Wenn ich allein wäre, dachte ich, wie würde ich diesen Augenblick genießen! Die Landschaft war zwar öde, aber von großer

Eindringlichkeit. Fährten wilder Pferde und Esel verliefen am Fuß der roten Sedimenthügel entlang. Der Wind wirbelte Staub auf und seufzte im Sandstein. Ich führte unser kleines Quintett durch ein ausgetrocknetes Flußbett und aufs gegenüberliegende Ufer, hielt dann nach Westen, da ich beschlossen hatte, eventuell feuchtes Gelände jenseits dieser Insel zu meiden und solange wie möglich der «Strandlinie» zu folgen, ehe ich wieder aufs «Meer» hinauszog. Diese Taktik besaß den zusätzlichen Vorteil, daß wir so an einen Punkt gelangten, von dem aus wir in gerader Linie das Dorf anpeilen konnten, in dem uns der Jeep erwartete. Außerdem waren wir dort wohl auch in nächster Nähe der Quelle und, falls nötig, eines Lagerplatzes. Auch wenn die Entfernungsangaben auf der Karte völlig verkehrt waren, so wäre doch bestimmt keine Quelle eingezeichnet gewesen, wenn es nicht irgendwo in der Gegend eine Quelle gab? Aber jetzt war es dunkel. Mondlose, sternlose, grabesschwarze Nacht. Den ganzen Tag über waren die Wolken brav in den Kulissen geblieben, hatten gewartet, bis das Rampenlicht erlosch, um erst dann auf die Bühne zu eilen.

Gott sei Dank hatte ich stets eine kleine, aber verläßliche Taschenlampe bei mir, die ich von Zeit zu Zeit auf den Boden richtete, um nach Tierspuren zu spähen, die uns zur Quelle führen würden. Wir kamen jetzt gut voran, der Boden war eben und hart, und das leise, schleifende Geräusch der Kamelhufe klang tröstlich wie ein Wiegenlied. Ram Rahim bewegte sich mit großer Sicherheit, wie ein behagliches kleines Boot auf einem weiten Meer. Und wenn wir nun vierzehn statt sieben Stunden brauchten? Um so besser.

Ich entdeckte Spuren auf dem Boden. Außerdem glaubte ich das Blinken eines Lichtes gesehen zu haben. «Chutra, *dekho!*» Ich trieb Ram Rahim voran, doch Chutra rief mich zurück. Er hatte eine Heidenangst. Dennoch folgte er mir zögernd in die Richtung, aus der der schwache Lichtschein kam, der erst nahe schien, dann sehr fern und dann völlig verschwand.

Kein Zweifel – eine menschliche Behausung. Ein winziges Fleckchen kultivierten Bodens. Da war eine Feuerstelle und daneben eine provisorische Wohnstätte. Chutras Kamele waren unruhig, er hatte sie mit seiner Nervosität angesteckt. Ich rief über die hohe Dornenhecke in Richtung der Hütte. Ein Hund begann wütend zu kläffen. Dann kam ein Mann heraus und blickte ebenso verängstigt wie Chutra, der jetzt seinen Schrecken überwand und sich nach dem Weg erkundigte. Zunächst schien der Mann nichts sagen zu wollen, zweifellos fürchtete er, wir seien gekommen, ihn abzumurksen, um sein Abendessen zu klauen oder ihn auf einem Friedhof verschwinden zu lassen. Schließlich riet er uns, uns in nördlicher Richtung zu halten, bis wir zur Quelle kamen (genau, wie ich es vorausgesagt hatte), dann würden wir bald die Lichter des Dorfes erblicken.

Mein Unth Wallah war *so* erleichtert, daß er seine Prinzessinnen herumriß und, in seinem schrillen Gabel-auf-Teller-Falsett jubilierend, mit ihnen davonpreschte. Ich setzte ihm nach, obwohl ich dieses Tempo um diese Zeit für gefährlich und überflüssig hielt, ihn andererseits aber auch nicht bitten wollte, langsamer zu machen und damit Ram Rahim vor den Dicken zu demütigen. Wenn er nicht auf Ram Rahim Rücksicht nehmen müßte, rief er mir über die Schulter zu, hätte er die andere Seite in einer Stunde erreicht.

Zehn Minuten später hörte ich einen leisen Aufschrei und Kamellaute. Ich knipste meine Taschenlampe an und sah, daß Momal direkt in einen Dornenbusch hineingelaufen war und Chutra sich mit ihr, dem Führungsseil und Sumal schmerzhaft darin verheddert hatte. Wie Sträflinge, die man im Bandstacheldraht erwischt hat, starrten sie in den Strahl meiner Taschenlampe. Wir sahen uns einem Wald von offenbar undurchdringlicher Prosopis Juliflora gegenüber sowie der Entdeckung, daß Momal und Sumal nachtblind waren. Ich ließ Ram Rahim die Zügel schießen. Er tastete sich vorsichtig erst in die eine, dann in die andere Richtung, bis er schließlich einen Weg durch diese Barriere fand. Offensichtlich sah er bei Nacht ebensogut wie bei Tage, womit er wieder einmal die Vorzüge der Promenadenmischungen unter Beweis stellte und den Unth Wallah verärgerte, der barsch bemerkte: «Laß Ram Rahim vorausgehen. Er kann mit meinen Kamelen nicht Schritt halten.»

Es begann zu regnen. Manchmal lief mir eine Träne übers Gesicht. Ich heulte, als ich endlich die Lichter erblickte und merkte, daß wir sie nun doch nicht bis zwei Uhr früh erreichen würden. Das hatte ich mir nämlich als Grenze gesetzt, zwei Uhr morgens. Bis zwei, hatte ich mir gesagt, halte ich durch, aber keine Minute länger. Ich konnte nicht vom Kamel steigen, aber oben zu bleiben war ebenfalls Folter. Meine Füße pochten. Von den Leisten bis hinab zu den Knien und in umgekehrter Richtung bis hinauf zu den Zähnen spürte ich jede einzelne Sehne. Gegen halb vier hatten wir es dann geschafft. Wir waren völlig durchnäßt und steif vor Kälte, und die Prosopis Juliflora hatten uns den Rest gegeben. Der nächtliche Einritt in dieses stille mittelalterliche Dorf wird mir als eines der ergreifendsten Erlebnisse meines Lebens in Erinnerung bleiben. Ob es im Gasthaus wohl noch Zimmer gab?

Wir entdeckten unseren Jeep und weckten den sehr besorgten Fahrer. Wir ließen die Kamele niedersitzen und stiegen aus dem Sattel. Die Wirbel in meinem Nacken schienen miteinander verwachsen, meine Füße doppelt so groß wie gewöhnlich. Chutra stakste herum wie Pinocchio. Wir tränkten die Kamele. Führten sie zu unserem Hotel: einer Freiluft-Küche aus Zement mit einem dahinter angebauten Zimmer. Wir fütterten die Kamele. Ich besorgte Chutra eine Schlafgelegenheit und ließ mich dann im Hinterzimmer auf einen schmuddligen Charpoi fallen. Eine Weile lag ich noch wach, lauschte dem Eigentümer dieses Etablissements, einem fetten Kerl mit fetten Goldringen an fetten Fingern und Goldmedaillons auf der üppig geschwellten Brust, der seinen zwölfjährigen Diener mit dem Stock prügelte. Der Junge landete zuletzt wimmernd auf einer Matte in der Ecke meines Zimmers und hatte schon verdammt viel Ähnlichkeit mit einem dieser verschreckten, kranken, traurigen Hundeviecher, die durch die Dorfgassen streunen.

Eineinhalb Stunden später wurde ich von einem vor dem Hotel anhaltenden Laster geweckt. Aus dem Führerhaus dröhnte Hindi-Filmmusik, und zwar so laut, daß man damit nicht nur Tote auferwecken, sondern sie auch gleich wieder ins Jenseits befördern konnte. Ich trat ans Fenster und brüllte: «Schalt das Scheißding aus!» Stille. In meinem ganzen Leben hatte ich noch keinem Menschen etwas derart Unflätiges zugebrüllt, und ich bezweifle, daß ich je einen höflich dazu aufgefordert habe. Ich kehrte zu meinem Charpoi zurück. Ich hasse Indien, dachte ich und schlief ein.

Um neun Uhr früh erschien ein Engel an meinem Bett. Ich öffnete ein Auge und nahm den mir angebotenen Tee in Empfang. Er grinste. Er hieß Koju.

*

Und so traf ich an einem Winterabend, wenige Tage vor Weihnachten, nach zweitägiger Fahrt mit deformierten Füßen, Fieber und ziemlich angesäuert vor Narendras Jhumpa ein, tauchte ein in die Aura des Beistands, um die Ankunft meiner Freunde zu erwarten und einen Arzt zu konsultieren. Chutra hatte ich mit einigen Anweisungen, einer Adresse, an der er mich erwarten sollte, und mit den Kamelen zurückgelassen. Noch vor Ablauf eines Monats wollte ich zu ihm zurückkehren, um dann mit ihm und den Kamelen nach Jodhpur und in die Freiheit zu wandern. Er hatte im Grunde nichts weiter zu tun, als sich bei den Ortsansässigen nach dem Aufenthalt der Rabari-Dangs zu erkundigen.

Narendra öffnete mir die Jeeptür und reichte mir ein Glas indischen Champagners. Die Diener streckten die Köpfe zu den Fenstern heraus, winkten mir schüchtern zu und kehrten zu ihren Festvorbereitungen zurück. Auf den Binsen und Reetdächern hinter der Jhumpa zuckte der Widerschein des Feuers. Man roch den sich herabsenkenden Frost und das brennende Sandelholz. Ich drückte Narendra seinen Gudio in die Hände und hinkte durchs Haus zur Feuerstelle hinaus. Mornat stand lächelnd in seinem grauen Zigeunermantel und seiner Landstreicherhose daneben, preßte eine Hand an die Brust und hielt in der anderen an einer kurzen Kette den schönsten Hund, den ich je gesehen hatte. Es war ein Luria, einer jener Jogi-Jagdhunde, die Mornats Vorfahren schon seit undenklichen Zeiten züchten, die mit den Zigeunern durch Asien und Europa gezogen sind, von denen Spürhunde, Whippets und Windhunde abstammen, die aber selber robuster und seidiger geblieben sind und sich einen wilderen Geist bewahrt haben. Die Jogis, die sich sehr stark mit ihren Hunden identifizieren, geben diese normalerweise nicht weg. Doch dies eine Mal hatte Mornat sich überreden lassen, einen an Narendra zu verkaufen, damit der ihn der Memsahib zu Weihnachten schenken konnte. Er hieß Seru (Löwe), doch ich beschloß, ihn Zali zu nennen, was soviel wie Schwindler oder Vagabund bedeutet. Ich streckte dem Hund die Hand entgegen. Er hob die Pfote und blickte mit gesenktem Kopf, wie ein gezügelter Hengst, zu mir auf.

«Zali, na, wirst du mein Hund?» Wir bekräftigten unsere Abmachung mit Handschlag.

Meine Beine wurden auf einen Schemel gebettet. Meine Füße sahen aus wie die eines Menschen, der die letzten paar Wochen auf dem Grund der Themse verbracht hat. Der linke war geschwollen; der rechte ähnelte einem Elefantenhuf. Aus den ominösen Löchlein am Knöchel floß eine wäßrige Flüssigkeit. Aber es war mir egal, was dem Knöchel fehlte, solange das, was ihm fehlte, nichts mit den Guineawürmern zu tun hatte.

«Sie haben mindestens einen Balan (Guineawurm), vielleicht auch zwei», verkündete Rana Khan am nächsten Tag. «Der Wurm hat sich in der Beule zusammengeringelt und wird bald austreten. Da er aus vielen Abschnitten besteht, werden Sie wohl zu einem speziellen Balan-Wallah gehen müssen, damit er alle Teile rausholt und keine Reinfektion stattfindet. Ich kenne einen guten Balan-Wallah in Jaisalmer, aber sicherlich können wir auch hier in Jodhpur einen auftreiben. Gehen Sie nicht zu einem normalen Arzt, der westliche Medizin praktiziert», fuhr er fort. «Der verpfuscht Ihnen das bloß. Diese Deshis verstehen schon was von ihrem Geschäft.» Weiterhin meinte er, daß Kobrahaut, vermahlen mit Jaggery, ein gutes Heilmittel sei – und zufällig lebten ja auch zwei große schwarze Kobras in der Nähe der Jhumpa, wobei ich mir allerdings nicht vorstellen konnte, daß Narendra zuließe, sie töten zu lassen – und daß eine bestimmte, ziemlich seltene Eidechsenart, zerrieben und als Umschlag aufgelegt, unter Garantie auch die hartnäckigsten Guineawürmer heraussog. War ihm diese Eidechse bekannt? Allerdings. Und er konnte eine auftreiben? Ja, dazu müsse er aber in Kojus Heimat, nördlich von Jodhpur, reisen.

In der Zwischenzeit band Rana Khan einen schwarzen Zwirnsfaden um meinen Knöchel und betete zum (längst verstorbenen) Maharadschah Girda Singh von Jaisalmer, der, wie er mir versicherte, ebenfalls eine wirksame Medizin gegen Wurmbefall sei. Rana Khan und seine Musiker waren gekommen, um am Lagerfeuer Marwari-Wüstenlieder für uns zu singen. Narendra und Rana waren alte Freunde, wobei Narendra sowohl die traditionelle Rolle des Förderers als auch die beträchtlich modernere eines Promoters spielte, der sich bemühte, diese Musik über die Grenzen Rajasthans hinaus bekannt zu machen. Damit hatte er auch einigen Erfolg, und heute spielte Rana häufig in großen Städten vor Tausenden von Zuhörern.

Es war unmöglich, mit Rana Khan zusammenzusein und sich elend zu fühlen. Die Musik hatte ihn gereinigt wie ein Fluß die von ihm durchbrauste Schlucht. Jede Freude und Traurigkeit, jede Narrheit, Bosheit oder Weisheit, die dieser Mann je in seine Balladen gelegt hatte, waren durch ihn hindurchgeflossen. Er konnte Hunderte von Ragas auswendig und bot sie dar, indem er den Blick auf einen richtete, die freie Hand beschwörend nach einem ausstreckte, während sich die Gauner-Visage mit den vorstehenden Zähnen in das Antlitz eines Liebenden, eines Schmerzensmanns oder eines Heiligen verwandelte. Komische Lieder und weise, romantische, epische und religiöse Gesänge, Hindu- und moslemische Lieder, Liebesgesänge der Sufis, alle reich an Bedeutungen. Wenn sie spielten, hatte man den Eindruck, als seien die Musiker und die untergeordneten Sänger mit Rana Khan verbunden wie Nervenstränge mit dem Gehirn. Wollte Rana fast vor Kummer vergehen, so schienen auch die Musiker kaum mehr in der Lage, ihre Tränen zurückzuhalten. (Rana konnte sich nach Belieben zum Schluchzen bringen, so daß echte Tränen flossen.) Sein Sohn, das schönste Kind, das das Antlitz der Erde je erblickt hat, spielte die hölzernen Kastagnetten; ein weiterer Mann mit einem riesigen Schnurrbart und Zähnen wie Klaviertasten trommelte auf einem leeren Tonkrug; Rana bediente das Harmonium; und ein weißbärtiger Greis, ausgetrocknet von zu vielen Nächten, die er, auf seiner Sarungi sägend, in den Dünen der Thar verbracht hatte, strahlte musikalisches Verständnis aus, ohne auch nur einen Gesichtsmuskel zu bewegen.

All diese Männer hockten ums Feuer: ein Halbkreis von Turbanen, Schnurrbärten und in tiefster Wüste gewebten wollenen Umhängen, merkwürdigen Instrumenten und Zähnen. Verzaubert lauschten wir ihnen, Stunde um Stunde. Narendra stand zuweilen auf, um Geld auf das Harmonium zu legen oder um dem Singen Einhalt zu gebieten und eine Frage zu stellen, die Interpretation eines Raga in Zweifel zu ziehen oder an einer besonders gelungenen Stelle *«Va, va»* zu schreien – was alles die Lebendigkeit der Darbietung, das Gelächter, die Diskussion und die durch Alkohol aufgeputschte Stimmung nur noch steigerte. Schließlich stolperten alle in ihre Betten, ließen uns alleine zurück, und wir genossen schweigend den Glanz des Mondes auf den blaugrünen Kohlfeldern, die schläfrigen Vogelrufe. Gelegentlich und immer unsicherer trat Mornat aus der Dunkelheit (wo er kräftig der Flasche zugesprochen hatte, die Narendra ihm immer hinstellte), schürte mit einem gut einen Meter langen Metallöffel das Feuer, aus dem die Funken stoben und das seinen Schein auf einen goldenen Hund mit goldenen Augen warf, der mit gekreuzten Pfoten dasaß und ins Feuer starrte.

Hier, in dieser von der Phantasie und dem Willen eines außergewöhnlichen Menschen geschaffenen Welt, hier, unter den Sternen, die speziell für diese Abende zu funkeln schienen, mochte jenes andere Indien vielleicht nicht existieren. Hier waren alle gutgenährt, glücklich und in Sicherheit. Die Mühe, die Narendra sich mit allen sinnenhaften Dingen gab, bewirkte, daß alle Disharmonie, alle Häßlichkeit verschwand. Hier herrschten Überfluß und Generosität. Noch nie war mir ein Mensch wie er begegnet – solche Unabhängigkeit, solche anscheinend unerschöpfliche Großherzigkeit und Höflichkeit. Wie ironisch, daß diese Eigenschaften, die man vielleicht bei einem Fürsten erwartet und an denen es den Fürsten, die ich bisher getroffen hatte, so sehr gemangelt hatte, ihre Apotheose in einem Mann finden sollten, der das Königshaus und alles, wofür es stand, verachtete. Sosehr er den Ausdruck gehaßt hätte, ich hielt ihn für einen wahrhaft «noblen» Menschen.

Jetzt, da ich etwas über seine Geschichte und die Welt seiner Herkunft wußte, die gegen ihn gerichteten Kräfte kannte, eine ungefähre Vorstellung von seinem Mut hatte und davon, wie leicht es ihm gewesen wäre, in Sicherheit und Behaglichkeit zu verharren, erschien mir meine frühere Einschätzung seiner Person grotesk, wie es rasche Urteile ja häufig werden, sobald man einem Menschen näherkommt. Doch in Narendras Fall verleitete die Differenz zwischen der äußeren Erscheinung und dem inneren Menschen besonders leicht zu Fehldeutungen. Er gehörte zu jenen, deren wahres Ich wir erst entdecken, wenn wir sie schon ziemlich genau kennen, und er gestattete nur herzlich wenigen Leuten, ihn überhaupt kennenzulernen. Meine Bewunderung für ihn entsprach der Mühe, die es mich gekostet hatte, den wahren Narendra zu entdecken. Doch was ihn am meisten von allen mir bekannten Menschen unterschied, war seine völlige Unabhängigkeit von der Meinung anderer.

Am Nachmittag des nächsten Tages kehrte Mornat mit zwei dicken, schläfrigen Eidechsen zurück. Sie hatten die Gesichter von alten Damen, die gewohnheitsmäßig Polizisten attackieren. Ich wollte nicht, daß man sie tötete, wollte nichts mehr davon hören. «Mornat», sagte ich, als wir ein wenig abseits standen, «habe ich nun einen Balan oder nicht?» Ruhig beschied mir Mornat, daß ich keinen hätte. Ich gab ihm die Eidechsen zurück, damit er sie freiließe, habe aber den Verdacht, daß sie im Kochtopf der Jogi landeten.

Eine weitere Meinung zu meinem Gesundheitszustand steuerte dann noch ein echter Immobilienmakler in Jeans und T-Shirt bei, der gleichzeitig Handleser war. Er gehörte zu der Flut von Wählern, die zur Jhumpa kamen, um ein paar Stunden unter der Markise zu sitzen und Narendra ihre Bitten vorzutragen. Eingehend betrachtete er meine Handfläche und fragte mich dann, vor vier, fünf Männern, ob mir je ein Mann richtig fest in die Brust gebissen habe. Der arme Narendra mußte dolmetschen. Ich könne mich nicht erinnern, erwiderte ich und schaffte es gerade noch, ein Erröten zu unterdrücken. Falls ich nämlich gebissen worden sei, erklärte er mir, dann hätte ich auch Schwierigkeiten gehabt, ein Kind vollständig auszutragen, was wiederum erklären würde, daß auf meiner Hand zwar fünf Sprößlinge eingezeichnet seien, im wirklichen Leben aber keiner davon existiere. Er schlug mir vor, Diamanten zu tragen.

Der Balan entpuppte sich als nichts Exotischeres als eine entzündete Blase. Durch den massiven Einsatz neuer Antibiotika sank das Fieber, und jenes andere kleine Problem, das ich in eines der untersten Schubfächer meines Bewußtseins verbannt hatte, würde nun eben bis nach dem Urlaub warten müssen, wenn ich wieder die Energie hatte, mich mit seinen Konsequenzen auseinanderzusetzen. Vorerst aber erwarteten mich erst einmal Freunde und Musik, weihnachtliche Schlemmereien, Schneeberge und Zali. Und vor allem kein Chutra.

16

Je höher wie stiegen, um so ausgelassener und fröhlicher wurde unsere kleine Gruppe. Zali schnupperte bebend nach Leoparden. Das Gewicht der Ebene fiel von uns ab wie Ladegut, das von der Ladefläche eines Tata-Lasters fällt, rumpelte Faß um Faß in die Schluchten hinab. Wir parkten den Wagen in einem winzigen Dorf, beluden Ponys, und nach eineinhalbstündigem Aufstieg durch die Eichenwälder hörten wir aus Narendras Rückzugsort die Geräusche von heißem Wasser, das klatschend in Eimer gegossen wurde, knallenden Champagnerkorken, einem knisternden Lagerfeuer und von Rana Khan, der uns musikalisch willkommen hieß. Wonne häufte sich dick und lieblich wie der Schnee auf den Bergen.

Ich hatte gehofft, drei Wochen Erholung in angenehmer Gesellschaft würden das mehr oder weniger ausgeglichene Ich, an das ich mich erinnerte, wiederherstellen. Aber nein. Es genügte, wenn ich am Ende eines langen Tales hinter zwanzig stufenweise zurückweichenden Blautönen ein winziges Stückchen der staubbedeckten Ebenen entdeckte, aus denen wir aufgestiegen waren; schon heftete ich den Blick entschlossen in die entgegengesetzte Richtung, auf die Gipfel des Himalaya, als müsse ich ihn von etwas Bedrohlichem abwenden. Und sobald mich jemand nach den vergangenen achtzehn Monaten fragte, setzte ich zu einer unbeherrschten und hysterischen Schimpfkanonade über Indien an.

Rätselhaft aber, wie die menschliche Natur nun einmal ist, eilte ich, sobald ich glaubte, jemand anders wolle Indien verunglimpfen, zu seiner Verteidigung. Und damals schätzte ich dieses Verhalten nicht als Zeichen eines beginnenden Identifikationsprozesses ein, weil ich ja, sobald ich auch nur einen Blick auf jene Ebenen erhaschte, nichts als Panik empfand. Aber ebenso wie eine Frau sich nicht an die Einzelheiten der Geburtsschmerzen erinnert und nur sagen kann, daß sie entsetzlich waren, so konnte auch ich mich nicht der einzelnen Empfindungen dort unten entsinnen, all des Ringens und Keuchens im düsteren Jammertal.

Bis tief in die Nacht arbeitete ich an meinen Notizen, furchte die Seiten mit schwarzen Unterstreichungen und Sternchen. Schrieb Dinge wie: «Die indische Gesellschaft ist ein einziger Alptraum, aber natürlich darf ich das nicht sagen. Statt dessen muß ich schreiben, wie wunderbar diese Kultur ist, weil sie immer noch existiert. Als ob es in all dieser Kontinuität keinen moralischen und ästhetischen Niedergang gegeben hätte. Wegen des vergangenen Ruhmes darf die unrühmliche Gegenwart keine Rolle spielen. Die Korruption, die alle Ebenen und jeden Bereich durchsetzt; die Helden der Unabhängigkeitsbewegung, die zu Märchenhelden geworden sind – eine untergegangene Spezies; die duldenden Armen, weil es kaum jemanden gibt, dem die Veränderung ihrer Lebens- und Leidensbedingungen am Herzen liegt; die Gesellschaft ähnelt einer Pyramide, in der jede Schicht die unter ihr befindliche ausbeutet und vor der nächsthöheren zu Kreuze kriecht (und diese Pyramide ist bodenlos). Unmassen von Menschen werden zu keinem anderen Zweck geboren, als immerfort Hunger zu leiden, und der Hinduismus ist zur institutionalisierten Absage an die Verantwortung gegenüber dem Nebenmenschen verkommen.»

Es war ungeheuer befreiend, all diese Dinge niederzuschreiben. Ich hatte tatsächlich in der Überzeugung gelebt, daß man ebenso, wie man sich davor hüten muß, andere Kulturen zu beurteilen, die Pflicht hat, die eigene zu kritisieren. Doch wo hörte dieser kulturelle Relativismus eigentlich auf? Gab es eine Moral, die universell anwendbar war? War die Empörung, die ich verspürte, nur ein Zeichen für kulturelle Vorurteile? Wann würde es mir gestattet sein, von der Rolle des unkritischen Gasts in die einer Beteiligten zu wechseln, die das Recht hatte, sich zu äußern und ihren Unwillen zum Ausdruck zu bringen?

Wenn man einen vollgefressenen und goldbehängten Kerl beobachtet, der einen geduckten, halbverhungerten Zwölfjährigen am Arm hält und mit einem Riesenprügel auf ihn eindrischt, ihn dann wie ein Lumpenbündel zu Boden schleudert und sich anschließend lächelnd dem weißen Gast zuwendet, unterwürfig, aber ohne Scham, denn was er eben getan hat, wird durch die herrschende Ordnung legitimiert, es ist sein gutes Recht, während das Lumpenbündel davonkriecht, um in der Zimmerecke auf dem Zementboden in seine Decke zu flennen, und sofort einschläft, weil es zwanzig Stunden täglich für den dicken Mann schuftet und außerdem unterernährt und erschöpft ist. Und wenn niemand (einschließlich einem selbst) ein Wort dazu sagt oder etwas dagegen unternimmt, weil der junge Diener dem Dicken gehört und es ja sowieso sein Schicksal ist, und überhaupt, was würde ein solches Eingreifen schon ändern? Dann? Was ist dann?

Wenn ein hochgebildeter und mächtiger brahmanischer Bürokrat einem ernsthaft und mit großer Eindringlichkeit erklärt, warum Unberührbare nicht in hohe Regierungsämter zugelassen werden dürfen, weil «sie seit Jahrhunderten Exkremente wegräumen und diese ihren Geist verunreinigt haben». Was dann?

Oder wenn die Gattin eines Diplomaten ihrer lesewütigen, sechzehnjährigen Nichte erklärt: «Es ist besser, du heiratest, statt dich weiterzubilden, denn als gebildete Frau wird es dir schwerfallen, dich an die Ehe zu gewöhnen.» Was dann?

Ich hatte meinen Zorn beherrscht, mir war nicht der Kragen geplatzt. Und bei jenen unzähligen Gelegenheiten, wenn Fremde mich gefragt hatten: «Und was halten Sie von unserem großartigen Land?», dies mit solcher Selbstzufriedenheit sagten, als könnte nur ein Verrückter es für weniger als großartig halten, hatte ich nie erwidert: «Nun, um die Wahrheit zu sagen ...», denn ich wußte, daß es fruchtlos war, ein solches Gespräch zu führen, weil das, was mir so ins Auge stach, für sie unsichtbar war und umgekehrt.

Nachts nun diese giftigen Ergüsse. Morgens aber, wenn ich in der strahlenden Bergsonne aufstand, die Herzlichkeit meiner Freunde und Narendras spürte, in prickelnder Luft beim üppigen Frühstück saß, umgeben von der Zuneigung Kojus, Hanumans, Charawallabs und Bishans, kurz, von allen Annehmlichkeiten meiner Klasse, dann konnte ich hinabschauen in die Ebenen und empfand nur noch Bewunderung und Erstaunen. Anstatt zu brummen: «Ich verabscheue dieses Land», dachte ich, nein, ich *liebe* es. Ich liebe Indien. Alles ist in ihm enthalten. Denn aus dieser Höhe bekam ich die Massen in den Blick und war vor den Individuen, die diese Massen ausmachten, sicher. Aus dieser Höhe ergaben die Worte «Indien wird überdauern» einen Sinn, denn ich blickte hinab auf diesen großen Strom wie ein Gott, ohne zu riskieren, daß ich darin unterging, ohne Hoffnung, Zorn oder Mitleid und ohne den Wunsch, ihn zu verändern.

In einer solchen Geistesverfassung konnte ich Bishans Leute drunten im Dorf besuchen und würde nur jene einmalige indische Wärme und Freundlichkeit registrieren, nur das Gelächter hören und meinem amerikanischen Bekannten zustimmen, der nach zweiwöchigem Indienurlaub in einem wunderbar kühlen Bus gemeint hatte: «Die Armen sehen so glücklich aus», und hätte bequem vergessen können, daß es in diesem «glücklichen» Dorf extrem viele Selbstmorde gibt und erst im vergangenen Monat eine Frau sich im Wald aufgehängt hatte. Um nicht des Mordes beschuldigt zu werden, hatte ihre Familie viele Tausende von Rupien zur Bestechung der Polizisten aufwenden müssen, Tausende von Rupien zur Bestechung des Arztes, der den Totenschein unterschrieb, und war nun völlig mittellos, durch eine Laune des Schicksals in den Abgrund gestolpert, dessen drohender Allgegenwart sich jeder Inder, ob reich oder arm, stets bewußt ist. Ich könnte den Ausdruck von Bishans Gesicht, wenn er sagt: «So ist es immer. Ja, jedesmal. *Kya karen? Yaha Bharat hai*» («Was soll man tun? Das ist Indien»), als ein Beispiel für jene geduldige Weisheit und Hinnahme des Schicksals beschreiben, für die man Indiens Arme so bewundert, und nicht als den völligen Verlust des Glaubens an die Fähigkeit seines Landes, für Gerechtigkeit zu sorgen. Es ging nicht nur um ein paar korrupte Polizisten, korrupte Ärzte (als hätte die Mehrheit der Polizisten und Ärzte überhaupt etwas anderes als korrupt sein können), auch die Dörfler selber beteiligten sich, wann immer sich eine Möglichkeit bot, an verschiedenen Formen der Erpressung, nach dem Prinzip: Wenn Politiker und Richter, Polizisten, Forstbeamte und Verwaltungsleute und sogar der eigene Sarpanch ungestraft damit davonkommen, warum dann nicht auch wir? Und diese moralische Korruption hat sich so tief in die Gesellschaft hineingefressen, ist so verbreitet, daß es keine Möglichkeit zu geben scheint, sie anders als durch einen gewaltigen Flächenbrand auszurotten. Es reicht nicht mehr, einen Schuldigen auszumachen – die Briten oder die Politiker (so niederträchtig und feige sie auch häufig sind) oder die Industriellen oder die Bürokraten – weil in gewissem Maße alle daran beteiligt sind.

Wenn ich dem Polizisten am Straßenrand seine zweihundert Rupien Bestechungsgeld zahlte, obwohl ich gegen kein Gesetz verstoßen hatte, weil ich nicht einen ganzen Tag vergeuden und in einer Polizeihütte an der Straße schmachten und Formulare ausfüllen wollte (oder gar riskieren, daß sie mich zusammenschlugen oder vergewaltigten, angetrunken und verrückt, wie sie waren), weil ich sowieso schon erschöpft und erhitzt war, Unbehagen und Verdruß empfand, mich bedroht und schikaniert fühlte und immer noch acht Stunden Verkehr und Abgase und Getöse vor mir lagen, ehe ich wieder tief durchatmen und mich entspannen und hier oben in der sauberen Luft – Privileg meiner Klasse – zu mir kommen konnte, um dann wieder in der Lage zu sein, das erstaunliche Schauspiel der Massen und die Ewigkeit Indiens zu erkennen, fähig, das indische Landleben zu romantisieren, weil ich es nicht leben mußte, die Schäbigkeit und Angst, die unter dem «Glück» verborgen lag, nicht mehr sehen mußte – dann wurde auch ich schuldig.

Wenn einem keine gottähnliche Distanz zu Gebote steht, so ist ein Ohnmachtsgefühl der nächstbeste Schutz vor der Verzweiflung. Indien ist zu groß. Seine Probleme sind zu gewaltig. Welche Vermessenheit, sich einzubilden, daß die eigenen Handlungen diesen reißenden Strom irgendwie beeinflussen könnten. Seine schiere Größe erstickt jede gute Absicht. Hier zählt das LEBEN schlechthin, nicht das einzelne Leben, *und*: das Erreichen jener berühmten Gelassenheit, die heute Indiens wichtigster Exportartikel ist (die beängstigende, verblasene Gelassenheit der New-Age-Bewegung), hat man tatsächlich nötig, um das individuelle Leben als belanglos und als bloßes Vehikel für die DNA zu betrachten.

Um diesen großen Überblick zu erreichen, tritt man vom Leben, so wie es gelebt wird, immer weiter zurück, bis man jenen gelasseneren Standpunkt einnimmt, von dem aus man nur noch die Masse sieht. Aus dieser Perspektive betrachtet, wird die Menschheit zu einer erhaltenswerten Gattung. Aber trete noch einen Schritt zurück, und es ist nicht mehr notwendig, die Gattung zu erhalten. Eine andere wird nach uns kommen. Und zuletzt verlängert sich der Blick dann so sehr, daß auch die Welt verschwindet und man in den kalten Weiten des Raums nur noch seinen privaten Pas de deux mit Gott tanzt. War es möglich, den Widerspruch zwischen Sein und Handeln zu versöhnen, die lange wie die kurze Sicht in seiner Lebenshaltung zu vereinen, sowohl nachdenklich als auch aktiv zu sein, distanziert und involviert?

Es gab da eine merkwürdige Anomalie in meiner Einstellung zu Indien. Hier waren mir die großartigsten Menschen, die großartigsten Typen von Menschen begegnet. Menschen, deren Tiefe, Herzlichkeit und Würde, deren Spektrum und Horizont die Westler im Vergleich als beschränkt erscheinen ließ (beschränkt auf den Raum zwischen Gottes Finger und Satans Daumen). Diese ungeheure Fähigkeit, sich zu freuen, diese Dankbarkeit gegenüber dem Leben, welches Blatt es einem auch zugeteilt hat! Die Offenheit und der Respekt für das Sein der anderen, als ob alle Seelen der Welt sich bereits viele Male begegnet seien! In dieser Hinsicht fühlte ich mich hier schon wohler, liebte das Leben mehr, als ich es in England je getan hatte. Was immer ich auch über Indien dachte, eine Minute später ertappte ich mich mit gleicher Überzeugung beim Gegenteil. Nicht einen Augenblick entkam man dem Unbehagen des Paradoxes. Nicht einen Moment lang konnte man gleichgültig bleiben.

Narendra reiste einen Tag vor uns ab. In Jodhpur gab es Probleme mit Mornat. Als ich wieder bei ihm war und wir draußen am Feuer saßen, drängte ich ihn, mir davon zu erzählen. Auf englisch sagte er zu mir, daß Mornats Sohn beinahe gestorben sei und er, Narendra, ihn auf schnellstem Wege in ein Privatkrankenhaus gebracht habe. Mornat sprach zwar kein Englisch, verstand aber, worüber wir redeten. Er wurde sehr emotional, begann zu weinen und preßte ständig in der für ihn so typischen Weise die Hände zusammen. Ich ließ nicht locker mit meinen Fragen: «Aber warum hat er den Jungen nicht selbst hingebracht? Warum hat er auf dich gewartet? Er hat doch sicher gewußt, daß du es bezahlst ... oder nicht?» Bis Narendra in scharfem Ton verlangte, ich solle aufhören.

Als Mornat nach Hause ging, fragte ich ihn, wieso. «Weil es mich traurig gemacht hat und Mornat auch», und dann wollte er nichts mehr sagen. Diese Herr-Diener-Beziehung blieb mir einfach ein Rätsel. Ich wußte, daß Narendra von all den Leuten, die für ihn arbeiteten, wahrscheinlich Mornat die tiefste Zuneigung und den größten Respekt entgegenbrachte. Doch was bedeutete dies, wenn die formale Distanz zwischen ihnen so rigide blieb, daß Mornat eher das Leben seines Sohnes riskierte, als seinen Gönner zu kränken? Ehe Narendra Mornat an diesem Abend nach Hause schickte, hatte er zu ihm gesagt: «Dieser Hund macht mich wahnsinnig.» (Er glaubte, daß ich Zali zu sehr verwöhnte.) Mornat hatte aufrichtig und herzlich gelacht und erwidert: «Er ist noch jung, er wird sich bessern.» Und ich sah das komplizenhafte Einvernehmen zwischen ihnen, ein Einvernehmen, von dem ich ausgeschlossen war.

Früher hatte Narendra seine Diener als seine Familie bezeichnet, und ich hatte eine derart vernebelnde Ausdrucksweise verachtet. Sie sind deine Arbeiter, deine Leibeigenen. Doch jetzt sah ich, daß Familie die stimmigere Analogie war. Eine hierarchische Familie vielleicht, an deren Spitze unverrückbar der Patriarch thronte, aber eine Familie nichtsdestotrotz, in der jedes Mitglied seine Verantwortlichkeiten und Pflichten besaß. So war es beispielsweise unmöglich, daß ich Chutra entließ, nur weil er mich in den Wahnsinn trieb. Wenn er ehrlich war (was er durchaus war), wenn er seine Arbeit willig verrichtete (was er, ich muß es zugeben, tat), blieb er mein Unth Wallah bis in alle Ewigkeit, und seine Probleme wurden zu den meinen.

Narendra bildete den Mittelpunkt meines indischen Lebens, um den ich wirbelnd kreiste. Er war der Interpret dieses Ortes und dieses Landes. In gewisser Weise verkörperte er inzwischen Indien für mich. Aber um einen Menschen wirklich zu verstehen, muß man seinen inneren Dialog begreifen – seinen ständigen Austausch mit dem, was ihn geformt hat, mit seiner Kultur. Jedesmal, wenn ich akzeptieren mußte, daß es in diesem Menschen, den ich liebte, Bereiche der Fremdheit gab, die mir immer unzugänglich bleiben würden, und daß dies gegenseitig war, hatte ich das Gefühl, ich sei verloren in diesem verwirrenden Land und würde nie wieder nach Hause finden. Einmal hatte er mich gebeten, nicht Fahrrad zu fahren, weil «du es ihnen damit am leichtesten machst, dich umzubringen».

«Aber niemand versucht, mich umzubringen», hatte ich entgeistert gerufen.

«Woher willst du das wissen?» hatte er versetzt, und ich hatte nach irgend etwas Vertrautem Ausschau gehalten, auf dem mein Blick ruhen konnte. Normalerweise fühlten wir uns einander nicht fremd, die Unwahrscheinlichkeit unserer Freundschaft wurde durch ihre Intensität verschleiert. Manchmal aber wieder schien er all meinen Begriffen und Kategorien so fern, daß mir war, als verlöre ich jeglichen Halt und stürzte ab. Nicht daß unsere Gedanken so sehr voneinander abwichen, das war ja zu erwarten; nein, schon die Art unseres Denkens war völlig verschieden. Dann aber geschah irgend etwas, und plötzlich stellte sich die Herzlichkeit und ein nun tieferes menschliches Einvernehmen wieder ein.

Wenn ich mich von ihm verabschiedete, war es, als verließe ich eine Insel, auf der ich mich vollkommen glücklich und sicher gefühlt hatte. Danach mußte ich, sobald das Riff (die Farmtore) einmal hinter mir lag, erneut in unbekannte See stechen.

17

«Ist einundvierzig nicht ein bißchen ...?»

«Ganz und gar nicht», meinte die Gynäkologin strahlend. Nach ihrem Gesichtsausdruck zu schließen, hätte sie auch hinzufügen können: «Gratuliere.» Plötzlich dachte ich mir, daß eine westliche Ärztin sich in diesem Augenblick der Wahrheit wohl um einen mitfühlenden Blick bemüht hätte. Und ich dachte auch, daß ich mir zur Bewältigung dieses Einschnitts in meinem Leben keine bessere Kultur hätte aussuchen können.

Menopause. Das klingt ja schon nach Sackgasse, Beerdigung, Tod. Graue Weiber, vergessen, aller Lebendigkeit beraubt, die nach Flaschen blauer Haartönung und Valiumschachteln greifen, die man auf Partys übersieht, deren Männer mit Sekretärinnen schlafen, Vaginas wie Schmirgelpapier, jegliches noch vorhandene sexuelle Verlangen ein Witz für grausame Gemüter. Guter Gott, wer mochte sich das schon wünschen? Und doch erlebte keine der indischen Frauen, mit denen ich mich unterhielt, egal, aus welchen gesellschaftlichen Schichten sie stammten, das körperliche oder seelische Unbehagen, das ihren westlichen Schwestern so zu schaffen machte, oder sie taten es, wie sie es denn doch kannten, als unerheblich ab. Im Westen bedeutet das Ende des Eierlegens auch das Ende der Macht, in Indien markiert es erst ihren Beginn.

Aber ich hatte nun einmal viel zuviel am Hals, um mir über Trivialitäten wie die Wechseljahre Gedanken zu machen, obwohl es mir wie eine typische Perversität des Schicksals vorkam, wenn es gerade jetzt, wo ich all meine Kräfte brauchte, diesen Wechsel herbeiführte.

Chutra war nicht, wo er sein sollte. Als wir ihn schließlich auf einer Farm in der Nähe der rajasthanisch-gujaratischen Grenze aufgetrieben hatten, wußte er weder etwas über den Aufenthalt der Rabari-Dangs, mit denen wir eventuell bis nach Jodhpur hätten zurückwandern können, noch hatte er die erbetenen Änderungen an unseren Sätteln und der Ausrüstung vorgenommen. Seine Entschuldigung für das ausgebliebene Telefonat lautete: Er könne ja nicht gleichzeitig auf die Kamele aufpassen und mich anrufen. Ich wies ihn darauf hin, daß er durchaus jemand anders damit hätte betrauen können, zumal seine Untätigkeit meine Pläne ziemlich über den Haufen werfe. Oder vielmehr: Nun hätte ich gar keine Pläne mehr. Und daß er nicht am verabredeten Ort, sondern anderswo gewesen sei, habe mir einen zusätzlichen Tag des Herumfahrens und der Sorge beschert. Woraufhin er versetzte, das Hüten dreier Kamele überfordere einen einzelnen Mann, er brauche Helfer. Wenn *ich allein*, argumentierte ich nun, mit dreieinhalb Kamelen siebzehnhundert Meilen Wüste durchqueren konnte, dann müsse er doch wohl hundert Kilometer durch besiedeltes Gebiet schaffen, wo es Futter zu kaufen und freundliche Menschen zu einer Rupie das Dutzend gab. Dies war nun meinerseits ein wenig unfair, da ich mich in Australien nicht wegen möglicher Diebe hatte sorgen müssen; es gab einfach zu wenige Menschen, die einen hätten bestehlen können.

Innerhalb von fünf Minuten waren all meine guten Vorsätze beim Teufel, ihm entschieden zu begegnen, mich weder von ihm irritieren noch schikanieren zu lassen. Zum Glück konnten meine Freunde nun alles, was ich gesagt hatte, bestätigen. Ja, Chutra Ram Raika schien wirklich ein Riesenarschloch zu sein.

Falls es so aussehen sollte, als gewöhne man sich an das ständige Scheitern seiner Pläne, so will ich hier einmal deutlich sagen, daß dem nicht so ist. Man klammert sich an jeden Strohhalm, und sei er noch so kümmerlich. Und unerträglich ist dabei weniger die Verzweiflung als vielmehr die Hoffnung. Zuletzt hockt man dann wieder herum und verfällt in die alte Grübelhaltung.

Manchmal bewegen sich die Rabari-Dangs in Wirbeln und raschen Vorstößen, die scheinbar zufällig wirken und die Ausnahme bleiben. Um sich jedoch in ihr Wanderungsmuster einzuklinken, muß man an vielen Orten gleichzeitig sein, Informationen sammeln und vergleichen, falsche Details aussondern, viele Stunden durch die Gegend fahren, zum Büro irgendeines Menschen, der womöglich einen Überblick über all diese Wanderungen besitzt, um dann festzustellen, daß dieser Mensch nicht da, tot oder unbekannt ist. Hätte man, sagen wir, fünfzig Scouts zur Verfügung, die zumindest zweisprachig wären, von denen einer ein zentrales Büro unterhielte, wo alle fünfzig ihr Material zusammentrügen, und fände dann einer eine oder mehrere Dangs, die so in etwa in meine Richtung wanderten; und könnten die Mukkis dieser Dangs trotz des Risikos dazu bewegt werden, mich mitzunehmen, und änderten diese Mukkis ihre Pläne dann nicht doch noch in letzter Sekunde – nun, dann ließe sich vielleicht etwas erreichen. Doch so wie es aussah, mußte ich wohl allein aufbrechen und gleichsam blind die Richtung nach Jodhpur einschlagen. Zumindest einen Vorteil aber besaß dieser Plan, denn so würde ich auch einmal die Aravali-Ketten erleben, wo ich ein wenig Luft schöpfen konnte, ehe es wieder in diese Malaria-Ebenen hinabging.

Es wurde Zeit zum Aufbruch. Beim Aufladen hatte ich selbst einen einfachen Knoten gebunden, einen Knoten, wie ich ihn schon oft und mit gutem Erfolg benutzt hatte. Chutra kontrollierte alles, was ich getan hatte. Als er zu dem Knoten kam, bat er die gesamte Versammlung um Aufmerksamkeit – Farmer, Landarbeiter, Verwandte, Nachbarn, Besucher, Kinder und Freunde – und verkündete laut, daß Madam Sahib ohne ihn verloren wäre, weil, guckt euch doch, ha ha, diesen verrückten Knoten an! Eine Mischung aus Zuneigung und Mitleid breitete sich über sein Gesicht aus. Und immer noch an die Versammlung gewandt, fuhr er fort: «Madam Sahib, ich werde nun vorführen, wie man einen korrekten Knoten schnürt.» Mit übertrieben langsamen Bewegungen demonstrierte er das Binden des Knotens, als habe er es mit einer Gehirnamputierten zu tun.

Arschloch. Aber wirklich.

«Chutra ji, schau, vielleicht Bora nicht okay. Bora ... (Homunkulus konnte wieder einmal seine Wörter nicht finden) ... falsch, nicht richtig ... So!» Am Vorabend hatte ich ihn gebeten, die Bora zusammenzunähen – ein großes Rechteck aus Ziegen- und Kamelhaar, das, wenn man es über den Sattel wirft, zu beiden Seiten eine Tasche bildet, in der man seine Habe transportiert. Er hatte die Bora verkehrt zusammengeheftet, und nun lag der Schwerpunkt der Ladung so hoch, daß sie bei jeder Bewegung des Kamels schlingerte wie schlecht verteilter Ballast auf einem Schiff.

Chutra erklärte, daß er genau wisse, wie man eine Bora heftet.

«Oh», meinte ich nur. Warum sagte ich nicht einfach: «Mach es so und so, und damit basta?» Warum ersparte ich mir nicht dieses ganze Theater, indem ich es selber tat? Ich habe keine Entschuldigung dafür, außer daß ich inzwischen zu erschöpft war.

Auf der Deesa-Mount Abu Road verabschiedete ich mich von meinen Freunden und umarmte sie. Hätte ich mir nicht solche Sorgen um die Kamele, die Ausrüstung, die Zeitschrift, Dilip, Chutra usw. gemacht, ich hätte mich wohl an Ort und Stelle auf die Straße gehockt und geheult. Der Aufruhr um uns herum, das glotzende, aufdringliche Volk, hinderte mich natürlich ebenfalls daran.

Chutra schienen die ständigen Menschenaufläufe gemischte Gefühle einzuflößen. Manchmal wurde er so wütend, daß er brüllte, ihnen mit dem Stock drohte, sie als «völlig schwachhirnig» bezeichnete und sich dabei an die Stirn tippte. Andererseits hatte er gern ein Publikum. Als erstes schnappte er sich die beiden Prinzessinnen, so daß ich Ram Rahim führen mußte. In der Annahme, daß ich es nicht mitbekäme, verkündete er jedem in gewundenem, aber dennoch verständlichem Hindi, daß er der Eigentümer der beiden reinrassigen Tiere aus Jaisalmer sei, während der mittelmäßige Kutchi-Bulle mir gehöre. Gern prahlte er auch, das Königliche Haus von Jodhpur habe ihn als meinen Leibwächter verpflichtet. Allerdings bezweifle ich, daß man ihm das abnahm, weil Madam Sahib trotz ihrer vornehmen Blässe in etwa so bedeutend wirkte wie ein streunender Hund auf der Gasse.

In dieser Gegend lebten ziemlich viele Rabari. Sie hatten ihre Herden verkauft, Land erworben und waren besser gestellt als ihre nomadischen Vettern. Aber auch der Geist der Wüste war ihnen abhanden gekommen, und sie waren inzwischen wie alle anderen. Einst war dieses Land dicht bewaldet gewesen, voller Antilopen und Raubkatzen, reich an Weiden für die Herden der Nomaden. Jetzt war es kahl und blank wie ein abgenagter Knochen. Der Pfad schlängelte sich um ein Dorf herum, das mit Sicherheit nicht mehr als fünfzig Leute ernähren konnte.

Hinter der zerfallenen Mauer herrschte Stille; davor gackerten ein paar Hühner auf den Misthaufen. Dann hörte ich ein Geräusch, das mich erschauern ließ. Kinder. Ströme von Kindern, Tausende, so schien es, als habe ein Rattenfänger sie aus den Spalten zwischen den Trümmern hervorgelockt, jedes mit seinem eigenen kleinen Gesichtchen, seinem eigenen kleinen Schicksal, schön, geliebt, einzigartig und ohne Zukunft. Denn es ist nichts mehr da für sie. Weder Land noch Bäume, weder Tiere noch Jobs; weder Geld für ihre Ausbildung noch Medikamente oder die Garantie auf einen vollen Magen. Dennoch werden auch sie wieder ebenso viele Kinder in die Welt setzen – wieder und wieder –, und beim Gedanken an die praktische Umsetzung dieser mathematischen Reihe in immer mehr Elend wird einem angst und bange. Ich kannte die Statistik, wußte, daß man mit den Mitteln, die für ein einziges amerikanisches Kind aufgewandt werden, fünfundzwanzig indische Kinder ernähren könnte. Ich verabscheute den Moralismus, der von der dritten Welt verlangt, einen Umweltschutz zu akzeptieren (und mitzufinanzieren), dem Bäume wichtiger sind als Menschen. Wer elektrischen Strom bezieht oder ein Auto fährt, hat kein Recht, den Bauern das Fällen von Bäumen zu verbieten. Dennoch waren es die Kinder Indiens, die – trotz der ungerechten Verteilung des Weltkapitals und der Finanzströme – das Offensichtliche deutlich machten: *Es gibt zu viele von uns.* Als ich den ohrenbetäubenden Lärm dieser aus dem so ärmlichen Dorf herausquellenden Kindermassen hörte, fiel es mir schwer, meinen Abscheu vor der menschlichen Gattung, vor dieser sinnlosen Vermehrung zu unterdrücken. Der letzte Rest von Bedauern über meine eigene Kinderlosigkeit wurde von diesem Toben beschwichtigt, das nun, da der Strom sich wieder ins Dorf zurückwandte und wir uns immer weiter von ihm entfernten, allmählich erstarb.

Die Nomaden, die ich bisher kennengelernt hatte, versuchten, die Zahl ihrer Kinder zu beschränken. Doch schon nach einer Generation der Seßhaftigkeit verlieren die Frauen ihre Unabhängigkeit, ziehen sich weiter hinter den Schleier zurück und beginnen

Babys zu produzieren, so schnell ihre Schöße sie nur hergeben. Ich glaube nicht, daß die höhere Kinderzahl für die Seßhaften einen ökonomischen Vorteil darstellt, wie es so oft heißt. Noch, daß die Überlebensrate der Kinder in den Dörfern höher liegt (eher im Gegenteil). Meiner Meinung nach hat es mit dem immer geringer werdenden Status der Frauen nach der Aufgabe des Wanderlebens zu tun, was schließlich dazu führt, daß sie sogar die Kontrolle über ihre eigene Fruchtbarkeit verlieren.

Jedem, dem wir unterwegs begegneten, stellte Chutra dieselben Fragen: «Woher kommst du? Welcher Kaste gehörst du an?» Je nachdem welche Antworten er darauf erhielt, behandelte er sie dann freundlich oder abweisend. (Und je niedriger der Platz des Betreffenden in der Kastenordnung, um so abweisender wurde er.) Doch wie gut verstand ich diese Orientierungsversuche im Chaos, als wir ein wenig später einer wandernden Kutchi-Rabari begegneten. Mit unverhohlener Freude grüßte ich diese Frau in Schwarz, meine Schwester, meine Jaat.

Ihre Augen aber funkelten aggressiv wie die einer bedrohten Schlange. Sie war ganz allein mit ihrer kleinen Schafherde, ihre Gefährten lagen weit zurück. Inzwischen verstand ich genug vom Dang-Leben, um zu wissen, daß dies (das Alleinsein der Frau) ungewöhnlich und gefährlich war. Vielleicht hatte ihre Dang sich aufteilen müssen, und sie hatten zu wenig Männer gehabt. Oder der für diese Herde zuständige Hirte hatte nicht mehr gehen können und daher dieser einsamen und schutzlosen Frau die Verantwortung für seine Tiere übertragen. Der Verlust der Herde hätte sie und ihre Familie ins Elend gestürzt. Dies war kein Ort, an dem Vertrauen und Überleben Hand in Hand gingen. Da ich sie nicht weiter verunsichern wollte, hob ich nur kurz die Hand und setzte meinen Weg fort.

Zali erwies sich als großartiger Gefährte. Im jahrhundertelangen Zusammenleben mit den Jogi hatte diese Rasse alle hündische Unterwürfigkeit abgelegt. Zalis Verhalten hatte etwas Aristokratisches, das aber durch unglaubliche Anpassungsfähigkeit gemildert wurde. Überleben war seine erste Priorität, und seine größte Chance, dieses zu sichern, lag bei der Memsahib, die er, wie er bald merkte, um sein kleines Pfötchen wickeln konnte. Chutra hatte nichts zu melden. Chutra war gar nicht vorhanden.

Braver Zali. Schööörner Zali. Kluuuger Zali.

Dieser Scharfblick für die existierenden Gegebenheiten zeigte sich von Anfang an, schon in der ersten Nacht, als er noch vor der Haustür schlief, um dann in den folgenden Nächten immer wieder umzuziehen, zunächst vor die Tür meines Zimmers, dann ins Zimmer, unters Bett, schließlich aufs untere Bettviertel, die untere Betthälfte und zuletzt ganz unter die Decke, in meinen Arm, so daß nur noch seine Schnauze unter den Laken hervorlugte. Als Narendra dieses Verhalten tadelte, wies ich ihn darauf hin, daß Zali sich ein Vokabular von mindestens zehn englischen Befehlen angeeignet habe und allen gehorche, was mehr sei, als man von meinem Unth Wallah behaupten könne.

Doch sogar in Zalis Begleitung verlief der erste Tag nicht so unbeschwert, wie man es vom ersten Tag einer langen Reise erwarten sollte. Sicher gab es Augenblicke, in denen sich mal keine Leute um uns scharten, keine Dorfköter geifernd nach meinen Knöcheln schielten oder Zali an die Gurgel zu gehen drohten, Momente, in denen die unendlichen Möglichkeiten der Landstraße den Geist beflügelten, so daß er der Zukunft jenseits der nächsten Wegbiegung unerschrocken entgegenrief: «Hier bin ich. Hier komme ich.» Aber ich kann mich nicht an sie erinnern.

Etwas enttäuscht, wie ich nun schon war, setzte ich große Hoffnungen auf die erste Nacht. Schlafen unter Sternen, klingelnde Kamelglocken in kühler Brise, womöglich interessante Weggefährten, mit denen man ein, zwei Stunden tratschen konnte, und keine plötzlich heranbrausenden Laster, die die Kamele aufscheuchten und ihnen Todesängste einjagten, keine Dieselabgase, keine Gaffer. Schon wieder also hegte ich Hoffnung. Diese Scheißhoffnung.

Ich überließ es Chutra, eine Lagerstelle zu suchen, da er sich hier besser auskannte als ich. Der Ort, den er wählte, war zwar keine Idylle, aber das Pumpgeräusch eines benachbarten Brunnens dämpfte das Dröhnen der Laster, und der Mali (ein von den Bauern angestellter Feldarbeiter) schien ein freundlicher Mensch zu sein. Er war ganz hingerissen von der Aussicht auf so ungewöhnliche Gäste an seinem Brunnen und bot uns in allem seine Hilfe an. Leider hatte er keine Milch. Er wollte zum Dudh Wallah laufen, um welche zu holen, während wir uns hier einrichteten. Ich gab ihm mit ein paar Handzeichen zu verstehen, daß das nicht notwendig sei, doch er bestand darauf. Ich suchte meine Börse hervor und gab ihm Geld. Chutra führte die drei Kamele weg, um sie grasen zu lassen. Ich klappte meine Pritsche auseinander, legte mein Gepäck darauf und schob das Geld darunter, breitete dann über dem Gepäck mein Bettzeug aus, ließ mich darauf nieder, lud Zali ein, es mir gleichzutun, und begann dann im Schein der Abendsonne zu schreiben. Sobald der Mali mit der Milch zurück war, würde ich auf dem kleinen Primuskocher Tee zubereiten. Und Chutra (den ich mit zunehmender Abendkühle immer nachsichtiger betrachtete) würde dann vielleicht endlich kapieren, daß ich nicht völlig hilflos und blöd war und er mir durchaus ein wenig mehr Unabhängigkeit zugestehen konnte.

«Madam Sahib versteht nicht», hatte er gemeint. «Indien ist voller Ganoven. Madam Sahib hat zuviel Vertrauen.» Lieber, alter Chutra, dachte ich und lächelte.

Der Mali kehrte zurück. Er sagte oder gab mir vielmehr mit Gesten zu verstehen: «Bei diesem Wind kriegen Sie den Kocher nicht an. Sie müssen ihn ins Brunnenhaus bringen, wo es nicht so bläst.» Wie hilfsbereit, dachte ich. Mußte man dieses Land nicht doch lieben? Und so ganz anders als seine Gefährten, anzüglich grinsende, unangenehme Kerle, die mich auf ziemlich suggestive Art gefragt hatten, ob ich Alkohol tränke. Worauf ich ihnen in sehr drastischer Körpersprache zu verstehen gegeben hatte, daß ich baptistische Missionarin sei und eine geladene Pistole unter meiner Kurta hätte. Der Mali aber war harmlos, und ich habe noch nie zu denen gehört, die in Gegenwart verdächtiger Personen in Panik geraten, auch hatte ich mit solchen schon oft genug zu tun, um zu wissen, daß Furchtlosigkeit die beste Verteidigung ist. Ich gab den drei Männern Tee, nahm meine eigene Tasse und ging zurück zu meinem Gepäck.

Als Chutra wiederkam, kochten wir Roti und Dal und sanken schließlich auf unsere Betten. Bald jedoch begriff ich, daß ich, wenn ich überhaupt ein Auge zutun wollte, meine Pritsche nicht mit Zali teilen konnte.

Dampf stieg aus dem Untergrundwasser auf, das immerfort in den Brunnen heraufgepumpt wurde, und legte sich wie ein schweres, feuchtes Tuch über uns, so daß ich nicht sagen konnte, ob mir drückend heiß oder eiskalt war. Irgendwie gelang es mir, gleichzeitig zu schwitzen und zu frösteln. Zali winselte und stieß seine lange Schnauze unter die Decke. Ich erinnerte ihn daran, daß Jogi-Hunde zum Jagen da sind und nicht, um an ausländischen Gästen herumzuzerren. Und auch nicht zu nächtlichen Kuschelorgien. Weder Zali noch ich schliefen mehr als drei Stunden.

Chutra schnarchte.

Am Morgen wurden dann bald zwei Dinge klar: Sowohl Zali als auch ich waren krank, *und*: meine Tasche war verschwunden. Hätte ich nur Geld darin gehabt, hätte ich es mir vielleicht erspart, Chutra Bericht zu erstatten, und jenes Detail verschwiegen, das den ganzen Umfang meiner Dummheit bewies. Aber in der Tasche befanden sich meine Taschenlampe, Moskito-Schutzmittel, mein Paß und all die Papiere, die man benötigte, um sämtliche Bürokraten von hier bis Delhi gefügig zu machen.

Chutra verlangte eine exakte Rekonstruktion aller Vorgänge des letzten Abends, während er mit hinter dem Rücken verschränkten Händen vor mir auf und ab schritt. Er folgerte daraus, daß der Mali mich zum Teekochen ins Brunnenhaus gelockt hatte und dann hinausgegangen war, um die unter dem Gepäck auf dem Bett liegende Tasche zu entwenden. Ja, vielleicht war es so gewesen. Und vielleicht hatte ich ja auch einen Riesenfehler gemacht, als ich den Mali beim Aushändigen der paar Paisa für die Milch das Geld in meinem Portemonnaie sehen ließ. Ja, ja, durchaus möglich, daß er gesehen hatte, wie ich meine Tasche unterm Gepäck versteckte.

Der Mali, der am Vorabend noch so freundlich gewesen war, war an diesem Morgen nicht auffindbar. Chutra knöpfte sich seine Frau und seine Tochter vor. «Da ich deinen Mann nicht finden kann», erklärte er, «muß ich, um diese Lappalie aufzuklären, leider nach Sidpur und die Polizei einschalten.» Der Mali erschien kurz darauf.

«Da du nichts von der verschwundenen Tasche weißt», sagte Chutra zum Mali, «wird es dir nichts ausmachen, mich auf die Polizeistation zu begleiten und mir zu helfen, ihnen den Vorfall zu schildern.» Offenbar machte es dem Mali aber doch etwas aus. Er würde uns zwar gern helfen, diesen verfluchten, abscheulichen Dieb zu finden, doch bedauerlicherweise müsse er zur Arbeit. «Ah», meinte Chutra, «in diesem Falle mußt du mich zu deinem Herrn bringen, damit ich ihm alles erkläre. Vielleicht nehme ich *ihn* mit zur Polizei.» Da wurde der Mali noch ein bißchen kleiner und wirkte allmählich alles andere als unschuldig. Ich wartete bei den Kamelen, während Chutra den *coup de grâce* vorbereitete.

Nun schienen sie noch heftiger mit den Armen zu fuchteln und die Köpfe zu schütteln. Schließlich rief ich Chutra heran und meinte, er solle ihnen ein wenig Zeit lassen, wahrscheinlich würde die Tasche irgendwo auftauchen, da sie ja nun offensichtlich kalte Füße bekamen. Wichtiger als das Geld seien die Papiere, vielleicht sollten wir daher erst mal Tee kochen und abwarten. Er stimmte mir zu.

Eine knappe halbe Stunde später entdeckte die Tochter des Mali die Tasche an einer Stelle, an der sie nie einer gesucht hätte. Alle hielten den Atem an und wollten sich gar nicht mehr beruhigen über dieses unglaubliche Glück und guckten dabei so furchtbar schuldbewußt, daß ich Mitleid mit ihnen bekam und mich noch mehr über mich selber ärgerte. Doch Clouseau kannte kein Erbarmen. Er schritt vor der offenen Tasche auf und ab, zwirbelte sich mit einer Hand den Schnurrbart und hob die andere, um ihnen Schweigen zu gebieten.

«Keiner faßt etwas an», befahl er. «Wir werden jetzt die Polizei rufen, um zu sehen, ob das Geld noch drinnen ist, denn es ist schon ziemlich merkwürdig, daß die Tochter des Mali sich hier den Hals verrenkt, wo sie doch normalerweise den Pfad da hätte benutzen sollen.» Die Tochter des Mali begann zu weinen.

«Wieviel war in der Tasche?» zischelte Chutra beiseite.

«Ich weiß nicht. Wahrscheinlich so an die fünfzehnhundert.»

«Wie kann man so was nicht wissen? Das eigene Geld. Madam Sahib ist sehr vergeßlich.»

«... Etwa tausend.»

Nun entspann sich ein mehrstündiger Kuhhandel. Gegen drei Uhr nachmittags war das Drama zu Ende. Der Mali war entlarvt, ich erhielt achthundert Rupien zurück, und wir luden auf. Die Frau des Mali schrie und jammerte; die Tochter war geflüchtet. Öffentliche Erniedrigung, öffentliche Schande. Doch Chutra kannte kein Mitleid. Ein Dieb blieb ein Dieb, gleichgültig, welche Motive er hatte, und für die Frau war es eben Pech, mit einem solchen verheiratet zu sein.

Auch ich war zutiefst beschämt. Wie hatte ich nur so gedankenlos sein können, einen bettelarmen Mann, der von Europäern nichts wußte, außer daß sie unvorstellbar reich waren, derart in Versuchung zu führen? Chutra schalt mich für meine Vertrauensseligkeit (sprich Dummheit). Und für meine Vergeßlichkeit. Vergeßlich war ich in der Tat, krankhaft vergeßlich geradezu, und auch das erfüllte mich mit Zerknirschung.

Ich hatte meine Glaubwürdigkeit so gründlich eingebüßt, daß ich nun im Hinblick aufs Aufladen oder die Bora gar nichts mehr sagen konnte. Hatte sich Chutra bei diesem Unternehmen nicht als unendlich kompetenter erwiesen als ich? Und wußte ein Raika-Kamelführer nicht besser als ich, wie man drei Kamele so belädt, daß das Gepäck nicht herabfällt? Meiner Ansicht nach sah es zwar sehr bedenklich aus, doch wer war ich denn, daß ich das beurteilen konnte? Eine zerstreute, leichtgläubige, blöde Ausländerin.

Wir wanderten die sechs Meilen bis nach Sidpur. Der Sieg über den Mali war Chutra zu Kopf gestiegen, und jeder, der uns begegnete beziehungsweise fünfhundert Meter von uns entfernt in einem Feld stand und nur seine Ruhe haben wollte, wurde herbeigerufen und mußte sich die Geschichte des Diebstahls anhören, in der unser Held Chutra durch Schläue und Intelligenz Madam Sahibs (die in dieser Geschichte einen etwas dämlichen Eindruck machte und außer als Paisa Wallah auch kaum eine Rolle spielte) tausend Rupien gerettet hatte, eine Summe, die sich mit jeder gewanderten Meile und jedem neuen Zuhörer vergrößerte, bis sie, als wir Sidpur schließlich erreichten, auf achttausend Rupien angestiegen war.

Über diese Schwindeleien mußte man sich einfach amüsieren,

schon wegen der befreienden Komik, die in ihnen lag, dann aber merkte ich, welche Rachsucht sich hinter Chutras Lügen verbarg. Alle in der Gegend erfuhren nun, daß der Mali ein Dieb war und seine Frau die Frau eines Diebes. Mit jedem Tausender, den er auf die Summe aufschlug, mit jeder Steigerung des Vergehens fiel eine weitere Schaufel Erde auf das soziale Grab des Mali.

Zali schleppte sich dahin wie ein alter Landstreicher. Hielten wir an, um uns von der Hitze zu erholen, ließ er sich schwer neben mir zu Boden plumpsen, so daß ich ihn später nur mit Schmeicheleien wieder auf die Füße brachte. Kein Tier legt sich andauernd hin, es sei denn, es ist ernsthaft krank.

«Zali krank», sagte ich zu Chutra. Er ging zu dem Hund, füllte seinen Pantoffel mit Sand, führte den Schuh dreimal über Zali hinweg, murmelte ein Mantra und verkündete, daß der Hund nun wieder gesund sei. Irgendwie überwältigte mich bei dieser Aktion ein Gefühl abgrundtiefer Sinnlosigkeit. Vielleicht überlebte man, vielleicht auch nicht, aber ob so oder so, es lag nicht, überhaupt nicht in unserer Hand. In den Straßen Sidpurs erkundigte ich mich nach einem Tierarzt. Doch es sah aus, als gäbe es hier keine Tierärzte oder, falls doch, dann keine Chance, sich in diesem Getöse Gehör zu verschaffen und einen Hinweis zu erhaschen, der einem weiterhalf.

Als wir Sidpur hinter uns hatten, scheute Momal vor einem Bus. Die Bora kippte herunter. Alles lag auf dem Boden verstreut. Es war heiß. Es war laut. Abgase verpesteten die Luft. Der Hund war krank. Und ich wußte nicht, wie ich ihm helfen sollte. Ich versuchte, ihn auf Sumals Sattel zu binden, doch jaulend stürzte er wieder herab. Mir lief die Nase, die Augen juckten, die Kehle brannte. Leute blieben gaffend oder lachend stehen oder rannten schreiend neben uns her.

Chutra sah sich absolut nicht imstande, das zu tun, worum ich ihn bat. Mit letzter Anstrengung und völlig erschöpft mußte ich ihm in schlechtem Hindi, mit angegriffenen Sprechwerkzeugen und allem Nachdruck, der mir noch zu Gebote stand, erklären, *warum* ich wollte, daß er es tat. Und dann, wenn ich die Worte unbeholfen herausgewürgt hatte, stellte er das Gesagte in Frage oder bat mich, es noch einmal zu erklären, so daß ich mich entweder mühsam gegen ihn behaupten und meine eigene Erschöpfung ignorieren oder ihn gewähren lassen mußte. Dann tat er, was er für das Beste hielt, was häufig das Richtige, manchmal aber auch, ärgerlicherweise, das Falsche war, da etwas Neues einfach nicht in seinen Schädel hineinging. Er kannte nur eine Art, mit Kamelen umzugehen, nämlich die, die auch seine Eltern, Großeltern ad infinitum gekannt hatten, und diese Tradition erlaubte keine Neuerung, auch wenn die gegebene Situation andere Anforderungen stellte.

Nur noch zwei Dinge wünschte ich mir jetzt aus ganzem Herzen. Ich wollte, daß Chutra verschwand und dieses lächerliche Projekt zu Ende ging. An der nächsten Selbstwählzelle würde ich Narendra anrufen und ihm sagen, daß ich die Wanderung allein fortsetzen würde.

In Wahrheit aber war diese Art des Reisens für einen einzelnen nicht realisierbar. Um die Kamele zu füttern, mußte ich das Gepäck stehenlassen. Es würde verschwinden. Auch konnte man die Kamele nicht irgendwo festbinden, um einen Anruf zu machen oder Essen zu kaufen, und darauf vertrauen, daß sie zehn Minuten später noch dort standen. So sah es aus. Chutra und ich waren so unentrinnbar aneinandergekettet wie ein Doppelstern. Und obwohl ich das wußte, bereitete es mir Vergnügen, mir immer wieder vorzustellen, daß er verschwände. Oder im Geiste einen Brief an die Zeitschrift zu formulieren, in dem ich mein eigenes Verschwinden schilderte. Ja, mir mein eigenes Verschwinden auszumalen.

Erneut verloren wir das Gepäck. Schwitzend und ächzend luden wir es wieder auf. Ich zeigte ihm, wie das Gewicht zu verteilen, wie die Ladung festzuschnallen war. Sagte, daß die Bora noch einmal genäht werden müsse. War aber inzwischen zu müde, um meine Anweisungen durchzusetzen. Um zumindest den Schein von Gelassenheit zu wahren, schaltete ich fast völlig ab – empfand nur noch jenes merkwürdige und, während dieser letzten beiden Jahre, wiederkehrende Bedürfnis, weite Landschaften und Kontinente meines Gehirns stillzulegen.

18

Am dritten Tag machten wir an einem Dabar am Straßenrand halt. Ich setzte mich hin und ließ den Kopf in die Hände sinken. In der Schwärze dahinter ersann ich neue Variationen meines Themas, Variationen von Chutras Verschwinden. Ansonsten war ich völlig weggetreten. Ein Mensch trat an meinen Tisch. Lange blickte ich nicht auf. Als ich es schließlich tat, meinte der junge Anzugträger auf englisch: «Ich bin Raika. Ich bin Lehrer hier.» Ich zwang mich zu einem Lächeln und gestattete mir die Bemerkung, daß Unterrichten ja wohl ein ungewöhnlicher Beruf für einen Nomaden sei.

«Ja, Madam. Aber hier in der Gegend sind wir inzwischen Farmer. Madam, darf ich Ihnen den Vorschlag machen, den heutigen Abend auf Nagji Bhais Farm zu verbringen. Sie brauchen Ruhe. Und Nagji Bhai wird Ihnen viele Fragen über die Raika beantworten können, ja über alle Rabari-Kasten weit und breit. Er ist ein sehr kluger und bedeutender Mann.»

Moment mal. Ein Raika-Lehrer, der Englisch sprach? Und dieser Dabar. Das war nicht der übliche niedrige Schuppen voller Speichel, Straßenköter und Fliegen, wo auf kleinen Lehmöfen bei infernalischer Hitze Tee von chemischer Stärke gebraut wurde; hier gab es Resopaltische und Werbeplakate für Kwality-Eiskrem. Zivilisation. Tierärzte.

«Sie sind sehr freundlich. Aber ich muß einen Tierarzt finden ...»

«Nagji Bhai wird Ihnen dabei behilflich sein. Ich erkläre Ihrem Kamelführer, wie Sie hinfinden. Bitte schreiben Sie etwas Gutes über unsere Kaste. Wir hatten viel Glück hier, im Gegensatz zu ... Nun, Sie haben es ja selbst gesehen.»

Hoffnung. Der Hund konnte sich bei Nagji erholen, während ich die Bora heftete und die Kamele neu belud. Und die letzten drei Tage mußte ich einfach als «Fehlstart» abhaken. Nicht einmal der Polizist an der Ecke, der Geld von uns wollte, konnte die Heiterkeit dämpfen, mit der mich die neugeschöpfte Hoffnung erfüllte. Ich gab ihm einfach nichts. Ich erwähnte den Superintendenten der Rajasthaner Polizei, einen Freund Narendras, und notierte mir den Namen des Constable auf einen Zettel. Der Constable ließ uns passieren. Nach dieser Machtprobe war Chutra ganz außer sich vor Begeisterung. Er trällerte irgendwelche Melodiefetzen, während er neben mir herhopste, seinen Stock wirbeln ließ und sich, irgendwelche Passanten grüßend, an den Turban tippte. «Schau, Madam Sahib», sagte er, «der Vogel da. Nein, da. Siehst du?» Und er deutete auf etwas Gefiedertes, das auf einer Hochspannungsleitung hockte.

Wir leben lieber im Glauben, daß wir den Gang der Ereignisse kontrollieren können, als in der Vorstellung, daß wir die ohnmächtigen Entfaltungen von Anfangszuständen sind, wo sogar das Einschlagen einer Zufallsrichtung die Wirkung unzähliger vorheriger Ursachen ist – von Ursachen, die außerhalb unseres Begriffsvermögens liegen, Ursachen, die vom Willen abgetrennt und auf eine unendlich ferne erste Ursache reduzierbar sind. Wir müssen so tun, als könnten wir etwas bewirken, müssen so tun, als ob der Mensch zumindest ein Körnchen freien Willens in sich trage, genug zumindest, damit er, wenn er mit einer Weggabelung konfrontiert ist, die linke oder rechte Richtung wählen oder, bei einer moralischen Entscheidung, ja oder nein sagen kann. Wenn der Determinismus herrscht, kann nichts vorausgesagt werden, denn die Ursachen sind zu mannigfaltig, als daß wir sie je erfassen könnten. Herrscht aber der freie Wille, so können in jedem Augenblick neue Karten ins Spiel gelangen. Wie auch immer, in meiner Welt blieb die Zukunft jedenfalls unergründlich.

In Chutras Königreich des Bewußtseins dagegen war die Zukunft erkennbar, sofern man die Fähigkeit besaß, die Kodes der Synchronizität – die Shaguns – zu entziffern. Kam etwa, wenn wir morgens aufbrachen, ein bestimmter Vogel von der linken Straßenseite geflogen oder ließ ein anderer von der rechten seinen Ruf ertönen, so mußten wir einige Minuten innehalten, damit das Unglück, worin es auch immer bestehen mochte, uns verpaßte (und vielleicht einen anderen traf?), so als ob Engel in Vogelgestalt andauernd die Uhren des Zufalls verstellten. Den Beweis für die Richtigkeit dieser Zeichen verschaffte sich Chutra dadurch, daß er im Rückblick jene, die nicht in das Schema seiner Prophezeiungen paßten, ignorierte oder Nichteingetroffenes auf seine mangelnden deuterischen Fähigkeiten schob. Seiner Ansicht nach hatte es unterwegs ständig klare ungünstige Hinweise gegeben, die wir aber aus Unwissenheit und zu unserem Schaden ignoriert hatten.

Und nun führten uns günstige Shaguns zu Nagji Bhai wie der Stern die heiligen drei Könige durch die Wüste. Die Sonne ging unter und tauchte alles in rosafarbenes Licht. Kühle Luft wehte von den bewässerten Feldern herüber; ferne Brunnen pumpten wie lebendige Pulse; Affen stahlen Früchte von den Äckern und sprangen neben uns in die Bäume.

Chutra johlte, bleckte die Zähne und kratzte sich die Rippen. Die Affen schwangen sich von ihren Ästen herunter, knurrten ihn an und sprangen, verärgert über diese Unverschämtheit, fluchend zurück ins Gezweig. Als Chutra sah, daß ich lachte, verdoppelte er seinen Einsatz, bis wir mit etwa hundert Affen im Streit lagen. Ein paar Meilen wanderten wir durch ein Licht, so lieblich und zart wie verblichener Crêpe im Schrank einer alten Dame.

Als wir Nagjis Dorf erreichten, lag ein Schleier aus Mondlicht über der stillen Welt. Die Büffel waren schon angepflockt und bliesen ihren warmen Atem in die Nacht. Vor den Häusern saßen schweigend die alten Männer, hielten ein Enkelkind im Arm oder widmeten sich im Schein einer Lampe handwerklichen Verrichtungen. Hier und da erkannte man eine dunklere Gestalt und schimmernden Schmuck. Die Dunkelheit warf einen Mantel über meine Fremdheit, so daß die Leute mich mit einem Nicken vorüberließen oder mir einen leisen Gruß zuriefen. Häuser, Tiere und Menschen schienen Teil eines harmonisch integrierten Ganzen zu sein, das einem Teppich glich, dessen Muster allein seine Schöpfer, die Götter, kannten.

Am Morgen würden die Götter ihre Arbeit wieder aufdröseln, die Fäden kunterbunt verwirren und ein Chaos anrichten. Sie würden mir meinen Mantel wegreißen und mich wieder der glotzenden Menge ausliefern. Doch vorerst waren die scharrenden Kamele, die Silhouette des Hundes, der müde und stille Chutra und ich selber noch Teil dieses Gewebes.

Bis vor kurzem hatte ich die indische Gewohnheit, alles Unbekannte anzustarren, nicht begreifen können. Und dann hatte ich bei meinen Streifzügen durch die Basare von Mount Abu ein wirkliches Monster erlebt. Obwohl sie am anderen Ende der Gasse stand und in diesem Menschengewimmel fast unterging, zog sie doch alle Blicke auf sich, auch den meinen. Ohne sich ihrer Monstrosität bewußt zu sein, vielleicht aber auch daran gewöhnt, schlenderte sie durch den Basar. Sie war blaß, bleich wie eine Larve, und wirkte völlig fehl am Platze. Auch sie hatte versucht, sich mit Kurta und Hose zu verkleiden, trug ihr Haar nach hinten gebunden wie ich. Und auf ihrem Gesicht lag derselbe Ausdruck, den auch ich auf der Straße aufsetzte, eine Art grimmiger Entschlossenheit, mein Europäertum zu leugnen und so zu tun, als ob die deutenden, starrenden, lachenden Menschen jemand anderen meinten und nicht sie.

In diesem Moment hatte ich mit einem unangenehmen kleinen Schock erkannt, daß, egal, wie tief meine Identifikation mit diesem Land auch ging, man mich doch immer als Fremde betrachten würde. Es war wie bei meinem Freund, einem Japanoamerikaner aus der vierten Generation, dem es das Herz gebrochen hatte, als er im Teenageralter erkennen mußte, daß er nie ein glaubwürdiger Countrysänger werden würde.

Inzwischen ließ sich der Hund nur noch durch Schmeichelworte vorwärtsbewegen. Manchmal taumelte er, lehnte sich an meine Beine und schleppte sich dann wieder weiter. Eine Zeitlang ritt ich auf dem Kamel und hielt Zali vor mir auf dem Sattel, bis er, quasi auf seiner Würde beharrend, darauf bestand, daß ich ihn hinunterließ. Schließlich stieg auch ich wieder ab. Der Hund kam heran und drückte sich an meine Beine. «Nur noch ein Weilchen, mein Freund. Dann darfst du dich ausruhen, solange du willst.»

Aber es dauerte länger als nur ein Weilchen.

Die Äcker waren fruchtbar. Man konnte, wenn man so die Gassen hinabwanderte, den Wohlstand förmlich riechen. Den Duft üppigen grünen Wachstums, Bewässerungsnebel, riesige Bäume, die nicht zum Verfüttern niedergemetzelt worden waren, gemästetes, beschauliches Vieh. Wie grausam, der Sicherheit so nah und von solcher Fülle umgeben zu sein, während ein anderes Leben mit jedem Schritt weniger wurde. Zali, vornehmster Vertreter seiner Gattung, beklagte sich nicht, sondern kämpfte weiter, stupste mich manchmal mit der Schnauze an, als suche er nicht nur Trost, sondern als wolle auch er mich trösten.

Es war fast Mitternacht, als wir Nagjis Farm erreichten. Unter den Gesichtern, die aus der Nacht und durch den Nebel meiner Erschöpfung auftauchten, war das meines Gastgebers sofort zu erkennen. Es strahlte eine Autorität aus, die alle beeindruckte und umfaßte, allen Ehrfurcht einflößte und Schutz versprach. Auf Nagji konnte man das Gewicht der Welt abladen, und er würde nicht darunter zusammenbrechen.

Ich begann, die Kamele abzuladen. Er befahl mir, damit aufzuhören. Wozu sei denn schließlich Chutra da, wenn nicht dazu? Ich mußte mich auf einen Charpoi setzen und mich ausruhen. Ich setzte mich. Tee wurde gebracht, von Frauen, die sich, wie es schien, unter dem Blick des Patriarchen winzig klein zu machen versuchten. Mit geschäftig raschelnden Röcken verschwanden sie hinter dem Haus. Obwohl ich das angebotene Essen abgelehnt hatte, setzten sie mir dennoch etwas vor. «Solange du hier bist», sagte Nagji, «bleibt dein Proviantkasten geschlossen.» Ich dankte ihm, so gut ich es eben konnte. Und dann überwand ich meine Verlegenheit und wagte es, nach all den erwiesenen Freundlichkeiten immer noch etwas zu wollen, und brachte das Thema auf den Hund. Ob Nagji vielleicht irgendwelche Antibiotika im Haus habe? Wie und vor allem wie rasch konnte man einen Tierarzt herbestellen? War es möglich, sofort einen zu rufen? Ich war mir zwar nicht ganz sicher, was Nagji sagte, doch schließlich begriff ich, daß sich an diesem Abend wie auch am nächsten Tag, einem Sonntag, nichts mehr unternehmen ließ. Ich versuchte, mir meine Verzweiflung nicht anmerken zu lassen, doch Nagji senkte sein alttestamentarisches Haupt und starrte blicklos in meine Richtung. «Morgen werde ich jemanden zum Tierarzt schicken. Und bis dahin wird Gott gütig sein oder auch nicht. Mehr kann ich nicht tun.»

Chutra hatte wie üblich versucht, das große Wort zu führen.

Aber ein einziger Blick hatte ihn zum Schweigen gebracht. Ein merkwürdiger Beschützerinstinkt regte sich in mir. War es möglich, daß ich trotz meines verzweifelten Wunsches, er möge verschwinden, eine keimende Zuneigung für ihn hegte? In einer Gesprächspause, in der ich mir meine Gutenachtwünsche zurechtlegte, weil ich niemandem zur Last fallen wollte und umzukippen fürchtete, wenn ich mich nicht sofort hinlegte, fand Chutra schließlich seine Stimme wieder. Er stand auf, breitete mit einer Geste, die Nagji, seine Familie, seine Farm und alle Versammelten und ihre Gastfreundschaft umschloß, die Arme aus und erklärte pathetisch: «Madam Sahib. All dies habe ich für dich getan.»

Am Morgen betrachtete ich dann meine Umgebung. Den weiten Hof aus festgetretener weißer Erde, der Tag für Tag von den Frauen gefegt und von alten Bäumen beschattet wurde. Drei Kamele, die am Boden angepflockt waren; daneben zwei Ochsen, schimmernd, geschmeidig, mächtig und würdig, von einem Shiva geritten zu werden, die ihre Nüstern in frischgemähten Klee tunkten. Da gab es reetgedeckte Ställe und Heuhaufen, so groß wie Hütten. An einer Stelle, an der dunkle Wurzeln aus dem Boden traten, hatte man Charpois aufgestapelt. Auf der weißgetünchten Veranda standen Säcke voller Weizen und gutgeschmierte Geschirre. An diese Fläche aus Weiß und Schatten grenzten fruchtstrotzende Felder. Für indisch-ländliche Schönheitsvorstellungen war dies das Paradies. Hier war man in Sicherheit. Hier mußte niemand Hunger leiden. Da draußen, jenseits der Hecke, jenseits der Siedlung, gab es Banditen, wilde Tiere, Gesetzlosigkeit, Gefahr, Elend und Tod. Alle Schönheit der Welt aber war in den Dörfern zu finden, in der Häuslichkeit und niemals im Dschungel, der den Menschen zum Raubtier oder zur Beute herabwürdigte.

Eine von Nagjis Töchtern trug nun, nachdem sie den Hof gefegt hatte, Weihrauch und glühende Kohlen herum, um Schmutz einer anderen Art abzuwehren. Aus den Augenwinkeln warf sie mir ein rasches Lächeln zu, hielt den Weihrauch über Zali und gab mir mit einem Zeichen zu verstehen, daß der Tee fertig sei. Ich solle ihr folgen.

Nagji hatte acht Kinder, sechs Mädchen und zwei Jungen. Seine Frau war zwar momentan nicht da, sie machte einen Familienbesuch, aber die älteste Tochter, eine Frau in den Zwanzigern, führte mich durch eine kleine, hoch in der Wand eingelassene Holztür, die sie sofort hinter mir schloß, in die Wohnräume. Mir war, als beträte ich einen Käfig voller Sittiche. Sechs Frauen stürzten sich gleichzeitig auf mich, überfielen mich mit ihrem fremden Dialekt und ihren Fragen, wobei eine die andere überbot, eine mich dahin zerrte, damit ich mir etwas ansah, die andere dorthin – und alle lachten und betrachteten mich voller Verwunderung. Ich befand mich jetzt in einem kleinen Innenhof, in dem nachts die Tiere untergebracht wurden. Rechts von mir führte eine Tür in einen langgestreckten Raum. Links befand sich eine winzige Zementzelle, die Küche.

Sie schoben mich in den langen Raum, in dem sie alle schliefen und in dem sich die Frauen aufhielten, wenn sie nicht unter Aufsicht auf den Feldern arbeiteten oder in der Schwitzzelle kochten. Der Raum war dunkel und kühl. In der Ecke, die vom einzigen Fenster erhellt war, befanden sich ein paar große Ton-Matkis mit Wasser und ein kleines Puja-Podium. Offenbar sollte ich mich einer Wäsche unterziehen. Am anderen Ende des Zimmers waren Töpfe aus Messing und Edelstahl aufgereiht, die man mit Schlamm poliert hatte, bis sie auch den schwächsten Lichtstrahl reflektierten – ein visueller Effekt, der, in Klang übertragen, wohl einer im tiefsten Baß brummenden Orgel entsprochen hätte. Handgearbeitete Steppdecken stapelten sich an einer Wand, Charpois an der anderen.

Die Frauen deuteten auf das Wasser, rückten mir einen niedrigen Holzschemel zurecht, reichten mir Seife und setzten sich im Halbkreis um mich herum, als warteten sie auf den Beginn einer Theatervorführung. Mir war gesagt worden, daß man nie seine Muschi zeigen soll, nicht einmal vor anderen Frauen, also entblößte ich nur meine Brüste, schlang mir ungeschickt das Handtuch um die Taille, zog die Hose herunter, plazierte Seife und Matkis auf dem Podium und ging in die Hocke. Unterdrücktes Gekicher. Die älteste Tochter reichte mir einen Lungi (Sarong), bat mich, zum Waschen auf dem Schemel Platz zu nehmen, und stellte den Matki vor mich hin. Der Lungi bedeckte mein Schamhaar nicht ganz, so daß erneut Verlegenheit all meine Bewegungen lähmte. Während der ganzen Waschprozedur ließen sie mich keinen Moment lang aus den Augen.

Als dies vorüber war, luden sie mich ein, mich zu ihnen in die Küche zu setzen und ihnen beim Kochen zuzusehen. Da es keinen Kamin gab, war der ganze Raum von Rauch erfüllt. In der Decke befand sich eine Öffnung, durch die ein Keil gleißenden Lichts in die Düsternis fiel. Wie hielten sie das im Sommer bloß aus? Wie hielten sie es überhaupt aus, bei fünfundvierzig Grad in diesem Kasten zu hocken, sich Stunde um Stunde in diesem schneidenden Qualm übers Feuer zu beugen, Teig zu schlagen, Tee zu kochen? Aus welchem Stoff waren sie gemacht, daß sie diese Folter klaglos ertrugen? Schon jetzt fühlte ich mich von Hitze und Rauch so benommen, daß mir ganz flau war. Und doch hatte ich noch vor Jahren mit Schlangen und Feigenbäumen eine steinerne Ruine mit einem halben Dach geteilt, wo es so heiß war, daß der Käse von den Regalen tropfte und unangezündete Kerzen zu Pfützen zerschmolzen. Und in der Erinnerung assoziiere ich keinen einzigen unangenehmen Augenblick mit dieser Zeit und diesem Ort.

Die Schwestern konnten alle lesen und schreiben, aber nur eine von ihnen sprach Hindi. Sie übernahm das Dolmetschen. Unermüdlich wiederholten sie ihre Fragen, wurden dabei immer lauter und rückten mir immer näher. Das Feuer knisterte. Scharfes und öliges Essen wurde mir aufgedrängt, das ich ihnen zuliebe verzehrte, obwohl mir sowieso schon übel war. Schuldbewußt trug ich einen Teil davon dem Hund hinaus. Die Frauen blickten einander an. Dieses erstklassige Essen vergeudete diese Frau an einen Hund, der sowieso sterben würde? Zali schnupperte an dem Essen, blickte mich an und legte sich, ohne davon zu kosten, wieder hin.

Als ich in die Küche zurückkam, flüsterten sie miteinander und fragten mich dann, wieviel ich Chutra eigentlich bezahlen würde. Ich erriet sofort, daß er wieder mal maßlos aufgeschnitten hatte, weswegen ich den Betrag gleich um ein Drittel erhöhte. Die ältere

Frau wandte sich triumphierend zu ihren Schwestern um und sagte: «Hab ich's euch nicht gesagt!» Der dumme Chutra hatte so wüst übertrieben, daß ihm nur ein Idiot Glauben geschenkt hätte.

Plötzlich erklangen die Schritte des Patriarchen. Und jetzt ähnelte die Küche nicht mehr so sehr einer Voliere, sondern eher einem Hühnerhaus, über das gerade ein Falke hinwegfliegt. Die Frauen flüchteten in die vier Küchenecken oder konzentrierten sich mit frostigem Eifer auf das, was sie gerade taten. Er trat herein und musterte sie finster. Sie blickten nicht auf.

«Ihr habt ihr nicht genug zu essen gegeben», brüllte er, schnappte einen Teller und schöpfte mir noch mehr Ghi auf einen Chapati.

«Nein, wirklich», protestierte ich, «ich kann nicht soviel essen. Sie haben mich sehr gut bewirtet. Zu gut.» Ich hielt mir den Bauch und stöhnte.

Nagji räusperte sich unwillig und warf einen letzten drohenden Blick auf seine Töchterschar, ehe er wieder die Tür öffnete. «Komm nach vorne», sagte er zu mir, «wenn du fertig bist.»

Sobald er draußen war, stürzten die Frauen wie unartige Schulmädchen zu mir zurück.

In der Regel war ich lieber mit Frauen zusammen als mit Männern, aber Nagjis Töchter erschöpften mich. Eine der Folgen des lebenslangen Eingesperrtseins besteht darin, daß die Fähigkeit, sich in andere hineinzudenken, verkümmert. Sie begriffen einfach nicht, wie anstrengend es ist, mit sechs Leuten zu kommunizieren, deren Sprache man nicht versteht. Und es bestürzte mich auch, wie tief sie in so kurzer Zeit gesunken waren – ein Niedergang, der direkt mit dem sozialen Aufstieg ihrer Familie korrespondierte. Denn die Übernahme der strengeren Traditionen, zu denen etwa das Einsperren der Frauen gehört, ist ein Privileg, das sich nur Aufsteiger leisten können.

Nicht daß die Frauen den Verlust ihrer Freiheit beklagt hätten. Wie sollten sie auch? Sie hatten ja keinerlei Vergleichsmöglichkeiten. Und hätte man sie gefragt, sie hätten keinen Mangel benennen können. Denn war ihr Vater nicht ein bedeutender Mann? Er sorgte doch bestens für sie! Hatte ihnen Ehemänner aus guten Familien beschafft! Hatte sie alle am gleichen Tag verheiratet und ein großes Fest für sie ausgerichtet! Ließ ihren kleinen Bruder an einer englischen Schule im fernen Mount Abu erziehen! Und wenn sie sich allein nicht vors Haus wagen durften oder beim Eintreffen eines Besuchers kichernd verschwinden und sich wie Maulwürfe in ihrer Kemenate zurückziehen mußten, na und?

Ich aber konnte sie mit den Frauen aus Kutch vergleichen, die von ihren Männern mit Zuneigung, Respekt und sogar ein wenig Ehrfurcht behandelt wurden, die frei ausschritten und die Köpfe zurückwarfen, wenn sie lachten, die Witze erzählten und sangen, mit den Laden-Wallahs feilschten und, mit Schleudern bewaffnet, Seite an Seite mit ihren Männern kämpften. Ich vermißte sie – diese Frauen. Vermißte die Weite in ihren Seelen. Und ich sehnte mich danach, die Küche zu verlassen und auf den Hof hinauszutreten.

Eines der jüngeren Mädchen kam atemlos zur Tür hereingelaufen. «Ma ist da! Ma ist da!» Alle Frauen erhoben sich gleichzeitig. Ihre Gesichter hatten sich völlig verändert. Alles Unschöne war aus ihnen gewichen. Nur Liebe war noch in ihnen. Ich hatte einen Kloß im Hals und mußte schnell etwas essen, um ihn loszuwerden. Nur zwei Tage war die Mutter weggewesen, doch man hatte den Eindruck, als sei sie zehn Jahre lang auf Reisen gewesen. Die Töchter umstanden und umgurrten sie, küßten ihr die Hände, umarmten sie, strichen ihr übers Haar. Sie liebten sie mit einer so leidenschaftlichen und intensiven Liebe, wie ich sie noch nie zwischen Mutter und Töchtern erlebt hatte. Es war, als seien sie in den Jahren der Gefangenschaft im langen Zimmer miteinander verwachsen, als bildeten sie nur noch einen einzelnen Organismus. Zwar habe ich Mas Geschichte nie gehört, vermute aber, daß sie vor ihrer Ehe ein relativ freies Leben geführt hat. Wie sehr sie unter der Gefangenschaft in diesem Zimmer und der ständigen Beaufsichtigung auf den Feldern gelitten haben muß! Wie sehr sie die Zärtlichkeit dieser Töchter gebraucht haben muß!

Nun, da ihre geliebte Ma wieder da war, hatten sie mich völlig vergessen, und ich konnte zur Vordertür hinausschlüpfen, hinaus in die Welt der Männer.

Ob sie nun zu Fuß oder in polierten Ambassadors gekommen

waren, vor Nagji wurden die unaufhörlich heranströmenden Gäste ausnahmslos zu Bittstellern. Charpois wurden herbeigetragen, Tabletts mit Wassergläsern, zuweilen auch Tee. Wenn ich der Unterhaltung auch nicht folgen konnte, so war doch unverkennbar, daß hier Macht ausgeübt wurde. Nagji war reich, er war Ratsmitglied in der Gemeinde, sogar der Sarpanch begegnete ihm mit Respekt.

Ein alter Rabari traf ein, wie alle Hirtennomaden dieser Gegend ein Gerippe in Lumpen. Er war unglaublich schüchtern und verbarg sein Lächeln hinter seinem Tuch, als ich ihn fragte, ob er ein Mukki sei. Nagji erzählte mir, er sei der Mukki einer Gruppe von Ziegen- und Schafhirten aus der Gegend von Sirohi. Nagji hatte die Dörfler davon überzeugt, daß man es den auswärtigen Hirten gestatten sollte, ihre Tiere mehrere Monate im Jahr auf Gemeindeland zu weiden. Es war durchaus üblich, diese Flächen an Hirten zu verpachten, normalerweise aber zu exorbitanten Preisen.

Hätte Nagji sich nicht eingeschaltet, so hätten sie wohl, nur um bleiben zu dürfen, bis zu zwanzigtausend Rupien berappen müssen. Nun aber zahlten sie lediglich tausend pro Jahr an das Dorf und dann noch eine zusätzliche Summe an den einzelnen Farmer für das Weiderecht. Gewöhnlich überließ Nagji dem Alten das Gras umsonst, doch in diesem Jahr hatte es sehr wenig geregnet. «Es war für uns alle ein schweres Jahr. Deswegen kann ich mein Gras nicht herschenken.»

Als ich fragte, ob diese Leute irgendwelche Hilfen vom Staat bekämen, sagte Nagji: «Ich helfe ihm und er mir. So ist das nun mal. Wir gehören zur selben Jaat (Gemeinschaft). Uns ist Gott freundlich gesinnt. Der Boden ist fruchtbar, der Regen reichlich. Da aber, wo er herkommt, gibt es, wenn der Regen ausbleibt, auch nichts zu essen. Am Tag muß er sich mit den Großgrundbesitzern herumschlagen, nachts mit den Dieben. Nachts muß er wachen und tagsüber wandern. Er hat zu viel am Hals, zu viel Ärger, zu viel Gefahr.»

Nagjis Großvater war in diese Gegend gekommen, als eine große Dürre die rajasthanische Bevölkerung dezimiert hatte. Damals war Land neu verteilt und auch einfachen Leuten zugänglich gemacht worden. Die meisten Rabari aber hatten diese Gelegenheit nicht genutzt, unter anderem deshalb, weil die Kastenräte Mitglieder, welche die traditionelle Lebensweise aufgaben, bestraften. «Mein Großvater war klug», sagte Nagji. «Er dachte an die Zukunft, verkaufte seine Kamele und Schafe und erwarb dieses Land. Wir sind eine sehr starke Kaste, eine Zigeunerkaste. Wir sind schon so lange in Indien, daß sich keiner mehr an unsere Anfänge hier erinnern kann. Wußtest du eigentlich, daß die Zigeuner ursprünglich aus Australien kamen?» Ich mußte zugeben, daß mir das neu war.

Als eine kurze Pause entstand, räusperte ich mich und sagte: «Nagji, du hast doch gesagt, daß du einen Tierarzt rufen lassen würdest. Wann wird er denn kommen?»

Lange musterte mich Nagji unter seinen Brauen hervor. «Der Tierarzt war heute nicht auffindbar. Er kommt morgen.» Im Geiste sah ich den Hund vor mir, sah sein Leben flackernd erlöschen wie eine Kerze in der Nacht, und das Gefühl der Ohnmacht wurde derart überwältigend, daß ich meinen Gesichtsausdruck nicht mehr unter Kontrolle hatte. Ich wandte mich ab, damit Nagji nicht sah, was in mir vorging.

Der nächste Tag war ein verlorener Tag. Ich sah dem Hund bei seinem langsamen Sterben zu. Ich stritt mich mit Chutra wegen der zu flickenden Bora, bis Nagji sich zuletzt einmischte und Chutra zu verstehen gab, daß ich recht und er unrecht habe. Chutra schmollte. Und der Tierarzt kam immer noch nicht. Ich war innerlich aufgewühlt und versuchte, meine Gefühle vor den Frauen zu verbergen. Sie konnten nicht begreifen, warum ich Geld für einen Hund verschwenden wollte. Er war schließlich ersetzbar; jeder Hund würde mich vor Gefahr warnen. Doch Zali war nicht *irgendein* Hund, er war *mein* Hund.

Am Abend fuhr ich mit dem Sarpanch in die Stadt, um Narendra zu bitten, mir Ersatzleute für Chutra zu schicken. Ein Dutzend Männer beobachtete mich, während ich ins Telefon brüllte. Ja – die knisternde Leitung verzerrte seine Stimme –, er werde Koju mit dem Jeep schicken und versuchen, zwei andere Kamelführer für mich aufzutreiben. Am nächsten Morgen kam der Tierarzt und verpaßte Zali zwei Spritzen in den Hals. Aber der Hund konnte nicht mehr aufstehen; sicherlich war es zu spät.

Nagji war es gewohnt, anderen seinen Willen aufzuzwingen. Einer seiner Tricks dabei bestand darin, daß er irgend etwas sagte, das aber erst dann einen Sinn erhielt, wenn er noch etwas hinzusetzte. Er gab also seine Erklärung ab, wartete dann und starrte einen so lange zornig an, bis man den Blick niederschlug, sich geschlagen gab und sagte: «Ja, bitte sprich weiter ...»

An jenem Abend sagte er: «Was ist es denn ...» – ich wartete, senkte schließlich den Blick und sagte, «*Han ji, bolie*» – «worüber du dauernd so angestrengt nachgrübelst? Du denkst zuviel.»

Ich lachte. «Nun, zum Teil ist es einfach Gewohnheit und zum Teil meine ... Arbeit.»

Sein Blick bekam etwas Bohrendes, und ich hatte keine Wahl und mußte weitersprechen. «Aber ich denke auch über meine Probleme nach und wie ich am besten damit fertig werde. Aus zweierlei Gründen ist es schwierig für mich. Zum einen kann ich nicht richtig reden. Das Sprechen einer Sprache, die ich nicht beherrsche, die Anstrengung, mich auszudrücken und andere zu verstehen, verlangt hohe geistige Konzentration. Oft entstehen Mißverständnisse, die ich wegen meiner mangelnden Sprachkenntnisse auf sich beruhen lassen muß. Wenn man nicht reden kann – vor allem in Situationen, die rasches Handeln erfordern –, gerät man seelisch immer mehr unter Druck, hat aber keinerlei Möglichkeit, sich davon zu befreien. Deswegen muß ich nachts grübeln, und durch den Schlafmangel wirke ich natürlich noch angespannter. Mir ist zumute wie einer Tauben oder Blinden, die so tun muß, wäre sie normal.

Zum anderen (hier ging ich ein Risiko ein) verbringen die Menschen in meinem Land viel Zeit mit sich allein. Wir sind daran gewöhnt. Ich zum Beispiel verbringe den Großteil des Tages, manchmal sogar Tage oder Wochen in völliger Zurückgezogenheit. Weil mir das so gefällt. Sogar in der Familie haben die meisten von uns ein Zimmer, in das sie sich zurückziehen können. Hier ist es genau anders herum. Man ist nie allein, und das ist ebenfalls gewollt. Aber für mich ist das sehr, sehr schwer. Und in meinem

Falle verschlimmert es sich noch dadurch, daß sich ständig Menschenaufläufe um mich bilden und ich folglich überhaupt nie zur Ruhe komme. Sie lassen mich weder schlafen noch ausruhen, weder essen noch aufs Klo gehen, ständig laufen sie mir nach und beobachten mich.»

Das Merkwürdige beim Erlernen einer Sprache ist, daß einem manchmal etwas gelingt, das fast an fließende Sprachbeherrschung grenzt. Auf einmal scheint sich der Homunkulus im Magazin auszukennen. Doch auch dann und vor allem, wenn das Gespräch intensiver wird als gewöhnlich, bleibt es Schwerstarbeit, immer wieder unterbrochen von der Bemühung, Abstrakta mit einfachen Worten zu paraphrasieren oder, falls einem auch diese Ausdrücke nicht zu Gebote stehen, sie mimisch wiederzugeben. Wenn ich Nagji einmal nicht verstand, blickte ich hilfesuchend zu Chutra, was schon etwas merkwürdig war, da Nagji ja besser Hindi sprach als Chutra. Aber Chutra und ich hatten inzwischen unsere ganz eigene Idiotensprache entwickelt. Armer Chutra! Konnte er einmal nicht übersetzen, so wurden wir nun beide sauer auf ihn; allerdings tendierte Chutra auch dazu, auf dem Offensichtlichen herumzureiten und über die schwierigen Teile hinwegzugaloppieren. Dennoch schritt die Unterhaltung voran, in holprigem Trab zuweilen, manchmal schleppend, manchmal in Schleifen und Kreisen, um eine nicht verstandene Bedeutung doch noch einzuholen – letztendlich aber ging sie voran.

«Ja.» Nagji kratzte sich nachdenklich am Kinn. «Die Leute sind wirklich schlimm. Und daß du eine Frau bist, das macht es nur noch schlimmer. Für sie bist du eine Statue, eine perfekte weiße Statue. Und die Frauen werden hier alle schlecht behandelt. Meine Frau zum Beispiel kann nicht allein aus dem Haus gehen ...»

Ich brachte meine Verwunderung zum Ausdruck.

«Nein, das ist nicht möglich. Wenn sie es täte, würden alle schreien: Wie? Was?, ihr den Schmuck herunterreißen und sie mißhandeln.» Er mimte eine Frau, der man ins Gesicht schlug. Das unterschwellige Thema der Unterhaltung verlagerte sich nun auf Vergewaltigung. Zwanzig Prozent der Männer, meinte Chutra, seien schlecht und Madam Sahib sehr vertrauensselig und naiv.

Nagji erwiderte: «Unsinn, achtzig Prozent sind verdorben, und Diebe sind sie allesamt.» Und dann an mich gewandt: «Du befindest dich in sehr großer Gefahr. Das mußt du einfach einsehen.» Er furchte die Stirn und stieß wie ein Bulle den Kopf nach vorn.

«Ich sehe es ja ein, Nagji Bhai, und ich weiß deine Sorge zu schätzen, aber das ist nun einmal mein Job. Wir alle müssen Geld verdienen, und manchmal ist es eben gefährlich. Es stimmt, daß ich Unannehmlichkeiten riskiere, aber es stimmt auch, daß ich öfter Menschen wie dir begegne als schlechten. Außer Polizisten natürlich. Die sind immer gräßlich.»

«Das mußt du in deinen Artikel schreiben», meinte Nagji. «Alle ärgern sich über die Korruptheit der Polizei. Und darüber, daß man als Armer nie sein Recht bekommt.»

Ich versprach ihm, es zu tun, hatte aber gewisse Zweifel, ob es etwas nutzen würde.

Und so ging das Gespräch weiter und endete zuletzt in labyrinthischen Höflichkeitsfloskeln, die dem Eruieren meiner beabsichtigten Aufenthaltsdauer dienten. Am nächsten Tag wolle ich aufbrechen, meinte ich. Worauf Nagji erwiderte, ich solle zehn Tage bleiben. Schließlich kamen wir – und, nachdem wir so offen zueinander gewesen waren, auch ziemlich rasch – zu einer vernünftigen Einigung. Man würde mich zu den Sirohi-Rabari bringen, die in der Nähe von Nagjis Brunnen lagerten. Dort konnte ich bleiben, so lange ich wollte, um dann, sobald es dem Hund wieder besser ging, in die Waldgebiete der Aravali aufzubrechen, in denen es überall Rabari-Dörfer und -Dangs gab.

Wir hatten uns über eine Stunde unterhalten und waren erschöpft. Chutra ergriff diesen günstigen Moment, um eine lange Rede vom Stapel zu lassen. Nach dem anstrengenden Gespräch und angesichts der vielen Sorgen und meiner körperlichen Schwäche war dies der Tropfen, der das Faß zum Überlaufen brachte. Ich faßte mich mit beiden Händen an den Kopf und ließ mich stöhnend auf einen Charpoi fallen. Worauf Nagji ein brüllendes Löwen-Lachen ertönen ließ und sagte: «Schlaf jetzt. Morgen hast du deine Ruhe.»

Am nächsten Morgen vor Sonnenaufgang kauerte ich hinter

Nagji auf einem wunderschönen Wagen, der von einem mächtigen blaugehörnten Ochsengespann gezogen wurde – eine Fortbewegungsart, die vor etwa fünftausend Jahren in der Steppe ihren Ursprung nahm. Ich wußte, daß mein Freund eine Schau abziehen wollte, als er ihre Schwänze hob, damit sie schneller liefen und ihre Schönheit und Kraft, Verlängerungen seiner eigenen Macht und Potenz, unter Beweis stellten.

«Einen Ochsenkarren hättest du nehmen sollen», sagte er. «Ochsen fressen alles und können sich überall fortbewegen, viel besser als Kamele, und bequemer wäre es auch gewesen.» Wir donnerten an einem Flußbett entlang, in der Kühle, im Schatten. Zali hatte die Nacht überlebt.

Je näher wir dem Rabari-Lager kamen, um so trostloser wurde die Gegend. Tausend Schafe und Ziegen standen auf einer Fläche von zweihundertfünfzig Morgen. Ein paar Schäfer, die man, wären da nicht die Turbane gewesen, für Felsbrocken hätte halten können, hockten reglos in der Sonne. Auch die Bäume – oder das, was von ihnen übriggeblieben war – sahen, mit den paar spärlichen Restblättern hier und da, aus wie nach einem Atomangriff.

«Diese Gegend war früher mal sehr gefährlich», sagte Nagji. «Diebe haben hier gelebt und wilde Tiere. Aber jetzt, wo ich den Brunnen habe bohren lassen», er lächelte und tippte sich an den Kopf, «haben die Gauner sich dünngemacht. Sie haben Angst vor mir.»

Das eigentliche Lager bestand aus einer Ansammlung von Grashütten, die sich an einem Zaun hinter Nagjis Brunnen entlangreihten. Eine Frau balancierte ein gewaltiges Bündel Feuerholz auf dem Kopf. In diesem Jahr lebten hier ungefähr fünfzig Leute aus verschiedenen Dörfern, die alle miteinander verwandt waren.

Nagji hatte um seinen Brunnen herum Blumen anpflanzen lassen: Fleißige Lieschen und Ringelblumen. Die Rabari zogen ihre Schuhe aus, wenn sie den Brunnen benutzten, ein Zeichen des Respekts und der Dankbarkeit, die sie ihm entgegenbrachten.

Er führte mich in eine der Hütten: ein Häuschen, das aus Zweigen und Grasbüscheln errichtet war. Der Boden war so blank gefegt, das er fast wie gewienert wirkte. Dahinter hatte man ein Strohzimmer mit einem Strohfußboden von der Größe eines Doppelbetts angebaut. Hier schliefen die Eltern. Es war das Häuschen des ersten der drei kleinen Schweinchen. Sogar diese Armut verwandelten sie durch ihren Schönheitssinn. Alles wirkte hübsch und gepflegt. Die Menschen seien von Fliegen und Läusen verseucht, erzählte Nagji, die Hütten aber vermittelten den Eindruck von Reinlichkeit und Ordnung. Eine prächtige Frau – sexy Pferdegebiß, langgliedrig, grazil – schwebte mit Tee zu uns herüber. Beinerne Hochzeits-Armreifen reichten ihr bis an die Achseln, und ihr Rock, der aus mindestens acht Meter Stoff bestand, war röter als rot. Als ich ihr die Tasse zurückgab, ergriff sie meine Hand und zog mich zu sich hinunter. Sie erzählte mir, daß sie unterwegs in der Nähe des Mount Abu gelagert und jeden Tag ihre Milch durch den Dschungel bis zu den Touristenhotels hinaufgetragen hätten. Zehn Meilen steil bergauf und Bären, Leoparden, Tigern auf Gedeih und Verderb ausgeliefert. Sie lachte und sagte, ja, es sei sehr gefährlich, aber was wolle man machen? Mit wiegenden Hüften führte sie mir vor, wie sie die Deghras (Milchkannen) auf dem Kopf balancierten.

Wie immer wirkten die Männer im Vergleich zu ihnen wie taube Nüsse, waren aber, sobald sie ihre fast autistische Scheu einmal überwunden hatten, ebenfalls bereit zu erzählen. Aufgrund der Dürre und des Futtermangels war die heurige Wolle kurz und sehr grob. Sie würde nicht viel einbringen. Schon jetzt waren Menschen und Tiere abgemagert. Blieb der Regen im nächsten Jahr wieder aus, so waren ein Großteil der Herde und auch einige Menschen dem Tod geweiht.

Als ich das Lager besichtigt und meine Fragen gestellt hatte, wurde es Zeit, daß Nagji seinen Plan vortrug. Er ließ mir drei Ziegenhaarmatten bringen und etwas zu essen (ranzige Ziegenmilch und trockenen Roti). Er selber ließ sich auf einer anderen Matte nieder, die etwa fünfzehn Meter von der meinen entfernt lag. Als ich mich hingesetzt hatte, kam ein Schäfer mit einer Handvoll Ringelblumen, verstreute sie rings um meinen Platz und entfernte sich im Rückwärtsgang. Eine Frau brachte Weihrauch, das sie neben mir abstellte. Eine zweite Wasser.

Am liebsten wäre ich zum Patriarchen hinübergerannt, um ihm für seine Großherzigkeit, sein Bemühen um Verständnis zu danken. Aber ich tat es nicht, sondern hockte auf meiner Matte, hockte, umgeben von Ringelblumen, Notizbüchern, Ziegenkot und Weihrauch, von Hütten, die weder vor Staub noch Wind, noch Ratten, ja, nicht einmal vor der Sonne schützten, umgeben von dürren, taumelnden Schafen, von Eseln mit hängenden Köpfen und Rippen wie Waschbrettern, während Nagji aus fünfzehn Meter Entfernung über mich wachte und fünfzig Leute lächelnd und in schweigendem Respekt den weißen Gast beim Alleinsein beobachteten.

19

Chutra kannte zweierlei Gesprächsthemen: nichts und sich selber, und über beide verbreitete er sich ohne Unterlaß. Einen Großteil des Höllenlärms um uns herum – Autos, Busse, Rikschas, Radios, Ghetto-Blaster, Lautsprecher und Tubamelodien orgelnde Lkw-Hupen – konnte man ignorieren und überhören, Chutras Worte aber wirkten auf mein Bewußtsein wie die chinesische Wasserfolter. Er räusperte sich die Nebenhöhlen frei, daß man meinte, nebenan ginge eine Lawine ab, spuckte das Ganze mit einer schwungvollen Kopfbewegung nach der Seite und konzentrierte sich, sobald er auf der Straße kein Opfer mehr für seine Tiraden fand, endlich auf mich.

«Madam Saaaahib … wiiieviel … Uuuhr … es … isst?» Wenn ich nicht reagierte, trat er neben mich und plärrte mir ins Ohr: «Wiiieviel Uuuuhr es isst? Es … ist … dreißig … Minute … bis drei … *teen bajje teez minit*.» Brüllend wiederholte er dies dann mehrere Male und deutete dabei auf seine Uhr.

«*Teen bajje teez minit*. Danke, Chutra», flüsterte ich nur noch und verzog die Lippen zu einem schiefen Lächeln. Chutra loszuwerden – das war alles, was ich noch denken konnte, war der einzige Wunsch, das einzige Verlangen, das mir geblieben war. All meine Bewußtseinsprozesse konzentrierten sich auf dieses vordringliche Bedürfnis – Chutra möge doch bloß weit, weit, weit weg sein. Es hat schon etwas Merkwürdiges und Halluzinatorisches, wenn einem zwei Tage und Nächte lang nur ein einziger Gedanke im Kopf herumgeht. Man könnte es fast mit einer Meditation vergleichen, an deren Ende man entweder das Nirwana erreicht hat oder völlig verrückt geworden ist. Vom weißen Jeep oder Koju Singhs strahlendem Lächeln war weit und breit nichts zu sehen. Und auch dem Nirwana waren wir nicht nähergekommen.

Chutra weigerte sich, bei oder auch nur in der Nähe der Takus zu lagern, einer Kaste, die, wie er meinte, für ihre Bösartigkeit berüchtigt sei, die er aber tatsächlich verabscheute, weil sie Unberührbare waren und er selber ein bigottes kleines Arschloch. Folglich mußten wir viele zusätzliche Meilen zurücklegen, bis wir schließlich ein von der Straße aus nicht einsehbares, aus Staub und Dornen bestehendes Fleckchen Erde fanden, auf dem wir unser Zelt aufstellen konnten. Chutra marschierte zum Brunnen, um Wasser zu holen. Den Kamelen hatten wir zum Grasen Fußfesseln angelegt. Als sie mir allzu weit davonzuwandern schienen, ging ich ihnen nach, um sie in die Nähe des Lagers zurückzuholen. Und da stürzten die beiden, erst Momal, dann Sumal, in ihren lockeren Fußfesseln auf mich, verdrehten die Augen, stießen mich mit ihren Hälsen zu Boden und begannen auf mir herumzutanzen. Schutz suchend kroch ich hinter ein hageres Bäumchen und spielte dann erst mal Verstecken mit den beiden, diesen Tausendpfundpsychopathen, bis ich – völlig außer mir vor Wut und wegen der schmerzbetäubenden Wirkung des Adrenalins nicht ganz sicher, ob ich mir etwas gebrochen hatte oder nicht, auf jeden Fall aber Kopf und Kragen riskierend – zum Lager raste, mir eine Fußkette und einen langen Stock schnappte, zu den beiden zurückrannte und, wild um mich schlagend, Sumal mit dem Stock den Nasenriemen vom Hals riß – Momal war zwar die wirkliche Übeltäterin, Sumal aber dumm und nahe genug, sich erwischen zu lassen. Und als ich diesen Nasenriemen endlich gepackt hatte und daran zerrte, bis Sumal brüllend in die Knie ging, und als ich mit der Kette auf das Vieh einzudreschen begann und noch lauter brüllte als das Kamel und Flüche ausstieß, die einer Memsahib fremd sein sollten, und dann eine Stimme rief: «Madam, Madam!» und eine Hand mir die Kette zu entwinden versuchte ... Da ... konnte ich mich nicht mehr bremsen, ja, registrierte Takats Schnauzbart, den blauen Safarianzug und den entsetzten Gesichtsausdruck gar nicht mehr, denn die Orgie der Raserei war köstlich und notwendig, ich hatte Mordgelüste im Herzen und Blut auf der Kurta und begriff endlich, quasi als selbst davon Betroffene, die Gewaltausbrüche in Indien, die Gewaltausbrüche unter diesen so hochentwickelten, geduldigen und toleranten Menschen, weil kein menschliches Wesen die Fassade der guten Manieren und der Nachsicht unbegrenzt aufrechterhalten kann, wenn sie aber dann einstürzt, der Wahnsinn aus allen Poren quellen muß.

Takat Singh führte mich zum Lager zurück. Ich zitterte am ganzen Leib, und mein Mund war völlig ausgedörrt. Kamelfußgroße Blutergüsse bildeten sich unter meinen Kleidern. Ich sagte: «Sie wollten mich umbringen ...»

«Gewiß, gewiß», erwiderte Takat, doch da er kein Englisch verstand, war dies wohl nur eine Höflichkeitsfloskel.

«Sie wollten mich umbringen ...» sagte ich zu Koju, der breit, aber vielleicht auch ein bißchen besorgt lächelte und Tee kochte.

Sie hatten vier weitere Männer mitgebracht. Zwei von ihnen waren sehr mager und trugen Lumpen. Schüchtern senkten sie die Köpfe und verbargen ihr Lächeln hinter ihren Tüchern oder den Händen. Die beiden hießen Rupa und Dullah und waren wohl die Ersatzleute. Dann gab es noch einen gewissen Lakshman Singh, der irgendwo in den Aravali-Ketten Forstaufseher war, und Jaswant Singh Natharwat, einen Forstbeamten in den Udaipur-Range-Wäldern, seinem Stil- und Ehrempfinden nach Rajput vom Scheitel bis zur Sohle, wobei mir aber inzwischen völlig egal gewesen wäre, woher er kam oder wer er war, wichtig war nur, daß er Englisch sprach, und Englisch zu hören wirkte auf mich wie ein Lebenselixier.

«Sie wollten mich umbringen», sagte ich.

«Bitte, Robyn ji, setzen Sie sich, und trinken Sie Ihren Tee.»

Die Realität hatte jene Schnappschußqualität angenommen, die nur ein Schock hervorrufen kann. Plötzlich war Chutra da, stand vor uns wie vor einem Geschworenengericht. Ich besaß noch genügend Geistesgegenwart, um Mitleid mit ihm zu haben, und war bereit, mich für ihn einzusetzen. Doch es geschah etwas Merkwürdiges. Sie machten gar keine Anstalten, ihn zu lynchen, sondern taten, als glaubten sie ihm seine Lügen. Ich sprach genügend Marwari, um ihn zu verstehen. Er habe die Kamele darauf abgerichtet, Fremde anzugreifen, erzählte er, und wegen meiner weißen Kleidung (ich trug seit etwa sechs Tagen die gleiche weiße Kurta) müßten sie mich wohl für einen Dieb gehalten haben. Auch wenn seine Lüge nicht so durchsichtig gewesen wäre, die Vorstellung, daß man Kamele zum Töten von Menschen abrichtete, entsprach nicht meiner Auffassung von der Arbeit eines guten Kamelführers. Doch anstatt ihn zu tadeln, behandelten sie sein Ich, als sei es das empfindlichste aller Pflänzchen. Stellten es ins Wasser und bewunderten es. Eine Sekunde lang beschämte mich ihre Großzügigkeit. Aber wirklich nur eine Sekunde lang. *Sie* mußten ja nicht mit ihm leben, *sie* hatte nicht gerade eben erst der Mantel des grimmigen Schnitters gestreift und ... sie waren Männer. Als Chutra sich mit Rupa und Dullah entfernt hatte, sprach ich – und ich muß ziemlich fassungslos geklungen haben – zu diesem Kreis schnurrbärtiger Gesichter: «Aber sie wollten mich umbringen ...»

Nachdem dies übersetzt war, meinte Takat: «Es wäre das beste, wenn du dich von den Kamelen fernhältst.»

Mich von meinen eigenen Kamelen fernhalten! Es gab nicht allzu viele Gebiete, auf die ich mich verstand. Aber eins davon war der Umgang mit Dromedaren. Sicher nichts, womit ich in intellektuellen, universitären Kreisen hätte angeben können, aber eine außerlehrplanmäßige Aktivität, in der ich mich insgeheim mehr als kompetent einschätzte. Ich begriff zwar und wußte es auch zu schätzen, daß Takats Sorge ritterlichen Gefühlen entsprang, doch mit einem Mal hatte ich das merkwürdige Gefühl, als sei ich einzige Frau auf Erden. Überall saßen Männer herum, in Jeeps, Rikschas, auf Fahrrädern, Motorrädern, in Läden, hockten teetrinkend und rauchend auf Türschwellen, fuchtelten mit dünnen braunen Armen aus Lkw-Fenstern heraus. Tags zuvor im Straßen-Dabar hatten mich die Männer von ihren Tischen aus von oben bis unten gemustert. «Wo ist dein Sahib?» meinte einer, höhnisch grinsend, und seine Gefährten lachten. Chutra hatte etwas von Schwachsinnigen gemurmelt. Die rajasthanische Grenze war nicht mehr fern.

«Vergessen Sie diese kleinen Ärgernisse», meinte Jaswant weise. «Sie haben jetzt drei Männer, die Ihnen helfen. Konzentrieren Sie sich auf Ihre Recherche. Nur darauf kommt es an.»

Er hatte recht. Ich sah es ja ein. Hier galten Kamele lediglich als Transportmittel; ich beschäftigte Leute, die sich um sie kümmerten, so wie man einen Mechaniker beschäftigt. Außerdem, was konnte mich jetzt noch stören, wo doch meine Gebete erhört worden waren. Narendra hatte mich nicht im Stich gelassen, die Folter ging zu Ende, ich war ihn nun los ...

«... *Drei* Männer? O nein. Bitte, Jaswant ji, Sie verstehen das nicht. Ich flehe Sie an, nehmen Sie ihn mit zurück. Bitte. *Bitte*!» Worauf man mir darlegte, daß, wenn Chutra ging, auch Rupa und Dullah nicht bleiben würden. Chutra sei doch bloß ein harmloser Frosch, der sich ängstlich aufblase, damit die Schlange glaube, er sei zu groß und gefährlich für sie.

«Jetzt hat er zwei Leute, die er herumkommandieren kann. Er ist jetzt ein General», sagte Takat.

«Sie müssen sich nur dran gewöhnen, daß er ständig quasselt. Das ist wieder so ein Nord-Süd-Unterschied. Die Entspannung, die ihr in der Stille findet, finden diese Leute im Reden. Die quatschen über alles und nichts, und zwar am laufenden Band. Was sollten sie auch anderes tun?»

Chutra blieb also. Allein Koju empfand das Ausmaß der Verwüstung, das diese Nachricht in mir angerichtet hatte. Um meinen Stolz zu retten, nahm er mich mit zum Jeep, überreichte mir einen Brief von Narendra und bot mir diskret einen Schluck Gin an. Ich dankte ihm, ging dann allein davon und schluchzte.

Aber die Hoffnung ist nicht so leicht totzukriegen. «Verkriech dich doch nicht in dieser Kaktushecke», sagte sie. «Entscheidend ist doch nur, daß morgens schnell und effizient aufgeladen wird, damit ihr aufbrechen könnt, solange es noch kühl ist. Chutra hat jetzt zwei zusätzliche Leute, mit denen er quatschen kann, ergo wird er dich in Ruhe lassen», sagte sie. «Über das mit Chutra mußt du dich einfach hinwegsetzen, du mußt dich auf wichtigere Ziele konzentrieren. Und wenn du das tust, wird dir auch die Richtung klarer werden, und das Chaos wird eine Struktur erhalten», sagte sie.

Derart gestärkt, kehrte ich zum Lager zurück, und plötzlich löste sich mir die Zunge, und ich erzählte die Abenteuer meiner bisherigen Reise. Oh, glorreicher Fluß zwischen Hirn und Stimme. Oh, glücklicher Homunkulus. Die Worte in meinem Mund erschienen mir so köstlich wie Essen dem Verhungernden.

«Welche Hand?» fragte Takat.

«Die linke?» sagte ich.

«Bist du sicher?»

Ich war mir sicher.

«Ah», meinte er nickend.

«Und?» fragte ich, da ich den Eindruck hatte, er wolle in alle Ewigkeit auf seine Sandale starren. Es sei sehr wahrscheinlich, versicherte er mir, daß die Unglückssträhne, die der Schlaf der Schlange in meiner *linken* Hand ausgelöst hatte, nun zu Ende gehe. Allerdings wirkte er selber nicht ganz überzeugt davon. Natürlich war das alles nur abergläubischer Unsinn und nichts, worüber ich mir Gedanken zu machen brauchte, denn ein neuer Plan nahm dank Jaswant ji und dank der Überlegenheit des rationalen Denkens über das Irrationale Gestalt an – obwohl es mir lieber gewesen wäre, die Krait hätte sich meine rechte Hand ausgesucht.

Jaswant wußte, wo sich die Rabari-Dangs konzentrierten, und schlug vor, ich solle in diese Richtung weiterwandern und die Gunst des Zufalls nutzen, da es praktisch aussichtslos war, im vorhinein eine geeignete Dang für mich zu organisieren. Am meisten interessierten mich jetzt die kamelzüchtenden Raika, doch laut Jaswant existierten ihre Migrationsrouten gar nicht mehr. Sie waren blockiert, weil einige Dörfer den Hirten den Durchzug nicht mehr gestatteten. Über die Aravali-Ketten verstreut, gab es aber noch mehrere kleine Dangs, deren Mukkis einen stillen

Feldzug gegen Forstbeamte wie Jaswant führten, den keine der beiden Parteien gewinnen konnte.

«Sie wirken harmlos, ruhig und stumpf wie Wölfe, aber sie sind es nicht. Nur aufgrund ihrer Schläue überleben sie, genau wie die Wölfe, und wenn sie kämpfen, dann kämpfen sie auch wie diese. Im Notfall nimmt es ein Mann mit zehn Angreifern auf. Ich habe es mit eigenen Augen gesehen. Es ist ein furchtbares Leben. Tag für Tag wird ihnen von allen, denen sie begegnen, das Leben zur Hölle gemacht. Sehen Sie, oft ist für die Herden der Dörfler nichts mehr übrig, nachdem die Nomaden durchgezogen sind. Aber es werden auch keine Flächen für sie vorgesehen, es gibt keine Regierungsprogramme, um dieses Problem zu lösen. Damals bei der Landverteilung hätten sich die Rabari um Land bemühen sollen. Aber sie konnten die Entwicklung nicht vorhersehen. Jetzt begreifen sie natürlich schon, was geschieht, aber jetzt ist es zu spät.»

Inzwischen gibt es in Rajasthan fast keinen Wald mehr. Die verbliebenen Gebiete werden nicht nur durch die Nomaden ständig bedroht, sondern auch durch die Seßhaften, die Feuerholz sammeln, durch illegale Holzfällergesellschaften, die Bürokraten und Politiker mit Schmiergeldern bestechen, und letztendlich auch durch den Druck der wachsenden Bevölkerung. Das Dilemma stellt sich dabei so dar: Der Schutz der verbliebenen Waldressourcen, der eine Regeneration ermöglichen könnte, geht in der Regel auf Kosten der Menschen, die unmittelbar von diesen Ressourcen abhängig sind. Ist aber der Wald einmal gerodet, so wird das Land irgendwann unfruchtbar, und die soziale, ökonomische und ökologische Katastrophe beschleunigt sich nur noch.

Als Jaswant seine Stelle antrat, war der unter seine Zuständigkeit fallende Wald aufgrund der auf allen Ebenen herrschenden Korruption seit langem illegal dezimiert und überweidet worden. Da er sich der Schwierigkeiten, mit denen die Rabaris konfrontiert waren, bewußt war und zu einer fairen Einigung mit ihnen gelangen wollte, hatte er alle ihre Oberhäupter besucht und ihnen erklärt, daß ein Teil des Waldes von nun an für ihre Herden gesperrt werde, damit er sich regenerieren könne, der übrige Wald ihnen aber als Weide zur Verfügung stehe. Sobald dann der erholte Bestand robust genug sei, würde er wieder geöffnet und dafür ein anderes Gebiet gesperrt werden und so weiter und so fort. Er versprach, auf ungenutztem unfruchtbarem Land Gras anpflanzen zu lassen. Versprach, sie in alle weiteren Planungen einzubeziehen. Die Mukkis schüttelten ihm die Hand und versicherten ihn ihrer Unterstützung, begannen aber sofort danach, von den Tausenden Mitgliedern ihrer Gemeinschaft etwa ein Lakh von Rupien zu sammeln, um durch die Bestechung von Lokalpolitikern die Versetzung Jaswants zu erreichen. Nachdem Narendra sich für ihn verwendet hatte, wurde Jaswant wieder eingestellt. «Ich kann den Rabari keine Vorwürfe machen», sagte er, «sie müssen irgendwie überleben. Der Wald aber auch.»

Früher war mir Chutras Vorsicht, ihres bigotten Einschlags wegen, immer unglaubwürdig erschienen. Doch auch Jaswant redete andauernd von den Gefahren dieser Gegend. Banditen. Gesetzlosigkeit. Allmählich begriff ich, wie schutzlos und wie auffällig ich war, und fühlte mich ernüchtert. Hinter der scheinbaren Ordnung, wie Schotterstraßen und hübsche kleine Hütten am Waldrand sie einem vorspiegelten, lag noch eine ganz andere Realität verborgen – und ganz neue Bedeutungsvarianten des Wortes «Dschungel». Jaswant würde die Leute auf meine Ankunft vorbereiten, und von jetzt an würde ich wie ein Paket von einem Rajput-Havelli (Herrenhaus) beziehungsweise einem Forstschutzgebiet zum nächsten weitergereicht werden, mich von einer Sphäre der Sicherheit in die nächste begeben. Ich würde reisen wie in den Zeiten des Mittelalters – ja tat es bereits, ohne daß ich es gewußt hatte. Und ich begriff, daß Chutra nur wollte, daß ich die Ginevra spielte, damit er endlich mal seine ganze Ritterlichkeit zum Zuge kommen lassen konnte.

Es ist merkwürdig, in ein Gebiet zu reisen, in dem Recht und Gesetz keine Gültigkeit besitzen. Das heißt, einzutreten in diesen Raum und die Geistesverfassung anzunehmen, die man benötigt, um in einer solchen Gegend zu überleben. Wir Privilegierten sind uns unserer fast automatischen Erwartung, es gebe ein Gesetz, an das sich die meisten meistens halten, überhaupt nicht bewußt. Zwar mögen in der Realisierung des Rechts Lücken auftreten – hier ein Mord und da ein Raub –, aber im großen und ganzen gehen wir davon aus, daß es sich bei solchen Ereignissen um Abweichungen oder, im schlimmsten Falle, um Zusammenbrüche eines existierenden Systems handelt, um Abweichungen von der Norm. Hier jedoch verkörperten Gesetzlosigkeit, Armut und Verzweiflung die Norm. Gerissenheit und Mißtrauen gegenüber den Motiven anderer waren die Eigenschaften, die man zum Überleben brauchte. Dennoch machte alles einen freundlichen Eindruck. Die Menschen gingen ihren Beschäftigungen nach. Die Sonne schien. Man hörte keine unheimliche Musik. Es war, als spaziere man über jene sommerlichen Wiesen, auf denen einmal Schlachten getobt hatten und die mit nichts die Hölle verrieten, in die sie sich einmal verwandelt hatten. (Sahen sterbende Männer die Blumen vor ihren Gesichtern, die summenden Bienen inmitten all des Bluts?) Und nun dieser merkwürdige Wald, in dem die Baumknospen zu orangefarbenen Blüten aufbrachen, in dem eigentlich nur Picknicks stattfinden sollten, in dem sich aber Banditen und Leoparden verbargen und in den sich nur Narren allein hineinwagten.

Am nächsten Morgen brachten mich meine Ritter zu Badir Sahibs Havelli, dem ersten von mehreren Rajput-Safe-Houses. «Die Rajputs sind hier noch immer sehr geachtet und gefürchtet», bemerkte Jaswant. «Wir haben den Leuten Schutz gewährt, haben Leute für sie geköpft, und wenn jemand Probleme hat und uns um Hilfe bittet, dann kommen wir diesen Bitten ganz automatisch nach.» Mein Gastgeber war nicht zu Hause, aber der Torhüter hieß uns mit einem schallenden «Badir Sahibs Name steht für Sicherheit» – dem einzigen englischen Satz, den er kannte – willkommen.

Man trat ein durch ein messingbeschlagenes Tor von der Größe eines Elefanten, das nachts verriegelt wurde. Im Innern befanden sich zwei kleine Räume für Wandersleute und auf dem Hof ein drittes Gästezimmer, zu dem man mich nun geleitete. Ein zweites Tor zur Rechten führte in einen ummauerten Garten und zum Haupthaus, das auch die Zenana beherbergte. Am nächsten Tag, wenn ich mich ausgeruht hatte, wollten mich die Frauen empfangen.

Als ich endlich untergebracht war, mußte Koju Jaswant Singh

nach Udaipur zurückfahren. Jaswant lehnte sich zum Fenster heraus, winkte und schrie: «Altes Marwari-Sprichwort: Trau jedem, als wär er dein Freund oder Gast, aber gib nie die Börse aus der Hand.» Und schon waren sie fort, und ich war wieder taub und blind und wünschte mir inbrünstig, Koju möge mich doch anstelle von Chutra begleiten. Aber Koju war und blieb nun einmal Chauffeur – und Chutra Kameltreiber.

Wie häufig und wie freundlich war ich in den unterschiedlichsten Häusern, vom Palast bis zur ärmlichen Hütte, aufgenommen worden, und überall hatte ich dieselbe Großzügigkeit erfahren. Manchmal aber wußten meine Gastgeber nicht so recht, wie sie sich um den fremden Gast kümmern sollten, und es war mir furchtbar peinlich, ihnen womöglich zur Last zu fallen. Und oftmals, wenn ich mich eigentlich nur noch im Dunkeln verkriechen wollte, wurde die strenge Etikette zu einer starken, kräftezehrenden Belastung. Jetzt aber hatte ich alles, was ich brauchte und was mein Herz begehrte: ein Zimmer mit einer schließenden Tür, etwas zu lesen und Ohrenstöpsel.

Klopf, klopf, klopf. «Ist alles in Ordnung, Memsahib?»

«Ja, danke, Chaukidaar ji. Ich werd mich jetzt schlafen legen.»

«Kann ich Ihnen etwas bringen, Memsahib?»

«Nein danke, Chaukidaar.»

«Ich werde hier draußen stehen, Memsahib.»

«Danke, Chaukidaar, aber das ist nicht notwendig.»

«Woher kommen Sie, Memsahib?»

«Ich komme aus Australien.»

«Ah. Das ist ja sehr weit weg.»

«Ja, Chaukidaar. Mach dir meinetwegen keine Umstände. Ich glaube, ich werde jetzt schlafen gehen.»

«Sehr wohl, Memsahib. Ich werde hier sein und wachen, während Sie schlafen.»

«Danke, Chaukidaar ji.»

(Eine halbe Minute lang herrschte Stille.)

«Möchten Sie vielleicht Tee, Memsahib?»

«Nein danke, Chaukidaar. Ich geh jetzt schlafen.»

«Wasser?»

«Nein danke.»
«Wasser zum Waschen?»
«*Nein*! ... Danke.»

Dennoch wurde mir ein Eimer mit heißem Wasser gebracht, von einem jungen Mädchen, über dessen Gesicht immer wieder ein strahlend-naives Lächeln huschte, das immer wieder meine Beine zu berühren versuchte und ein großes Interesse an den Andenken in meiner Tasche und den beiden von Koju mitgebrachten Spielzeugpistolen bekundete, die hier im Dunkeln ganz schön gefährlich wirkten und, mit einem Korken geladen, einen sehr beeindruckenden Knall erzeugten. «Du brauchst keine Angst zu haben», sagte ich zu ihr, «das sind keine richtigen Pistolen.»

Ich wusch mich. Ich aß. Und schließlich machte ich dem Dienstmädchen und dem Chaukidaar klar, daß es nicht nötig war, alle fünfzehn Minuten hereinzukommen und sich nach meinem Wohlbefinden zu erkundigen, nicht nötig, daß das Mädchen auf dem Boden neben meiner Pritsche schlief und der Chaukidaar vor meiner Tür Wache stand und mit seinem Stock herumfuhrwerkte. Ich las, bis mir die Augen zufielen. Dann schob ich meine Tasche zunächst unters Kopfkissen, legte sie aber schließlich, da sie ziemlich unförmig war, einen halben Meter von meinem Kopf entfernt auf ein Tischchen. Die Welt versank. In der Nacht bildete ich mir ein, einen Engel zu sehen, einen Engel, der sich über mich beugte – und am Morgen war alles Geld aus meiner Tasche verschwunden.

Es gab eine Menge Gründe, Chutra lieber nicht einzuweihen, und die Tatsache, daß die schöne junge Diebin eine Unberührbare war, war dabei nicht der geringste. Nach dem Frühstück trank ich mit den Zenana-Frauen Tee und bat sie, die Dienerin zu rufen. Vollkommen gefaßt saß sie zu unseren Füßen, hielt den Kopf hoch erhoben, mied jedoch meinen Blick. Auch wenn mir die panische Angst in ihren Augen nicht verborgen blieb, anderen wäre sie nie aufgefallen. Ich strafte sie, indem ich sie auf die Folter spannte. Verstohlen deutete ich auf meine Tasche und hob fragend die Augenbrauen. Sie brachte einen verwirrten, an verletzten Stolz grenzenden Blick zuwege. Wie konnte ich sie angesichts solchen Talents, um nicht zu sagen, solcher Verwegenheit bloßstellen?

Die Aravali-Ketten ähneln dem versteinerten Körper eines halb in die Ebene eingesunkenen Riesen. In der Ferne trat die blaue Wölbung einer Hüfte hervor, hier sah man verstreute Schienbein- und Zehenknochen. Dörfer, schlicht und erdfarben, von Mauern umgeben, schmiegten sich an die Hänge niedriger Hügel. Je wilder das Land nun wurde, um so dünner die Besiedlung, und im gleichen Maße wie die Schönheit wuchs auch die Gefahr. Vorbei war das Empfinden, von ebener Eintönigkeit erdrückt zu werden. Das erstickende Gefühl von Angst und Enge aber blieb.

Was da lockte, war verbotenes Terrain. Man konnte sich nicht gehenlassen oder trödeln, sich dem Vergnügen neuer Entdeckungen hingeben oder sich seinen momentanen Eingebungen überlassen. Für Chutra besaß diese Landschaft überhaupt nichts Malerisches. Sie war feindlich und für ihn eine Entsprechung dessen, was für uns die Slums in Rio de Janeiro sind. Wieder einmal ging mir auf, wie antithetisch sich die australische und indische Landschaft zueinander verhalten. In Australien ist die Wildnis ein freundlicher Ort, sicherlich auch gefährlich und überwältigend, aber, solange man ihre Zeichen richtig liest, ein Garten, den alle als Gleiche betreten und der alle ernährt. Hier aber umgaben Zäune und Hekken nicht nur den materiellen Besitz, sondern auch den Geist, erhoben sich Barrieren der Angst zwischen jenen, die besaßen, und jenen, die stahlen. Das Mißtrauen breitete sich aus wie ein Miasma, in dem es unmöglich war, auch nur einen Atemzug zu tun. Ich konnte keines dieser so hübsch auf den Hügeln thronenden Rajputenforts mehr betrachten, ohne an die menschliche Raubgier zu denken, die eine solche Architektur notwendig machte.

Entgegen aller mathematischen Wahrscheinlichkeit verminderte die Anwesenheit von Rupa und Dullah unsere Ladezeit nicht um die erwarteten sechzig Prozent. Der General mußte seinen Soldaten erklären, was sie zu tun hatten, und da ihre Einfalt an Idiotie grenzte, nahm dies beträchtliche Zeit in Anspruch. Chutra war jetzt der Boß und kein Arbeiter mehr. Folglich wäre schon das Heben eines Riemens einer unvorstellbaren Erniedrigung gleichgekommen. Auch wenn Rupa zehn Meter weit weg stand und ein Seil zu verknoten war, so blieb dies Rupas Aufgabe, und Chutra rief ihn zu diesem Zweck herbei. Oft band ich selber einen Knoten, in der eitlen Hoffnung, Chutra zu beschämen, erreichte damit aber nur, daß ich in der Achtung meiner Angestellten sank.

Die Kühle der Dämmerung verpaßten wir somit; erst in der Tageshitze brachen wir auf. Denn die drei Männer brauchten geschlagene vier Stunden, um Chapati und Dal zu kochen und drei Kamele zu beladen. Das viele Reiten hatte meinen Rücken in Mitleidenschaft gezogen. Wann immer ich einen Schritt tat, schoß mir eine Art Zahnschmerz durch die Wirbelsäule und ins rechte Bein. Reiten aber war ganz unerträglich. Überdies war Zali wieder krank geworden. Vor uns lag eine kleine Stadt. Ich würde die Jungs am Stadtrand zurücklassen und mit dem Hund hineinwandern, um mir ein dunkles Zimmer zu suchen und etwas Nahrhafteres als Roti für Zali.

Mein Zimmer im Dreamland Hotel hatte rosafarbene, räudige Wände und enthielt einen Charpoi mit Decke sowie am Boden verstreute Zigarettenstummel. In einer Ecke war eine farbenfrohe Ansammlung diverser Auswürfe zu bewundern. Ich kaufte Eier und Chicken Biryani für den Hund, während ich selber mich mit einem halben Eimer heißen Wassers (Seife gab es nicht) begnügte.

Nur einen einzigen Fehler besaß mein Zimmer im Dreamland Hotel. In der Ecke der kotverkrusteten Toilette hing ein kleiner gesprungener Spiegel. Wer war denn diese verlebte alte Schachtel, die meine Kleider trug? Jetzt wußte ich, was Jaswant gemeint hatte, als er beim Betrachten meines Fotos in einer Zeitschrift sagte: «Ah, ja. Na ja, damals waren Sie ja auch noch viel jünger.»

Am nächsten Tag kehrte ich schon in aller Frühe zum Lager zurück, wo sie immer noch unentschlossen herumwerkelten, mal ein bißchen kochten, sich dann wieder kabbelten und so weiter. Anschließend folgte das Baderitual am Brunnen. (Soll keiner sagen, daß Raika sich nicht waschen. Jedesmal, wenn ich nach den dreien Ausschau hielt, flogen die Schaumspritzer, wenn es ihnen auch nie gelang, dadurch auch nur eine Spur adretter zu wirken.) Plötzlich gab ich auf. All meine Versuche, etwas zu ändern, hatten gar keinen Sinn. All die Versuche, meine Umgebung in den Griff zu kriegen, waren völlig absurd. Ich mußte mir den Anschein geben, als genösse ich es, bedient zu werden; ich mußte ihre Methoden, ihr Denken, ihr Zeitgefühl akzeptieren. Ich lehnte mich auf mein Gepäck zurück. Chutra kam lächelnd zu mir herüber und bot mir ein lauwarmes Nimbu Pani von der Konsistenz gekochter Stärke an.

«Madam Sahib. Ich *nicht* geübt. Koju *geübt.*» Und dann auf hindi: «Aber ist das Nimbu Pani in Ordnung?»

«Ja, Chutra ji. Das hast du sehr gut gemacht, obwohl vielleicht ein bißchen viel Zucker dran ist.» Ich machte ein Nickerchen, bis Rupa mich weckte und mir sagte, es sei Zeit zum Aufbruch.

Doch wo war der General? Hinter einem Felsen hörte ich es singen und trällern. Einen Augenblick später erschien Chutra; den Turban noch etwas schiefer auf dem Kopf als sonst, hielt er die eine Hand in die Hüfte gestützt, während er mit der anderen einen langen Stab mit einer Axt umklammerte. Über die Minibrust hatte er sich nach Art mexikanischer Banditen meine Spielzeugpistolen geschnallt. Manchmal konnte man gar nicht anders und mußte das Kerlchen einfach liebhaben.

Meist aber konnte man anders.

20

«Ho ha, Rupa, Dullah. Ho ha.»

«Ho ha, Chutra ji. Was ist los?»

«Die Felsen. Schaut euch diese Felsen an. Sind sie nicht riesig? Wie Filmpaläste.»

«Ho ha. Diese Felsen sind wirklich riesig. Was meinst du, Dullah?»

«Ich wollte gerade sagen, wie riesig diese Felsen sind.»

«Solche Felsen gibt es in Marwar nicht, was, Dullah?»

«Keine so riesigen wie die hier.»

«Die sind wirklich ungeheuer.»

«Hast du jemals so riesige Felsen gesehen, Rupa?»

«Nie. In Marwar gibt es keine so riesigen Felsen.»

«Madam Sahib. Rupa und Dullah sagen, daß es in Marwar keine so riesigen Felsen gibt.»

Als sie schließlich das Thema Felsen restlos erschöpft hatten, entstand eine Pause von etwa zwanzig Sekunden, nach der Chutra dann fragte, wie Rupa und Dullah zurechtkämen, worauf sie erwiderten, daß sie, ho ha, bestens zurechtkämen und wie er denn ...

Im Grunde sollten dies gar keine Gespräche sein. Dies waren Geräusche, mit denen man das Schweigen bannte, das der Verzweiflung hätte Raum bieten können, bedeutungslose Laute, die man der Härte des Lebens entgegenschleuderte. Manchmal nahmen diese Laute auch die Form von Liedern an, was ich unendlich mehr zu schätzen gewußt hätte, hätte Chutra eine angenehme Stimme besessen. Leider jedoch war er der einzige Raika in ganz Indien, dessen Stimme der eines Schafes ähnelte, das bei lebendigem Leibe gevierteilt wird.

Dann aber rührte einen auch wieder die Art, wie er mit seinen Fußsoldaten umging. Neben all der Aufschneiderei, die sie sich anhören mußten, ermunterte er sie auch, scherzte mit ihnen, befragte sie nach ihren Ansichten, zwang sie, sich trotz ihrer abgrundtiefen Schüchternheit an mich zu wenden. Für sie war er eine Mischung aus Einstein und Garibaldi, und harmlos, wie sie waren, brachten sie ihre Bewunderung auch völlig unverhohlen zum Ausdruck.

«Madam Sahib?» Ich sah nur seine Lippenbewegungen. Ich lächelte und nickte, aber Chutra ließ sich nicht abwimmeln. Ich zog meine Ohrstöpsel heraus, die ich inzwischen permanent trug.

Ich sollte doch bitte mal zur Kenntnis nehmen, daß er Ram Rahims Schwanz gehoben und an den Sattel gebunden hatte, so daß man seine Hoden jetzt schön deutlich sah. (Ram Rahim wurde hergebracht, und seine entblößten Globen wurden ausgiebig vorgeführt, damit ich sie eingehend betrachten und bewundern konnte.)

«Weil er doch jetzt schon ein junger Mann ist, Madam Sahib. Er guckt auf die anderen Kamele und sagt: ‹Ho ha, ich bin ein Mann.› Genau, wie's auch die Hunde tun.» Chutra reckte die Brust und zwirbelte seinen Schnurrbart.

Das Land, durch das wir zogen, war einmal dicht bewaldet gewesen. Seine Erniedrigung war geradezu greifbar und ähnelte der eines geschundenen Tiers, das man in der glühenden Sonne verrekken läßt. Sand erhob sich von den granitenen Felsnasen, und auf den Feldern ringsum wuchs nichts außer Steinen und Staub. Trotzdem gewannen wir allmählich an Höhe und damit auch an guter Laune. Wir hatten es nun nicht mehr weit bis zum Mamer-Schutzgebiet, wo Lakshman Singh, stellvertretender Leiter der Forstbehörde, uns erwarten und herumführen würde, wo wir uns ausruhen konnten und es Medikamente für Zali gab, der manchmal ganz fit zu sein schien, sich manchmal aber auch nur stoisch dahinschleppte.

Wir kamen ins Land der Bhil, jener Stammesangehörigen, die vor der arischen Invasion Indiens Hügelland bevölkert hatten. Sie sahen wirklich sehr anders aus – es waren kleine, muskulöse Leute mit eher flachen Gesichtern. Da sie Adivasi waren (das heißt, außerhalb oder unterhalb der Kastenordnung existierten), waren sie quasi die Niedrigsten der Niedrigen, was auch die Verwegenheit ihrer Frauen erklärte, die mit entblößten Häuptern und manchmal sogar mit nackten Brüsten die Straße entlangschlenderten. Sie scharten sich nicht um mich, sondern nickten entweder bloß und gingen weiter, oder aber sie riefen: «*Burri ben*» (weiße Schwester) und lachten. Sie gefielen mir.

Chutra muß das wohl bemerkt haben, da er nun, wie schon so oft, versuchte, meiner Ignoranz auf die Sprünge zu helfen, meiner Ahnungslosigkeit in Sachen Rang und Klasse, wie man diese in der natürlichen Ordnung der Männerwelt definiert. Die Funktion der Adivasi bestand lediglich darin, Abscheu hervorzurufen, und Madam Sahib sollte doch endlich einmal begreifen, daß dies schon immer so gewesen war.

Als ich meinen Ärger schließlich nicht mehr bezähmen konnte, sagte ich zu ihm: «Du meinst also, alle Adivasi sind schlecht? Ein Adivasi kommt schon schlecht auf die Welt? Warum denkst du so was Häßliches, Chutra? Das ist doch Unsinn.»

«Weshalb sie schlecht sind? Weil sie dunkel sind und dreckige Kleider und widerliche Angewohnheiten haben. Sie sind ungebildet, und » – hier hielt er inne, um mich auf die Unwiderlegbarkeit des nun folgenden Beweises vorzubereiten – «sie ... essen ... *Büffel*!»

«Rhabarbarhabarbarhabarba», brabbelten Rupa und Dullah zustimmend.

Chutra hatte sich in derartigen Angelegenheiten bereits als vernunftresistent erwiesen. Auch die Kutchi-Rabari, die eine etwas niedrigere Unterkaste seiner eigenen waren, erregten seine Mißbilligung. Warum? Weil sie nicht rein waren, weder innerlich noch äußerlich. Morgens wuschen sie sich nicht, und Beten taten sie auch nicht. Ich hatte ihn damals darauf hingewiesen, daß sie ja kein Wasser hatten. Und außerdem seien ja auch die Angehörigen seiner eigenen Gruppe nicht gerade Muster an Reinlichkeit und wüschen sich oft jahrelang nicht. O nein, hatte er gemeint. Und wenn auch nur ein Teetäßchen Wasser vorhanden sei, würde ein Raika sie benutzen, um Gesicht, Arme und Bauch zu waschen, um für die Puja bereit zu sein. Und war nicht mal eine Teetasse Wasser vorhanden, dann würde sich ein Raika eben mit Sand waschen, so daß Gott sagen könnte: «Ah, das ist ein guter Mensch.»

«In fast allen Ländern außer Indien essen die Menschen das Fleisch von Büffeln und Kühen, und es wird nicht als schlecht oder böse betrachtet.» Ich wandte den Kopf und sah ihn an. «Auch ich habe Rindfleisch gegessen. Und was die Farbe angeht», fuhr ich fort und ignorierte seinen Gesichtsausdruck, «hat denn die Seele oder das Herz eine Farbe?»

Dies rief ein Lächeln und das Zugeständnis hervor, daß ich damit nicht ganz falsch läge. Aber er sprach mit mir wie mit einer altklugen Zehnjährigen, was mich so ärgerte, daß ich einen winzigen grausamen Impuls verspürte und ihm meinen *coup de grâce* verpaßte. «Wußtest du eigentlich, daß Lord Krishna ein Adivasi war? Deswegen ist ja auch seine Haut immer blau – um ihre Dunkelheit anzudeuten.» Jäh blieb Chutra stehen, um sich – ein sichtlich erschütterter Mann jetzt – von seinen Helfern einholen zu lassen.

Ich hatte meine Ruhe, bis wir einen gewaltigen Baum am Straßenrand erreichten, dessen Stamm höckrig war wie die Nase einer

Hexe und unter dem Hunderte von Terrakottapferden diverser Größen standen, manche zerbrochen und schwarz vor Alter, manche frisch von der Töpferscheibe, und alle standen sie in dichtgedrängten Reihen und blickten nach innen, als verehrten sie das Felsstück, das man gerade noch als Frau zu Pferde erkennen konnte, so resolut hatte die Hand der Zeit die Arbeit des Bildhauers ausgelöscht. Bei näherer Betrachtung konnte man an jedem Pferd winzige Abweichungen erkennen, doch alle zeigten die gleichen hervorstechenden Charakteristika: völlig runde Mäuler mit herausgestreckten Zungen, kurvige Frauenbeine, schwer und stämmig, ein rundes Loch an der Stelle, wo der Schwanz hätte sein müssen, aber, was am beunruhigendsten war, ein schußwundenähnliches Loch am Hinterkopf, als ob dort der Geist austreten solle. Jede einzelne Skulptur verkörperte das Wesen oder die Magie des Pferdes, eines Pferdes, wie es einem Traum entsprungen sein mochte. Chutra erzählte mir, daß dies ein Adivasi-Schrein sei, wahrscheinlich der schwarzen Göttin geweiht.

An all den Orten, an denen ich gelebt hatte, hatte die Armut nie irgendeine Faszination besessen. Sie würdigte ihre Opfer herab, sie war eindeutig häßlich. Hier jedoch konnten sich Verzweiflung und Schmutz hinter der Maske des Exquisiten verbergen, was vielleicht erklärt, weshalb so viele indische Städter und ausländische Besucher das Landleben romantisieren und sich weigern, das damit verbundene Elend wahrzunehmen. In den Groß- und Kleinstädten herrscht inzwischen eine grauenhafte Vulgarität. Aber in den von Dörflern für den Dorfgebrauch hergestellten Gegenständen lebt der künstlerische Genius des alten Indiens immer noch fort.

Ich betrachtete die Pferde und fragte mich, wie lange es wohl noch dauerte, bis sie hinweggefegt und durch einen McDonald's oder einen Fernseher ersetzt würden. Ob der indische Genius stark genug war, sich dem homogenisierenden und betäubenden Prinzip der modernen Welt zu widersetzen, das uns mit trivialen Nichtigkeiten überschwemmt und unseren Wunsch nach Reisen, Forschen und kritischer Auseinandersetzung erstickt, weil wir bald überall dasselbe vorfinden werden: einen globalen Friedhof.

Ich zog meine Ohrstöpsel heraus, um den Gesängen der kleinen honigsaugenden Amseln mit den blauen Satinwesten und den langen zierlichen Flötenschnäbeln zu lauschen. Wir kamen nach Mamer, einer über dreihundert Quadratmeilen umfassenden Waldregion, die 1988 zum Schutzgebiet erklärt worden war. In unmittelbarer Nähe gab es weder große Städte noch wichtige Straßen; die hier lebenden Diebe waren kleine Fische, stahlen nur das Holz für den eigenen Bedarf, meist für die Herstellung landwirtschaftlicher Geräte, was erklärte, warum der Wald noch intakt war. Doch die wachsende Zahl von Tieren und Menschen, sowohl innerhalb als auch außerhalb der Schutzgebietsgrenzen, erhöhte den Druck auf den Naturpark.

Lakshman Singh wollte mich nach Ambassa bringen, einem kleinen Dorf, in dem sich rinderhaltende Rabari dauerhaft niedergelassen hatten. Anschließend konnte ich in einer Reihe von Forsthäusern übernachten, mich sozusagen unter behördlichen Schutz begeben, bis ich die Aravali-Ketten wohlbehalten hinter mir hatte.

«Schon vor dreißig Jahren sind viele Nomaden hier seßhaft geworden, aber es kommen immer mehr und lassen sich hier nieder, während andere, die mit ihren Herden nach Gujarat und Madhya Pradesh ziehen, die Gegend nur passieren. Es ist unmöglich, die Übersicht zu behalten, zumal es für eine Fläche von dreißig Quadratmeilen nur einen Ranger und für unsere zwölf hier angestellten Ranger nur einen Wagen gibt. Eigentlich sollten wir sechzig Wächter haben, denn der Wald ist völlig ungeschützt; man kann ihn ja nicht absperren. Als der Naturpark gegründet wurde, erhielten die Dörfler, die schon hier waren, Weide- und Nutzrechte eingeräumt. Aber auch die nomadischen Rabari haben nach und nach Dorfgemeinschaften gebildet, so daß auch sie Weiderechte haben, denn diese Rechte wurden nie auf individueller Basis klar definiert, sondern immer der gesamten Dorfgemeinschaft eingeräumt.»

Pudriger weißer Staub wirbelte durch den Jeep, als wir in Ambassa anhielten – einer Ansammlung aus dreißig kleinen Häusern und ein paar gemeinschaftlich bewirtschafteten Feldern. Wie üblich behandelten uns die Rabari mit großer Höflichkeit, zerrten für mich und Lakshman ji einen Charpoi herbei, während sie sich rings um uns herum auf dem Boden niederließen. Von vornherein stellten sie allerdings klar, daß ich zwar durchaus willkommen sei und meine Fragen stellen dürfe, aber keinesfalls bei ihnen übernachten könne. Obwohl sie Lakshman Singh gut kannten, hatten sie nach jahrelangen schlechten Beziehungen zu den Bhil eine ausgeprägte Belagerungsmentalität entwickelt. Vielleicht war ich ja so eine Art trojanisches Pferd, das ihnen ihre Feinde geschickt hatten, damit sie ihnen leichter die Kühe stehlen konnten, die sie nachts in Ställe sperrten. Man empfahl mir dringend, nirgends, außer in der Nähe der Forsthäuser, im Freien zu lagern.

«Viel gefährlich!» sagte der alte Mukki, der auf seinen Wanderungen ein paar englische Wörter aufgeschnappt hatte.

Die Bhil waren die Ureinwohner dieser Gegend. In erster Linie widmeten sie sich der Jagd (obwohl sie inzwischen auch Ackerbau betrieben), und aus ihrer Sicht fraßen ihnen die Neuankömmlinge den Wald leer und bedrohten ihre Existenz. Dieser sich hinziehende Krieg hatte mehr mit einem Konkurrenzkampf um schwindende Ressourcen zu tun als mit Xenophobie, wenn auch letztere die Sprache des Mukki bestimmte. Ich fragte ihn, wann er denn beschlossen hatte, von der Ziegenhaltung zur Haltung von Kühen überzugehen. Vor etwa dreißig Jahren, meinte er, weil die Ziegen und Schafe während der Regenzeit Fußfäule bekommen hätten. Die, die heute noch Ziegen hielten, müßten sie während der feuchten Jahreszeit in ihre Häuser nehmen oder mit ihnen nach Sirohi zurückwandern, dem Dorf ihrer Vorfahren.

Und was waren ihre sonstigen Einnahmequellen? Die Blicke wanderten von links nach rechts, und es entstand ein wenig Unruhe in der Versammlung. Der alte Mukki begann zu erzählen. Er selber besaß fünfzehn Kühe, die am Morgen wie am Abend je vier Liter Milch gaben. Die Morgenmilch wurde für vier Rupien den Liter verkauft, die Abendmilch wurde zu Ghi und Quark verarbeitet. Zusätzlich verdiente er sich vielleicht noch zwei- bis dreihundert Rupien pro Lasterladung Kuhmist, dies aber nur etwa zweimal im Jahr. Alle zwei, drei Jahre verkaufte er wohl auch einen Ochsen – und im Notfall sogar eine Kuh. Er verdiente achthundert Rupien im Monat, von denen er eine siebenköpfige Familie ernährte.

Natürlich war diese Schätzung viel zu niedrig. Er hielt uns für Regierungsvertreter, und wenn er ein niedriges Einkommen angab, sorgten wir vielleicht dafür, daß er eine Unterstützung erhielt. Aber ob so oder so, er blieb ein armer Mann.

Diese Menschen kehrten nur anläßlich von Todesfällen oder Hochzeiten nach Sirohi zurück. Ihre Gesellschaft besaß noch immer einen festen Zusammenhalt dank ihrer Panchaits (Räte), deren Beschlüssen sich der einzelne unterwerfen mußte, wenn er nicht den Ausschluß aus der Gemeinschaft riskieren wollte. Zwölf Dörfer unterstanden jeweils einem Panchait, und in diesem speziellen Dorf lebten zwei Abgeordnete. Ich fragte, warum eigentlich keine Frauen im Panchait säßen. Wie üblich erregte diese Frage viel Heiterkeit und Gelächter.

«Wir Frauen sitzen zwar nicht im Panchait, aber bevor die Männer zu den Sitzungen gehen, sagen wir ihnen, wie sie zu entscheiden haben.»

«In unserer Kaste sind die Frauen viel klüger. Wenn du mir Geld gibst, dann weiß ich nicht mal, wie ich es zählen soll, aber gib's ihr, sie läßt sich von keinem übers Ohr hauen.» Dies aber wurde wieder mit jener typisch rabarischen Unaufrichtigkeit geäußert. Ich konnte mir niemanden vorstellen, der diesen alten Knaben hereinlegte, schon gar nicht bei einer so wichtigen Angelegenheit wie den Finanzen.

Das Gespräch versiegte; es wurde Zeit zum Aufbruch. Eine junge Frau, die sich in unser Gespräch mit dem Mukki eingemischt hatte, erhob sich und wollte gehen.

«Komm, reden wir noch ein bißchen», sagte Lakshman Singh zu ihr, «du bist aufgeweckt und intelligent.» Worauf sie erwiderte: «Wäre ich wirklich so intelligent, dann hätte wohl *ich* auf dem Charpoi gesessen.»

Das im Schatten der Hügel liegende Forstgästehaus Mamer bestand aus zwei schlichten Räumen und einer kleinen Veranda. In respektvollem Abstand davon standen, weit über Wald und Wiesen verstreut, die Häuser der Adivasi. Ich machte Chutra den Vorschlag, uns ein paar Tage hier auszuruhen und, unbeschwert durch das ganze Gepäck, auf unseren Kamelen in den Busch zu reiten und nach Rabari-Herden Ausschau zu halten. Zwar hielt Chutra nichts von dieser Idee, ließ dann aber anklingen, daß wir, wenn ich schon zu einer so unverständlichen und blöden Sache entschlossen sei, beide auf Ram Rahim reiten und Momal und Sumal zum Grasen zurücklassen sollten. Ich bestand jedoch darauf, daß wir die Dicken ritten und Ram Rahim zum Grasen zurückließen, da er sowieso der dünnste von den dreien war.

Einige Ranger lebten in der Nähe des Cottages, und das einzige, worüber sie und Chutra sich offenbar unterhielten, waren die Adivasi und ihre abscheuliche Niederträchtigkeit. Am Morgen war ich allein spazierengegangen, und ein Adivasi-Mann hatte mir den Pfad nach Hause gezeigt. Ich lud ihn zum Tee ein. Als wir uns dann aber dem Cottage näherten, spürte ich plötzlich, wie er von hinten meine Beine packte. Ich fuhr auf dem Absatz herum und sah, daß er sich auf den Boden geworfen hatte und meine Knöchel umklammerte. Ich zog ihn hoch. Er weinte fast.

«Was ist denn los?»

Er hatte entsetzliche Angst und wagte nicht, näher ans Haus heranzukommen, da er fürchtete, für diese Kühnheit bestraft zu werden.

Ich hatte die kleine Dorfschule besucht und mich dort mit einem Lehrer unterhalten. Ihm gegenüber bemerkte ich dann, wie ernst und aufmerksam die Schüler auf mich gewirkt hätten, arm zwar und ohne Schuhe, aber hübsch gekleidet, gebügelt und geölt. Das paßte nicht zu dem, was die Ranger ständig über die Faulheit und Dummheit der Adivasi verzapften. Worauf mir der Lehrer erzählte, daß die Schüler fleißig lernten und großen Ehrgeiz zeigten, die Schule aber keinerlei Lehrmittel und kaum Bücher besäße. Unter solchen Bedingungen gäben die meisten Lehrer schon nach sechs Monaten auf und warteten dann nur noch, bis sie versetzt würden. Manche Lehrer sähen es auch als unter ihrer Würde an, Adivasi zu unterrichten, und betrachteten diese Versetzung als Strafe, die es einfach zu ertragen galt, bis man ihnen eine bessere Stelle anbot.

Am Morgen unseres Ausritts wirkte Chutra recht selbstgefällig. Als er sah, daß ich aufbrechen wollte, meinte er: «Madam Sahib, diese Geschichte, die Sie mir über Krishna erzählt haben. Ich habe mich bei den Forstaufsehern deswegen erkundigt. Leider haben Sie sich geirrt. Daß Krishnas Haut blau, das hat andere Gründe.» Und schon fegten wir im frischen Morgenwind dahin.

Es war, als habe man die Landschaft in ein purpurrotes Färbebad getaucht und zum Trocknen in die Sonne gehängt. Lavendeltöne lagen auf den Acrapflanzen, den Hügeln, den Rizinusstrünken und unter den Wolken: Die Straße war ein purpurroter Streifen, der sich in lavendelfarbenen Wäldern verlor. Auf einer Lichtung im Wald stießen wir auf ein angepflocktes Kamel mit einem Kalb. Später gesellten sich zwei Hirten mit etwa dreißig weiteren Kamelen dazu. Chutra konnte die Brandzeichen entziffern. Die Kamele gehörten zwei Unterkasten – den Bumalia und den Aal. Heutzutage, fügte er hinzu, würden Kamele eigentlich nur noch auf Bauernhöfe verkauft, als Zugtiere für Karren und Pflüge. Vor dreißig Jahren habe man sie nicht dazu verwendet. Diese Kamele würden in Pushkar verkauft werden.

Es war schwer zu sagen, wer magerer und ausgemergelter war, die Männer oder die Kamele. Die Tiere waren krank und fast kahl vor Räude, die Männer halb verhungert, da sie sich ja ausschließlich von Kamelmilch, Roti und Tee ernährten, wovon sie – selbstverständlich – auch uns sofort anboten, als seien wir engste Verwandte. Ich trank ein wenig Kamelmilch aus einem Acrablatt (sie waren zu arm und hatten keine Extratasse). Wir saßen auf einer schmutzigen Decke neben einem Bündel, das ihre zerlumpten Habseligkeiten enthielt. Sie besaßen nur das, was man unbedingt zum Überleben benötigt. Unth-Wallahs nehmen keine Frauen mit auf die Dang, weil es keine Arbeit für sie gibt – keine Buttermilch zu schlagen und keinen Ghi, keine Lämmer, um die man sich kümmern muß, so daß es besser ist, wenn sie schön zu Hause bleiben. Nach meiner Wanderung mit den Kutchi-Rabari jedoch, deren Frauen wahre Paläste um ihre Kochfeuer errichteten und es schafften, Freude und Unbeschwertheit ins Dang-Leben zu bringen, wirkte dieses traurige kleine Lager auf mich wie ein möbliertes Junggesellenzimmer auf der Bowery.

Die beiden Männer kamen aus einem Dorf bei Udaipur und

wurden nach ein paar Monaten von zwei anderen Männern aus ihrem Heimatdorf abgelöst. Die Kamele allerdings blieben acht bis neun Monate draußen.

«Mein Großvater und mein Vater waren Kamelhirten, aber heutzutage entscheiden sich nur noch Narren für dieses Leben. Daheim habe ich einen Job als Lastwagenfahrer. Mein wirklicher Beruf aber sind die Kamele, und ich will sie nicht aufgeben. Nur können wir sie uns allmählich nicht mehr leisten.»

Sie erzählten mir, daß sie für die Benutzung des Waldes zwei Rupien pro Jahr und Kamel an die Regierung zu zahlen hätten. Und obwohl sie über diese Summe eine Quittung erhielten, müßten sie anschließend Bestechungsgelder zwischen hundert und fünfzehnhundert Rupien an die örtlichen Forstaufseher bezahlen.

Und dann gab es natürlich die Krankheiten. Ob wir ihnen denn nicht Medikamente besorgen könnten? Bitte, bitte! Könnten wir die Medikamente nicht vielleicht in ihr Dorf schicken? Denn sonst müßten ihre Kamele sterben. Es hatte keinen Zweck, zu fragen, warum sie nicht zu den örtlichen Tierkliniken gingen. Ich wußte, was sie dort erwartete, denn ich hatte selbst einmal eine aufgesucht, um ein Medikament für Zali zu besorgen. Sie hatten kein einziges vorrätig gehabt. Diese Kliniken wurden von der Regierung betrieben und sollten die tiermedizinische Versorgung der umliegenden Ortschaften gewährleisten. Theoretisch waren die Medikamente kostenlos, in der Praxis aber floß Geld in die Taschen der Tierärzte oder an Mittelsmänner, die die Medikamente auf dem Schwarzmarkt verhökerten. Eine Anthrax-Spritze beispielsweise kostete unter Umständen bis zu achtzig Rupien, weit mehr, als diese Männer sich leisten konnten. Aber selbst wenn es gelang, Medikamente aufzutreiben, so reichten die selten aus, um eine ganze Herde zu kurieren, und die Tiere steckten sich sofort wieder an. Die Raika klammerten sich an das, was von ihrer ehemaligen Existenz übriggeblieben war, und ohne vernünftig organisierte Hilfe mußten sie untergehen.

Nach einigen Tagen drängte Chutra mich zum Aufbruch. Das Hüten der Kamele sei zu gefährlich für seine Männer, meinte er. Am ersten Abend kampierten wir neben einer Familie am Straßenrand. Sie besaßen Kamele, Kühe und Büffel und verbrachten Jahr für Jahr viele Monate in der Nachbarschaft eines Adivasi-Hauses. «Sieh mal», sagte ich zu Chutra, «sie scheinen gut mit ihren Nachbarn auszukommen.» Worauf er erwiderte: «Es wird ihnen wohl nichts anderes übrigbleiben.» Zunächst hatten uns die Frauen zugerufen, wir sollten verschwinden. Und auch, als Chutra sie schließlich davon überzeugt hatte, daß wir keine Banditen waren, blieb die Atmosphäre gespannt.

Ich fragte sie, wie lange sie schon hierherkämen. An diese Stelle seit drei Jahren, in diese Gegend aber schon länger, schon viele, viele Jahre. Aber es gefalle ihnen hier nicht.

«Und warum seid ihr dann hergekommen? Hat es dort, wo ihr vorher wart, eine Dürre gegeben?»

«Nein. Manchmal ist es zwar ziemlich trocken, aber schuld daran ist *jagah jagah kheti*» (wörtlich: Platz Platz Felder oder: überall Felder oder: kein Platz zum Grasen). Sie benutzten einen kleinen Raum des Adivasi-Hauses und eine von Laubzäunen umgebene Lagerstelle im Freien. Als Gegenleistung überließen sie den Adivasi ihren Dung für die Äcker. Und ihre Milch verkauften sie in der Stadt. Wahrscheinlich würden sie sich eines Tages für immer hier niederlassen. Wo hätten sie auch sonst hingehen sollen?

Die beiden jungen Frauen hatten neun Kinder, die alle nackt, schmutzig und krank waren. Eine der Frauen trug ihr Jüngstes im Arm. Es war quittengelb und verschrumpelt wie eine Mumie. Zwei Jahre war es alt und hatte ihre Brust nie verlassen. Sie stillte es mit nur noch halbherziger Geduld. Bald würde es sterben.

Andere Frauen gesellten sich zu den beiden; eine davon war schwanger. «Wirst du ins Krankenhaus gehen?» fragte ich sie. Die anderen lachten bitter. Und die Frau sagte: «Natürlich nicht. Ich krieg es hier im Dschungel wie ein Tier.»

«Und wer wird bei dir sein?»

«Sie.» Sie deutete auf eine andere, etwas ältere Frau.

Die Arme und Beine der Frauen waren mit Beulen und Schürfwunden übersät, und an Stellen, an denen die Silberreifen ihnen ins Fleisch schnitten, hatten sich Entzündungen gebildet. Dann aber fiel mir etwas auf, das überhaupt nicht ins Bild paßte. Sie rasierten sich die Beine.

Nun kamen die Männer herüber, worauf die Frauen verstummten, ihre Gesichter verhüllten und im Haus verschwanden. Die Männer redeten von all dem Gold, das ich in meiner Heimat besitzen müsse, von meinem Haus, meinem Auto, von all den Lakhs, den vielen, vielen Lakhs. Die ganze Erbärmlichkeit der Armut zeigte sich hier. Hoffnungslosigkeit und Verzweiflung, Langeweile, Hilflosigkeit und Wut.

Noch am gleichen Tag traf Koju bei uns ein. In der vergangenen Nacht, erzählte er, als er auf der Suche nach uns durch die Hügel gefahren sei, hätten betrunkene Adivasi Steine nach ihm geworfen. Hätten Flaschen gegen die Windschutzscheibe geschleudert und versucht, ihn zum Anhalten zu zwingen. Ich stieg zu ihm in den Jeep, und als wir auf der Straße an einigen Adivasi-Schulkindern vorüberfuhren, schwenkte er aus, um sie zu erschrecken. Und zum ersten Mal, seit ich ihn kannte, zeigte er mir ein häßliches Gesicht.

Zwischen Kukawas nach Suaroopganj erstreckte sich die schönste Landschaft, die ich bisher in Indien gesehen hatte, doch ausgerechnet hier durften wir nicht verweilen; der Landstrich galt als die gefährlichste Gegend von ganz Westrajasthan. Begangen wurden die Räubereien von den Bhil oder vielmehr kriminellen Elementen unter den Bhil. Chutra und Koju führten mir ihre Vorgehensweise mimisch vor. Zuerst würden zwei von ihnen neben uns treten, dann ein paar aus dem Dschungel auftauchen und sich hinter uns zusammenscharen, während andere droben in den Hügeln uns mit Pfeil und Bogen erwarteten. Wir befanden uns tatsächlich in Gefahr. Diese Männer schnitten Kehlen durch oder durchbohrten einen Menschen mit Pfeilen, wie andere Leute Hasen häuteten. Und es gab kein Gesetz, das sie davon abhielt.

Ich muß gestehen, daß ich beim Aufbruch am nächsten Morgen schon ein wenig aufgeregt war. Bei diesem ganzen Unternehmen war ich so ungeheuer behütet gewesen, daß mir jegliches Gefühl von Risiko längst abhanden gekommen war. Aber zu viel Sicherheit bringt Langeweile und Abstumpfung mit sich. Sind dagegen alle Sinne auf Gefahr eingestellt, dann fühlt man sich gleich nicht mehr wie ein Päckchen, sondern wie der Postillon.

Koju hatte die Geistesgegenwart besessen, einen Dorfpolizisten zu bestechen, der uns nun begleitete. Der Polizist hatte einen Kater – sein Hosenschlitz stand offen, und sein Hemd war zerrissen –, aber er trug seine Uniform, und mehr verlangten wir nicht von ihm. Koju schnallte sich eine der Pistolen um. An ihm wirkte sie irgendwie lässig und sexy, während Chutra mit seiner nicht mehr vorstellte, als was er eben war – ein Zwerg mit einer Spielzeugpistole.

Wir waren kaum eine Meile gewandert, da gesellten sich schon zwei Männer zu uns. Banditen – unverkennbar. Oder vielmehr *Karikaturen* von Banditen. Quer über das Gesicht des einen verlief eine Narbe, die in einer leeren Augenhöhle endete. Und das, was die beiden unter ihren Hemden trugen, waren wohl große Messer. Chutra holte mich ein, Rupa und Dullah scharten sich hinter uns. Koju und der Uniformierte ließen den Motor aufheulen und fuhren kampflustig vor uns hin. Ich spürte Chutras Panik und fühlte mich selber nicht allzu großspurig. Mehrere Minuten vergingen, ehe unsere Banditen es sich anders überlegten und im Wald längs der Straße verschwanden. Wir hörten sie brüllen. Sie riefen ihre Genossen zurück, die ein Stückchen vor uns im Hinterhalt lagen.

O Freude, o Jubel! Chutra hatte sich zu doppelter Größe aufgeblasen. Kojus Grinsen nahm geradezu lächerliche Ausmaße an. Wir beglückwünschten einander zu unserer Geistesgegenwart und Tapferkeit. Aber eigentlich war es die Stunde der Männer, die ich ihnen auch gönnte – verwegene Krieger allesamt, auch wenn sie keinen Kratzer abgekriegt hatten.

Als wir den Wald hinter uns hatten, fuhr Koju voran, um schon das Lager aufzuschlagen, während wir anhielten, unsere Kamele fütterten und kalten Roti aßen. Es war so ein hübsches Plätzchen – granitene Felsnasen, in deren Schatten sich prächtige Bäume drängten. Zwei Adivasi-Schäfer saßen auf einem Felsen. Einer von ihnen begann auf seiner Flöte zu spielen, und ich fühlte mich sofort in andere Welten versetzt: zu Krishna und den Gopis oder aber ans Mittelmeer zur Zeit um Christi Geburt. Die Süße und Reinheit der Musik, die Einfachheit und Harmonie dieser winzigen Welt erfüllten mich mit – ja, womit eigentlich? Glück? Hier, auf dieser Reise? War es möglich, daß für einen kurzen Moment etwas Schönes und Wahres durch die stets über mir hängende Wolke gedrungen war?

«Du, zu welcher Kaste gehörst denn du?» Die Musik brach ab.

«Adivasi.»

Chutra spuckte aus und befahl dem anderen, ihm die Flöte zu geben. Der schüchterne junge Schäfer brachte sie zu uns herüber, wobei er ängstlich vor mir zurückwich und Chutras Grobheit unterwürfig über sich ergehen ließ. Mein Kameltreiber reinigte umständlich das Rohrblatt und begann dann sehr, sehr schlecht zu spielen. Da war nichts mehr zu retten, der kostbare Augenblick war unwiderbringlich verloren.

21

Das Dorf Pipala stand vor seinem Hügel wie ein bedrohtes Tier, das man vor eine Mauer getrieben hat. Eine hohe Dornenbuschhecke ließ an einen Belagerungszustand denken. Doch sobald man sich innerhalb des Zauns befand, spürte man den Geruch sauberer Erde und gesunder Tiere, sah man Menschen mit attraktiven, intelligenten Gesichtern, die uns mit einer Offenheit willkommen hießen, die man in Indien ja irgendwann geradezu als Selbstverständlichkeit zu betrachten beginnt.

Ma, eine Witwe von unbestimmbarem Alter und unglaublicher Schönheit, zeigte uns unser Zimmer: den zweiten Raum in ihrem Zweizimmerhaus, das aus Lehm und Dung bestand und vor dem sich eine kleine, weißgetünchte Veranda mit einer Reihe von Charpois entlangzog, auf der man nachts schlief und im Schnarchen der anderen badete. Drinnen fegte gerade ein winziges Mädchen in Röcken den Boden, dessen Besen größer war als es selber. Als es mich erblickte, ließ es Besen Besen sein und kletterte auf meine Hüfte, wo es den größten Teil der nächsten zwei Wochen verbringen sollte.

Es gab eine winzige Feuerstelle ohne Rauchabzug, Säcke mit

Weizen, Wollballen, einen Wok voller Ziegenhaar, einen irdenen Wasserkrug und einen Charpoi mit einer dieser selbstgemachten Decken, auf die ich so scharf war: dickes braunes Kamelhaar mit schwarzen Ziegenhaarstreifen. Aus dem Gemäuer ragte ein Stein hervor, auf dem eine Lampe mit Metalldocht stand, die in der Nacht ihren gespenstischen Lichtschimmer verbreiten würde. Das Dach war offenbar nicht ganz dicht, da Lichtflecken und -rauten den Zimmerboden sprenkelten. Ein Mädchen in Rot und Silber brachte Holz und stapelte es in der Ecke zu einem «Weihnachtsbaum» auf, jedes Scheit am richtigen Ort. Durch die Verandatür fiel ein Sonnenstrahl in die Dunkelheit und beleuchtete das Wandgemälde eines Kamels mit Reiter. Ein schwarzes Kamel, einen roten Reiter und einen Strom von Khad, der sich aus dem füllhornartigen Hintern des Kamels ergoß.

Barju Ma und ihr ältester Sohn Parabu bhai waren meine Gastgeber. Shanti ben, Mas Tochter, hatte mir das Holz gebracht. Das entzückende Geschöpf auf meiner Hüfte war das Kind von Mas zweitem Sohn. Sein Köpfchen war zu einer Glatze geschoren, so daß es mit seinen vielen Silberohrringen einem kleinen Punk ähnelte. Das Mädchen war zwar noch keine drei Jahre alt, konnte aber schon seine Röcke glattstreichen, den Kopf schräg legen, die Lippen schürzen und einen so kokett anblinzeln, daß man glaubte, man habe es mit einer Kurtisane zu tun. Es hieß Bubbli, und für uns beide war es Liebe auf den ersten Blick.

Die Kamele wurden an der Veranda angebunden, unsere Habseligkeiten auf der Veranda aufgestapelt. Und dann war es Zeit zum Schwatzen und Teetrinken. Bubbli kletterte auf den Charpoi, um sich auf meinen Schoß zu setzen, sprang aber immer wieder hinüber zu ihrem Ururgroßvater, um ihm seinen langen weißen, in zwei Strähnen geteilten Bart zu kämmen.

Hauptgesprächsthema waren die räuberischen Bhil. Wie sie den Frauen auflauerten und ihnen den Schmuck herunterrissen, die Männer mit Pfeil und Bogen überfielen und ihnen die Schafe stahlen. Für Frauen war es gefährlich, allein auszugehen, nur zu zehnt konnten sie sich hinauswagen. Jede wußte einen Vorfall zu schildern, der sich «vor vier Tagen», «vor zwei Tagen» zugetragen hatte. Mas Mann war ein sehr bedeutender und geachteter Mann gewesen. (Vor dem Haus befand sich sein Schrein, an dem Ma morgens und abends ihre Gebete verrichtete.) Als er starb, hatte sich die ganze Gemeinde im Hof zur Trauerzeremonie versammelt. Ein paar Diebe nutzten diesen unbewachten Augenblick, um über den rückwärtigen Zaun zu klettern und die Besitztümer aller Anwesenden zu erbeuten. Der Abscheu, der sich angesichts dieses unvorstellbaren Ausmaßes an menschlicher Tücke über Kojus Gesicht breitete, war von solcher Intensität, daß ich glaubte, er würde sofort lospreschen, um ein paar von diesen Schurken umzunieten. Chutra dagegen nahm die Gelegenheit wahr, um vor allen Anwesenden zu verkünden: «Ha, ha, Madam Sahib, und du hast gesagt, die Adivasi sind eine sehr guuute Kaste, eine sehr froooindliche Kaste.» Ich ignorierte ihn.

«Aber weshalb wird von Amts wegen nichts getan, um das zu verhindern?» Die Bhil zahlten Schutzgeld an die hiesigen Polizisten sowie einen Anteil von der Beute, von der wiederum ein gewisser Prozentsatz bis hinauf zum Superintendenten der Polizei in Sirohi gelangte. Diesen Superintendenten würde ich mir gerne mal vorknöpfen, sagte ich, und ihn fragen, warum nach all diesen Jahren der Ausbeutung und der Räuberei und nachdem doch alle wußten, wer die Verbrecher waren und wo sie sich aufhielten, keine Verhaftungen vorgenommen worden waren, nicht eine einzige. Das hielten alle für eine hervorragende Idee, aber wie bei vielen hervorragenden Ideen auf dieser Reise versiegte sowohl die moralische als auch die physische Kraft, die man zu ihrer Realisierung gebraucht hätte. Nie suchte ich diesen Superintendenten auf, weil das Leben mich in eine andere Richtung davonwirbelte und ich all meine Geistesgegenwart benötigte, um einfach nur weiterzumachen. «Alle Polizisten in Indien sind korrupt», sagte Koju, «in Rajasthan aber sind sie am schlimmsten. In den anderen Bundestaaten nehmen sie wenigstens nur kleine Bestechungssummen.»

Mas Mann war offenbar genauso außergewöhnlich gewesen wie sie selber. Wo Tod und Leben so nahe beieinander liegen, wo es so wenig Schutz vor dem Tod gibt, konnte einen ein einziger Fehler das Leben kosten. Wenn man aber klug war, konnte man für sich und die Seinen einen bescheidenen Hort der Sicherheit schaffen. Mas Vorfahren waren vor mehreren Generationen aus dem Norden zugewandert. (Nur der Rao hätte mir sagen können, wann genau das gewesen war.) Verglichen mit den Rabari, die wir zuletzt getroffen hatten, waren sie reich, doch ihr Wohlstand zeigte sich eher in unaufdringlicher Zuversicht und Wohlergehen, eher in ihrem unbefangenen Gelächter als in konkreten Reichtümern. Schon bei unserer Ankunft hatte Chutra ganz richtig bemerkt: «Das sind keine armen Leute. Sie leben wie arme Leute, haben keine schönen Kleider, aber viel Geld. Das ist eine intelligente Kaste, vor allem die Frauen.» Bald würden ihre Herden in die Gegend von Idar ziehen, wo ich erst vor kurzem gewesen war. Zwei, drei Frauen würden sie begleiten, um das Kochen zu übernehmen. Sollte ich vielleicht mit ihnen ziehen?

Dies war der Beginn einer Phantasie, die mich tagelang bei der Stange hielt. Nur Ram Rahim wollte ich mitnehmen auf die Dang; Chutra, Rupa und Dullah würde ich mit den Prinzessinnen nach Hause schicken. Und wenn es dann Zeit war, die Dang zu verlassen, konnte ich ein Paar aus diesem Dorf engagieren, damit es mich nach Hause begleitete. Ja, und dann schlich ich mich in mein Zimmer, schloß die Tür, legte mich auf den Charpoi und flüchtete in eine Welt, in der es weder Chutra noch Kameras gab. Natürlich hütete ich mich auch damals, mich allzusehr an diese Vorstellung zu hängen, da ich inzwischen wußte, daß jeder meine Pläne schon aufgrund der Tatsache, daß er mein ureigenstes Verlangen verkörperte, zum Scheitern verurteilt war.

An jenem Abend gegen zehn tauchten dann plötzlich, wie durch unser Reden herbeigezaubert, betrunkene Polizisten auf und verlangten Geld. Sie hatten den Jeep gesehen, und wer reich genug war, einen Jeep zu fahren, der konnte auch große Bestechungsgelder zahlen. Als sie sahen, daß die Besitzerin des Jeeps eine Weiße war, die von einem großen stillen Rajput und einem kleinen schrillen Raika beschützt wurde – weil sie, wie Chutra mehrmals betonte, vom Königlichen Hause von Jodhpur zu diesem Zwecke engagiert worden waren – und nachdem mehrere hochrangige

Namen wie Felsbrocken auf ihre Köpfe niedergegangen waren, wurden die Polizisten kalkweiß. Aber sie hatten sich bereits zu sehr in die Sache verheddert, um rasch wieder ausbüxen zu können, zu Kojus und Chutras Entzücken übrigens, weil sie nun nach Belieben mit den beiden Katz und Maus spielen konnten. Um ihr Gesicht zu retten, verlangten die Polizisten nun Pässe und Kfz-Brief. Es war offensichtlich, daß sie noch nie so etwas zu Gesicht bekommen hatten und nicht recht wußten, wie sie die Dinger halten sollten. Die nächste Frage war daher vorherzusehen. Ob ich denn ein C-Formular besäße?

Chutra lachte wie ein Opernsänger. «Na so was, ich glaube fast», sagte er und wischte sich die Augen, «daß ihr kein Englisch lesen könnt!» (Da sie kein Englisch sprachen, erschien dies naheliegend. Wahrscheinlich waren auch ihre Lese- und Schreibkenntnisse in Hindi nur in etwa mit denen Kojus vergleichbar.) «Denn wenn ihr es könntet», fuhr Chutra fort, «würdet ihr wissen, daß dieser Paß nicht nur für Jodhpur, sondern für ganz Indien gilt! Hier!» Chutra hielt dem Polizisten den Paß unter die Nase und tippte mit dem Finger auf eine Druckzeile.

Schließlich blieb uns nur noch, unseren Sieg auszukosten. Ich fragte alle Versammelten, was sie schätzungsweise pro Jahr an Bestechungsgeldern zahlten. Es hinge ganz davon ab, was in so einem Jahr alles passiere, sagten sie, aber auch in einem guten Jahr müßten sie mindestens zweitausend Rupien pro Familie an Polizei und Forstbeamte abgeben.

Chutra sprach: «Die Förster sagen: ‹Nein, hier dürft ihr nicht rein.› Dann gibst du ihnen Geld, und sie sagen: ‹OK, OK. *Cello, cello*!›» (Geh weiter, geh zu). Alle pflichteten ihm nun bei, «Genau. ‹*Cello, cello*›», und schwenkten die Arme wie Verkehrspolizisten auf einer belebten Kreuzung. Chutra genoß es, ein Publikum zu haben.

Er deutete auf mich und sagte in einer Mischung aus Hindi und Englisch: «Madam Sahib begreift nicht. Polizisten große Diebe, Regierungsbeamte große Diebe. Ganzer indischer Staat großer Dieb.» Dann fügte er auf hindi hinzu: «Hier in Indien ist der Paisa unser Gott. Der Paisa ist unsere Mutter und unser Vater.» Alle murmelten zustimmend, und alle lächelten das resignierte, zynische, typisch indische Lächeln; ich aber mußte immer an die Rabari denken, die einen Beamten bestochen hatten, um Jaswant ji loszuwerden.

Es ist mir ein Rätsel, weshalb man sich mit manchen Leuten auf Anhieb vertraut fühlt und mit anderen nie. Vielleicht war es einfach die gute Stimmung hier oder der hohe Zaun, der uns die Welt vom Leibe hielt. Was immer der Grund, trotz der Sprachschwierigkeiten wurden die Bande der Zuneigung zu allen, vor allem zur respektgebietenden Ma, immer enger. Als Zali wieder erkrankte und ich selber eine Art Lungenentzündung bekam, beschloß ich, eine Weile von hier aus zu operieren. Mount Abu lag nur zwei Autostunden entfernt. Ich konnte jederzeit hinflitzen, um einen Tierarzt aufzusuchen, Dilip zu kontaktieren oder Narendra am Telefon etwas vorzujammern.

Der Veterinär, ein Spezialist für Krankheiten, die vom Kamel auf den Menschen übertragen werden, erklärte mir genau, welche das waren: Q-Fieber aus meinem Heimatstaat in Australien, Tbc, Brucellose, Tollwut, Bandwürmer, Trypanosomiasis (Schlafkrankheit). Nun hatte ich Ram Rahim oft Küßchen gegeben oder ihm in die Nüstern geblasen. Und auch er hatte mir ständig in die Nasenlöcher gepustet und mich an Hals, Nase und Ohren beschnuppert. Wir hatten uns eben gern.

«Und wie werden diese Krankheiten übertragen, Doktor?»

«Meistens über die Atemwege», erwiderte er.

Das war es nun also. Ich hatte Tbc, Brucellose und Bandwürmer. Was für eine Erleichterung, zu wissen, daß ich sehr gute Gründe hatte, mich so todkrank zu fühlen, wie ich mich fühlte. Wie froh und wohl mir plötzlich zumute war, denn ich war keine Hypochonderin und konnte jederzeit in ein Krankenhaus gehen, wo man mir viel Mitgefühl und Aufmerksamkeit entgegenbringen würde und jeder sich ausmalen konnte, wie sehr ich gelitten hatte (wie hat sie das bloß ausgehalten mit all diesen Krankheiten?) und wie tapfer ich gewesen war. Zali erhielt ein Dutzend Injektionen, ich zwei.

Nach meiner Rückkehr nach Pipala stellte ich fest, daß es dort über dem Verkauf von Schafsmist zu einem Familienstreit gekommen war. (Parabu verdiente monatlich zweitausend Rupien durch den Verkauf von Khad, aus dem er folglich sein Haupteinkommen erzielte.) Ma und die Frau des Bruders ihres Mannes verhandelten mit dem Lastwagenfahrer, der den Mist zum Verkauf nach Jodhpur transportierte, über den Preis – ein lebhafter Wortwechsel, der Mord und Totschlag befürchten ließ, aber schließlich doch mit lächelnden Gesichtern endete. Das Geld wurde dann entsprechend der Anzahl der Schafe, die jedes Familienmitglied besaß, geteilt. Ma überwachte diese Verteilung, während sich die jüngeren Frauen aufs Kochen, Putzen und auf die fraglose Anerkennung ihrer Vorherrschaft zu beschränken hatten.

Ma war wütend. Sie setzte sich zu mir, warf immer wieder Blicke über die Schulter und verkündete laut: «Meine erste Schwiegertochter ist ein braver, einfacher Mensch, aber die Frau meines jüngeren Sohnes, die ist ein übles Frauenzimmer. Verteile ich etwa das Khad-Geld, so verlangt sie immerzu mehr.» Ich hatte schon einen tieferen Grund für die Reibereien zwischen den beiden vermutet. Die jüngere Schwiegertochter war so eine Art Carmen-Typ, und Sohn Nummer zwei umhechelte sie wie ein junges Hündchen. Auch die Frau des älteren Sohnes war wunderschön, aber Parabu war nicht völlig verschossen in sie. Er war ein Mann, der sich der Verantwortung gegenüber seiner Familie und seiner Gemeinschaft stets bewußt blieb. Rat holte er sich bei Ma. Ma war die erste Liebe seines Lebens, und mit ihr teilte er seine Macht. Trotz ihrer Witwenkleidung besaß Ma eine starke sexuelle Ausstrahlung, und wie sie so vertraut mit ihrem erwachsenen Sohn flüsterte, das hatte schon etwas Beunruhigendes. Als ob die Nabelschnur zwischen den beiden nie ganz durchtrennt worden sei. Der zweite Sohn hingegen hatte die Mutter betrogen, indem er sich in seine Frau verliebte.

Am nächsten Tag hatten sich die Wogen wieder geglättet, als ob der von der Unterströmung ausgelöste Wellenschlag nie gewesen wäre.

War ich einmal nicht direkt ins choreographische Geschehen des Dorflebens einbezogen, so saß ich auf meinem Charpoi und betrachtete die sich mir darbietende Vorführung: etwa Parabus hochschwangere Frau, die Heuballen in die Schafhürde trug, gemähtes Gras in einem Erdspeicher aufschichtete, sich Wasserkrüge auf den Kopf hievte – und sich so leicht und behend bewegte wie ein Wal im Wasser; oder zehn Jungen, die von der Schule nach Hause kamen und sofort zu den Herden aufbrachen; kleine Mädchen, die Weizen mahlten, den sie auf den kleinen Feldern hinter den Häusern gesammelt hatten; zwei junge Frauen, die in der Sonne saßen und nähten; Bubbli, die hinter ihrer Mutter zum Brunnen wackelte und ein winziges Krüglein auf ihrem Kopf balancierte; Ma, die zehn Meilen in die Stadt lief, um Einkäufe zu erledigen und ihre Bündel nach Hause trug, als ob sie Federn enthielten und nicht Mehl; Männer, die Wolle spannen und rauchten; Frauen, die fegten, Chaach (Buttermilch) rührten, Tiere verarzteten, Tee kochten, den Hof auch vom letzten Kotkrümel säuberten, die sie dann auf dem Kopf hinaustrugen, um sie jenseits des Zauns abzuladen; Frauen, die ihre Kleider wuschen, Hirse und Weizen mahlten, Wände tünchten, Zäune ausbesserten und wieder Hirse mahlten, fegten und kochten und immer so fort, wie in einem langsamen, nicht enden wollenden Walzer.

Wann immer ich bei der Herstellung von Chaach oder Ghi half oder in einer Verandaecke saß und Hirse mahlte, litt ich unter Muskelschmerzen und dem juckenden Schweiß, während sie stundenlang fortarbeiten konnten, weil sie einfach wußten, welche Bedeutung Rhythmus und Anmut für jedes Tun besitzen, und man nicht über die Anstrengung nachdenken darf, ehe die Arbeit getan ist.

Während der paar Nachmittagsstunden, in denen man sich von den Mühen des Tages erholte, zogen mich die Frauen – soweit es Sprache und Anstand erlaubten – in ihr Vertrauen. Oder sie vergnügten sich mit mir, indem sie mich mit ihren Kleidern aufputzten, mir ihren Schmuck anlegten. Ich fragte sie, ob Armreifen bis hinauf unter die Achseln nicht lästig seien. «Man braucht schon eine Weile, bis man sich dran gewöhnt hat, aber die Reifen können auch ganz nützlich sein, zum Beispiel bei einem Ehestreit.» Man erklärte mir, daß der häufig durch Bänder verlängerte Zopf einer Frau die gleiche Funktion erfüllen konnte wie die Leine eines Kamels. Mit Hilfe dieser Leine konnte ein Mann seine Frau kontrollieren, konnte etwa bei einem Streit danach schnappen und sie zu Boden reißen. «Aber dann kannst du mit deinen Armreifen zurückschlagen, so», meinte eine von ihnen und demonstrierte es an den wild kichernden Mädchen ringsum. Als ich Ma fragte, ob sie das Zerbrechen ihrer Armreifen als Erleichterung empfunden habe, merkte ich, daß ich eine Frage gestellt hatte, die innerhalb ihrer Kultur unverständlich blieb. Ich hatte fragen wollen: Ob es eine körperliche Erleichterung gewesen sei, ob sie es als befreiend empfunden habe?

«Ganz und gar nicht. Schließlich war mein Mann gestorben, und wer sollte mir nun helfen und mir beistehen? Ich trug auf einmal die ganze Last der Verantwortung, ich war todtraurig.» Sie blickte auf ihre zweite Schwiegertochter. «Wer sollte mir nach seinem Tod helfen, mit eigensinnigen Familienmitgliedern fertig zu werden? Töchter werden ihre Mutter immer brauchen. Werden sie immer lieben. Sind die Söhne aber einmal verheiratet, so ist die Mutter für sie oft erledigt und abgeschrieben. Und was tut man dann, wer hilft einem, wenn man keinen Mann mehr hat?»

Die Frau des Bruders von Parabus Vater kam vorbei, um guten Tag zu sagen. Sie war erstaunlich jung. Und sehr, sehr arm. Dies war eines der größten gesellschaftlichen Probleme hier: verarmte Witwen. In der Regel starben die Männer jung, hatten Unfälle oder wurden ermordet, während sie auf Wanderung oder draußen bei den Schafen waren. Doch egal, wie bettelarm eine solche Witwe auch sein mochte, es war ihr nicht gestattet, sich außerhalb des Dorfes Arbeit zu suchen. Diese junge Witwe hatte drei Söhne, zwei Kleinkinder und einen Buben, der die neunte Klasse abgeschlossen hatte. Der Älteste arbeitete inzwischen für einen Monatslohn von zweihundert Rupien in einem Laden und bestritt damit den Unterhalt der Familie. Sie besaß weder Schafe noch sonstiges Vieh. Ich fragte sie, ob die übrige Familie sie finanziell unterstützen würde, falls sie in Not geriete. Anscheinend war das nicht der Fall. Und ob sie daran denke, wieder zu heiraten? «Nein, ich habe ja schon drei Kinder, ich brauche also keinen Mann mehr. Wenn ich keine Kinder hätte, dann, nun ja ...»

Wie die Kutchis brachte auch sie viel Zärtlichkeit und Zuneigung zum Ausdruck. Doch anders als die Kutchis waren diese Frauen in sexueller Hinsicht viel freizügiger. Ma ließ ihren Blick über mein Kleid wandern, um zu gucken, ob ich eine «Bluse» trug. Dann zerrte sie meinen BH-Träger hervor und zeigte ihn den anderen. Oder sie neckte ihre Tochter, kniff ihr in die knospenden Brüste und redete von ihrer Verheiratung. Darüber konnten sie sich schier kranklachen, während das Mädchen ein wenig verlegen, aber auch recht stolz wirkte. Es verpaßte seiner Mutter dann einen dicken, zärtlichen Knuff. Auch von der Erleichterung der Wechseljahre war die Rede und davon, daß das Klimakterium doch die glücklichste Zeit im Leben einer Frau sei, sogar dann, wenn der Mann gestorben war und sie die Bürde der Verantwortung nun alleine schultern mußte.

Dilip traf gerade rechtzeitig ein, um die bevorstehende Hochzeit in einem Nachbardorf zu fotografieren. Sie sollte mit großem Aufwand gefeiert werden, und einer der Bräutigame wollte sich mein Kamel ausleihen. Wann immer sie ein Kamel benötigten, beispielsweise um am Abend Futter nach Hause zu transportieren, erwischte es Ram Rahim. Diesmal jedoch protestierte ich.

«Chutra», sagte ich, «diese unglaublich fette Momal hat seit Tagen nichts anderes gemacht als gefressen, und der arme kleine Ram Rahim besteht nur noch aus Haut und Knochen. Ich bestehe darauf, daß du Momal für die Hochzeit einspannst.» (Wobei man sich vergegenwärtigen sollte, daß ich tatsächlich etwa folgendes sagte: «Chutra, sehr-sehr-dicke Momal, lange Zeit nur gegessen. Gesessen. Kleiner Ram Rahim sehr-sehr-dünn, krank-dünn. Besser Momal wirklich nehmen Hochzeit für.»)

Chutra setzte wieder einmal jene langmütige Miene auf und verwies mich auf das, was ja auf der Hand lag: «Ein Bräutigam kann nicht auf einer Kamelkuh reiten.» Folglich wurde Ram Rahims Schwanz hochgebunden, damit man seine kaum abgesunkenen Hoden sah, und Momals Paradeschmuck wurde über seinen mickrigen Höcker drapiert.

Als Dilip und ich das Dorf erreichten, war eben die Feuerzeremonie zu Ende gegangen, und die drei Bräutigame hockten starr und unbeweglich in ihrem Hochzeitsstaat auf ihren Charpois. Alle waren sie von Brüdern, Vätern, Onkeln umringt – sechs bis acht Männer scharten sich jeweils um einen Charpoi. Auch das Dorf platzte aus allen Nähten. Da waren die Männer in ihrem blütenweißen Sonntagsstaat und mit den blutroten Turbanen, mit ihrem Gold, das in herzförmig gehämmerten, mit kostbaren Edelsteinen besetzten Platten an ihren Hälsen prangte. Dann die Kleider der Frauen in einer Unzahl von Rot- und Rosatönen, ihr Schmuck, in dem sich funkelnd das Licht brach. Oder auch jene Kuriosität von einem Rabari-Beamten, der sich so fett und grotesk in seiner Kasten-Tracht ausnahm, die er nur noch anläßlich solcher Ereignisse trug. Alle anderen waren geschmeidig wie Wölfe, von Sonne und Mühsal ausgemergelt, und ihre Gerissenheit zeigte sich in ihrem Goldschmuck.

Bisher hatte ich angenommen, Kinderhochzeiten seien, zumindest in dieser Gemeinschaft, nichts als eine vernünftige Methode, um mit praktischen Beschränkungen fertig zu werden. Bis zum Eintreten der Menarche kehrten die Mädchen nach Hause zurück, und die Rabari-Gruppen, denen ich begegnet war, waren sich einig gewesen, daß Kinderbräute zwar durchaus akzeptabel seien, Mütter, die selber noch Kinder waren, aber nicht. Jetzt war ich mir da nicht mehr so sicher. Eine der Bräute war erst vier oder fünf Jahre alt und derart verängstigt, daß ich fürchtete, sie könne in Ohnmacht fallen. Um sie herum stand ein Dutzend Männer mit gezogenen Schwertern, die Mutter aber war nirgends zu erblicken. Das war ein Krachen und Scheppern, ein Geplärre und eine Raserei, und auch die Braut selber brüllte wie am Spieß. Sie begriff wohl nur eins, daß man sie von zu Hause weg und an einen fremden Ort zu fremden Leuten schickte, die ihrem verzweifelten Schreien keinerlei Beachtung schenkten. Und auch wenn ihre Schwiegerleute sie sicher mit großer Freundlichkeit behandelten, würde sie dieses Trauma wohl nie mehr ganz überwinden. Und die Mutter? Da draußen stand sie, abgeschnitten von ihrem Kind, und weinte.

Jogis, die man für die Feierlichkeiten engagiert hatte, hämmerten Herzschläge auf Hauttrommeln. Irgend jemand meinte, die Armreifen der Braut seien kaputtgegangen, aber ich begriff einfach nicht, was wirklich los war. Leute schubsten einander. Man trank. Die Erregung verbreitete sich durch die Menge wie eine ansteckende Krankheit. Als ich einen Blick auf Dilip erhaschte, schien er in einen Streit verwickelt zu sein. Ich spürte, wie die Menge mich mitriß, vorbei an einem Tanzwettbewerb zwischen Frauen zweier Kasten. Sie fixierten einander wie feindliche Krieger. Zwei Steinchen landeten auf meinem Rücken. Ein paar Kinder, die auf einem Dach standen, hatten sie geworfen. Die Musik und die Raserei hatten sie enthemmt, und es schien mir, als habe der Impuls, sie zu werfen, weniger mit Aggressivität als mit dem Wunsch zu tun, eine Reaktion hervorzulocken, einen Kontakt herzustellen. Vielleicht beginnen ja viele gewalttätige Ausschreitungen auf solche Art. Auf jeden Fall aber war es Zeit, sich zu verabschieden.

Dilips Anwesenheit warf meinen ganzen Tagesablauf durcheinander. Er konnte dem Dorf nur wenig Reiz, nur wenig Interesse abgewinnen. Unduldsam forderte er ein anderes Indien, ein Indien, in dem die Stromversorgung funktionierte und die Politiker ihre Pflichten erfüllten, in dem die Leute weniger Kinder und dafür mehr materielle Besitztümer besaßen. Er konnte das indische Landleben nicht nur nicht romantisieren, nein, es war ihm im tiefsten Herzen zuwider, und er vermochte keinerlei Schönheit darin zu entdecken. Als er mir daher vorschlug, zwei Zimmer in einem Hotel in Mount Abu zu buchen, statt in diesem langweiligen Nest Däumchen zu drehen, stimmte ich ihm zu.

Narendra kam mit dem Wagen aus Jodhpur zu Besuch. Und die meiste Zeit verbrachte ich mit Klagen über einen gewissen Unth Wallah sowie Drohungen, ihn nach Hause zu schicken, damit ich endlich allein mit den Nomaden losziehen konnte. Mein Wunsch nach Selbständigkeit irritierte meinen Freund, den, wie mir allmählich klarwurde, vor allem ein Motiv bestimmte: nämlich sicherzustellen, daß ich am Leben blieb. Als wir uns trennten, sagte er: «Du und Chutra, ihr liefert ein schönes Beispiel für jenes alte Marwari-Sprichwort: Zwei Einäugige mögen sich zwar nicht vertragen, trennen aber können sie sich auch nicht.» Er lachte und wiederholte es für Koju, der sich abwandte, um sein Grinsen zu verbergen. Mir fiel in bezug auf Chutra ein anderes Sprichwort ein: Auf einer langen Reise wird einem auch ein Strohhalm zur Last.

Als ich nach Pipala zurückkehrte, hatte Parabus Frau ihr Kind zur Welt gebracht: einen Sohn. Parabu saß grinsend vor der Tür. Drinnen war es dunkel und staubig. Seine Frau lag auf einem Charpoi, hinter einem Vorhang, und neben ihr lag das jüngste Lebewesen, das ich je gesehen hatte. Ma war erschöpft, nachdem sie ihrer Schwiegertochter einen ganzen Tag und eine ganze Nacht lang beigestanden hatte. Sie gab mir zu verstehen, daß es eine schwierige Geburt gewesen sei und die Mutter einen schweren Dammriß davongetragen hatte. Sie hatten bereits mit dem Schlimmsten gerechnet, doch Gott hatte sie gerettet. Die Wöchnerin konnte nichts bei sich behalten, nicht einmal Wasser, aber zumindest war sie fieberfrei. Ich setzte mich neben sie und legte meine Hand auf ihre Stirn. Immer noch war sie vollständig bekleidet, trug all ihre Armreifen, und ihre feuchten Zöpfe waren so straff geflochten, daß die Kopfhaut spannte. Sie war leichenblaß. Dicke Tränen kullerten mir über die Wangen. Komplizierte Tränen. Wie wunderbar und schrecklich und merkwürdig das Leben doch war! Aber ich war auch zornig, weil Zali eine bessere medizinische Versorgung erhalten hatte als diese Frau. Und ich war traurig, weil meine eigene fruchtbare Zeit vorbei war, eine Sache, die ich noch nicht verarbeitet hatte, die mich aber natürlich genau in einem solchen Augenblick überfallen mußte. Die Frauen beobachteten mich, murmelten untereinander und lachten leise. Ma tätschelte mir den Kopf, als wolle sie sagen: Wie sentimental diese Westler doch sind. Als ob eine Geburt nicht was ganz Alltägliches wäre, wie Essen, Arbeiten oder Sterben. Außerdem ist das halt unser Los. Medikamente für so was, das wäre ja das Allerneueste! Männer sterben auf der Wanderung, Frauen im Kindbett. Leben geht nun mal nicht ohne Gefahren ab.

Drei Tage später konnte sich Parabus Frau bereits auf der Bettkante aufrichten und matt lächeln. Sie zeigte mir das kleine Bündel Leben, das fast ihr Tod gewesen wäre und in das sie sich völlig vernarrt hatte.

Am nächsten Tag starb ein kleines Kamel. Erst zwei Tage zuvor war es auf dem Hof zur Welt gekommen. Die Mutter war verzweifelt, rief es immerzu und folgte den Männern überallhin. Daraufhin schnitten sie dem toten Kalb den Schwanz ab und hängten ihn vor ihr auf, damit sie während des Melkens daran riechen konnte. Einen Teil ihrer Milch gab man Parabus Baby.

Die Herden brachen auf, und ich wußte immer noch nicht, ob ich mitziehen wollte oder nicht. Gewiß, für ein, zwei Nächte würde ich mitkommen, damit Dilip seine Fotos schießen konnte, aber für eine weitere Wanderung schien es nun keinen rechten Grund mehr zu geben. Dilip hatte jene andere Wirklichkeit mitgebracht. Nach Jodhpur waren es nur wenige Autostunden und nicht ein paar Wochen zu Fuß. Die Welt der Autos, Hotels, des Telefons, der Medikamente und Magazine schob sich vor die Welt der Dörfer, des Wanderns, des Hungers, der Banditen und des Todes. Zwei Welten, zwei Zeiten, die nichts miteinander zu tun hatten, aber den gleichen Raum beanspruchten. Meine Weigerung, in der sicheren, der angenehmen Welt zu leben, war blanker Eigensinn.

Am nächsten Morgen brachen wir auf, und obwohl uns die Kamera gewisse Rücksichten abverlangte, war es schön, wieder mit Leuten unterwegs zu sein. Die ersten paar hundert Meter versuchte Bubbli mir nachzulaufen, was alle zum Lachen brachte. Ma übernahm mit Parabu die Führung, neigte sich zu ihm hinüber wie eine Verschwörerin, wiegte sich in den Hüften, und ihr Sohn beugte sich zu ihr hinab, damit ihm keines ihrer Worte entging. Wir wanderten etwa zehn Meilen und lagerten dann auf freiem Gelände. Zwei meiner Lieblinge, Shanti mit den knospenden Brüsten und ihr Bruder Sina, krochen zum Schlafen zu mir ins Zelt. Vor dem Eintreten zogen sie die Schuhe aus, senkten die Stimmen, und strichen behutsam über die organgefarbene Nylonplane, als bestehe sie aus feinstem, mundgeblasenem Glas.

Am folgenden Nachmittag verließ ich die Dang, um mich in den Aravali-Ketten fotografieren zu lassen, wo wir quasi die Wanderung der letzten Wochen nachstellten. Ich versicherte Ma, daß ich auf dem Rückweg wieder mit ihnen zusammentreffen werde, doch sie war völlig außer sich und bestand darauf, daß ich sie bis zur

Mount-Abu-Straße begleiten solle und daß wir uns, nachdem ein glücklicher Zufall uns zusammengeführt hatte, nun nicht wieder trennen sollten. Es sei besser und sicherer zusammenzubleiben. (Sie näherten sich einem gefährlichen Hügelgelände, wo die Chance, ausgeraubt, entführt oder umgebracht zu werden, nicht unbeträchtlich war.)

Hin und zurück nur um der Fotos willen. Stillstehen, umdrehen und in die andere Richtung zurückmarschieren. Die Sonne stieg höher und höher, versengte mir Nase und Hirn. Ich mußte völlig abschalten, Offenheit war nicht mehr möglich, denn durch die kleinste Öffnung meiner Seele hätte die Flamme der Wut emporschießen können. Wir erreichten das Kuwakas Forest Lodge gegen Abend, und ich ging sofort zu Bett. Phantasien, Dilip die Nasenriemen in die Hand zu drücken und sofort abzuhauen, kreisten in meinem Kopf. Aber natürlich würde ich weitermachen, freudlos, wütend, weil in der Vergangenheit getroffene Entscheidungen mich dazu zwangen. Koju brachte mir die Ginflasche. Ich bat ihn, sich zu mir zu setzen und ein Glas mit mir zu trinken.

«Nein, Memsahib. Ich bin noch im Dienst.» Aber er setzte sich dann doch eine Weile zu mir und genehmigte sich einen winzigen Schluck. «Geht's Ihnen denn gut, Memsahib?»

«Bestens, Koju ji.»

Auf dem Rückweg zur Dang begegneten wir einem der jungen Schäfer. Als er hörte, daß ich die Wanderung nun doch nicht mehr fortsetzen wollte, dies also tatsächlich ein Abschied war, brach er in Tränen aus und konnte nichts mehr sagen. Wir machten unsere Namashkars, und er nahm meine gefalteten Hände in die seinen, ehe er sich abwandte, um nach seinen Schafen zu sehen.

Als wir die Dang erreichten, waren alle schon informiert. Ma begrüßte mich, warf eine Kamelhaarmatte auf den Boden und bat mich, Platz zu nehmen. Ich schenkte Shanti die bestickte Tasche, die sie immer bewundert hatte. Sie nahm sie verwirrt und gab sie mir dann wieder zurück. «Sie gehört jetzt dir», sagte ich. Es war, als hätte ich ihr einen Krug voller Gold geschenkt. Ich trank eine letzte Tasse Tee mit meinen Freunden, die schweigend um mich herumsaßen. Ma schob mir eine Haarsträhne hinters Ohr und flüsterte irgend etwas von einem Bhagwan. Als ich mich zum Gehen wandte, ergriff sie meine Hand und küßte sie auf Rabari-Art zweimal auf den Handrücken, zweimal auf die Innenfläche.

22

Drei Tage später lagerten wir an einer Quelle, die unter einem Banyanbaum hervorrieselte, in dem es kreuchte und fleuchte wie in Noahs Arche. Ein Rabari-Schrein – ein wenig Weihrauch, ein paar Kerzenhalter – schmiegte sich in den knorrigen Stamm, der von einer glatten Lehmplattform umgeben war. Zweimal im Jahr besuchte ein Schäfer den Schrein, um nach dem Rechten zu sehen. Er war der Urenkel jenes Mannes, der vor fünfzig Jahren einen Adivasi-Büffeldieb bis zu dieser Stelle verfolgt hatte und von diesem mit Pfeil und Bogen getötet worden war. In unmittelbarer Nähe der Quelle befand sich ein riesiger Talab (Stausee), hinter dem sich die blauen Aravali-Berge erhoben.

Der Talab war zwar leer, aber durch das grüne Gras auf seinem Grund wanden sich silbrige Wasserbänder. Dort ging ich einige Male mit Zali spazieren. Kraniche, Löffelreiher, Enten, Morinelle, Gänse und Kiebitze flogen auf und landeten wieder, während er über das schlammige Gelände preschte, sich schlitternd um die eigene Achse drehte, um einem Saras-Kranich, doppelt so groß wie er selber, nachzujagen und sich schließlich völlig ausgepumpt zu mir umwandte und mit seiner ganze Miene und Haltung zu sagen schien: «Da guckst du, was? Da guckst du.» Zwar hatte ich auch früher schon einmal einen Hund besessen, der Zali im Hinblick auf Intelligenz, Schläue und Charme das Wasser reichen konnte, keinen aber, der es in puncto Schönheit mit ihm aufnahm. Ich hatte mich wirklich nicht in den Hund vernarren wollen, da ich ja wußte, daß ich ihn am Ende meiner Reise würde zurücklassen müssen. Zali allerdings hatte nie daran gezweifelt, daß er Memsahibs Herz erobern würde. Wenn es dann einmal soweit war und wir Abschied nehmen mußten, würde ich ihn weit mehr vermissen als er mich. Doch dafür liebte ich ihn nur um so mehr. Zali war ein Überlebenskünstler. Ein echter Zigeunerhund.

Da es ein so hübsches Plätzchen war, beschlossen wir, uns ein paar Tage hier auszuruhen. Ausgerechnet in diesem Zustand der Ruhe aber empfand ich erst so recht das Ausmaß meiner Erschöpfung, körperlich und geistig. Ich mußte weiter. Mußte einfach weiter. Nur hatte das Weitermachen gar keinen Sinn.

Am zweiten Nachmittag stellte ich plötzlich fest, daß Ram Rahim und Sumal Lantana fraßen.

«Laß sie das nicht fressen, Chutra», sagte ich. «Das ist ein übles Kraut. Und bestimmt nicht gut für sie.» Wie immer jedoch wußte Chutra es besser.

In jener Nacht wurde ich von einem ganzen Männertrupp, der sich am Fußende meiner Pritsche versammelt hatte, aus dem Schlaf gerissen. (Zali, der neben mir unter der Decke lag, schnarchte weiter.) Ich konnte ihre Grog-Fahne riechen, und sie wirkten sehr kampflüstern. «Madam, Madam, Madam, Madam!» brüllte einer, so daß ich ihn nicht länger ignorieren konnte. Ich setzte mich auf. Es waren so an die zwanzig, und alle trugen sie große schwere Prügel. Plötzlich tauchte Klein-Chutra, aufgebläht wie ein Frosch und den Stock mit der Axt umklammernd, wie aus dem Nichts vor uns auf. Ich beschloß, lieber den Mund zu halten – war wohl gescheiter so –, allerdings zog ich auf irgendwie eindeutige Weise meine Spielzeugpistole aus dem Sack. Ich empfand nicht die leiseste Angst, nur unendliche Langeweile. Dilip schoß aus seinem Zelt und sah aus, als wolle er gleich explodieren. Hinter seinem Rücken hielt er einen großen Stock. Es war schon ziemlich komisch: die stumme Prinzessin, die im Mondenschein auf ihrem Bett hockte, der Wachhund, der seine Schnauze in die kühle Luft reckte und sie schaudernd wieder zurückzog, die Kerle, die sich in Kampfstellung voreinander aufbauten. Komisch und unwürdig und wahnsinnig blöd.

Der erste Mann erklärte: «Wir wollen keine Christen hier in Indien. Wir haben sie rausgeschmissen. Christen haben hier nichts zu suchen.» Anschließend ging er dazu über, seine Häme über die Rabari auszugießen. Sie fällten seine Bäume, stahlen sein Gras, waren dreckig, feige und arme Schlucker. Er könne uns nur raten, uns dünnzumachen. Nachdem er ein wenig Dampf abgelassen hatte – und auch, weil der gute Dilip, der sogar den Teufel das Fürchten gelehrt hätte, ihm angst machte –, trollte er sich endlich mitsamt seinen Gundahs. Ich quittierte ihren Abzug mit einem lauten Gähnen – eine klägliche Rache.

Am nächsten Tag zogen wir weiter nach Pindwara, wo uns der Förster Nayak Ali ein Cottage zum Übernachten zur Verfügung stellte und uns anbot, uns in seinem Waldgebiet herumzukutschieren. Nayaks Aufgabe war keine erfreuliche. Vierzehn Grasländer befanden sich in seinem Zuständigkeitsbereich, wobei das größte sich über etwa zweitausend Morgen erstreckte. Daß man diese Flächen für die Hirten verfügbar hielt, bedeutete natürlich auch, daß der Wald enormen Belastungen ausgesetzt war. Einige Gebiete hatte man zwecks Regeneration gesperrt, was jeweils fünf bis zehn Jahre in Anspruch nahm, und genau diese Gebiete verlockten die Viehhirten am meisten: «Illegale Beweidung ist der Hauptgrund für den mangelnden Erfolg unserer Regenerations- und Wiederanpflanzungsmaßnahmen. Das Problem liegt ja auf der Hand. Die Viehpopulation ist einfach viel zu hoch für die verfügbaren Flächen.»

Die Regenerationsgebiete waren etwa zweihundertfünfzig Morgen große, von Zäunen oder Gräben umgebene Geländequadrate. Für jeden dieser Waldabschnitte stand nur ein einziger Chaukidaar zur Verfügung. Wurde Vieh auf dem Weidegebiet angetroffen, so brachten Forstangestellte die Tiere in ein Gehege, und man verhängte Bußgelder gegen den Besitzer. Geriet ein solcher Aufseher und Angestellter der Forstbehörde in den Verdacht der Bestechlichkeit, so entspann sich, ehe man ihn mit einer Geldstrafe belegen oder vor Gericht bringen konnte, erst einmal ein langwieriges Verfahren, bei dem nur selten etwas heraussprang, so daß sich die Chaukidaars der Behörde in ziemlicher Sicherheit wiegen konnten. Allerdings muß man auch sagen, daß die meisten Aufseher Dörfler war, die sehr wenig verdienten und aufgrund ihrer Armut und des von Verwandten und Freunden auf sie ausgeübten Drucks automatisch Bestechungsgelder annahmen.

Die Hirten zahlten der Regierung ein bescheidenes Entgelt für die Nutzung der Weideflächen und einen zusätzlichen Betrag für das Schnittfutter. Da dieses Jahr offiziell als Dürrejahr galt, würde man das Gras nicht an Außenstehende verkaufen, sondern lediglich an Angestellte der Behörde, meist Rabari und Stammesangehörige, die das Gras zu einem festgesetzten Preis mähten und es dann gegen eine niedrige Kostenentschädigung an die Viehzüchter verkauften. Adivasi und Rabari existierten hier friedlich nebeneinander, da die Gruppen Zugang zu unterschiedlichen Waldgebieten hatten. Auch die Stammesangehörigen waren ziemlich wohlhabend, während die Bhil in den Hügeln, aus denen wir eben kamen, in äußerster Armut lebten. Nur mangels anderer Einkünfte hatten sie sich das Stehlen zu ihrem «Gewerbe» erwählt.

Fast die gesamte Bevölkerung holte ihr Feuerholz aus den Wäldern. Von Rechts wegen durften Ortsansässige so viel Holz mitnehmen, wie sie auf dem Kopf tragen konnten. Doch es reichte eben nicht für alle, weswegen die Leute Bäume entrindeten oder grünes Holz schlugen und es im Wald trocknen ließen. Ein paar Wochen später kamen sie dann zurück und trugen es als dürres Holz aus dem Wald hinaus.

Alle Dörfer hatten Zugang zu bestimmten Weidegebieten, da diese aber schon seit hundert Jahren begrast wurden, waren sie inzwischen so verödet, daß der Boden nicht einmal mehr Keimlinge enthielt. Solche Gebiete bestimmte die Behörde dann zur Wiederaufforstung, was verständlicherweise auf Widerstand stieß. Denn wo sollten die Leute in der Zwischenzeit ihr Vieh weiden?

Das größte Problem für Nayak aber war die Korruption: «Erwischt man mal einen solchen Profitgeier beim Holzfällen oder beim Aufladen auf seinen Transporter, so findet sich immer ein politischer Funktionär, der das inoffiziell regeln will, weil der Profiteur entweder zahlt oder ihm Wählerstimmen verspricht. Alle Panchait- und Parlamentsabgeordneten sind daran beteiligt. Sie haben eigene Feldarbeiter, die ihnen als Informanten dienen, und dann kommen sie zu mir oder meinen Männern und verlangen: ‹Mach dies oder das, denn wenn du es nicht tust, wird dir dies oder das passieren.› Wenn ich etwa versuche, illegalen Holzschlag zu verhindern, dann lassen mich die politischen Führer versetzen und setzen ihre eigene Marionette ein. Oder sie erheben falsche Anschuldigungen.» Ob ihm dies denn tatsächlich schon einmal passiert sei? Ja, aus genau diesen Gründen sei er von seiner vorherigen Stelle nach hier versetzt worden. Ich fragte ihn, ob es vielleicht etwas bringen könnte, diese Männer zu interviewen und über ihre Mauscheleien zu schreiben – wenn man versuchte, sie bloßzustellen. Er lächelte ein wenig sarkastisch, beriet sich mit seinem Untergebenen Balwan Singh und sagte: «Im Augenblick wäre es schwierig.» Nayak hatte aus eigenen negativen Erfahrungen gelernt, daß er mit der Macht Kompromisse schließen mußte, wenn er überhaupt eine positive Wirkung erzielen wollte. Ich vermutete allerdings auch, daß dieser Kompromiß ihn demoralisiert hatte. Er arbeitete achtzehn Stunden am Tag, und allmählich wich seine Enttäuschung verbitterter Hoffnungslosigkeit: «Auf den ersten Blick sind diese Politiker sehr nette und anständige Leute in blütenweißen Westen, aber darunter sieht es anders aus. Sie stellen das Haupthindernis für unsere Entwicklung dar. Die Korruption in der Politik hat sich im Zuge des Fundamentalismus innerhalb der letzten vier, fünf Jahre verschlimmert. Ich bin Moslem, muß es also wissen. Unter meinen Rangern gibt es kaum solche Leute, und auch unter den Rabari oder Stammesangehörigen nur sehr wenige, aber unter den Politikern, Ladenbesitzern, Händlern – ja, unter denen hat diese Ideologie Wurzeln geschlagen.»

Auf dem Rückweg brachte uns Nayak zu einem Rabari-Bhopa, der über einen direkten Draht zur Ahngöttin Mama ji verfügte. Der Tag unseres Besuchs war ein besonderer, an dem die Leute mit ihren Problemen zu ihm kamen und ihn um Fürsprache und Rat baten. Der Bhopa war ein äußerst imposanter Mann: groß, muskulös und geschmeidig, mit wirrem grauem Haar und durchdringendem Psychoanalytikerblick. Seine Augen waren von einem blassen Grün. Eine Handvoll Leute scharte sich um den winzigen Tempel. Männern war es gestattet, das Allerheiligste zu betreten, einen umfriedeten Bezirk, in dem der Bhopa ein kleines Ghi-Feuer entzündete. Die Frauen blieben davor stehen und schauten hinein, und wenn wir den Bhopa etwas fragen wollten, baten wir einen der Männer, sich als Vermittler für uns einzuschalten.

Der Bhopa begann zu zittern und zu schnaufen, sich durch Tiefenatmung in Trance zu versetzen. Er schnaubte wie ein Bulle, und sein Zittern erinnerte an das eines Epileptikers. Die alte Frau neben mir tat murmelnd ihre Verehrung für die anwesende Mami ji kund, die nun vom Körper des Bhopa Besitz ergriffen hatte. Plötzlich sprang er aus dem Schneidersitz auf und plumpste auf ein Kissen, als ob eine mystische Kraft ihn dorthin geschleudert hätte. Er schlug sich mit einem flachen Stahlstab auf den Rücken. Allmählich begannen sich aus all dem Geschnaufe verständliche Worte herauszulösen, auf die die Leute leise und litaneiartig antworteten.

Eine alte Frau begann zu sprechen: «Mein Mann ist krank gewesen und hat sich ganz merkwürdig aufgeführt. Dann schien es ihm wieder besser zu gehen, aber letzte Nacht ist es noch schlimmer geworden. Wird er wieder gesund werden?»

«Ich kann deine Frage nicht beantworten. Ihr müßt diesen Mann zu mir bringen, in mein Haus.»

Ein Mann trat mit einer goldenen Halskette nach vorn. Der Bhopa legte ein wenig Getreide in die Hand des Mannes, grunzte unter fortwährendem Schnauben ein paar Worte. Dann ließ er die Goldkette um das Ghi-Feuer kreisen und nahm wieder ein wenig Getreide. «Ja», lautete nun die Antwort, «das Geld, das du verloren hast, wird wieder auftauchen. Mach dir keine Sorgen.»

Unser Führer, Balwahn Singh, trat heran und berührte die Beine des Priesters. «Ich würde gern meine Stelle aufgeben und mir eine andere suchen. Was soll ich tun?»

Der Bhopa schwenkte ein paar Pfauenfedern über ihm und verkündete seine Botschaft. «Warte dreizehn Monate. Wenn du dann immer noch gehen willst, dann tu es.»

Nayak erläutete mir dies später. «Balwan Singh arbeitet sieben Tage die Woche, und sein Job ist nicht der angenehmste. Er kann den Leuten keine direkten Vorteile verschaffen, die sie davon überzeugen würden, daß unsere Vorstellungen richtig sind und ihnen auf lange Sicht nützen werden. Die Arbeit von uns Forstbeamten ist die allerschwierigste.»

Auch ich hätte den Bhopa gern um Rat gefragt: Bhopa ji, sag mir, wie ich diese entsetzliche Wut loswerden kann. Aber ich tat es nicht. Der Bhopa steigerte sich noch tiefer in seine Trance hinein, und plötzlich hatte er sich von seinem Kissen erhoben und wickelte sich seelenruhig seinen Turban um den Kopf, als sei nichts gewesen.

Als wir zurückkamen, teilte Chutra mir mit, daß Ram Rahim nichts mehr fressen wolle. Ich fürchtete, daß mein kleiner Liebling vergiftet sei, hatte aber keine Ahnung, was ich ihm außer einem Abführmittel geben sollte. Wir eilten nach Pindwara, um Medikamente für ihn zu besorgen. Leider konnte der Laden-Wallah nicht verstehen, was ich sagte, weil sich etwa zweihundert Schuljungen um meine befremdliche Erscheinung versammelt hatten und Chutra ihnen mit dem Stock drohte und sie als Schwachköpfe beschimpfte. Daraufhin wurde ihr Gekreische nur noch hysterischer, und Dilip, dem schon die Halsvenen hervortraten, stürzte sich auf sie, schnappte sich zwei und zerrte sie zu mir her, wobei er brüllte: «Kommt, faßt sie an. Guckt mal, ob sie wirklich ist oder bloß ein Gespenst.» Die Frau neben mir flüsterte durch die Öffnung ihrer Burqa, daß es wirklich furchtbar sei und daß es ihr leid täte. Erneut brüllte ich dem Ladenbesitzer etwas zu, aber seine Aufmerksamkeit wurde immer noch vom Pöbel in Anspruch genommen und von den Männern, die sich allmählich einfanden und sich einerseits an der Gaudi beteiligten, andererseits über ihre eigene Waghalsigkeit erschraken. Schließlich bekam ich meine Spritzen und ein weißes, zähflüssiges Zeug, schaffte es dann aber nicht mehr, auf den Rest zu warten, zog mir den Orni übers Gesicht und bahnte mir einen Weg durch die Jungen, die etwas Unmenschliches hatten – sie erinnerten mich an eine Jagdmeute, wie sie an meinen Kleidern zerrten und nach meinem Blut heulten. Dilip, der merkte, daß er mit seinem Protest nur Öl in die Flammen goß, wartete, bis wir im Jeep waren, bevor er wütend hervorstieß: «Schwachköpfe, Affen. Euch sollte man alle erschießen.»

Im Wagen meinte Chutra: «Das Volk hier ist sehr unwissend. Sehr dumm. Rajasthan ist ein armes Land. Keine Bildung.»

Ich schwieg.

Ich war nicht erpicht darauf, Ram Rahim die Spritzen zu geben. Denn dazu mußte ich ihn die Nadeln in den Hals rammen, was ihm ebensowenig gefallen würde wie mir. Als wir wieder zurückkamen, hockte er neben seinem Futter und mampfte. Der ganze Aufstand in der Apotheke war also umsonst gewesen.

Vielleicht hätte ich ihm unter anderen Umständen die Spritzen dennoch gegeben. Es wäre das vernünftigste gewesen. Aber Vernunft erfordert zumindest ein Fünkchen Energie, und wenn man am Ende seiner Kraft ist, neigt man zur Untätigkeit. Ich schlich mich in mein Zimmer, schloß die Tür und Fensterläden und legte mich auf die Pritsche.

Die Tür ging auf. Ein junger Mann erschien im Türrahmen, stand einfach nur da und glotzte mich an, als wäre ich ein Fernseher. Schroff befahl ich ihm zu verschwinden und fühlte mich sofort beschämt. Ich verriegelte die Tür. Ich versank in der Dunkelheit, und Bilder des Scheiterns schwirrten mir wie giftige Wespen im Kopf herum.

Wieder kehrte ich ans Ufer des Talab zurück, wo ich vor zwei Tagen zum erstenmal gestanden hatte. Es war Abend. Unter mir wand sich ein Platinband durch Gras, so kurz und grellfarben wie das Tuch auf einem Pokertisch, und reichte in der Ferne bis an einen weißen Tempel am gegenüberliegenden Ufer. Wartend stand ich im Zwielicht, und es war, als blickte ich auf eine Miniaturwelt hinab. Auf der anderen Seite der Spielzeugtempel und im «Tal» Spielzeugochsen, die das Grün pflügten. Hier und da verstreut, erkannte man winzige Rabari-Männer mit ihren Schafen und Ziegen. Im Wasser klitzekleine, wunderschön gemachte Vögel. Man hätte die Geschöpfte da drunten aufklauben und auf der Handfläche betrachten können.

Die Sonne war untergegangen, und nun war alles mit den weichen, pastellenen Blau- und Rosatönen indischer Nächte überstäubt. Zur Linken stieg ein voller gelber Mond hinter dem Massiv der Aravali-Ketten auf: eine blaue Collage vor violettem Himmel.

Seltsame Vogelrufe waren zu hören, Wasser glänzte im Mondlicht. Während der Himmel dunkler wurde, erschienen allmählich Lichter im Tal: die Kochfeuer der Rabari. Am linken Ufer näherten sich langsam die Silhouetten von Radfahrern. Wie unglaublich schön das alles doch war!

Nur war es eben nicht schön. Es war eine Lüge.

Diese Feuer, die von hier aus wie romantisch flackernde Kerzenflammen wirkten, waren tatsächlich armselig und erbärmlich, aufgeschichtet aus ein paar Fladen Kuhdung und irgendwelchen dornigen Reisern, die der Mensch einer völlig abgeweideten Landschaft entriß, die nicht einmal aus Staub, sondern nur noch aus nacktem Fels bestand. Und jene leuchtenden Gewänder der Fahrradfahrer waren in Wirklichkeit graue Lumpen, die an halbverhungerten, durch zu viel Arbeit abgestumpften Männern schlotterten. Die Spielzeug-Rabari mit ihren Spielzeugtieren und ihren leuchtendroten Turbanen waren einsame Männer, die sich von Ziegenmilch und einem Roti pro Tag ernährten, denen nachts die Mägen knurrten, die monatelang ihre Familien nicht sahen und von Glück reden konnten, wenn sie sich und ihre Tiere über die Saison brachten. Und das Wasser, das, von hier oben betrachtet, glänzte wie kostbares Metall, war in Wirklichkeit von Guineawürmern und Krankheiten verseucht und ein einziger Malariasumpf. Die Bergkette dahinter, diese dunklen üppigen Formen, der heiligste Ort Indiens, wie manche behaupten – und alles, was mir dazu einfiel, war der Dreck, den ich in den Bächen dort gesehen hatte, die Rabari-Frauen, die Tag für Tag mit ihren Kannen zehn Meilen bergauf wanderten und wieder zehn Meilen bergab ins Dorf, um jene geschmacklosen, häßlichen Hotels mit Milch zu versorgen, in denen Dilip und ich zuweilen abstiegen, wenn wir die Unannehmlichkeiten nicht mehr ertrugen.

Der Ekel, den ich empfand, all die Wut galten nicht Indien, sondern der ganzen Menschheit. Indien mochte schrecklich sein, aber die Welt, aus der ich kam, war nicht besser. Ja, sogar noch schlimmer, weil sie so verdorben, bequem und blind und ihre Bequemlichkeit auf Kosten von Ländern wie diesem erkauft war. Jedes Land beutete andere aus, und in jedem Land setzte sich diese Ausbeutung auf allen Stufen der Gesellschaftspyramide fort, bis man schließlich ganz unten angelangte, bei den kleinen Spielzeug-Rabari. Scheiße.

Diese Wut machte mich völlig fertig. Nachts konnte ich nicht mehr schlafen. Nirgends konnte ich sie loswerden. Alles, was ich hier getan hatte, war verlogen und absurd. Ich hatte keine Ahnung von den Rabari, und auch wenn ich eine gehabt hätte, was konnte es ihnen bedeuten, was ändern? Ich hatte nichts von diesem Land begriffen. Und ich würde diesen blöden Schwindel fortsetzen, indem ich ein weiteres sinnloses Elaborat für den westlichen Konsum produzierte, noch ein bißchen leeres Gedöns für eine Kultur, die im Gedöns unterging – einen Artikel für ein Hochglanzmagazin mit schönen Fotos vom schönen Indien und von schönen, edlen Rabari, auf daß sich die Leute daheim oder im Wartezimmer des Zahnarztes behaglich zurücklehnen und weiter die Augen verschließen konnten. Mein anfänglicher Romantizismus war mir inzwischen widerlicher als meine gegenwärtige Unfähigkeit, mich mit der Realität zu arrangieren. Denn die war wenigstens stimmig. Und durch meine körperlichen Beschwerden, durch Erschöpfung, Krankheit und Wut hatte ich zumindest eine Ahnung davon bekommen, wie die Leute hier wirklich lebten.

Nach einer Theorie, die ein paar theoretische Physiker ausgetüftelt haben, bringt das Universum mit jeder Quantenentscheidung eine Vielzahl neuer Universen hervor. Manchmal kam es mir vor, als hätte ich irgendwann eine falsche Entscheidung getroffen, die mich unversehens in eines jener Nachbaruniversen befördert hatte. Und nun lebte ich in einer Welt, in der ich nichts verloren hatte, die mir zwar unheimlich vertraut sein mochte, die aber dennoch schrecklich verkehrt war. Vieles hier war ganz ähnlich: Es gab Kamele, einen Hund, einen Fotografen, die Reise. Anscheinend war ich verdammt, ewig das gleiche zu tun, allerdings auf gräßlich verzerrte Art und Weise.

Am nächsten Tag verließen wir Pindwara. Dilip und ich fuhren voraus, um nach Motiven und einem Lagerplatz Ausschau zu halten. Da war ein ausgetrocknetes, von Felsblöcken umgebenes Flußbett. Zu einer anderen Zeit, an einem anderen Ort wäre ich begeistert gewesen, hätte es genossen, im Sand zu schlafen, die Wärme der Erde zu spüren, beim Zwitschern der Vögel in der Dämmerung zu erwachen. Doch waren wir hier auch sicher vor Dieben? Und würde ich nicht auf meinen Spaziergängen wie stets von Hunden angegriffen, von Neugierigen verfolgt, von mißtrauischen, ängstlichen Gesichtern begafft werden, würden mir nicht ein Kaktuszaun und ein bewachtes Tor den Weg versperren oder Gundahs im Hinterhalt auf mich lauern? Meine einzige noch offene Verpflichtung gegenüber der Zeitschrift bestand darin, ein paar Bilder von mir und den Rabari zu schießen. Wir fanden ein Rabari-Dorf, das etwa eine Gehwoche entfernt lag. Dilip konnte keinen rechten Sinn darin erblicken, in der Zwischenzeit im Freien zu kampieren. Warum fuhr ich nicht einfach mit ihm nach Jodhpur zurück, ruhte mich ein paar Tage aus und rief ihn dann in Delhi an, auf daß wir gemeinsam zu den letzten Aufnahmen zurückkehrten. Die Burschen konnten doch auch ohne uns zum Treffpunkt marschieren.

Bei meiner früheren Reise durch Australien hatte ich mich auf den Rhythmus dieser fremden Welt des Wanderns eingelassen, in der der menschliche Gang Zeit- und Raumgefühl bestimmt. Zwanzig Meilen errechneten sich aus dem Lauf der Sonne, des Mondes oder der Sterne, aus der Müdigkeit der eigenen Beine oder aus einem in der majestätischen Gangart von Bergen herannahenden Berg; sie messen sich in Schritten. Auf jener Reise hatten mich keine Fahrzeuge daran erinnert, daß in der Welt, der ich den Rükken gekehrt hatte, zwanzig Meilen zwanzig Autominuten auf einer Teerstraße entsprachen. Einer Welt, in der die Landschaft schrumpft, zurückweicht, im gleichen Maße an Bedeutung verliert, in der unsere uralte Wahrnehmung der Beziehung zwischen Raum und Zeit zerrissen wird.

Diese Reise war, zum Teil durch das ständige Hin und Her zwischen den Welten, zu einem illusionären Kitschabenteuer verkommen.

«Rob», sagte Dilip, «du siehst furchtbar aus. Du siehst aus, als wärst du hundert Jahre alt. Komm mit mir nach Jodhpur, verdammt noch mal. Was soll sich dadurch schon ändern?» Auch ich sah nicht, was es geändert hätte. Ich kletterte in den klimatisierten Jeep, und vier Stunden später waren wir in Jodhpur. Vier Stunden oder zwei Wochen, je nachdem, in welcher Welt man lebte.

Die Farm wirkte ziemlich verlassen. Ich ging in mein kleines Zimmer und schloß die Tür. Dunkelheit, Stille. Als ich am Morgen erwachte, mußte ich feststellen, daß ich taub war und Knoten in der Kehle und in den Achselhöhlen hatte. Und daß eine Nachricht für mich eingetroffen war. Ram Rahim war gestorben.

Ich wartete auf Koju und den Jeep. Am Nachmittag des folgenden Tages kam eine weitere Nachricht. Sumal war tot. Das Sterben der beiden war so qualvoll gewesen, wie Sterben nur sein kann; durch die Organe war das Lantana-Gift allmählich zum Hirn vorgedrungen und hatte Anfälle von Wahnsinn hervorgerufen.

Als wir ankamen, wollte Dilip mich neben Sumals Leiche fotografieren – eine Schlüsselaufnahme, wie er meinte. Ich verweigerte es ihm. Chutra posierte an meiner Stelle. Und begann haltlos zu schluchzen. Er hatte sie getröstet und gepflegt, zugesehen, wie sie wahnsinnig wurde und schließlich verendete. Ram Rahim war in einem Dorf gestorben. Aber die Bewohner hatten sich geweigert, ihm bei der Entfernung des Kadavers zu helfen. Es dauerte einen weiteren Tag, bis er ein paar Unberührbare gefunden hatte, die ihn wegschleppten.

Am folgenden Morgen wanderten wir beide, Chutra und ich, mit Momal weiter, bis die Stille, nach der ich mich so oft gesehnt hatte, unerträglich wurde. Ich legte meinen Arm um seine Schulter und versicherte ihm, daß es nicht seine Schuld sei. Zwei Einäugige, der eine taub, der andere weinend, führten ein Kamel durch Niemandsland nach Nirgendwo.

Als wir Phalodi erreicht hatten, war Zali teilnahmslos und wollte nichts mehr fressen. Sowohl Chutra als auch Koju hielten dies für nicht weiter besorgniserregend. Dennoch, diesmal war ich entschlossen, mich durchzusetzen. Ich würde ihn nach Jodhpur zu einem Tierarzt bringen, jetzt, sofort, auf der Stelle. Dilip konnte ja zurückbleiben und das Holi-Fest auch ohne mich fotografieren.

Um vier Uhr morgens trafen Koju und ich in Jodhpur ein. Wir weckten einen Tierarzt, der Zali ein halbes Dutzend Spritzen verpaßte. «Wird er denn überleben?» fragte ich. «Aber ja. Der übersteht das», sagte der Arzt. «Gar keine Frage.» Am nächsten Morgen konnte sich der Hund kaum noch auf den Beinen halten. Ich brachte ihn in eine Tierklinik, wo er erneut Spritzen bekam. Mornat begleitete mich. Als wir wieder auf der Farm waren, sagte er: «Ich werd ihm ein bißchen Whisky einflößen. Das machen wir immer bei unseren Hunden.» Ich wußte, daß es das Falsche war und ließ ihn trotzdem gewähren. Ich hatte keinen Willen mehr. Ich sah zu, wie sie Zali am Boden festhielten, ihm das Maul aufrissen und ihm den Whisky eintrichterten. Ich trug den Hund in mein Zimmer. Er war bewußtlos. Zwei Stunden später bekam er Krämpfe. Ich schrie nach Mornat und Koju. Ich rannte, den Hund auf den Armen, zum Jeep. Doch anstatt zum Tor hinauszufahren, nahm Koju den Weg zur hinteren Koppel der Farm, die sich in der Nähe von Mornats Lager befand. «Was macht ihr denn?» schrie ich sie an. «Wir müssen ihn ins Krankenhaus bringen.»

Sie hoben ein Loch aus und legten Zalis Halsband, seine Leine, seinen Freßnapf und seine Decke hinein. Koju bat mich, den Hund in die Grube zu legen. Mornat schaufelte das Loch wieder zu. Koju entzündete ein wenig Weihrauch. Mornat versuchte, mich zu trösten, sagte, es sei Bhagwans Wille, aber ich nahm ihn kaum wahr.

Meine Hysterie hatte nur wenig mit dem Tod des Hundes zu tun. Eher damit, daß all meine Verzweiflung und Empörung, die ich so lange beherrscht hatte, nun ein Ventil gefunden hatten.

Die Reise war zu Ende.

Coda

Drei Jahre sind seither vergangen. Ich «lebe» in England, immer aber, wenn ich zu lange dort bin, spüre ich, daß ich mich nach diesem anderen Land sehne, diesen anderen Menschen, und ich kehre nach Indien zurück. Neue Einsichten, vielleicht aber auch das bequemere Leben, das ich nun dort genieße, haben meine Einstellung zu Indien gemildert. An meine Wut und Verzweiflung erinnere ich mich durchaus, aber so, als seien es die Empfindungen einer anderen. Außerdem stellte ich nach meiner Wiederherstellung fest, daß die Menopause ein falscher Alarm gewesen war, auf das kann ich mich also immer noch freuen.

Koju ist inzwischen aufgestiegen und gibt sein gesamtes Geld für Klamotten aus. Sein Lächeln erhellt weiterhin meine Tage. Chutra arbeitet für «Sahib» und hat seiner Mutter tatsächlich ein neues Haus gebaut. Selbstverständlich hat er Momal geerbt, die nun das ganze Dorf tyrannisiert. Wir sehen uns nur selten, so daß es uns leichter fällt, einander zu mögen. Mornats Leute arbeiten mittlerweile auf der Farm, haben hier Sicherheit und ihr Auskommen gefunden. Khan ji, das Genie, hofft auf eine Karriere als Politiker. Ich selbst habe viele neue Freunde dazugewonnen und mit ihnen viele neue Indien, Länder, von deren Existenz ich bis dahin nichts wußte. Mit jeder Rückkehr entdecke ich ein neues Land, das Erinnerungen an das vorherige birgt, Erinnerungen, die wie Kulissen vergangener Aufführungen auf der Bühne stehengeblieben sind.

Lange war mir völlig unklar, auf welche Weise ich über meine Erlebnisse schreiben könnte. Waren sie doch nichts als eine Reihe unverbundener Geschehnisse, ohne Form und ohne Sinn. Ich war durch Indien gefahren wie ein Messer durch Eis, und nach jedem Schritt hatte es sich hinter mir geschlossen. Wie schreibt man über sein Scheitern?

Und mein innerer Zensor machte Überstunden. Einen Tag nach

dem Tod des Hundes war ich zu Narendra nach Delhi gereist. Ich hatte jedes innere Gleichgewicht verloren und wußte, daß ich vor allem reden mußte, Gleichgesinnte finden mußte, bei denen ich auf Resonanz stieß. Bei ihnen würde ich Verständnis und einen Bezugsrahmen finden für all das, was ich fühlte. Weil *sie mich verstehen würden*.

Ich lud einen Bekannten zum Essen ein, und er brachte einen Freund mit. Nette Männer – anständige, liberale Menschen. Seit Monaten hatte ich keinen Alkohol mehr getrunken und goß den indischen Champagner in mich hinein wie Limonade. Was ein Fehler war. Ich brannte vor Mitteilungsdrang, aber die Höflichkeit der Anwesenden bot nicht die geringste Angriffsfläche. Narendra, der meine geistige Verfassung registrierte wie stets, bemühte sich etwa alle zehn Minuten, mich ins Gespräch zu bringen. Doch zwischen unseren Gästen und mir schien es keine gemeinsame Wellenlänge zu geben. Sie lachten und scherzten, als sei die Welt da draußen vor dem Tor durchaus nicht die Hölle. Sie sahen diese Welt zwar, hatten auch ihre intellektuellen und politischen Ansichten darüber, aber sie lebten nicht in ihr. Ich weiß nicht mehr, was ich sagte oder wie ich es sagte, doch bald wurde ihnen klar, daß sie es mit einer Verrückten zu tun hatten, und waren irritiert. In meiner Verwirrung wählte ich das Beispiel der Frau aus Pipala, die fast bei der Geburt ihres Kindes gestorben war, um meiner Empörung Ausdruck zu geben.

Der zweite Gast war sofort beleidigt. «Unsere indischen Frauen kriegen seit ewigen Zeiten ihre Kinder im Dorf», fauchte er. «Wir brauchen Ihr christliches Mitgefühl nicht.» Worauf ich hätte entgegnen können, ich nähme nicht an, daß Einfühlungsvermögen in die Lage eines anderen sich auf die christliche Welt beschränkt, sondern wohl eher ein universelles Phänomen sei. Außerdem empfand ich ja auch gar kein Mitleid, sondern vielmehr glühenden Zorn. Aber das sagte ich ihm nicht. Ich hielt den Mund, weil ich begriff, daß sein Blick nur meine weiße Haut wahrnahm. Ich war der Norden, er der Süden. Ich war weiß, er dunkel. Ich war der Kolonialherr, er der Kolonisierte. Ich aber erblickte, wenn ich ihn ansah, das Musterbeispiel eines saft- und kraftlosen Intellektuellen aus Delhi, der in seinem Leben nicht mehr als fünfzig Meter zu Fuß zurückgelegt hatte, dessen Bedienstete sich um all seine Bedürfnisse kümmerten, dessen Frau ihre Kinder nicht auf dem Boden einer Hütte, ohne Hebamme und ohne Arzt, zur Welt brachte. Diesem Mann war Pipala so fremd wie mir. Ich aber war zumindest dort gewesen.

Beim Abschied meinte der mitgebrachte Freund mit all dem Hochmut verletzten Stolzes: «Ich möchte mich hiermit ausdrücklich für mein Land entschuldigen.»

Versagt.

Der ethische Imperativ, die Partei der Machtlosen zu ergreifen, der war schon schön und gut, wer aber *waren* die Machtlosen? Die Zweifel und Selbstbefragungen hinsichtlich meiner eigenen Vorurteile, meiner eigenen Überzeugungen, liefen am Ende auf das Gefühl hinaus, daß ich kein Recht hatte, mich einzumischen, und schweigen mußte. Ich war dekonstruiert worden. Aber tot oder nicht tot, das «Subjekt» mußte schreiben – und zwar so wahrheitsgetreu, wie es die verzerrten Erinnerungen erlaubten.

Etwa zwei Jahre später kehrte ich mit Narendra nach Kutch zurück, um meine Rabari-Freunde zu besuchen. Ich hatte ihnen einen Ausflug versprochen und geplant, sie nach Mount Abu zu einem Festessen einzuladen. Koju würde kommen, Mornat und auch Chutra und so viele von meinen neuen Freunden, die eben dabeisein konnten.

Als erstes fuhren wir in Rangka bhais Dorf. Er und Jasu hüteten ein paar Mielen außerhalb der Siedlung die Herden. Jasu hatte einen Sohn geboren, und Rangka war inzwischen zu einiger Bedeutung gelangt. Von unserer ersten Begegnung hatte ich sie als kräftige, stattliche, gutaussehende Menschen in Erinnerung. Nun sah ich mit Schrecken, wie dünn sie waren, wie wenig sie besaßen – und welche Trostlosigkeit sie umgab. Ich hatte die Not aus meinem Gedächtnis getilgt.

Rangka stieg zu uns in den Jeep, um uns zu Phagus Dang zu führen. Vorher aber hielten wir noch vor Parmas Haus. Die Hände der eisernen Jungfrau zitterten, als sie mich zu sich auf den Boden herabzog, und in ihren so unsentimentalen Augen standen Tränen.

«Ratti ben, du bist den ganzen Weg von Delhi hierhergekommen, nur um uns zu besuchen? Du hast das Meer überquert, um uns zu besuchen? Wir dachten, du verläßt uns und wirst nie wieder an uns denken.»

«Wie könnte ich euch vergessen? Steig ein, und komm mit zur Dang.»

«Ich kann nicht mitkommen, Ratti ben, aber wenn du bei Phagu warst, dann komm zurück, und wohne bei mir.»

Ich erzählte von dem geplanten Ausflug nach Mount Abu, und sie war entzückt, blickte aber dann unschlüssig. Das müsse die Gemeinschaft entscheiden.

Wir brauchten zwei Tage, um die Dang – etwa fünfzehn über felsiges Gelände verstreute Lagerstellen – zu finden. «Du kommst nur eineinhalb Jahre zu spät!» waren Phagus ersten Worte an mich. Und da standen wir wieder, schüchtern und grinsend wie Teenager, und brachten keinen Ton heraus. Ich hatte Geschenke und Stapel von Fotos mitgebracht. Zunächst waren sie von den Fotos verwirrt, drehten sie auf den Kopf oder auf die Seite. Doch als ich ihnen zeigte, wer wer war, herrschte große Aufregung. Ich wurde von Lagerstelle zu Lagerstelle geführt und überall mit Umarmungen und dem unvermeidlichen Tee begrüßt. Ich muß an diesem Morgen an die vierzig Tassen von dem Zeugs getrunken haben. Hätte sie gewußt, daß ich komme, meinte Gelo, dann hätten sie Coca-Cola besorgt, nach dem sie inzwischen süchtig seien. Er lachte. «Als du bei uns warst, waren wir einfache Leute. Jetzt trinken wir Coca-Cola wie die Fremden.» Den Rest des Tages ergingen wir uns in Erinnerungen an meine Tage auf der Dang. Alle wiederholten unermüdlich den «Witz», wie ich, als Phagu mich fragte, ob ich müde sei, immer geantwortet habe: *«Thori si, thori si»* (Nur ein bißchen, nur ein bißchen). Und sie hielten sich die Bäuche vor Lachen und versetzten mir ihre zärtlichen Knüffe.

In jener Nacht schlief ich auf Nakkis Pritsche. Ich hatte vergessen, was es hieß, auf einer Pritsche zu schlafen oder vielmehr schlaflos zu bleiben. Ich teilte sie mit drei Frauen und einem Kind. Ich mußte mich in eine Z-förmige Kuhle zwängen. Sich zu bewegen war gänzlich unmöglich. Meine Beine ragten über die Bettkante. Die Frauen schnarchten und schlugen Arme und Beine über mich. Ziegen hüpften aufs Bett. Und ich boxte nach ihnen wie damals; und die wachenden Hirten kicherten wie eh und je.

Am nächsten Morgen erklärte Phagu, daß sie nicht mit mir nach Mount Abu zum Feiern kommen könnten, denn: «All meine Söhne und viele andere junge Männer haben sich andere Arbeit suchen müssen. Hier gibt es keine Zukunft mehr für sie. Folglich sind nur noch wir Alten da, um die Herden zu bewachen. Ich würde gern mitkommen, Ratti ben, doch du siehst ja, ich kann die Dang nicht verlassen.» Aber er nahm mir ein Versprechen ab, nämlich, daß ich sie von nun an jedes Jahr besuchen würde.

Es wurde Zeit zum Aufbruch. Die alten Männer kamen und setzten sich im Kreis um mich herum. Und da wußte ich dann, daß sie mich wirklich ins Herz geschlossen hatten, denn jeder dieser alten Geizkrägen zog nun einen Fünfrupienschein aus seinem Turban und legte ihn mir in den Schoß. Phagu schenkte mir ein Hundejunges.

Zwei Tage später, als ich meinen Freunden im Dorf, Jaivi, Parma, Lakhma und all den anderen, Lebewohl gesagt hatte, zog Rangka mich beiseite, nahm meine Hände in die seinen und sagte: *«To, parivaar hain?»* (Und? Sind wir jetzt deine Familie?) Worauf ich erwiderte: *«Ham parivaar to hain.»*

Ich will mein Versprechen, meine «Familie» alljährlich zu besuchen, einlösen, solange es mir möglich ist. Und bei einem dieser Besuche werde ich dann mit Sicherheit erfahren, daß Phagu nun doch zu dem Schluß gelangt ist, seine Herden zu verkaufen, weil ihm einfach keine andere Wahl geblieben ist. Und es wird Coca-Cola und Fernsehen geben, aber keine Wanderungen mehr.

Vor kurzem war ich wieder einmal in Delhi. Narendra hatte zwei unserer Freunde zu einem Dinner eingeladen. Irgendwann sagte er ganz unvermittelt: «Meine Liebe, ich wollte es dir vorher nicht erzählen, weil ich ja wußte, daß du dir Gedanken machen würdest. Und ich erzähle es dir jetzt, wo Mohan und Suman hier sind, damit sie mir erklären helfen, weshalb du dir keine Sorgen machen mußt. Unmittelbar vor deiner Ankunft hatten wir ein kleines Problem auf der Farm in Jodhpur. (Ich wußte bereits, daß

Narendra im Parlament Namen genannt hatte, und meine Angst um seine Sicherheit hatte bereits absurde Ausmaße angenommen.) Er fuhr fort: «Zuletzt haben siebenhundert bewaffnete Polizisten meine Farm umstellt; das Ganze war Teil einer politischen Strategie, die mich zum Schweigen bringen sollte.» Mir wurde ganz flau. Mohan ji lachte. «Robyn ji, wären es sieben bewaffnete Polizisten gewesen, dann müßtest du dir Sorgen machen! Daß es aber siebenhundert waren, das ist quasi ein Kompliment für ihn.» Mohan ji hatte während des Ausnahmezustands zwei Jahre im Gefängnis verbracht. Fragte ich ihn nach dieser Zeit, tat er sie stets als unbedeutend ab. Wenn man eine bestimmte Haltung einnahm, mußte man eben mit solchen Dingen rechnen. Diese Leute betrachteten es als selbstverständlich, daß man, wenn nötig, alles, was man besaß, einschließlich des eigenen Lebens, für seine Überzeugung aufs Spiel setzte. Und über solche Dinge redete man nicht, es war eben so.

Und nun legten mir diese drei, mit einer Güte und Großherzigkeit, die mir in keinem anderen Land der Welt begegnet ist, die Zusammenhänge dar, ertrugen und mochten mich trotz meiner Unwissenheit und ließen mich an ihren Sorgen teilhaben.

Bis zu jenem Abend hatte ich geglaubt, daß mich vor allem meine Liebe zu Narendra mit Indien verband. Er und die von ihm geschaffene Welt, das war Indien für mich. Aber nach jenem Essen begriff ich, daß ich zurückkehren würde, auch wenn Narendra aus meinem Leben verschwände, daß ich immer wiederkommen würde, daß zumindest ein Teil von mir hierhergehörte.

Denn dort, wo ich herkam, war das Leben nicht schwer oder auch nicht gefährlich genug, um dem einzelnen Größe abzuverlangen. Hier aber war Größe immer noch möglich.

Tania Blixen

«Jenseits von Afrika», der Film nach ihrem 1940 erschienenen Roman «Afrika – dunkel lockende Welt», hat **Tania Blixen** weltberühmt gemacht. Geboren wurde die Dänin Karen Christence Dinesen 1885 auf dem Familienbesitz Rungstedlund. Mit ihrem Ehemann, dem schwedischen Baron Bror Blixen, ging sie 1914 nach Kenia. Dort verliebte sie sich in den gutaussehenden Denys Finch-Hatton – ihre große Liebe, die tragisch endete. In Afrika entdeckte sie auch ihr literarisches Talent und begann zu schreiben. Tania Blixen starb im September 1962.

Schicksalsanekdoten
Erzählungen
(rororo 15421)
«Es ist eine kleine Kostbarkeit, die dem Leser da an die Hand gegeben wird. Es ist eine Lektüre, wie man sie selten findet ...» *Stuttgarter Zeitung*

Schatten wandern übers Gras
(rororo 13029)

Wintergeschichten
(rororo 15951)
«Jeder dieser Menschen – und das ist überhaupt das zentrale Thema dieser Dichterin – lebt mit einer tiefen Sehnsucht im Herzen, die sich fast nie erfüllt; sie sind auf der Suche nach ihrem Schicksal, nach ihrer Bestimmung, sie haben den Wunsch, sich selbst zu leben ...» *Frankfurter Allgemeine Zeitung*

rororo Literatur

Motto meines Lebens *Betrachtungen aus drei Jahrzehnten*
(rororo 13190)

Briefe aus Afrika *1914 –1931*
Herausgegeben von Frans Lasson
(rororo 13224)

Judith Thurman
Tania Blixen *Ihr Leben und Werk*
(rororo 13007)
«Eines der besten Bücher der letzten Jahre.» *Time*

«**Tania Blixen** ist eine verdammt viel bessere Schriftstellerin als sämtliche Schweden, die den Nobelpreis je bekommen haben.» *Ernest Hemingway* anläßlich seiner eigenen Verleihung des Nobelpreises für Literatur 1954.

Romane und Erzählungen

Julian Barnes
Flauberts Papagei *Roman*
(rororo 22133)
«Dieses Buch gehört zur Gattung der Glücksfälle.» *Süddeutsche Zeitung*

Denis Belloc
Suzanne *Roman*
(rororo 13797)
«Suzanne» ist die Geschichte von Bellocs Mutter: Das Schicksal eines Armeleutekinds in schlechten Zeiten. «Denis Belloc ist der Shootingstar der französischen Literatur.» *Tempo*

Andre Dubus
Sie leben jetzt in Texas *Short Stories*
(rororo 13925)
«Seine Geschichten sind bewegend und tief empfunden.» *John Irving*

Michael Frayn
Sonnenlandung *Roman*
(rororo 13920)
«Spritziges, fesselndes, zum Nachdenken anregendes Lesefutter. Kaum ein Roman macht so viel Spaß wie dieser.» *The Times*

Peter Høeg
Fräulein Smillas Gespür für Schnee *Roman*
(rororo 13599 und als "Buch zum Film" mit vierfarbigen Fotos rororo 22210)
Fräulein Smilla verfolgt die Spuren eines Mörders bis ins Eismeer Grönlands. «Eine aberwitzige Verbindung von Thriller und hoher Literatur.» *Der Spiegel*

rororo Literatur

Laurie R. King
Die Gehilfin des Bienenzüchters
Kriminalroman
(rororo 13885)

Ray Loriga
Vom Himmel gefallen *Roman*
(rororo 13903)
Ray Loriga, Jahrgang 1967, lebt in Madrid. In seinem mit Bitterkeit und schwarzem Humor getränkten Roman verfolgen Polizei und Medienmeute einen jugendlichen Killer quer durch Spanien.

Daniel Douglas Wissmann
Dillingers Luftschiff *Roman*
(rororo 13923)
«Dillingers Luftschiff» ist eine romantische Liebesgeschichte und zugleich eine verrückte Komödie voll schrägem Witz, unbekümmert um die Grenzen zwischen Literatur und Unterhaltung.

3287/4

Starke Frauen

Starke Frauen, freche Bücher – scharfsinnige Geschichten mit viel Witz aus einer exotischen Welt: dem Frauenalltag.

Amanda Aizpuriete
Laß mir das Meer
Liebesgedichte
64 Seiten. Pappband
«Nichts ist gestelzt, gekünstelt in diesen Gedichten. Man spürt in jeder Zeile eine so sprachsichere Fähigkeit im unverstellten Bekenntnis, daß gerade das Subjektivste als etwas tief Gesellschaftliches verstanden werden kann.» *Süddeutsche Zeitung*

Lisa Alther
Fünf Minuten im Himmel
Roman
416 Seiten. Gebunden
Die Geschichte einer eigenwilligen Frau, die die Hoffnung auf eine erfüllende Beziehung nicht aufgibt.

Pia Frankenberg
Die Kellner & ich *Roman*
(rororo 13778)
Erzählt wird die Geschichte von Thea Goldmann, einem frechen, altklugen, rebellischen Kind, das während des Wirtschaftswunders auf der Wunderseite aufwächst.

Siri Hustvedt
Dei verzauberung der Lily Dahl
Roman
320 Seiten. Gebunden
Sie beobachten sich gegenseitig, sind magisch voneinander angezogen, und schließlich beginnen sie eine heftige Affäre: die junge Lily und der attraktive Edward Shapiro. Auf einmal gibt es zwei Tote ... ein erotischer Psychothriller.

3601/2

rororo Unterhaltung

Kathy Lette
Mein Bett gehört mir *Roman*
320 Seiten. Gebunden und als rororo 22270
Eine australische Lebenskünstlerin, hoffnungslos verliebt, folgt ihrem Auserwählten nach London. Aus Lust und Liebe wird eine gar nicht nette Katastrophe: ein sprachliches Feuerwerk liebevoll ausgedachter Gemeinheiten.
Die Sushi-Schwestern *Stories*
(rororo 13598)

Francine Prose
Jäger und Sammler *Roman*
(rororo 13793)
Martha ist unzufrieden mit ihrem Job und trauert einer mißglückten Liebesbeziehung nach. Während eines Wochenendurlaubs trifft sie mit einer Gruppe von New-Age-Frauen zusammen, die eine geheimnisvolle, archaische Zeremonie abhalten... Eine geistreiche, witzige Gesellschaftssatire.